清华国学研究系列

刘迎胜 著

多民族中国与古代世界

中华书局

图书在版编目(CIP)数据

多民族中国与古代世界/刘迎胜著. —北京:中华书局,2021.3
(清华国学研究系列)
ISBN 978-7-101-14960-9

Ⅰ.多… Ⅱ.刘… Ⅲ.中国历史-元代-文集
Ⅳ.K247.07-53

中国版本图书馆 CIP 数据核字(2020)第 263932 号

书　　名	多民族中国与古代世界
著　　者	刘迎胜
丛 书 名	清华国学研究系列
责任编辑	孟庆媛
出版发行	中华书局 (北京市丰台区太平桥西里 38 号　100073) http://www.zhbc.com.cn E-mail:zhbc@zhbc.com.cn
印　　刷	北京瑞古冠中印刷厂
版　　次	2021 年 3 月北京第 1 版 2021 年 3 月北京第 1 次印刷
规　　格	开本/920×1250 毫米　1/32 印张 12　插页 3　字数 277 千字
印　　数	1-1500 册
国际书号	ISBN 978-7-101-14960-9
定　　价	58.00 元

刘迎胜教授近照

《清华国学研究系列》总序

在现代中国,"国学研究"就其内容而言即国人对于中国文化之研究。中国文化有几千年连续发展的历史,中国文化的体系博大精深。经过百年来与外来文明的融汇,中国文化不断实现着新的发展与更新。在中国现代化进程不断发展、全球化浪潮冲击世界的今天,更全面、更深入地认识中华文明及其历史发展,发扬优秀的中国传统文化,已经成为新时代的重要使命。清华大学国学研究院的恢复建立,就是要为中华文明的伟大复兴,为中国文化走向世界,为中国学术的卓越发展,为重振清华大学中国文化研究的雄风而尽其努力。

在清华的历史上,1925年曾成立清华研究院国学门,当时亦通称清华国学研究院,后因各种原因,在1929年停办。在短短的四年当中,毕业学生近70名,其中后来成为我国人文学界著名学者的近50人。清华国学研究院指导学生的教授王国维、梁启超、陈寅恪、赵元任后被称为四大导师,清华国学研究院的研究在当时代表了我国国学研究的最高水平,其教育人才的成就也成为我国近代教育史的一段佳话。

关于老清华国学研究院的宗旨和精神,吴宓在《清华开办研究院之宗旨及经过》中明确地指出:"惟兹所谓国学者,乃指中国学术文化之全体而言。而研究之道,尤注重正确精密之方法,并取材于欧美学者研究东方语言及中国文化之成绩,此又本校研究院之异于国内之研究国学者也。"近代以来，"国学"概念的使用有不同的用法，吴宓的提法代表了当时多数学者的用法。后来清华国学研究院的教研实践也显示出，清华国学研究院对"国学"和国学研究的理解，始终是把国学作为一种学术、教育的概念，明确国学研究的对象即中国传统学术文化，以国学研究作为一种学术研究的体系。在研究方法上，则特别注重吸取当时世界上欧美等国研究中国文化的成果和方法。这表明，老清华国学研究院以研究中国传统文化为本色，但从一开始就不是守旧的，而是追求创新和卓越的，清华国学研究院的学术追求指向的不是限于传统的学术形态与方法，而是通向新的、近代的、世界性的学术发展。

所以，这种求新的世界眼光，是清华国学研究院得以取得如此成就和如此影响的根本原因之一。事实上，在20世纪20年代，在大学成立国学研究的院所，清华并不是第一家，前有北京大学研究所国学门（1922）、东南大学国学院（1924），后有厦门大学国学研究院（1926）、燕京大学国学研究所（1928），尤其是北京大学国学研究所成立早，人员多，在当时影响广泛，但最终还是清华国学研究院后来居上，声望和成就超出于其他国学院所，成为现代中国学术史的标志。究其原因，除了王国维等人本身是当时我国国学研究冠绝一世的大师外，主要有二：一是清华国学研究院以中西文化融合的文化观作为基础，在中国文化的研究方面，沉潜坚定，不受激进主义的文化观念所影响；二是把国人的国学研究和世界汉学、东方学的研究连成一体，以追求创新和卓越的精神，置身在世界性的中国文化研究前沿，具有世界的学术眼光。

老清华国学研究院是不可复制的，但它的精神和宗旨在今天仍然有其不可磨灭的价值。今天的清华大学国学院，依然承续老清华国学研究院对国学概念的理解和使用，我们也将以"中国主体、世界眼光"为宗旨传承老清华国学研究院的学术精神。"国学研究"是中国学者对自己的历史文化的研究,必须突出中国文化的主体性;但这种文化主体性的挺立,不是闭关自守、自说自话,而是在世界文化和世界性的中国文化研究中确立起自己的地位。

清华大学国学研究院力图秉承老清华研究院国学门的精神,接续1930—40年代清华人文研究的传统,参与新时期以来清华文科的恢复振兴,力求把"清华国学研究院"办成具有世界影响的中国文化研究中心,为中国文化研究提供一个一流的国际化的平台。研究院将依托清华大学现有人文学的多学科条件,关注世界范围内中国研究的进展,内外沟通、交叉并进,既关注传统学术的总体与特色,又着重围绕中国哲学、中国史学、中国美学与文学、世界汉学进行多维度的深入研究,以高端成果、高端讲座、高端刊物、高端丛书为特色,为发展国际化的中国文化研究做出贡献。

《清华国学研究系列》是清华大学国学研究院主办的几种高端丛书之一,丛书主要收入本院教授、访问学人的研究成果,及本院策划立项的研究项目成果。这些成果在完成之后,经过遴选而收入本丛书,由中华书局出版。

清华大学国学研究院
2019年9月

目　录

001 | 《元朝秘史》中两则谚语与相关史料的可靠性问题
015 | "拔都西征"决策讨论及相关问题
032 | 《元史·太宗纪》乃马真皇后监国部分笺证
054 | 《元史·定宗纪》笺证
094 | 元代主流文化南北界限的消失
　　　——以耶律楚材、陈时可与东坡铁柱杖为题
107 | 燕京征收课税使陈时可事迹探微
137 | 《元史·纳麟传》研究
155 | 许师敬皇庆间在中书省的同僚
170 | 《老乞大》所见元代纸钞流通场景研究
201 | 摩合罗考
216 | 元代回回珠宝与江南士人与新价值观
230 | 经堂语还是表意词
　　　——论"小儿锦"中波斯/阿拉伯文词汇使用的问题
322 | 古代东西方交流中的马匹
327 | 丝绸之路缘起与发展的中国视角
357 | 古代海上丝绸之路衰落的教训与启示
　　　——郑和时代：中国海洋事业的光荣顶峰与衰落起点

《元朝秘史》中两则谚语与相关史料的可靠性问题

有关元代蒙古谚语流传的史料研究,据笔者管见,最早涉及者为已故北京大学教授余大钧先生提交1980年中国元史研究会成立大会的论文《〈蒙古秘史〉成书年代考》。①作者在分析有关《秘史》成书年代的史料时注意到,该书第255节在记载成吉思汗确定窝阔台为大位继承者后,窝阔台对成吉思汗问道:"久后,我的后代子孙,如果纵然裹着草,牛也不吃,裹着油脂,狗也不吃……出了如此不肖子孙,则将奈何?"成吉思汗的回复是:"窝阔台的后代子孙,如果虽裹着草,牛也不吃,裹着油脂,狗也不吃。难道我的后代子孙中就没有一个好的吗?"②作者注意到,13世纪波斯史家拉施都丁的《史集》,在记述元定宗贵由去世后蒙古宗亲贵族集会讨论推举蒙哥时,窝阔台家族的代表札剌亦儿部人额勒只带说了如下一番话表示反对,谓窝阔台即位时"你们曾全体一致地议决并说道:直到那时,只要是从窝阔台合罕子孙中出来的,哪怕是一块(臭)肉,如果将它裹上草,牛也不吃,如果将它涂上油脂,狗也不会瞧它一眼;我

---

① 此文发表于《中国史研究》,1982年第1期。
② 译文系余大钧据《秘史》255节汉字记音蒙古文重新译出,见余文第159页,注44。

们仍要尊奉他为大汗,任何别的人不得登上宝位。为什么如今你们却另搞一套呢?"①

虽然上述两则史料所记内容中,形容子孙后代不中用时,使用了同一则蒙古谚语,但其用意却完全相反。余大钧经分析后确定,《史集》所记更接近于真实,而《秘史》所述者却经过篡改,并以此佐证他有关《秘史》成书年代的推论。②

近30年前,笔者在撰写《元初朝廷与西北诸王关系考略》时,注意到另一位波斯史家瓦撒夫的著作。元代汉文史料多次提到元政府与海都的冲突,但对海都为什么要反抗朝廷,却语焉不详。唯瓦撒夫明确地提到了海都敌视元政府的理由,称:"世界征服者皇帝成吉思汗曾在其法律书《札撒》里……明确而毫不隐讳地命令道:只要窝阔台还有一个吃奶的后代存在,他在继承祖先的皇位、国家的旗帜和军队的统帅权方面,就要优先于其他(各支)的儿孙。由于这个原因,许多宗王和为数众多的军队……聚集在他(按,指海都)的保护旗下。"③笔者发现,瓦撒夫书中的这一段文字,与上述余大钧先生所引述的拉施都丁所记蒙古谚语的意义相同。笔者曾就此写道:"蒙哥夺取皇位后,其御用文人为了使夺权合法化,在撰写《元朝秘史》时,对成吉思汗的原话进行了一番精心改造,使其意思变得完全相反。""蒙哥的御用文人当然不可能一手遮天,事情的真

---

① 《史集》第一卷第一分册,赫塔古罗夫俄译文,第95页。该段话的波斯文原文见《史集·部族志》1965年莫斯科合校本,第140—141页。
② 上述内容在余大钧文第五段中,具体见第154页。
③ 瓦撒夫:《瓦撒夫史》第1卷,哈默. 普尔格施塔勒波斯文原文与德译合璧本,维也纳,1856年(Waṣṣāf, Kitāb-i mustatab-i Waṣṣāf, Geschichte Waṣṣāf's, Persisch herausgegeben und Deutsch übersetzt von Hammer-Purgstall, Bd. I, Wien, 1856),波斯文,页132—133;德译,页126—127。

相在波斯文史籍中保存了下来。"①换而言之，这段蒙古谚语的研究，直接关系到对《秘史》所记内容是否可靠的判断。

近年来，云南大学的彭博先生与内蒙古图书馆的萨仁高娃女士分别对元代流传的蒙古谚语作了研究。萨仁高娃的《论〈蒙古秘史〉中的谚语和格言》②聚焦于《秘史》所记谚语的分析。彭博的论文《元史中所见蒙古族古代谚语和格言》③从各种元代史料中，包括《秘史》、《元史》、《圣武亲征录》、《元史译文证补》、《元文类》与诸种元人文集中，摘取所记蒙古谚语，归纳为31条，如以《秘史》第238节总译所记"委吾种的主来见成吉思汗说：'如云消日见，冰消河清。'"对证《元史·孛秃传》记孛秃之宗族也不坚歹对成吉思汗所言："臣闻威德所加，若云开日见，春风解冻。"且指出，这一则谚语分别从畏兀儿君主与亦乞烈思部主口中说出，证明其流传极广。文中对木华黎与博儿尤传记资料中所记"车之有辕，身之有臂"的蒙古谚语，也作了类似的对比，以证实其可靠性。此文在考证《元史·阿剌忽思剔吉忽里传》所录成吉思汗关于饮酒需有节制的话"是物少则发性，多则乱性"时，还以各种史料与文献记载对证，足见作者收集资料之广。④

---

① 参见文中《海都叛乱原因考》，拙文原载《中国民族史研究》，北京，1985年，页118—134；收入拙著《蒙元帝国与13—15世纪的世界》，生活·读书·新知三联书店，2013年，第46页。
②《内蒙古图书馆工作》，2008年第3期，第106—107页。
③《中央民族大学学报》（哲学社会科学版），2008年第6期，见第87—94页。
④ 应当指出的是，彭博上述论文在文献使用与考订上存在相当严重的缺陷，其最著者是将《元秘史》与《蒙古秘史》并举，竟然不知它们其实是同一部文献，以致文中多处重复举证。不仅如此，该文还将《秘史》、《元史·太祖纪》、《圣武亲征录》中有关几则蒙古谚语的相应记载并列，显示作者不了解这几种史料之间的同源关系。此外，该文在论证中还将《元史》中人物本传与其碑传的对应文字并举，说明作者不了解所引《元史》中人物本传与其碑传资料之间的源流关系。另外，文中在论及成吉思汗训言时，（转下页）

本文拟在前人研究的基础上，对《秘史》所记两则谚语作进一步研究，以求教于方家。

一、《秘史》所记一则雀鹰为喻的谚语

《元朝秘史》第 85 节记铁木真年幼时为逃避泰赤兀人追杀，受到锁儿罕失剌一家相救时，锁儿罕失剌之子沉白与赤老温的一番话，其内容为：

Šibaɣuqan-i	turimtai	buta-dur
失保兀合（中）泥	土林（舌）台	不塔图儿
雀儿行	龙多儿	丛里

qorɣobasu	buta	abražuɣui
豁（中）儿豁（中）八速	不塔	阿不剌（知）主为
赶入呵	丛	救了有

Edöge	bidan-dur	iregen-i	jakin	tein
额朵额	必丹途儿	亦列（舌）克薛泥	也勤	帖因
如今	咱行	来了的行	为甚	那般

（接上页）一再引用近年来学界已较少使用的清末洪钧所著《元史译文证补》。其实，洪氏所依据者不过是志费尼的《世界征服者传》与拉施都丁的《史集》。在上述两书译为汉文后，洪书已基本失去史料价值。彭氏在文中亦引用过《史集》，但却未用以对证已经收集的取自《译文证补》的内容。中央民族大学的学者多年来对蒙元史有深入的研究，但不知何故这种优良学术传统，在该期学报对上述彭博论文的审稿中未能有所体现。尽管如此，瑕不掩瑜，彭文的探索仍不失其价值。

kegemü	či	kegen	ečige	jügen	üge
客额木	赤	客延	额赤格	余延	兀格
说有	你	么道	父亲	自的行	言语

ülü	taɣalan
兀禄	塔阿阑
不	爱①

该节对应的总译为："雀儿被龙多儿〔土林台（turumtai），一种肉食小鸟的名字，或即隼〕赶入丛草去呵，丛草也能救他性命。"

清末李文田已注意到《秘史》中所记这段谚语与前述阎复所记之间的对应关系，他写道："龙多儿，盖蒙古语鹰也。《元史·土土哈传》曰：钦察国主亦纳思曰：逃鹯之雀，丛薄犹能生之，吾顾不如草木耶？是当时有此语。"②

按，龙多儿即《至元译语·飞禽门》中之"笼夺，独林歹"③，《华夷译语·鸟兽门》中之"龙朵儿，土林台，turimtay"④；《卢龙塞略·译下·羽族类第三》中之"杂鸟"类"龙朵儿，即土林台"⑤。不过李文田所谓"龙多儿，盖蒙古语鹰也"的说法，却未得蒙古语专家的支持。额尔登泰、乌云达赉、阿萨拉图等人认为，"龙多儿可能是元

---

① 《元朝秘史》乌兰校勘本，北京：中华书局，2012年，见页52。音译蒙古文拉丁字还原据B. Sumyabatar, *The Secret History of the Mongols*（《元朝秘史》蒙古文还原、拉丁字转写与汉文原文合璧本），ed. L. Manlajav, Ts. Shangdarsuren, Ulaanbaatar（以下简称《元朝秘史》苏雅巴特尔合璧本），1990年，页107。
② （清）李文田：《元秘史注》卷二，清光绪二十二年渐西村舍刻本。
③ 贾敬颜、朱风合辑：《〈蒙古译语〉〈女真译语〉汇编》，天津古籍出版社，1990年，页9作"独林及"，其最后一个字"及"当为"歹"之讹（此点系毛海明博士向笔者提出，谨志谢意）。
④ 同上书，页33。
⑤ 同上书，页182。

明代的土语。又可能是少数民族语的借词。"而"土林台",上述作者则引《突厥语方言词典》,注为"鹞,小鹞"。①

《秘史》的这段记载保存在《黄金史》中,其文小别于《秘史》的文字,曰:Šibaɣuqan toruquna turumdaya üldegdejü .butan-tur qorɣalabasu buta-bar aburayu。②与《秘史》第 85 节的相应部分相较,《黄金史》部分多出 toruquna(隼)与 üldegdejü(被驱赶),且丢失了 Šibaɣuqan-i 的 i(表及物和动作的宾谓关系的格),但在《黄金史》部分的句型中不影响句意的正确表达。此外《黄金史》部分的 butan 多出了一个名词尾音 n,还有 buta-bar 的工具格 -bar。

《秘史》所记这段谚语的前人研究,查小泽重男译本③、村上正二④、札奇斯钦⑤、阿尔达扎布⑥等译注本,与亦邻真⑦、巴雅尔⑧的复原

---

① 《〈蒙古秘史〉词汇选释》,内蒙古人民出版社,呼和浩特,1980 年,见页 266。查拉德洛夫:《突厥语方言辞典》,该处原文为:Typytrai [Kir., تورومتای (Dsch. OT)], перепелятникъ, кончикъ, маленькій ястребъ, ein kleiner Raubvogel, der Neuntödler {Typyrai [吉尔吉斯语, Tyrumtai 察合台文, Robert Barkley Shaw, A Skech of the Turki Language as Spoken in Eastern Turkistan, Part II, Vocabulary, Calcutta, 1880 (罗伯特·巴克雷·萧:《使用于新疆的突厥语概况》,第二部分,词汇,加尔各答,1880 年)]},雀鹰、小型鹞(按,俄文释义;一种小型猛禽、食肉禽(按,德文释义)——圣彼得堡,1893—1911 年 (B. B. Радлов, Опыт словаря Тюркскиф наречий, Versuch eines Wörterbuches der Türk-Dialecte von Dr. W. Radloff, Санктпетербургъ, 1893−1911),第三卷,页 1456。
② 罗桑丹津:《简述古昔诸汗礼制诸作黄金史》(简称《黄金史》),Лувсанданзан, Алтан товч, Улсын хэвлэлийн газар, УБ, Blob sang bstan gjin, Erten-ü Qad-un ündüsülegsen Törü Yosun-u Jokiyal-i Tobcilan Quriyahsan Altan Tobci kemekü Oroxibai, Ulus-un Keblel-ün Gajar, Ulahanbahatur, 1990),蒙古国家出版社,1990 年,页 20,第 12—14 行。
③ 小泽重男:《〈元朝秘史〉全释》,風間書房,1985 年,页 136—138,注 6、7、8。
④ 村上正二(訳注):《モンゴル秘史 チンギス·カン物語》(『東洋文庫』全 3 卷)第 1 卷,平凡社,1970 年,页 138,注 13。
⑤ 札奇斯钦:《〈蒙古秘史〉新译并注释》,联经出版事业股份有限公司,1979 年,页 92,注 2、3。
⑥ 阿尔达扎布:《新译集注〈蒙古秘史〉》(蒙文),内蒙古大学出版社,2005 年,页 147,注 1、2。
⑦ 亦邻真:《元朝秘史(畏吾体蒙古文复原)》,内蒙古大学出版社,1987 年 8 月。
⑧ 巴雅尔还原本《蒙古秘史》三卷,内蒙古人民出版社,1981 年。

本，均无相关引述。查当代汇集的蒙古语谚语中有：

Boljumur šibahud qarčaɣai-ača tutaɣaju buta-yin yiruɣar-tu
雀　　　　鸟　　　隼　　　　从逃脱　灌木丛的　底　里

qorɣudabasu　buta　tegün-i　qamaɣalaju　aburamui
躲藏　　　　　灌木丛　他将　　保护　　　　救助①

足见它从古流传至今。

1. 志费尼所记阔端回复脱列哥那六皇后②的一段谚语

值得注意的还有志费尼的《世界征服者传》。该书在记脱列哥那皇后摄政时，提到元太宗窝阔台时代的大臣镇海与牙剌瓦赤因平素与之有隙，逃至阔端处时，脱列哥那皇后遣使要求送还，阔端有如

---

① Ü.Šuɣara nairaɣulba, *Jüir Sečen üge (Mongolian Idioms)*, People's Publishing House of Helongjiang（乌·苏古拉编：《蒙古族谚语》，黑龙江人民出版社），1979年，p. 249. 以上有关《秘史》、《黄金史》与当代蒙古谚语的查核工作，皆由博士生乌罕奇完成，谨志谢意。
② 脱列哥那皇后因地位重要，中外多位学者曾有研究。伯希和与韩百诗在讨论花剌子模沙的母后"忒厘塞哈屯"的称号时，曾联系六皇后脱列哥那名称的意义问题（《〈圣武亲征录〉译注》，页91）。
1951年，蔡美彪先生在北京大学所藏艺风堂缪氏旧藏碑拓中发现了1240年河南济源紫微宫碑拓本（缪荃孙：《艺风堂金石文字续目》），后收入《元代白话碑集录》，于1955年在中国社会科学出版社出版。此碑所刊懿旨称为"也可合敦大皇后懿旨并诸妃子懿旨"。蔡美彪在注文中将此"也可合敦"释为脱列哥那六皇后乃马真氏。这一推测，曾为国内外学者所赞同，美国已故柯立夫（F.W. Cleaves）教授和澳大利亚罗依果（Igor de Rachewiltz）教授曾相继撰文讨论（F.W. Cleaves, *The Sino-Mongolian Inscription of 1240*, Harvard Journal of Asiatic Studies, vol.23, 1960—1961；Igor de Rachewiltz, *Some Remarks on Töregene's Edict of 1240*, Papers on East Asian History, vol.23, 1981）。(转下页)

下一段回复：

  逃避鹰爪而藏身于一处荆棘丛的反叛的飞鸟，免受其（按，指鹰）的暴行。这两人也是来求我们的庇护，并处于我们的势力范围内。把他们送回去既为宽宏大度的法典所禁止，也远离行侠仗义之道：我看不到亲和疏、突厥人和大食人可作借口。①

这段话的波斯文原文为：صولت او امان یابد که بغاث الطیور که از مخالب

（接上页）罗依果提出，脱列哥那的"六皇后"之称，为"大皇后"之误。后来，蔡美彪先生认为此碑中所提及的"也可合敦大皇后"应为太宗正宫皇后孛剌合真，订正了当初将考订为脱列哥那乃马真后之说（《脱列哥那后史事考辨》，《蒙古史研究》第三辑，1989年，页12—29）。罗依果在蔡文发表后，又撰文 Was Töregene Qatun Ögödei's "Sixth Empress?" [EAH(East Asian History, Canberra]，17/18; June/December 1999, 71—76；此文有中央民族大学李文君汉译《脱列哥那是窝阔台的"六皇后"吗》，《蒙古学信息》，2002年第1期）回应，再加论证脱列哥那是"大皇后"而非"六皇后"，并举《贵显世系》所列窝阔台12位后妃之名与氏族中第六位为乃蛮人，但并非脱列哥那为证，力辨史籍中记脱列哥那为"乃马真"氏系因世祖定都大都以后，早先蒙古国时在和林的典籍散失致误。此后，因罗依果在《秘史》英译本节198注中，再次强调了自己的论断。（罗依果：《元朝秘史》英文译注，莱顿－波士顿，2006年，见页728—729）
宋遗民郑思肖在其《心史》中写道："兀窟带（窝阔台）"及死，兀窟带妻六妇据国"。（郑思肖著，陈福康校点：《郑思肖集》，上海古籍出版社，1991年，第177页。此资料系博士生洪学东提供，谨志谢意）足证脱列哥那确为六皇后，罗依果有关其"六皇后"之号为"大皇后"之误的说法不能成立。
罗依果有关脱列哥那后是否为"第六皇后"的问题，其实是脱烈哥那的权势与"第六"之间的矛盾引起的。实际上，"第六"的排序并不代表脱烈哥那的实际地位居第六，应当表示窝阔台娶她时已经有了五位哈屯，所有"第六"的称谓应当是自然形成的。蒙古国时代诸帝皇后称号中带有排序号者有好几位，应当都是这个意思。
有关脱列哥那的名称与辽皇后称号忒俚蹇之间的关系，参见刘迎胜：《西北民族史与察合台汗国史研究》中第二章《蒙古西征背景初探》"忒俚蹇哈屯及与此称号有关之诸问题"一节，中国国际广播出版社，2012年，页42—45。

① 《世界征服者传》可疾维尼波斯文刊本，第1册，页197；波义耳英译，页242；汉译本，上册，页284。此处译文与汉译本有差别。此处"突厥人"应指镇海，而"大食人"则指牙剌瓦赤。

باز بخارى پناهد از (ka bughāt al-ṭuyūr ka az makhālib-i bāz① ba-khārbunīpanāhad az ṣawlat-i ū amān yābad)，可直译为"反叛的鸟儿如果从鹰爪下躲向一处荆棘丛，它就能免于从鹰的攻击。"巴托尔德据此认为志费尼写《世界征服者传》时，必定接触过某种蒙古语资料。②波义耳译志费尼书时，也参照了巴托尔德的这一意见。③

志费尼所记之事，虽未见诸汉文史料，但他记录阔端回复脱列哥那六皇后的一番话，显然就是《秘史》第 85 节中提到的那一则蒙古谚语的波斯文翻译，这不但说明其流传与使用之广，也证明了《世界征服者传》这一段记载的可信性。

2. 阎复记录的钦察人回复成吉思汗的话

篾儿乞部与成吉思汗所出之蒙古部为世仇。成吉思汗之母诃额伦就是在出嫁篾儿乞部的途中，被也速该抢夺为妻的。而成吉思汗新婚之妻孛儿帖也曾被篾儿乞人抢走，配于其贵族也客赤列都。而在成吉思汗平定乃蛮，统一游牧各部，建立蒙古国后，篾儿乞残部又发动叛乱，最后出逃至今伏尔加河流域，为当地钦察人所收留。

《元朝名臣事略》所录阎复《句容郡王纪绩碑》中，有一段文字描述成吉思汗向钦察部长亦纳思遣使，双方为钦察是否应当向蒙古交出篾儿乞残余人员的交涉过程：

---

①明《回回馆译语》会同馆本"鸟兽门"序第 228 词"鹰，巴子"，即此。阿波文库本音译为"把子"。此字为阿拉伯语借词，指鹰隼。此字作为复合词组成部分亦见于同书同门序第 230 词"海青，傻謊巴子"，即 باز شاه (shāh-bāz)。参见拙著：《〈回回馆杂字〉与〈回回馆译语〉研究》，西域历史文化研究丛书，中国人民大学出版社，北京，2008 年 10 月，页 445。
②张锡彤、张广达译：《蒙古入侵时代的突厥斯坦》，上海古籍出版社，页 50，注③。
③波义耳译本，何高济汉译，页 286，注 8。

太祖征蔑乞国，其主火都奔钦察，遣使谕亦纳思曰："汝奚匿吾负箭之麋？亟以相还，不然祸且及汝。"亦纳思谓使者曰："逃鹯之雀，蘙荟犹能生之，吾顾不如草木耶！"①

亦纳思回复成吉思汗使臣的这番话，正是我们已经熟悉以雀鹰为喻的谚语。

钦察（Qïpčaq），又称为库蛮、波洛伏齐等，是操突厥语北方方言的民族。人们不禁会问，他们为什么会以一段蒙古谚语回复成吉思汗的使臣呢？笔者注意到，公元10世纪波斯史家葛尔迪齐记载过一批鞑靼人迁入钦察部的事迹。②学者们也曾提及，蒙古伯牙兀氏与钦察、康里人中的伯牙兀忒可能有同一起源。③据上述阎复《句容郡王纪绩碑》和元代其他有关土土哈家传的资料，其祖先约在辽金时从辽河上源地区不远万里，远徙位于札牙黑水（Jayaq，乌拉尔河的突厥语名称）与也的里水（Ïtïl，伏尔加河的突厥语名称）之间的玉里伯里地区，自号钦察。可见钦察人中存在来自蒙古高原的民族成分。

---

① 苏天爵：《元朝名臣事略》卷三之三，姚景安点校，中华书局，1996年，页47—48；清末缪荃孙所辑之《静轩集》卷三《句容郡王纪绩碑》，台湾新文丰出版公司《元人文集珍本丛刊》（1985年）第2册影印，见页549。明初宋濂领导编修《元史》时，在卷一二八《土土哈传》记中成吉思汗使臣与亦纳思交涉时，完全照抄了阎复的这一段文字。——见《元史》标点本，页3131。

② A.P. Martinez, *Gardizi's two Chapters on the Turks*, Archivum Eurasiae Midii Aevi, 2, 1982, p.127（马尔丁耐兹《葛尔迪齐书中关于突厥人的两章》，《中古欧亚文献》，第2辑，1982年，第127页）。

③ 研究过这个问题的著名学者及其论文有：Marquart, *Über das Volktum der Koman in Bang-Marquart Östtürkische Dialekt Studien*, Berlin, 1914（马迦特：《论邦克—马迦特的东突厥方言研究中的库蛮族》，柏林，1914年）；伯希和：《库蛮》(Paul Pelliot, *Á propos des Comans*)，载《亚洲学报》(*Journal Asiatique*)，1920年，页125—185，冯承钧汉译载《西域南海史地考证译丛二编》，商务印书馆，1962年；韩儒林：《西北地理札记三钦察、康里、蒙古之三种伯牙吾台氏》，收入《穹庐集》，上海人民出版社，1982年。笔者在拙文《9—12世纪民族迁移浪潮中的一些突厥、达旦部落》（载南京大学《元史及北方民族史研究集刊》，第12—13期，1989年—1990年，页80—106）中亦有所论及。

由此可推测，上述谚语应当在其西迁之前已经存在，并随10世纪西迁的鞑靼人，或土土哈的祖先伯牙吾氏部众的迁移带入钦察。

钦察人的居地与成吉思汗的祖居地蒙古高原东部远隔万里，之所以遭蒙兵祸，被征调进入汉地，成为负责为成吉思汗家族捣制黑马湩的牧奴，盖因其祖先收留了败亡的蔑儿乞人，拒不向成吉思汗交出。土土哈出自钦察王族，其祖先因不慎之言招致灭国之灾的经历，必定在其家庭成员中代代相传。而阎复所记当为其家族的自述，应属可信。

二、有关"目中有火"谚语的史料

1. 孟速思与刘哈剌八都鲁的家传资料记载

元人程钜夫在为元初畏兀儿名臣孟速思家族所撰《武都智敏王述德之碑》中提及：

> 王（按，孟速思）幼负奇质，年十五尽通本国书，太祖闻其名，征至阙下，一见大悦，曰："此儿目中有火，他日可大用，授之睿宗。"①

而《元史·刘哈剌八都鲁传》在言及被世祖留待身边的原因时，亦称：

> 刘哈剌八都鲁，河东人，本姓刘氏，家世业医。至元八年，

---

① 《雪楼集》卷六，明洪武二十八年与耕书堂刻本；并见《元史》卷一二四《孟速思传》，中华书局标点本，页3059。

世祖驻跸白海，以近臣言，得召见。世祖谓其目有火光，异之，遂留侍左右，初赐名哈剌斡脱赤。①

清人姚之骃在撰《元明事类钞》时，已注意到上述有关孟速思与刘哈剌八都鲁的史料中有关目中有火的记载的相似性。②这两则史料中提到，元太祖成吉思汗与元世祖忽必均用了一条"目中有火"的蒙古谚语，来说明孟速思与刘哈剌八都鲁的聪明能干。

以家传、碑文资料对照本传，是《元史》研究的基本方法之一。家传、碑文资料虽然更具原始性，但治史者皆知，使用时亦不能盲从，因"为尊者讳"的习俗广为存在。那么，上述两则史料中有关成吉思汗与忽必烈称赞他们的话，是否可信呢？

2.《秘史》中的例证

前引萨仁高娃论文已指出，《秘史》中数次被提到一条有关形容小儿眼亮目明的蒙古谚语。第一次是在第61—66节，总译记成吉思汗9岁时，其父也速该带他赴宏吉剌部斡（勒）忽讷氏定亲，遇到德薛禅，他说："你这儿子眼明面光有。"其旁译"眼自的行，大有的"。这是说，德薛禅根据成吉思汗眼神灵活，愿意将自己的女儿孛儿帖嫁给他。同书第114节记：

姓	种名	忙走时
兀都亦惕	蔑儿（舌）乞惕	都儿（舌）别仑（舌）
Uduid-	Merkid	dürberün

---

① 《元史》卷一六九《刘哈剌八都鲁传》，中华书局标点本，页3973。按，白海即察罕脑儿，位于今张北县境。
② （清）姚之骃：《元明事类钞》卷二十八"身体门"，"目"条，《四库全书》本。

貂鼠		帽儿有的
不鼬罕（中）		马帢（中）来秃
buluɣan		maqalaitu

母鹿的	蹄皮	靴子有的
马阑（舌）仑（舌）	豁（中）敦	忽（中）都速秃
maral-un	ɣodun	ɣodusutu

粉皮	水的	貂鼠
亦赤勤札儿（舌）合（中）黑	兀速讷	不鼬罕（中）
ičigen-ẑarɣaɣ	usun-a	buluɣan

接了的	衣裳有的	五
札（勒）合（中）黑三	迭额勒秃	塔奔
ẑarɣaɣsan	degeltü	tabun

岁有的	人名	眼里自的行
纳速秃	曲出捏列秃	你敦都里（舌）颜
nasutu	Küčü	nidün-dür(i)-jen

（人）〔火〕①有的	小儿行
合（中）勒秃	可兀客泥②
ɣaltu	kögüken-i③

---

① 此处原文旁译为"人"，乌兰订正为"火"。——《元朝秘史》乌兰校注本，页 94。
② 《元朝秘史》卷三，涵芬楼影印本，叶二十三下—二十四上。
③ 《秘史》拉丁字还原据《元朝秘史》苏雅巴特尔合璧本，页 178—179。限于篇幅，以下引述《秘史》时，如无特别需要，旁注音写与其拉丁转写不再引述。

其总译为：

> 初兀都亦篾儿乞荒走时，营盘里撇下一个五岁的小儿子，名字唤作曲出。那儿子生得好，眼中有光彩，穿着一件粉皮水貂鼠接来的衣裳，戴一个貂鼠皮帽，穿一双鹿蹄皮的靴。……①

在本节中说，成吉思汗的母亲根据曲出"眼中有火"，而收养了他。此为第二处。

第三处是《秘史》第149节。该节记成吉思汗击败泰赤乌人之后，其首领塔儿忽台被部人擒获。塔儿忽台自述成吉思汗幼时，曾对其有恩，说帖木真"小时里，眼自的行火有的，面自的行光有的有来么道，主无营盘里落后着有么道，取去首将来首，教训呵学的般有么道，新三岁、二岁驹教的般教训行来"。这是说，成吉思汗幼时，曾被弃于无主的营地中，塔儿忽台因看其目明面光，收留了他，如调教两三岁的小马驹般地教育他。

《秘史》中这三处所记充分证明，前引畏兀儿人孟速思与汉人刘哈剌八都鲁家族中所传成吉思汗与忽必烈的夸奖话语，是当时实际存在的且广为使用蒙古谚语，不可能是其后世出于美化祖先的编造，因而是非常可信的。

原刊于《民族研究》2015年第5期。

---

① 《元朝秘史》卷三，涵芬楼影印本，叶二十四。

"拔都西征"决策讨论及相关问题

元世祖忽必烈即位之前,大蒙古国曾经进行了三次大规模西征,即13世纪20年代成吉思汗发起的远征中亚、伊朗、北高加索地区与伏尔加河流域的战争;13世纪30—40年代的元太宗朝,以诸王拔都和元太宗子贵由(即后来的元定宗)为领导的远征欧亚草原与东欧地区的战事;以及13世纪50年代元宪宗蒙哥即位后,旭烈兀率领下的蒙古军消灭阿拉伯阿拔斯王朝(即我国史籍中的"黑衣大食")的军事行动。其中第二次西征我国蒙元史学界多称为"拔都西征"或"长子西征"。那么,除了最终决定蒙古诸王、驸马与贵族均以长子及其附属人口参加出征之外,蒙古西征的背景是什么?在决策西征时还讨论了哪些问题?这是本文希望探求的内容。

一、《秘史》及志费尼书记载的异同

迄今学术界对记载"拔都西征"起因的史料关注最多的是《元朝秘史》第270节。该节在言及窝阔台即位后,记道:

> 斡歌歹既立,与兄察阿歹商量,成吉思皇帝父亲留下未完的百姓,有巴黑塔惕种的王合(中)里伯,曾命绰儿马罕

(Čormaqan)征进去了。如今再教斡豁秃儿(Oqotur)同蒙格秃(Mönggetü)两个，做后援征去。有康（中）里、乞卜察等十一种城池百姓，曾命速别额台(Sübe'etei)征进去了。为那里城池难攻拔的上头，如今再命各王长子巴秃、不里（舌）、古余克、蒙格等做后援征去。其余诸王内，教巴秃为长；在内出去的，教古余克为长。凡征进去的诸王，驸马，万、千、百户，也都教长子出征。这都教长子出征的缘故，因兄察阿歹说将来。长子出征呵，则人马众多，威势盛大。闻说那敌人好生刚硬，我兄察阿歹谨慎的上头，所以教长子出征，其缘故是这般。①

史文中说的是，窝阔台先与察合台商量，成吉思汗未能征服的诸国中，有定都于伊拉克巴格达的国王哈里发［巴黑塔惕(Baqtat)百姓的合里伯(Qalibai)王］，为此绰儿马罕(Čormaqan)曾被派去征进，继而又派出斡豁秃儿(Oqotur)、蒙格秃(Mönggetü)俩人率军增援。此后，《秘史》提到了速不台率军征服的11个部落（或王国），总译中只提到了康里与钦察，但在原文旁译中，它们一一列举了出来：康邻(Qanglin)、乞卜察兀惕、巴只吉惕、斡鲁速惕、阿速惕、薛速惕(Sesüt)、马札儿、客失迷儿(Kešmir)、薛儿格速惕(Sergesüt)、不合儿(Buqar)、客列勒(Kerel)，旁译还提到，速不台的军队渡阿的勒(Adïl，按，伏尔加河的突厥语名称)与札牙黑(Ĵayaq，按，乌拉尔河的突厥语名称)两河，进攻蔑客惕(Meket)、绵客儿绵(Menkermen)、客亦别(Keyibe)等城。因敌人顽强抵抗，遂派拔都、不里、贵由、蒙哥等诸王率兵增援。其中已近其地的诸军以拔都为帅，从蒙古本土出动者以贵由为帅，这支西征大军的兵

---

① 《元朝秘史》续集卷二，《四部丛刊三编》史部第8册，上海：商务印书馆，1935年，第18—19页。

员,系各支宗王、驸马、千户长与百户长分别派出自己的长子与属民组成。①

《秘史》提到"成吉思皇帝父亲留下未完的百姓",分为两大地区,分据里海南北。里海以南的是"巴黑塔惕种的王合里伯",即报达城(今巴格达,黑衣大食都城)的君主哈里发;里海以北者,即"康里、乞卜察等十一种城池百姓"。这里康里等诸多部落,《秘史》曾几次提及。②拔都率领的诸王、驸马、贵族的长子及其属民组成的军队所前去的,是里海以北地区。

《世界征服者史》有一节 zikr-i istikhlāṣ-i Bulghār wa ḥudūd-i Ās wa Rūs,即《述不里阿耳(Bulghār)以及阿速(Ās)、斡罗思(Rūs)之境的征服》专记此事,其文曰:

> 当合罕召开第二次忽邻勒塔时,他们商议根除和消灭余下的反抗者们(dar istīṣāl wa qam' baqāyāy ṭughāt mašāwarat namūdand);并决定攻占与拔都营地接界的不里阿耳(Bulghār)、阿速(Ās)和斡罗思(Rūs)等国;因为它们为自己的领域的广阔所欺,还没有完全投诚。他因此责成一些宗王去援助拔都,他们是蒙哥合罕及其弟拨绰(Būčik/Böchek);他自己的儿子贵由汗和合丹(Qadaghān/Qadaghan);其他宗王中的阔列坚(Kūlkān/Kölgen)、不里、拜答儿;拔都的诸兄弟斡鲁答ورد (Hurdū/Hordu/Ordu)和唐古忒③;几个别的宗王以及从大将中挑

---

① 《元朝秘史》续集卷二,乌兰校勘,北京:中华书局,2012年,第381—382页。
② 对《秘史》几处相关记载的解释见罗依果《〈元朝秘史〉译注》第262、270、274、275节注释。*The Secret History of the Mongols, A Mongolian Epic Chronicale of the Thirteenth Century*, translated with a historical and philological commentary by Igor de Rachewiltz, Brill, Leiden-Boston, 2006, pp.959-960, pp.988-992, pp.1007-1015.
③ 按,此人为拔都之弟,术赤第六子。

选的速不台把阿秃儿。①

志费尼此前在叙述太宗即位后的决定时,也提到:

> 在呼罗珊和伊剌克方向(dar ṭaraf-i Khurāsān wa 'Irāq),动乱的火焰尚未熄灭,算端扎兰丁仍活跃于该地。他派绰儿马浑带领许多异密及三万军士,向那里出师。他派阔阔台(Kūktāy/Köketei)和速不台把阿秃儿带领一支人数相同的人马,出征钦察、撒哈辛(Saqsīn/Saqsin)和不里阿耳。②

故而《秘史》所一再提及此次西征的主要目标为:康邻、乞卜察兀惕、巴只吉惕、斡鲁速惕、阿速惕、薛速惕、马札儿、客失迷儿、薛儿格速惕、不合儿、客列勒,这些目标与上述志费尼所记"与拔都营地接界的不里阿耳、阿速和斡罗思等国",及《史集》所言之"钦察、撒哈辛和不里阿耳"基本吻合。

又《秘史》提到,发起拔都西征与"成吉思皇帝父亲留下未完的百姓"③有关,而《世界征服者传》则提到,在窝阔台即位后的第

---

① 志费尼:《世界征服者传》['Alā' al-Dīn 'Aṭā Malik Bin Bahā' al-Dīn Muhammad Bin Muhammad al-Juvainī, *Tārīkh-i Jahāgušāī*] 可疾维尼波斯文刊本,第 1 卷(*The Ta'ríkh-i-Jahán-Gushá of 'Alá' ud-Dín 'Atá Malik-i Juwayní*, composed in A.H. 658—A.D.1260),ed. with an introduction, notes and indices from several old mss by Mírzá Muhammad Ibn 'Abdu'l-Wahháb-i Qazwíní, and printed for the trustees of the "E.J.W. Gibb Memorial", vol.XVI(1), London, 1912, p.224.] 参见何高济汉译本《世界征服者史》,上册,呼和浩特:内蒙古人民出版社,1980 年,第 317 页。此处译文与何高济略有不同。在波斯语中 tārīkh 意为编年,纪年,历史,而汉文通常个人传记不称"史",故而此处按汉文习惯译为《世界征服者传》。
② 志费尼:《世界征服者传》,何高济译,第 220 页。
③《元朝秘史》卷二,乌兰校勘,第 381 页。

二次忽里台大会上,蒙古亲贵们"商议根除和消灭余下的反抗者们"。很显然,两者所记应当是同一件事。那么,所谓《秘史》中"留下未完的百姓"与志费尼书中的"余下的反抗者们"是指什么人呢?

二、土土哈的家传资料与《秘史》的关联

上述今欧亚草原与高加索地区的这些部落或王国被蒙古征服之后,有些人随蒙古军来到汉地,较著名者有色目人中的康里(康邻)、钦察(乞卜察兀惕)、斡罗思(斡鲁速惕)、阿速(阿速惕)等群体。在有关这些族群众后裔的资料中,笔者注意到元世祖后期在与西北诸王之战中功绩显赫,且元中后期控制朝政的钦察大将土土哈的家传,提到了"拔都西征"的直接原因。在《元朝名臣事略》所录阎复所撰《句容郡王纪绩碑》的文字中,提到"公钦察人",其先辈从武平,即今内蒙古赤峰地区出发:

徙西北绝域,有山曰玉理伯里,襟带二河,左曰押亦,右曰也里,①遂定居焉,自号钦察。其地去中国三万余里,夏夜

---

① 玉理伯里(Ölbäri),哈佛大学普里察克(O. Pritsak)教授认为,即罗斯诸编年史(Rus' chronicles)中所记波罗伏齐部(Polovtsian tribe,按即库蛮)中之 Or'pliuve 人。但已故奥地利学者门格斯(K.H. Menges)有不同意见。参见美国学者托马斯·爱尔森论文《西征的前奏:蒙古对伏尔加—乌拉尔地区的军事行动,1217—1237》,《中古欧亚文献》,第 3 辑,1983 年,第 8 页。(Thomas T. Allsen, *Prelude to the Western Campaigns: Mongol Military Operation in the Volga-Ural Region, 1217-1237*, Archivum Eurasiae Medii Aevi, III, 1983, p.8.) 以下版本信息略,简称为爱尔森《西征的前奏》。爱尔森将土土哈的祖先所统治的钦察人称为"东部钦察人"。
"也里"即前述阿的勒(Adïl);"押亦"即前述之扎牙黑(Jayaq),分别为今伏尔加河与乌拉尔河的突厥语名称。

极短,日暂没辄出,川原平衍,草木盛茂,土产宜马,富者有马至万计。俗衽金革,勇猛刚烈,盖风土使然。公之始祖曲年,高祖唆末纳,曾祖亦纳思,世为钦察国王。太祖征蔑乞国,其主火都奔钦察,遣使谕亦纳思。①

此段史料最重要的信息之一是,钦察人中居于乌拉尔河与伏尔加河之间的部落,起源于蒙古高原东部。这是这段史料之所以受到学者们普遍重视的原因。②他们在成为当地的统治者后,曾收留"蔑乞国"的国主"火都"。③阎复所著《静轩集》,久佚,今流传者为清末学者缪荃孙从《元朝名臣事略》、《元文类》、《元诗选》与石刻中辑得阎复文43篇,厘为6卷,仍定名《静轩集》。查其中所收之《枢密句容武毅王碑》录文,钦察所收留者为"蔑乞国"国主火都,足见其所据就是《元朝名臣事略》。

元中期虞集撰写的《句容郡王世绩碑》,在述土土哈先世中与之有关内容为:"太祖皇帝征乞思火都,火都奔亦纳思。遣使谕取之,弗从。"④这段文字当取自阎复的《句容郡王纪绩碑》,但重要的区别

---

① 苏天爵:《元朝名臣事略》,卷三《枢密句容武毅王》,北京:中华书局,1996年,第47页。
② 百年前,马夸特就曾将《元史·土土哈传》的相关内容译为德文,用于其文《论库蛮的民族性》,收于该氏与邦格合编之《东部突厥语方言研究》,《王家哥廷根学会丛刊》,哲学-历史类,新系列,卷八,柏林,1912年,第114-116页(J. Marquart, Über das Volkstum der Komanens, in W. Bang and J. Marquart, Osttürkische Dialektstudien (Abhandlungen der Königl. Gesellschaft der Wissenschaft zu Göttingen. Phil.-Hist. Klasse, n.s., Band xiii; Berlin, 1912),转引自爱尔森《西征的前奏》,第7页,注6;并见拙文《蒙古征服前操蒙古语部落的西迁运动》,《欧亚研究》第1辑,北京:中华书局,1999年,第241页。
③ 阎复:《静轩集》,卷三,《元人文集珍本丛刊》,台北:台湾新文丰出版公司,1985年,第2册,第549页。
④ 虞集:《句容郡王世绩碑》,《道园学古录》卷二三,《四部丛刊初编》第335册,上海:上海书店,1989年,第13—14页。

是将火都所在的部落称为"乞思"。虞集的上述碑文除其文集之外，亦收录于苏天爵的《国朝文类》之中。《国朝文类》有元刊本尚存，可资对照。上述这一段文字中在苏天爵的录文中作："太祖皇帝征蔑乞思火都，火都奔亦讷思。遣使谕取之，弗从。"①两相对照，几乎完全一样，唯一的变化是将火都所属之国称为"蔑乞思"。查《元史·土土哈传》，对应文字为："太祖征蔑里乞，其主火都奔钦察。"据此可知，明初编修《元史·土土哈传》时，宋濂及其同事所取者并非虞集之《句容郡王世绩碑》，而应为阎复所撰《句容郡王纪绩碑》。不过，其所据文献，绝非《元朝名臣事略》，而应是当时尚存之阎复的《静轩集》。

虞集所撰《句容郡王世绩碑》，虽然基本依据阎复《句容郡王纪绩碑》，但却将阎复文中火都所属国"蔑乞"改为"蔑乞思"。虞集撰写《句容郡王世绩碑》的时代，距元太宗征钦察已逾百年。这一历史的所有当事人、甚至其第二代都早已去世，他的改动不可能有新史料依据。那么虞集为什么要作这样的改动，修改的依据是什么呢？查虞集在上引句子的下面，提及："宪宗受命师师已及其国，忽鲁速蛮之子班都察举族来归，从讨蔑乞思有功。"②此句在阎复的《句容郡王纪绩碑》中作"岁丁酉，宪宗在潜邸，奉命薄伐，兵已叩境。公之父班都察举族迎降，从征麦怯思国。"③

虽然阎复提到的"麦怯思"与虞集所改"蔑乞思"均指太和岭地区的阿速，但在阎复《纪绩碑》中，"蔑乞国"是火都在投奔钦察

---

① 虞集：《句容郡王世绩碑》，苏天爵编：《（元）国朝文类》卷二六，《四部丛刊初编》，第329册，上海：上海书店，1989年，第14页。
② 虞集：《句容郡王世绩碑》，第14页。参见屠寄《蒙兀儿史记》卷四，《斡哥歹可汗本纪》，北京：中国书店，1984年，第50页；蔡晶晶《元代阿速人研究》，2014年，南京大学博士论文。
③ 苏天爵：《元朝名臣事略》，卷三《枢密句容武毅王》，第47页。

之前曾经统治的部落,而"麦怯思"则是在钦察归降蒙古之后,协助蒙古征服的国家,总之两者并非一回事。但虞集却在抄录阎复的记载时,不但将阎复所记火都所属之"蔑乞"国改为"蔑乞思"国,并将钦察投降蒙古后从征的"麦怯思"改为"蔑乞思"以协调两者,将这段历史理解为:火都投奔钦察之前是"蔑乞思"国主,而钦察投蒙之后参与征服的也是"蔑乞思"。但这一理解是完全错误的。

火都为成吉思汗时代的著名人物,乃其世仇篾儿乞部长脱黑脱阿之子,在元代汉文史料、《秘史》与波斯文史籍中均曾提及。爱尔森曾梳理了篾儿乞部败亡的曲折历程:成吉思汗统一蒙古高原后,篾儿乞人先曾降附,后来却于1212—1213年间举兵叛乱,并与乃蛮残部联合。[1]此即《秘史》所记:

> 初虏篾儿乞百姓时,将脱黑脱阿子忽都的妻与了斡歌台。一半百姓反去,将台合(中)勒山寨把住。成吉思命锁儿罕(中)失剌(舌)的子沉白领右手军去攻,自去追袭脱黑脱阿到金山,住过冬。明年春,瑜阿来(舌)岭去,适乃蛮古出鲁克与脱黑脱阿相合了,于额儿的失不黑都儿麻地面根源行,整治军马。[2]

爱尔森又论:于是1217年成吉思汗命速不台出兵追剿。[3]查《秘史》记"那鼠儿年(1216)秋,太祖于合(中)剌(舌)苔勒忽札兀儿地面,与篾儿乞的脱黑脱阿对阵,将他杀退,追至撒阿里(舌)客额儿地面,将他百姓虏了"[4];而派速不台出征篾儿乞《秘史》则记为"牛儿年"

---

[1]《西征的前奏》,第8—9页。
[2]《元朝秘史》卷八,第247页。
[3]《西征的前奏》,第9页。
[4]《元朝秘史》卷七,第241页。

(1217)。①此当为爱尔森之所据。火都汉文史料中又作霍都,王恽《兀良氏先庙碑》提到:

> 岁丙子(1216),帝会诸将于秃烈河上。询曰:"灭里吉部未附,畴为朕征之?"公即应诏,选裨将阿你出领百人为候骑。仍谕以方略,如其言,彼果不疑,弗为备。大军至,阵蟾河上,一战而溃,擒二将,鼓下,遂降其余众。辛巳(1221)追灭里吉酋长霍都,与钦察战于玉峪,败之。②

《元史·速不台传》虽主要依据此碑史料撰成,但亦参照了其他史料,故记其经过更详,且稍有区别:

> 灭里吉部强盛不附。丙子(1216),帝会诸将于秃兀剌河之黑林,问:"谁能为我征灭里吉者?"速不台请行,帝壮而许之。乃选裨将阿里出领百人先行,觇其虚实。速不台继进。速不台戒阿里出曰:"汝止宿必载婴儿具以行,去则遗之,使若挈家而逃者。"灭里吉见之,果以为逃者,遂不为备。己卯(1219),大军至蟾河,与灭里吉遇,一战而获其二将,尽降其众,其部

---

① 《元朝秘史》卷八,第252页。
② 王恽:《大元光禄大夫平章政事兀良氏先庙碑铭》,《秋涧先生大全文集》卷五〇,《四部丛刊》第226册,上海:上海书店,1989年,第3—4页。

主霍都奔钦察，速不台追之，与钦察战于玉峪，败之。①

可见上述兀良哈台家传资料将速不台出征事置于成吉思汗击败脱黑脱阿的同一年，即 1216 年。由于脱黑脱阿战死，率领篾儿乞残部逃脱者是火都（或霍者／忽都）。兀良哈台家传中言及追击篾儿乞事，在《秘史》中也有记载：

成吉思造与速别额台一个铁车，教袭脱黑脱阿的子忽都等

---

① 《元史》卷一二一《速不台传》，北京：中华书局，1976 年，第 2975—2976 页。有关此战之前的情况，《元史·巴而朮阿而忒的斤传》记："岁己巳（1209），闻太祖兴朔方，遂杀契丹所置监国等官，欲来附。未行，帝遣使使其国。亦都护大喜，即遣使入奏曰：'臣闻皇帝威德，即弃契丹旧好，方将通诚，不自意天使降临下国，自今而后，愿率部众为臣仆。'是时帝征大阳可汗，射其子脱脱杀之。脱脱之子（大）〔火〕都、赤薛温、马札儿、秃薛干四人，以不能归全尸，遂取其头涉也儿的石河，将奔亦都护，先遣使往，亦都护杀之。四人者至，与大战于襜河。"参见《元史》卷一二二《巴而朮阿而忒的斤传》，第 3000 页。此处《元史》将脱脱误为乃蛮塔阳汗之子。而《秘史》所记是有关于此战的另一个侧面："成吉思至其地，与他厮杀。脱黑脱阿中乱箭死了，其尸不能将去，其子只割将他头去，人马败走，渡额儿的失水，溺死者过半，余亦皆散亡。于是乃蛮古出鲁克过委兀、合（中）儿鲁种去，至回回地面垂河行，与合（中）刺乞塔种的人古儿罕相合了。篾儿乞的忽都、合（中）勒、赤刺温过康里、钦察种去了。"参见《元朝秘史》卷八，第 247 页。元人欧阳玄则提供了脱脱／脱黑脱阿被杀的另一种说法："灭里棘脱脱伯吉叛合刺山，王三召克直普尔。至则言于王曰：'脱脱骁勇，未易力攻。臣少与亲善，彼不忌臣，可以计取。今与王期以七日，当斩其首以报。'乃先遣家僮，往取灭里棘马百匹。脱脱使追之，则给追者曰：'丞相取马载葡萄酒见汝主尔。'追者返以告，脱脱喜迎之于郊，握手欢甚。飨公毕，谓曰：'今日易营。'初，脱脱置七行营，三日一易，各以嬖夫人摄之。谓克直普尔曰：'公其少需，我先往，迟公至。'既行，乘日从后大呼止之。脱脱止，阳曰：'有密语，请屏左右。'脱脱如其言。乃奋曰：'私恩公义，有难两全者。吾奉王命取尔首耳！'亟拔剑斩之。左右股栗不敢动。持首白王，王悦。"参见欧阳玄：《高昌偰氏家传》，《圭斋文集》卷十一，《四部丛刊》第 242 册，上海：上海书店，1989 年，第 7—8 页。这里提到的灭里棘即篾儿乞，"王"则指畏兀儿亦都护巴而朮阿而忒的斤。脱脱的所谓"七行营"当指其七个斡儿朵，克直普尔一次可取其马百匹，足见其时部落组织仍相对完整。上述《巴而朮阿而忒的斤传》与《高昌偰氏家传》的记载尽管有差异，但其共同之处在于，它们均言篾儿乞人逃亡经过畏兀儿之地时，曾受到畏兀儿人的打击。

去。对说:"他与咱厮杀败着,走出去了。如带套竿的野马、中箭的鹿一般。……若天护助,将脱黑脱阿子每拿住呵,就那里杀了者。"再说:"当初我小时,被三种篾儿乞拿我,将不儿罕山绕了三遭。这般有雠的百姓,如今又发言语去了。我欲教你追到极处,所以造与你铁车。你虽离得我远,如在近一般。行呵,天必护助你。"①

因此,我们知道阎复《句容郡王纪绩碑》中的"太祖征蔑乞国,其主火都奔钦察"不过是说,成吉思汗进攻篾儿乞部,其部长火都向钦察逃奔而已,当时成吉思汗恐怕还不知道阿速的蔑乞思(麦怯思)城。虞集将"蔑乞国"改为"蔑乞思"说明他虽然在元政治中枢为官,但对蒙古早期历史不甚了解。

爱尔森注意到拉施都丁称火都在出逃过程中被杀。②按此说法,火都本人并未能逃至今伏尔加与乌拉尔两河之间地,而钦察所收留的不过是火都的残余力量而已。

更值得注意的是,前引兀良哈台家传均提到,速不台在追击篾儿乞残部的过程中,曾"与钦察战于玉峪,败之"。也就是说,速不台在追击篾儿乞时,曾直抵达乌拉尔河。故而前面提到的《秘史》所言"留下未完的百姓",与志费尼所记"余下的反抗者",应主要是指收容了篾儿乞残部的钦察人。

《元朝名臣事略》所录阎复《句容郡王纪绩碑》中,有一段文字描述成吉思汗向钦察部长亦纳思遣使,双方为钦察是否应当向蒙古交出篾儿乞残余人员的交涉过程:

---

① 《元朝秘史》卷八,第250页。火都在《元朝秘史》其他几处中还分别写作"忽图与忽秃"。
② 《西征的前奏》,第9页,注16。拉施特:《史集》第1卷第1分册,北京:商务印书馆,1997年,第188页。

太祖征蔑乞国,其主火都奔钦察,遣使谕亦纳思曰:"汝奚匿吾负箭之麇?亟以相还,不然祸且及汝。"亦纳思谓使者曰:"逃鹞之雀,藜荟犹能生之,吾顾不如草木耶!"。①

联系到上面提到的兀良哈台家传记载的成吉思汗向速不台交待的话中有"中箭的鹿一般"语,可以推测向钦察国主亦纳思转达成吉思汗旨意"汝奚匿吾负箭之麇?亟以相还,不然祸且及汝"者,应是速不台。而亦纳思回复成吉思汗使臣的这番话,则是我们非常熟悉的一则蒙古谚语,曾在几种文献中曾反复以类似的形式被提及。如《元朝秘史》第 85 节记铁木真年幼时为逃避泰赤兀人追杀,受到锁儿罕失剌一家相救时,锁儿罕失剌之子沉白与赤老温之间的对话。②以及波斯史家记脱列哥那摄政后,元太宗窝阔台时代的大臣镇海与牙剌瓦赤因平素与之有隙,逃至阔端处时,脱列哥那遣使要求送还时,阔端回复时所用的蒙古谚语。③

那么,为什么钦察人会以一段蒙古谚语回复成吉思汗的使臣呢?公元 10 世纪波斯史家葛尔迪齐记载过一批鞑靼人迁入钦察部的事迹。学者们很早就注意到,蒙古伯牙兀氏与钦察、康里人中的伯牙兀忒可能有同一起源。④据土土哈家传资料,其祖先约在辽金时

---

① 苏天爵:《元朝名臣事略》卷三《枢密句容武毅王》,第 47—48 页。明初宋濂领导编修《元史》,记载成吉思汗使臣与亦纳思交涉时,完全照抄阁复此段文字。参见《元史》卷一二八《土土哈传》,第 3131 页。
② 《元朝秘史》,乌兰校勘,第 52 页。
③ 《世界征服者传》上册,第 284 页。有关问题,参见拙文《〈元朝秘史〉中两则谚语与相关史料的可靠性问题》,《民族研究》,2015 年第 5 期,第 85—91 页。
④ 参见韩儒林师《西北地理札记》三《钦察、康里、蒙古之三种伯牙吾台氏》,南京大学元史研究室编:《韩儒林文集》,南京:江苏古籍出版社,出版年不详,第 747—751 页;及拙著《西北民族史与察合台汗国史研究》第 2 章《蒙古西征背景新探》,北京:中国国际广播出版社,2012 年,第 27—66 页。

从辽河上源地区不远万里,远徙位于札牙黑水与也的里水(Ïtil,即前述之阿的勒河的另一音译)之间的玉里伯里地区,自号钦察。上述谚语应当在其西迁之前已经存在,并随其部众的迁移带入钦察。

钦察人的居地与成吉思汗的祖居地蒙古高原东部远隔万里,之所以遭受兵祸,乃因不但收留了败亡的篾儿乞人,且拒不向成吉思汗交出。前已提及土土哈出自钦察王族,其祖先因不慎之言招致灭国之灾的经历,必定在其家庭成员中代代相传。而阎复所记当本于自述,应属可信。

三、对《耶律楚材神道碑》中一段文字的解读

(一)有关耶律楚材的一则史料

宋子贞《耶律楚材神道碑》中有一段记载,曰:

> 乙未,朝议以回鹘人征南,汉人征西,以为得计。公极言其不可,曰:"汉地西域相去数万里,比至敌境,人马疲乏,不堪为用。况水土异宜,必生疾疫。不若各就本土征进,似为两便。"争论十余日,其议遂寝。①

这段记载中的"朝议",有两个关键议题,即"征南"与"征西"。《元史·耶律楚材传》此处改为"朝议将四征不廷"②,恰与前述《元

---

① 宋子贞:《耶律楚材神道碑》,苏天爵:《(元)国朝文类》卷五七,第2页。
② 《元史》卷一四六《耶律楚材传》,第3460页。

朝秘史》中窝阔台与诸王们讨论太祖成吉思汗"留下未完的百姓",以及与志费尼书中的讨伐"余下的反抗者们"相应,可见所记是同一件事。

此外,对比《元史》,我们发现,《耶律楚材神道碑》中所谓"征南",当即《元史》卷二《太宗纪》所记"七年乙未(1335)"项下之遣"皇子阔端征秦、巩,皇子曲出及胡土虎伐宋"事,而所谓"征西",当即同书同卷中之"遣诸王拔都及皇子贵由、皇侄蒙哥征西域之事。

换而言之,《耶律楚材神道碑》此处所记,就是元太宗主持蒙古朝廷讨论即将采取的西征欧亚草原与灭金后攻宋的行动。该《神道碑》所记透露了迄今学界未曾深加研讨的一件事,即在议决的过程中,有不少诸王大臣提议,调动回回人来征宋,而西征则使用汉人。

(二)决策西征的时间与地点

据前引《元朝秘史》,决策西征时察合台起了重要作用,则察合台与元太宗窝阔台商议的地点应在漠北某处。耶律楚材撰有《屏山居士金刚经别解序》,序后楚材自署"乙未元日,湛然居士漆水移剌楚材晋卿题于大碛黄石山"①。此外,他在漠北写下《万松老人万寿语录序》,其文尾也注明所作时间与地点:"乙未夏四月,湛然居士漆水移剌楚材晋卿题于和林城"。

另外,他还在收到老友陈时可赠梨之后写了几首诗,题为《和陈秀玉绵梨诗韵》,其句曰:

---

① 耶律楚材:《湛然居士文集》卷一三,《屏山居士金刚经解序》,谢方点校本,中华书局,1986年,第278—279页。

石门九月西风高（梨出于石门之北遵化县），绵梨万树金垂梢。清溪（秀玉道号也）千里携赠我，藤筐初发香盈包。谪仙风度清溪亚，春风曾饮梨花下。不用红妆唱采莲，醉望青天歌二雅。我有斗酒清且醇，同君荐此鹅黄新。初见分香剖金卵，①更看削玉飞霜鳞。缥叶紫条何足语，②夜光安可同鱼目。文园尘渴政难禁，咀嚼冰雪剸香玉。③

王国维在《耶律文正公年谱》中将《和秀玉韵》诗列入甲午年。耶律楚材文集点校者谢方据此认为："此诗作于秀玉入觐时。秀玉于甲午（1234）、乙未（1235）二年均至和林。"④见《文集》卷十《谢西方器之赠阮杖诗序》及《元史·太宗纪》。故点校者谢方将此诗系于1234—1235年间。陈时可甲午岁（1234）与耶律楚材见面时，曾携苏东坡铁杖相赠，在两人的唱和诗作中，并无一字提及梨，故可知携梨北上必为乙未年（1235）。梨无论南北，大体上均于秋季成熟，且其第一句中提到"九月西风"，可见其时为秋天。由此可知，律楚材自年初至深秋均在漠北。

耶律楚材还撰有《和林城建行宫上梁文》，王国维将其撰写年代归于次年，即丙申年（1236），谢方采纳其意见。考《上梁文》中有"臣庶称觞来上寿，嵩呼拜舞一声齐"，"君臣钟鼓乐清时"，⑤可见其时聚集的人员不少，应与举行忽里台大会有关。笔者以为《上梁文》也应作于乙未年。

---

①此句校注本所据之"渐西本"作"初见清香剖金卵"。
②此句"渐西本"作"缥叶紫条何足录"。
③耶律楚材：《湛然居士文集》卷一，《和陈秀玉绵梨诗韵》，第17页。
④耶律楚材：《湛然居士文集》卷一，《和陈秀玉绵梨诗韵》，第17页。并见书末所附王国维《耶律文正公年谱》，第360页。
⑤耶律楚材：《湛然居士文集》卷十三，《和林城建行宫上梁文》，第296页。

既然耶律楚材全年均在漠北和林周围一带，那么讨论西征与南下宋是在上半年还是下半年呢？前引《元史·太宗纪》已经明言，决策西征与南征事在太宗七年春。此外察罕等当年十月已经开始大规模攻宋行动，也证明讨论征调汉军西征方案应在该年的上半年。

四、结语

至于有关发起"拔都西征"之前，蒙古国上层的决策过程，既往论述多关注于诸王贵戚各以长子出征之事上，而对此次西征的直接原因追究不足。本文通过对钦察贵族土土哈家传资料所述，因其祖先拒绝蒙古方面有关交出成吉思汗宿敌篾儿乞残部的要求而招致兵祸之事的考察，证明了该史料的可信性。

据宋子贞的记载，最初蒙古国朝廷讨论西征军的组成时，曾考虑过征发汉人应役之事。此事因耶律楚材坚决反对，廷议争论十余日而后最终才放弃。《神道碑》中所谓"争论十余日，其议遂寝"是说，有关从西域调动回回人东来灭宋，而从华北征发汉人西征钦察的提议未获通过。改为诸王、驸马与各贵族均派长子携属民组成西征军，也就是"长子西征"的决议是在这场讨论的最后才决定的。

我们不妨设想一下，如果不是耶律楚材反对，则大批华北汉人将被征发远赴伏尔加河流域与东欧，并在军事行动结束之后在那里长留下来。历史要是果真向这个方向演进，则这些被征发的华北汉人，很有可能如同随蒙古军入华的西域移民，在汉地经历了先形成回回人，最终演变成回族这样类似的过程：即在俄罗斯与乌克兰等欧亚草原地区，会形成一个与汉地的"色目人"类似的集团，并最终成为一个新的民族。对照今天中国的回族说汉语、信奉伊斯兰教的状况,这些汉人移民也许会操鞑靼语、俄语或乌克兰语,信奉孔孟之道,甚至可能沿习学习汉文之风。

但是,因耶律楚材以汉地与西域相距过远,征调东来的回回军与调往西域的汉人军队在长途行军中,必损失惨重,不堪为用,且西域与汉地水土气候相差极大,远征士卒因水土不服而造成的非战斗减员必定非常严重,不如以西域人征西域,以汉军征宋为辞,坚决反对,此议才未被采纳。笔者迄今未见任何其他史料记载此事,也不知是否有其他大臣在这件事上站在耶律楚材一边。

我们不禁会问,耶律楚材个人之力是否足以推翻这项使用汉人西征欧亚草原的建议呢?据《元史·耶律楚材传》记载,元太宗即位后,耶律楚材奏:"便宜十八事",要求"颁天下",其中有"贡献礼物,为害非轻,深宜禁断"一条。"帝悉从之,唯贡献一事不允。"两人间由是往复讨论。窝阔台曰:"凡卿所奏,无不从者,卿不能从朕一事耶?"①可见耶律楚材之言在窝阔台心目中分量之重。《耶律楚材神道碑》还记载,丙午年(1236),亦即决策西征的次年,"上会诸王贵臣,亲执觞以赐公曰:'朕之所以推诚任卿者,先帝之命也。非卿,则天下亦无今日。朕之所以得高枕而卧者,卿之力也。'盖太祖晚年,屡属于上曰:'此人天赐我家,汝他日国政当悉委之。'"可见耶律楚材在成吉思汗、窝阔台两朝深受信用,是他能力排众议,推翻诸王亲贵们提出的调用汉军远征东欧的方案的重要原因。

原刊于《历史研究》2016 年第 2 期。

---

① 《元史》卷一四六《耶律楚材传》,第 3457 页。

《元史·太宗纪》乃马真皇后监国部分笺证

与《元史·太宗纪》相关的主要史料有《元朝秘史》、《圣武亲征录》、拉施都丁《史集》、宋子贞《耶律楚材神道碑》与元末陈桱《通鉴续编》。较重要的研究成果主要是屠寄的《蒙兀儿史记》与德国学者阿布拉莫夫斯基的《太宗纪》德文译注。由于考释部分篇幅超出正文较多,故以本纪年度纪事为自然段,考证部分以段后注形式排列。

自2010年起,南京大学元史研究室承担的国家社科基金会重大招标项目"《元史》会注考证"启动后,在工作过程中,笔者越来越感到工作不但难度高,且工作量大,因而虚心听取学界同仁的批评与建议极为必要。故课题组人员近年来不断有阶段成果公布,本文的发表也是出于这一考虑。

壬寅年春,①六皇后乃马真氏②始称制。③
秋七月,张柔④自五河口⑤渡淮,攻宋扬、滁、和等州。⑥
癸卯年春正月,张柔分兵屯田于襄城⑦。
夏五月,荧惑犯房星。⑧
秋,后命张柔总兵戍杞⑨。
甲辰年夏五月,⑩中书令耶律楚材薨。⑪
乙巳年秋,⑫后命马步军都元帅察罕⑬等率骑三万与张柔掠淮西，攻寿州，拔之，遂攻泗州、盱眙⑭及扬州。⑮宋制置赵蔡请和，⑯乃还。⑰

注释

①六皇后脱列哥那与耶律楚材应有密切关系。此前，太宗去世的当月，脱列哥那即向耶律楚材询问继位人问题。宋子贞：《耶律楚材神道碑》记："癸卯（元太宗十三年十一月二十日，1241年12月23日），后以储嗣问公。公曰：'此非外姓臣所当议，自有先帝遗诏在，遵之则社稷甚幸！'"（《国朝文类》卷五十七；并见耶律楚材著：《湛然居士文集》，页332）

蔡美彪先生认为窝阔台遗诏传位的是失烈门（《脱列哥那后史事考辨》，《蒙古史研究》第三辑，1989年，页12）。对比志费尼与拉施都丁的记载，可知此时摄国者为木哥哈屯。脱列哥那为避免失烈门按太宗遗诏继位，积极谋求取木哥哈屯而代之。

②《元史本证》卷四十一《证名五》：脱（忽列）〔列忽〕乃、（据点校本《元史》改）宪宗纪。秃纳吉纳。同《表》。《考异》云：脱列哥那六皇后乃马真氏，太宗崩后摄国。陈桱《通鉴续编》：太宗崩，六皇后秃里吉纳治国事。则脱列哥那、秃里吉纳本一人，译音有轻重耳。而《后妃表》别有秃纳吉纳六皇后，疑是重出。

脱列哥那皇后因地位重要，中外多位学者曾有研究。屠寄："朵列格捏可敦（名见蒙文《秘史》。旧史《后妃表》太宗皇帝第二位脱列哥那六皇后乃马真氏，又第五位秃纳吉纳六皇后复出。《高昌偰氏家传》作帖列聂），乃蛮真氏。（蒙文《秘史》卷八：房蔑儿乞惕民，并房脱黑脱阿别乞子忽都之合（秃）〔敦——按，笔者核改〕惕秃该朵列格捏，与了斡歌歹。按，合秃（笔者按，《秘史》此处为"敦"）

即可敦，哈屯异文。据此知朵列格捏本蔑儿乞惕忽都之妻，其母族为乃蛮也。乃蛮，《西游记》作乃满，旧史《纪》、《表》或作乃蛮，或作乃马，今从《秘史》，概作乃蛮。")(《蒙史》卷五《古余克可汗本纪》，第一叶)

伯希和与韩百诗在讨论花剌子模沙的母后"忒厘塞哈屯"的称号时，曾联系六皇后脱列哥那名称的意义问题，他们写道：

> On est tenté d'expliquer par une forme secondaire de türägän ou *törägän, á savoir *törägänä, le "nom" jusqu'ici mystérieux de l'épouse d'Ögädäi, mere de Güyük, dont l'Histoire secrete (§ 198) transcript le nom Dörägänä; elle avait été mariée á un Märkit (Qodu, fils de Toqto'a-bägi), mais était elle-même une Naiman (cf. Pellort, les Mongols et la Papauté, 193). Les transcripteurs de l'Histoire secrete n'avaient plus de tradition sur la pronunciation du nom, mais la forme chinoise 脱列哥那 T'o-lie-ko-no du Yuan che représente Törägänä, et celles de Ĵuwainī et Rašīdu-'d-Dīn doivent ramener á Törägänä; une forme chinoise T'ie-lie-nie que j'ai cite également représente, si elle est correcte, *Täränä 〈 *Tärä'änä, et ceci serait decisive pour une lecture Tärägän si les noms sont apparentés. Barthold mentionne lui-même un exemple de تركانه au sens de "reine" dame, en ajoutant que la finale est ici "le suffixe pronominal". Je n'ai pas les moyens de vérifier, mais, même s'il en est ainsi et qu'il ne faille pas transcrire en ce cas *türägänä ou *törägänä, et même ausi si la vocalization tärgän de Kāšγrī est correcte, on peut supposer que *törägän est une forme dialectale (naiman?) de tärgän ce que par expemple Qara'una est á qara'un .

有人试图通过 türägän 或 *törägän 一种辅助的形式来解释所熟知的迄今尚很神秘的窝阔台的妻子，贵由之母脱列哥那（törägänä），其在《元朝秘史》（第198节）中写为 Döräganä；她曾嫁给一个蔑儿乞人（脱黑脱阿别乞之子火都），但其本人是乃蛮人（参见伯希和：《蒙古人与教廷》，页193）。《秘史》的转写者们不再具有读出这个名称的传统，但《元史》中的汉文形式"脱列哥那"表示 Törägänä，而志费尼和拉施都丁的书写形式必然指向 Törägänä；然而我们引述的一种汉文形式 T'ie-lie-nie（帖列聂？），如果它是正确的话，则表示 *Täränä<*Tärä'änä，它应当肯定读为 Täragän，如果这些名称是有关系的话。巴托尔德本人提及过一个 تركانه"王女"（或"皇后"）的例子，且补充道：这里的词尾是代词的后缀。我不一定要证实其意义，但，即使是这样，它在这种情况下也不应该转写为 *türägänä 或 *törägänä，即使可失哈里（Kāšɣrī）的添加元音以后的形式 tärgän 是正确的，我们也可以假设 *törägän 是一种方言（乃蛮）的 tärgän，例如 Qara'una 就是 qara'un 一样。（《〈圣武亲征录〉译注》，页91）

1951年，蔡美彪先生在北京大学所藏艺风堂缪氏旧藏碑拓中发现了1240年河南济源紫微宫碑拓本（缪荃孙：《艺风堂金石文字续目》），后收入《元代白话碑集录》，于1955年在中国社会科学出版社出版。此碑所刊懿旨称为"也可合敦大皇后懿旨并诸妃子懿旨"。蔡美彪在注文中将此"也可合敦"释为脱列哥那六皇后乃马真氏。这一推测，曾为国内外学者所赞同，美国已故柯立夫（F.W. Cleaves）教授和澳大利亚罗依果（Igor de Rachewiltz）教授曾相继撰文讨论（F.W. Cleaves, *The Sino-Mongolian Inscription of*

1240, *Harvard Journal of Asiatic Studies*, vol.23, 1960—1961；Igor de Rachewiltz, *Some Remarks on Töregene's Edict of 1240, Papers on East Asian History*, vol.23, 1981）。罗依果在此基础上，进一步提出，脱列哥那的"六皇后"之称，为"大皇后"之误。后来，蔡美彪先生认为此碑中所提及的"也可合敦大皇后"应为太宗正宫皇后孛剌合真，订正了当初将考订为脱列哥那乃马真后之说，并在提交 1987 年 9 月 14 日至 21 日在乌兰巴托 (Ulaan Bator) 举行的第 5 届国际蒙古学家大会（the Fifth International Congress of Mongolist）论文 "Events relating to Töregene Khtaun" 中介绍自己的新见，其文摘要刊于沙·比拉 (Sh.Bira) 编辑的《国际蒙古学家会议论文集》(*Olon Ulsyn Mongolč Ėrdėmtniĭ V Ix Xural. Fifth International Congress of Mongolist*) 卷 3，乌兰巴托，1992 年，第 265—267 页（有若干印刷错误）。嗣后，蔡美彪撰有《脱列哥那后史事考辨》(《蒙古史研究》第三辑，1989 年，页 12—29)。罗依果在蔡文发表后，又撰文 "Was Töregene Qatun Ögödei's Sixth Empress?" (*East Asian History*, Canberra, 17/18; June/December 1999，71-76；此文有中央民族大学李文君汉译《脱列哥那是窝阔台的"六皇后"吗》,《蒙古学信息》,2002 年第 1 期) 回应，再加论证脱列哥那是"大皇后"而非"六皇后"，并举《贵显世系》所列窝阔台 12 位后妃之名与氏族中第六位为乃马人，但并非脱列哥那为证，力辨史籍中记脱列哥那为"乃马真"氏系因世祖定都大都以后，早先蒙古国时在和林的典籍散失致误。此后，因罗依果在《秘史》英译本节 198 注中，再次写道：

> Döregene(∽ Töregene; cf. above, n.197), the wife of Qudu (i.e. Qutu or Qudu; cf. n.141) that Činggis Qan gave to Ögödei, is a well-known figure. It seems that she was originally a Naiman of

possibly Nestorian Christian background. She gained great political power in the latter part of Ögödei's reign and became regent of the empire after his death (1241—46). She was the mother of Güyük (1206—48), for whose election as qa'an she was largely responsible. At the election, which took place on 24 August 1246 near Qara Qurum, the Franciscan envoy John of Pian di Carpine was present, and mentions her in the narrative of his journey. See, MM 61, 65 (cf. also the account of Benedict the Pole, ibid., 82); SDM, 390, 393. She died probably soon after the election. There are many references to her in the works of the Persian historians and in the Chinese sources. On her see MPa 193—195; HCG, 90. She is known in the West as Turakina, and in China as Nai-ma-chen 乃马真 (=Naimajin, "the Naiman") and Liu huang-hou 六皇后 or "the Sixth Empress." The latter designation has not been satisfactorily explained, since both the Persian and Chinese sources list her as the second, not sixth, wife of Ögödei, belonging to the emperor's principal ordo (his first wife was Boraqčin). See Successors, 18; YS 106, 2693—94; I have discussed this problem at length in de Rachewiltz 1981 and de Rachewiltz 1999a, where new source materials in presented to support me earlier tentative explanation of this puzzling question. For the name Döregene/Töregene, cf. Rybatzki [2003], s.v. (*The Secret History of the Mongols, A Monglian Epic Chronicle of the Thirteenth Century*, translated with a historical and philological commentary by Igor de Rachewiltz, Brill Leiden. Boston, 2006, pp.728—729.）

　　成吉思汗所送给送给窝阔台的忽都［Qudu, 即忽秃（Qutu,

比照注 141]之妻朵列哥捏（Döregene）〜脱列哥那（Töregene；比照上面注 197），是一位有名的人物。她似乎原来是乃蛮人，可能有聂思脱里教背景。她在窝阔台朝后期掌握大权，并在其逝世之后成为帝国的摄政（1241—1246）。她是贵由（Güyük，1206—1248）之母，为其选汗出力甚多。在 1246 年 8 月 24 日哈剌和林附近选汗过程中，方济各会特使普兰·伽尔宾的约翰 (John of Pian di Carpine) 在场，且在其旅行记中提及她。见道森编：《蒙古出使记》[MM 61，65（C. Dawson, ed., *The Mongol Mission. Narratives and Letters of the Franciscan Missionaries in Mongolia and China in the Thirteenth and Fourteenth Centuries,* translated by a Nun of Stanbrook Abbey, Sheed and Ward, London-New York, 1955, repr. New York, 1966），页 61，65；并参见上述本笃（Benedict the Pole）的描述，页 82；《蒙古记事》（SDM，即 *G. di Pian di Carpine, Storia dei Mongoli,* ed. by P. Daffiná, C. Leonardi, M.C. Lungaroti, E. Menestò L. Petach, Spoleto, 1989），见页 390，393。她可能在选汗之后不久去世。波斯史家的著述与汉文史料中有关她的记载甚多。关于此人，见《蒙古人与教廷》（MPa）页 193—195；《〈圣武亲征录〉译注》（HCG），页 90。她在在西方被称为秃剌乞纳（Turakina），而在中国称为乃马真（= Naimajin"乃蛮人"）和"六皇后"或"第六皇后"。后一种称谓未有令人满意的解释，因为波、汉史料均将她列为窝阔台的第二，不是第六皇后，属于皇帝的主要的斡耳朵[其长后是孛剌黑臣（Boraqčin）]。见《史集》第二卷英译本《成吉思汗的继承者》，页 18；《元史》卷一〇六，标点本页 2693—94；我已经在 de Rachewiltz 1981 中详论此问题，且在 de Rachewiltz 1999a 中提供新史料支持我对这一令人费解问题的解释。对于名称 Döregene / Töregene，比照 Rybatzki [2003]，s.v.，即 *Female Personal Names in Middle Mongolian Sources*, in press (《中古蒙古文史料中的女性名称》，待印)"。(罗依果:《元朝秘史》英文译注，莱顿—波士顿，2006，见页 728—729)

阿布拉莫夫斯基注 186：

Sie hiess mit persönlichem Namen T'o-lieh-ko-na, YS 114, 1v-2r. In der GG § 198 erscheint sie als Döregene, Frau des Hudu, die Činggis Qan, nachdem er die Merkit gefangengenommen hatte, dem Ögedei zur Frau gab. CARPINI, S. 326 nennt sie Torakina. Nur das YS sagt, sie sei eine Naiman; die persischen Quellen sagen, sie gehört zu dem Uwaz-Merkit. (JUVAINI, S. 239; RASHID, S. 18). Warum sie die "sechste Kaiserin" (liu huang-hou) wird, ist aus der Liste der Kaiserinen der Yuan, YS 106, nicht ersichtlich. YS 114, 1v wird sie die "Chao-tz'u", Kaiserin, genannt. JUVAINI, (S. 239-244) UND RASHID (S. 176-178) sind ausführlicher in ihrer Berichterstattung über Töregene als das YS. Siehe auch PELLIOT, Paputé, S. 193-194.

在《元史》卷一一四，第一叶正面至第二叶背面，她本人的名字为脱列哥那。在《秘史》第 198 节中写为"朵列格捏"，为忽都之妻。成吉思汗在俘获蔑儿乞人之后，将她送给窝阔台为妻。《伽尔宾尼游记》(Risch, Fr., *Johann de Plano Carpini*, Leipzig, 1930) 第 326 页称之为 Torakina。只有《元史》称其为乃蛮人；波斯史籍说她属于兀洼思—蔑儿乞 [志费尼书 (Juvaini, *The History of the World-Conqueror*, Manchester, 1958)，页 239，拉施都丁书 (Rashid al-Din, *The Successors of Genghis Khan*, New York and London, 1971)，页 18]。她为何成为"第六皇后"，在

《元史》卷一〇六中未见。《元史》卷一一四称其为"昭慈"皇后。志费尼书页239—244与拉施都丁书页176—178，在记述脱列哥那时，较《元史》更为详尽。并见伯希和《蒙古人与教廷》（Pelliot, P., Les Mongoles et la Papauté, Paris, 1923），页193—194。

宋遗民郑思肖亦称脱列哥那皇后位居第六，他写在其《心史》中写道：兀窟带（窝阔台）"及死，兀窟带妻六妇据国"。（郑思肖著，陈福康校点：《郑思肖集》，上海古籍出版社，1991年，第177页。此信息系洪学东博士生提供）足证脱列哥那确为六皇后，罗依果有关其"六皇后"之号为"大皇后"之误的说法不能成立。

罗依果有关脱列哥那后是否为"第六皇后"的问题，其实是脱烈哥那的权势与"第六"之间的矛盾引起的。实际上，"第六"的排序并不代表脱烈哥那的实际地位居第六，应当表示窝阔台娶她时已经有了五位哈屯，所以"第六"的称谓应当是自然形成的。蒙古国时代诸帝皇后称号中带有排序号者有好几位，应当都是这个意义。

《史集·窝阔台合罕纪》："二皇后为出自强大的〔AWHAT。（波伊勒英译本第18页作Uhaz，为部落名称的组成部分。——汉译者）〕蔑儿乞惕部落的脱列哥那。在某些记载中，说她是强大的蔑儿乞惕部酋长答亦儿—兀孙的妻子。当答亦儿—兀孙被杀死后，她被抢走，送到了窝阔台合罕处。窝阔台合罕便认识了她（波伊勒英译本第18页作'娶了她'。——汉译本）。而在此之前，答亦儿—兀孙曾把自己的女儿忽兰哈敦嫁给了成吉思汗。根据另一种说法，她出身于这个部落，但不是答亦儿—兀孙的妻子。相传在合赤温……（QAĴWQAL）和赤剌温兄弟们被擒获时，三个人的妻子在遭到袭击后，全部被带来看管着。窝阔台合罕对察合台说道：'我们用暴力去占有她们。'察合台不同意。窝阔台昂然而去，他把脱列哥那推倒之后,强娶了她。成吉思汗同意了〔此事〕,(并将其余两个妻子给了另外的人——圆括号内词句,B、P、L、伯劳舍本均脱漏)。这个皇后不很漂亮,但生来好用权势,有如《贵由汗纪》(A本作"蒙哥合罕")中所将纪述,她曾一度临朝称制。正如《贵由汗纪》中所述,她因为不听成吉思汗的遗嘱,也不听从宗亲们的话,在成吉思汗的家族中播下了纠纷的种子。"(汉译本,页6—7)

有关脱列哥那的名称与辽皇后称号忒俚骞之间的关系,参见刘迎胜:《西北民族史与察合台汗国史研究》中第二章《蒙古西征背景初探》"忒俚骞哈屯及与此称号有关之诸问题"一节,中国国际广播出版社,2012,页42—45。

《太宗纪》未提及太宗死后,在脱列哥那皇后摄国之前,曾有另一位皇后摄国事。根据志费尼记载,此前摄国者为木哥哈屯。

蔡美彪:"太宗逝后,先由木哥哈屯发号施令,在木哥死后,脱列哥那才取得摄国地位。如果她在太宗生前就是大皇后,在太宗逝后应明正言顺地摄国称制,但她在太宗逝后几个月才摄国,正说明其地位低于木哥。"(《脱列哥那后史事考辨》,页13—14)

③《考异》卷八十六:刊本"六"作"太"误。按:《本纪》不书六皇后之名,《后妃表》云脱列哥那六皇后乃马真氏,太宗崩后摄国。陈桱《通鉴续编》云太宗崩,六皇后秃里吉纳治国事。则脱列哥那、秃里吉纳本一人,译音有轻重尔。而《后妃表》别有秃纳吉纳六皇后,疑是重出。

志费尼在其书中专列《脱列哥那哈屯诸事》(ذكر توراكينا خاتون, zikr-i Tūrākīnā khātūn)一节,其开头部分记载了太宗逝后,脱列哥那取得摄政地位的过程,当时:

其长子贵由(پسر بزرگتر او کیوک pisar-i buzugtar-i ū kīūk)尚

未从钦察军中归来［از لشکر قفچاق نزول کرده, az laškar-i Qifčāq nuzūl karda，校勘者可疾维尼所用抄本中（皆藏巴黎国民图书馆），其句末的动词 کرده karda "干"、"做"，为肯定式，全句意为已从钦察军中归来；在 B 与 J 两抄本中作 کرده بود karda būd，"他早已做了"，亦为肯定式，过去完成时第三人称单数，整句译言"早已从钦察军中归来"，或（此前）"已从钦察军中归来"；而在 D 抄本中为 کرد, kard，"他做了"，也是肯定式，过去时第三人称单数，全句可译为"他已从钦察军中归来"；只有 H 抄本该动词为 نکرده nakarda，为否定式，"未干"、"未做"，此句因此意义变为"他尚未从钦察军中归来"。——见可疾维尼波斯文集校本，页 195，校勘记 4。兹取 H 本意义］，因此按照既往成规处置 (بر قرار ماضی تنفیذ, bar qarār-i māẓī tanfīẓ)，命令和贵族及黎庶的集会 (احکام و اجتماع انام از خواص عوام, aḥkām wa ijtimāʻ-i anām az khwāṣ ʻawām)，就在其哈屯木格哈屯的斡耳朵和宫廷的门前 (بر در اردو و بارگاه خاتون او موکا خانون, bar dar-i urdū wa bārgāh-i khātūn-i ū) 举行 (صورت می‌یافت, ṣūrat mī-yāft)，她早先系依旧例裁决从其父亲成吉思汗传给了他 (که از پدرش چنگز خان بحکم آنین بدو رسیده بود, ka az pidar-aš Čingiz khān ba-ḥukm-i āẕīn ba-dū rasida būd。校勘者可疾维尼所用抄本中，此句中 بحکم آنین, ba-ḥukm-i āẕīn 中的 آنین āẕīn 意为"装扮"、"收拾"，意义不合。而在 D 与 H 两抄本中，该词写为 آیین, āyīn，"惯例"、"规定"——见可疾维尼波斯文集校本，页 195，校勘记 6。兹取 D 与 H 本意义）。但因脱列哥那哈敦是年长诸子之母 (چون توراکینا خاتون مادر پسران بزرگتر بود, čūn Tūrākīnā khātūn mādar-i pisarān buzugtar būd)，且更为机智聪慧 (و بنکا و دها بیشتر, wa ba-ẕakā' wa dahā-yi bīštar)，向出自各枝兄弟们与合罕的各位兄弟们的后裔的宗王们派出了使臣 (ایلچیان بنزدیک پادشاه زادگان از برادران و برادر زادگان قاآن روان کرد, īlčīyān ba-nazdīk-i pādšāh zādigān az barādarān wa barādar zādigān-i qa'ān rawān kard), 通告情况与噩耗（معلم از احوال و وقوع حادثه, ma'lam az aḥwāl wa wuqū' ḥādi ṣa), 且在汗位确定一致之前，应有某人作为统治者和首领（و تا بوقتی که باتفاق خانی معین شود کسی باید حاکم و سرور باشد, wa tā ba-waqtī ka ba-itifāq-i khānī ma'yan šwad kisī bāyad ḥākim wa sarwar bāšad), 为的是国政不会荒废（تا کار ملک مهمل نشود, tā kār-i mulk muhmal na-šawad), 公众之事不受损害（و امور جمهور مختل نگردد, wa umūr-i jumhūr mukhtar na-gardad), 卫士与军队居于稳固（و جانب حشم و لشکر مضبوط ماند, wa jānib-i ḥašam wa laškar maẓbūṭ mānad), 庶民利益得以保护（و مصالح رعایا محفوظ, wa muṣāliḥ-i ra'āyā maḥfuẓ)。

察合台和其他王公派了人（جغاتای و دیگر پادشاه زادگان کس فرستادند, Jaghātāy wa digar pādšāh-i zadigān kas firistādand),〔表示〕脱列哥那哈屯是有权据有汗位的诸〔皇〕子之母（که توراکینا خاتون مادر پسرانست که استحقاق خانیت دارند, ka Tūrākīnā khātūn mādar-i pisarān-st ka istiḥqāq-i khāniyat dārand), 在开忽里台大会之前（تا بوقت آنک قوریلتای شود, tā ba-waqt-i ānk Qūrīltāy šawad), 她来安排国事（کار ملک را مرتب می دارد, kār-i mulk-rā murratab mī-dārad), 有才干之人应留任（و کفات بر قرار در خدمت باشند, wa kufāt bar qarār-i khidmat bāšand), 以此来自那部法典中新旧札撒才不会被违反（چناک یاسای قدیم حدیث از آنچ قانون آنست منحرف نشود, čināk yāsā-yi qadīm-i hadīš az ānč qānūn-i ān-st munharif na-šawad)。——志费尼：《世界征服者传》（علاء الدین عطا ملک بن بهاء الدین محمد بن محمد الجوینی, 'Alā'al-Dīn 'Aṭā Malik Bin Bahā' al-Dīn Muhammad Bin Muhammad al- Juvainī, تاریخ جهاگشای, *Tārīkh-i Jahāgušāī* ）可疾维尼波斯文刊本，第1卷（ *The Ta'ríkh-i-Jahán-Gushá of 'Alá'u d-Dín 'Atá Malik-i Juwayní*, composed in A.H. 658——A.D.1260, part I, containing the history of Chingiz Khān and his successors, ed. with an introduction, notes and indices from several old mss by Mírzá Muhammad Ibn 'Abdu'l-Wahháb-i Qazwíní, and printed for the trustees of the "E.J.W. Gibb Memorial", vol. XVI, I., Leiden: E. J. Brill, Imprimerie Orientale, London: Luzac & Co., 46 Great Russell Street, W.C., 1912），吉布纪念集，莱顿—伦敦，1912年（以下简称志费尼:《世界征服者传》可疾维尼波斯文刊本，第1卷，页196—198），页195—196。试比较何高济汉译本，页282。

木哥哈屯，查《元史》卷一○六《后妃表》中，于成吉思汗诸妃及太宗诸妃中皆未见。《元史·祭祀志》列太宗神位配享者为脱列哥那皇后。

对照汉文与波斯文史料可知，第一，太宗逝后仅十天，脱列哥那皇后已就议立新君事向耶律楚材咨询。她向诸王宗亲遣使应在此后。第二，察合台回复应在称制之前。

宋子贞:《耶律公神道碑》记乃马真后称制之初事:"奥都剌合蛮方以货取朝政，执政者亦皆阿附，唯惮公沮其事，则以银五万两赂公。公不受，事有不便于民者，辄中止之。时后已称制，则以御宝空纸付奥都剌合蛮，令从意书填。公奏曰:'天下先帝之天下，典章号令自先帝出，必欲如此，臣不敢奉诏。'寻复有旨，奥都剌合蛮奏准事理，令史若不书填则断其手。公曰:'军国之事，先帝悉委老臣，令史何与焉？事若合理，自是遵行。若不合理，死且不避，况断手乎？'因厉声曰:'老臣事太祖、太宗三十余年，固不负于国家，皇后亦不能以无罪杀臣。'后虽怨其忤己，亦以先朝勋旧，曲加敬惮焉。"（《国朝文类》卷五十七；并见耶律楚材著:《湛然居士文集》，页333）

据志费尼记载，太宗在位时脱列哥那皇后与牙剌瓦赤及镇海关系不睦，当时两人应分别在和林与燕京。脱列哥那准备逮捕他们，在令下之前，镇海事先逃往河西太宗子阔端处；而牙剌瓦赤也在使者抵燕京后逃到阔端处。脱列哥那向阔端遣使索要，但阔端以等待忽里台宗亲大会决定加以拒绝。（志费尼：《世界征服者传》可疾维尼波斯文刊本，第1卷，页196—198；何高济汉译本，页283—284）

在汉文史料中，脱列哥那摄政时期，此二人几乎未被提及，似可证实志费尼记载有据。志费尼还提到，执掌原西辽故地（即后来宪宗时代别十八里等处行尚书省辖区）的牙剌瓦赤之子麻速忽，亦逃至拔都处躲避。遭到清洗的还有执掌花剌子模故地（即宪宗时代阿母河等处行尚书省辖区）的阔里吉思。志费尼提到，脱列哥那摄国时，太宗的一位回回妃子法蒂玛掌握大权。其书中有一节专述此人。（何高济汉译本，页283—291）

《通鉴续编》："蒙古侵蜀，孟珙遣师御之。蒙古也可那延（按，也可那颜通常指拖雷，此时拖雷已逝，此处指耶律末哥，见下。）自京兆取道商、房，以趋三川，遂攻泸州。孟珙遣王令屯江陵及鄂州，刘全屯沙市，焦进自江陵出襄，与诸军会，张祥屯涪州以备之。且下令应出戍，主兵官不许失弃寸土。权开州、梁栋以乏粮还司。珙曰：'是弃城也！'斩以徇。由是诸将禀命惟谨。蒙古燕京行省郎中姚枢弃官隐于苏门。牙剌瓦赤在燕，所属惟事货赂，以掊克媚之。枢为幕长，一切拒绝，因辞职，携家往辉州之苏门垦荒。云门粪田数百亩，诛茅为屋，城中置私庙四室，中堂龛鲁司冠容，傍列周、程、张、邵、司马六君子像，读书其间，衣冠庄肃，以道学自任。佳时则鸣琴百泉之上，自板《小学》，书《论语》、《孟子》、《大学》、《中庸》、《朱子或问》、《家礼》，俾杨维中板《四书集注》，田尚书板《诗传》、折衷《易》、《程子传》，书《蔡氏传》、《春秋胡氏传》，又以《小学》书流布未广，命弟子杨古为沈氏活板与《近思录》、《东莱经史论说》诸书行之。"（卷二十二，第十九叶）

屠寄：春正月"耶律末哥，也可那颜秃花之子，袭父太傅总领也可那颜自京兆取道商、房入蜀。二月，燕京行省郎中姚枢弃官隐辉州。"（《蒙史》卷五《古余克可汗本纪》，第一叶）

《通鉴续编》：六月"蒙古侵真州，杜杲败之。"（卷二十二，第十九叶）

④据王磐撰《大元故蔡国公张公神道碑铭》（简称《张柔神道碑》）：柔（1190—1268），字德刚。易州定兴（今河北定兴河内村）人。1213年成吉思汗攻金时，柔聚众自保，金任为定兴令、中都留守兼知大兴府事。1218年降蒙。参与灭金，成为汉军世侯之一。李璮叛乱后除兵权。（《元名臣事略》卷六之三《万户张忠武王》）

张柔《元史》卷一四七有传。张柔墓位于满城县西北7.5公里岗头村月明山下，神道碑尚存，为元翰林学士王磐所撰。清光绪《畿辅通志》卷一六八"古迹·陵墓"与民国《满城县志略》卷四"古迹·陵墓"有该《神道碑》录文。据研究者比对，《元史》本传系据此碑文写成。（孟繁峰、孙待林撰：《张柔墓调查记》，《文物春秋》，1996年第3期，页5—15）

其子张弘范为消灭南宋残余势力主将之一。

⑤阿布拉莫夫斯基注188：Das jetztige Wo-hu in Anhui, südlich Szu-hsien（今安徽宿县以南之五河）。

⑥此前张柔已经开始攻宋。《张柔神道碑》记灭金之"明年，大举伐宋"。据苏天爵所录《张柔墓志》，金亡之后，"大河自汴已失堤障，南放分流为三，杞为中潭，南接涡、涣，东连淮、海，浩瀚无际。宋人恃舟楫之利，驻亳、泗，犯汴、洛，以窥河南。太师察罕以公威名素为敌人所畏，奏公总诸军镇杞。公乃相地形以杀水势，筑为连城，分成战士，结浮梁以通往来，远斥候以防冲突。津要既固，奸谋坐折，濒河居民始得安矣。久之移镇亳社。亳去杞又五百里，

四面皆黄流，非舟楫莫能至。公至之日，葺民居，建府第，城壁悉甓以甃，又为桥梁，以通归德，人民坌集，商旅舟车往来如承平时。宋人睨视不敢犯"。(《元名臣事略》卷六之三《万户张忠武王》)民国《满城县志略》卷四"古迹·陵墓"《张柔神道碑》录文与此大致相同。两相对照，颇疑苏天爵之所谓"墓志"与《神道碑》之间有某种关系。

据《元史》卷一四七《张柔传》，丁酉年（太宗九年，1239）"大帅察罕攻滁州，柔以二百骑往。"而柔"率师自五河口济淮，略和州诸城"则在庚子年（太宗十二年，1240）。

《通鉴续编》："秋七月，蒙古入通州，屠其民而去。"（卷二十二，第十九叶）

屠寄："冬十月，入通州，宋知州杜霆弃城遁，屠其民。塔海绀孛破遂宁泸州。十二月癸亥，围叙州，斩其将杨大全。旧史《按竺迩传》兼据《宋史·理宗纪》。可敦既称制，仍任奥都剌合蛮掌财赋，欲给空名札付，许自书填之。耶律楚材持不可，乃止。然奥都剌合蛮提领诸路课税所，扑买中原银课如故。诸所建白，专事聚敛。可敦不喜客列亦镇海所为，罢其中书右丞相；又夺燕京行省札鲁忽赤牙剌洼赤官。先是成吉思征西域，略徒思妇人法特玛归和林。此妇善巫蛊术，可敦宠爱之。及是，斡歌歹汗朝旧人斥逐太半，或谓皆法特玛谗构所致。是岁，宗王察阿歹薨，命其孙合剌旭烈兀监国。木阿秃干之次子。洪侍郎译《多桑·定宗纪》云：察阿歹后，太宗数月即薨。薨后其孙合剌旭烈监国。合剌旭烈，西书译音原作喀喇忽喇古，即合剌旭烈兀异文也，兀字音宜补。西书云：木阿秃干之子，则是察阿歹之孙。旧史《宗室世系表》列于察合台次子之位，误。元帅搠儿马罕卒于西域军中，以其副贝住代将之。"（《蒙史》卷五《古余克可汗本纪》，第一—二叶）

⑦屠寄置此事于春季。(《蒙史》卷五《古余克可汗本纪》，第二叶)

阿布拉莫夫斯基注 191：Etwa 100 km nördlich des Huai-Flusses（淮河北约 100 公里）。

⑧屠寄："夏五月，荧惑犯房。左手诸王斡赤斤称兵犯阙，可敦惧，命授甲选腹心议西迁以避之。耶律楚材言其不可，乃命斡赤斤之子宿卫和林宫者奉诏迎往诘责举兵之故，且和解之。会汗帅西北凯还之师已次叶密立河。斡赤斤闻之，乃曰：吾来视丧，非有他也。时大雷雨，行帐水深数尺，遂与诸王引兵归。兼据旧史《定宗纪》、《耶律楚材传》、《元史类编》及洪译多桑书《定宗纪》。"(《蒙史》卷五《古余克可汗本纪》，第二叶)

⑨屠寄："秋，嵬名察罕奏以张柔总兵戍杞。"(《蒙史》卷五《古余克可汗本纪》，第二叶)

阿布拉莫夫斯基注 192：Südöstlich von K'ai-feng. Aus der Biographie von Chang Jou (YS147, 5v) erfahren wir, der Huang-ho war in Südwesten von K'ai-feng über seine Ufer getreten und es stand zu befürchten, dass die Sung dies für einen Angriff mit Schiffen nutzen könnten. Deswegen wurde Chang Jou zum Schutze von Ch'i zurückgerufen [开封的东南。从《张柔传》(《元史》卷一四七，第五叶正面)，我们得知黄河在开封西南越其河岸，并有人担心，宋可以利用这一点用船舶攻击。因此，张柔被召回守护杞县]。

伯颜取临安后，南宋残余力量退往福广，张柔子张弘范被授予蒙古、汉军都元帅，率军南下。张弘范"陛辞奏曰：'国朝之制，无汉人典蒙古军者。臣汉人，恐乖节度，猝难成功。愿得亲信蒙古大臣与俱。'上曰：'尔忆而父与察罕之事乎？其破安丰也，汝父欲留兵守之，察罕不肯，师既南，而城复为宋有，进退几失据，汝之父不胜其悔恨也。由委任不专，今岂可使汝复有汝父之悔乎？'"(苏天爵:《元名臣事略》卷六之三《元帅张献武王》,页104—105)蒙宋对峙期间,察罕为张柔上司,蒙宋方曾在一些战略要点反复争夺。

⑩屠寄:"甲辰,乃蛮真可敦称制之三年宋淳祐四春,汗至额垤儿水。先是斡赤斤之变,可敦虑诸反侧不安,或激生他故,隐忍不发其谋。及汗既至,遂会诸王百官议所立。速不台旧《传》曰:壬寅,太宗崩。癸卯,诸王大会,拔都欲不往。速不台曰:'大王于族属为兄,安得不往!'甲辰,遂会于也只里河。按,太宗崩于辛卯,而曰壬寅,《传》误也。定宗之立,巴秃始终未预会议,考西书可知。而《传》称'甲辰,遂会于也只里河,亦误'。也只里,《秘史》作额垤儿,内府图作额德尔,洪译俄图作鄂迭尔,即薛凉格河之南源,在和林西(按,屠寄误,也只里为今伏尔加河突厥语名 Ítïl 之音译,而额垤儿即今新疆额尔齐思河。《速不台传》所云此为贵由死后拔都召集的忽里台大会事,而太宗逝后非议立贵由事。贵由死前已至横相乙儿。拔都为防御贵由,率军抵近额尔齐思河)。古余克汗以癸卯夏至叶密立河。北族例当避暑,及秋移军入阿勒台山,一路游牧,又当住冬,必至甲辰春夏间,始能至额垤儿水上。《速不台传》谓:癸卯,诸王大会。盖拔都以癸卯岁奉召集大会之信,非即以癸卯为会期也。谓'甲辰,遂会于也只里河'者,会以甲辰,地在也只里,召集时期会之词如此。然诸王毕会,而拔都仍未至。曰'遂会者',史臣传闻之误也。甲辰之会,旧纪未书,西书亦略,独《速不台传》著之,其时其地颇合事实,特校补于此(按,屠寄始终未理解《速不台传》所述乃指贵由死后,拔都召集忽里台会之议立蒙哥之事)。斡赤斤亦来会,据多桑书。独巴秃不至。初,斡歌歹汗尝有言:'皇孙失烈门可以君天下。'失烈门者,皇子阔出之子也。可敦以阔出非己出,而汗于诸子为长,至是欲立之,乃召诸王、妃主、驸马、万户、千户之官,开忽里勒塔之议。是时,成吉思汗诸孙惟巴秃最长,

定策之权隐操于巴秃。而巴秃与汗有前嫌，知乃蛮真可敦欲立其子，非有斡歌歹汗遗命，遂托病足，不以时来会。由是所议不决而罢。《类编》云：后以储事问，楚材正色曰：'此非外姓臣敢知。自有先王遗命在，遵而行之，社稷幸甚。'后不听，竟自称制于和林。语本宋子贞《神道碑》。可见第一次会议在楚材未薨之前，故编于此。"（《蒙史》卷五《古余克可汗本纪》，第二叶）

⑪据宋子贞：《耶律公神道碑》，耶律楚材逝于五月十四日。（《国朝文类》卷五十七；并见耶律楚材著：《湛然居士文集》，页333）

屠寄："张柔围寿春不克而还。《宋史·理宗纪》：淳祐四年五月戊午，吕文德解寿春之围。据此知寿春实围而未破也。柔本传称破寿春，非事实。是岁诸王阿勒赤歹承制以领济南军，元帅孟德为万户，命攻宋濠、泗、蕲、黄等州。据《元史类编》补。阿勒赤歹，原作按只台。"（《蒙史》卷五《古余克可汗本纪》，第二—三叶）

⑫《通鉴续编》："二月，吕文德败蒙古于五河，复其城。夏四月……蒙古太纳侵江陵，孟珙败之。秋七月蒙古侵濠州，知州吕文德败之。"（卷二十二，第六十三叶）

⑬阿布拉莫夫斯基注194：见《元史》卷一二〇，第一叶背面—第三叶背面。按《元史·察罕传》，察罕为唐兀人，为成吉思汗出猎时所获，携归，收为养子，"及长，赐姓蒙古，妻以宫人弘吉剌氏"。

据苏天爵所录《张柔墓志》，灭金后柔驻河南时，察罕即为其上司。《元史》卷一二〇《察罕传》："又从亲王口温不花南伐，岁乙未，克枣阳，及光化军。未几，召口温不花赴行在，以全军付察罕。丁酉，复与口温不花进克光州。戊戌，授马步军都元帅，率诸翼军攻拔天长县，及滁、寿、泗等州。"

⑭阿布拉莫夫斯基注196：Weiter östlich von Shou-chou（寿州再向东）。按，今江苏盱眙。

⑮南宋梅应发、刘锡纂修有《(开庆)四明续志》，其开庆元年刻本今存北京图书馆。中华书局《宋元方志丛刊》所刊者为清"宋元四明六志本"。此方志卷八中，收有《收刺丽国送还人》。此资料，杨渭生先生当年在编《元丽关系史料》时已经发现，并将其摘出，刊于页561。黄时鉴先生对其作过初步研究（氏著：《宋丽蒙关系史事一瞥——〈收刺丽国送还人〉考述》，原载《庆祝邓广铭教授九十华诞论文集》，河北教育出版社，1997年；收于黄时鉴著：《黄时鉴文集》，中西书局，上海，2011年，第2册，见页87—97）。该史料曰：

> 开庆元年（1259）四月，纲首范彦华至自高丽赍其国礼宾省牒，发遣被虏人升甫、马儿、智就三名回国，制司引问马儿者，年二十六，扬州湾头岸北里解三也。十二岁随父业农，秋时为鞑掠去，至鞑酋蒙哥叔宴耻达大王所。（中华书局《宋元方志丛刊》第六册影清刻宋元四明六志本，1990年，页6013）

这位被高丽送还的马儿（原名解三）时年26岁，14年前被掳走时，恰为乙巳年（1245）。其被掳地点为扬州，入侵此地的应当就是察罕所部张柔军。

⑯中华书局标点本《元史》此处有校勘记［八］，云：宋制置赵蔡，按《宋史》，宋理宗时各制置使无"赵蔡"其人；《宋史》卷四一、四二、四三《理宗纪》及卷四一七《赵葵传》，赵葵于绍定、端平年间曾任淮东、京河制置使。《类编》改"蔡"为"葵"，疑是。

邵远平将赵蔡订正为赵葵应成立。赵葵，字南仲，宋名臣。宋人魏了翁在《奏北军当思调伏庶内外相安》中提及赵葵与蒙古军约和事，应在宋理宗端平三年（1236），即早于此时：

臣昨于前月三日据京湖制置大使赵范申，襄阳军变事宜已节次详细奏闻去讫。旬日以来，有自上流来者，颇闻北军兆衅起于疑心，今犹籍籍未已，而赵范已带行北人之来归者至江陵。臣虽镂榜付赵范，令其乘此分南北人为二军，范答臣书，方议区处。继得淮东制置使赵葵近书，亦及北军疑虑事，今节录缴奏如左：臣窃惟鞑虏与国家本无宿怨，非如女真有不戴天之仇。况其能灭女真，则于我朝亦与有雪耻之功。今欲与之讲和，本无不可，而庭论纷纭者，特以敌情多诈，未可保信耳。臣虽尝有言，鞑人和亦来，不和亦来，此必然之理。然而，臣今所忧，则又不在此。盖世事固有若不相关而相为倚伏者，且如侯景背魏，归于梁，为梁人连岁抗东魏之师。一旦梁与东魏约和，景无所容其身，遂有异志。今日之事得无类此？而况绍兴之和，又有南人归南，北人归北之说，失信于降附之人，其事未远，孰不知之？今李伯渊尚伏武当境上，樊城之北人虽为刘廷美所杀，而襄阳犹有存者。滁、庐旧戍之北军，虽已安居岁久，而事体大略相似。扬、泗所屯，类皆新招。建康亦有纳合、买住降卒。而比至江陵者，实繁有徒。万一此曹闻制阃有密授之人，和议有可成之渐，则梁人和好之祸，岂容不虑？臣授任视师，适当痈疽已熟，一旦决溃之时，忧深虑远，食不下咽。重惟国家大计，苟有可以缓敌图安，为绸缪牖户之许，决不敢效书生徒为一偏之说。"〔（宋）魏了翁：《鹤山全集》卷二十九，《四部丛刊》景宋本〕

这里提到的北军，应指从金、蒙方面投降南宋的军队。可见蒙宋沿边对峙的军队之间有过多次约和。参见熊燕军：《南宋端平襄阳兵变及相关问题》，姜锡东主编、河北大学宋史研究中心主办：《宋史研究论丛》第十一辑，河北出版社，2011年，页357—382。

⑰屠寄："乙巳，乃蛮真可敦称制之四年宋淳祐五秋，可敦命马步军都元帅嵬名察罕帅骑三万会张柔，略地淮西，再攻寿春，不克，《理宗纪》：是年十二月，诏论捍御寿春功，转守臣刘雄飞等官，则寿春仍未拔也。旧《纪》云拔之，亦非事实。转攻泗州、盱眙及扬州。宋制置使赵葵请和，乃还。"（《蒙史》卷五《古余克可汗本纪》，第三叶）

屠寄："命阿毋罕将兵会洪福源征高丽，拔其威州，平卤城。（见洪福源旧《传》）是岁，斡赤斤国王薨，可敦命其適孙塔察儿袭爵，授以皇太弟之宝。塔察儿，辣施特书作秃格察儿。欧阳元《高昌偰氏家传》：撒吉思与火鲁和孙驰白皇后帖列聂氏，授塔察儿以皇太弟宝，袭爵为王。撒吉思旧《传》曰：斡真薨，长子只不干早世，適孙塔察儿幼，庶兄脱迭狂恣，欲废適自立。撒吉思与火鲁和孙驰白皇后，乃授塔察儿以皇太弟宝，袭爵为王。旧《传》所谓皇后，即家传所谓皇后帖列聂氏，实即朵列格捏六皇后，乃蛮真氏也。撒吉思等不驰白定宗，而驰白皇后，知其时定宗尚未即位也。定宗以丙午秋七月即位，则斡赤斤之薨，塔察儿之袭爵，当在丙午七月以前，然无日月可考，故编列于此。"（《蒙史》卷五《古余克可汗本纪》，第三叶）

释念常《海云传》："乙巳（1246），奉六皇后旨于五台为国祈福。丙午（1246），奉六皇后诏，师起。至中途，值风疾作。回奏，得旨，还燕。"（《佛祖通载》卷二十一）按，师指海云。

阿布拉莫夫斯基注195：Auch Shou-ch'un genannt. Das heutige Shou-sien in Anhui（又称为寿春。今安徽寿县）。

《元史·定宗纪》笺证

元定宗贵由（Güyük）为元太宗窝阔台与其乃马真氏脱烈哥那六皇后之长子。1236年，蒙古帝国括各诸王驸马长子，组成大军西征也的里河（Itïl，今伏尔加河的突厥语名称）的钦察（Qïpčaγ）、不里阿儿（Bulγar），太和岭（今高加索山脉）以北阿速（Asu，今亚速海得名于此）及斡罗思（Orus，为蒙古语中俄罗斯 Rus 名称的元代音译）、孛烈儿（按，应为 Pol "波兰人"的复数的突厥语 Pöllär 之汉字音译）与捏迷思（按，应为俄语对日耳曼人的称谓 Нéмц 的汉字音译）诸部时，贵由受命统帅从蒙古本土与汉地征发的军队。

太宗生前，曾属意于其孙失烈门继位，但太宗死后，脱烈哥那六皇后利用监国的特权，择立贵由，是为元定宗。其在位时间为1246—1248年。大约是由于其即位造成窝阔台家族的不和，及死后皇位转移到成吉思汗第四子拖雷家族中的缘故，在伊斯兰史料中，所有的蒙古皇帝都称为"合罕"，唯独始终称他为"汗"。此外，明初宋濂、王祎受明太祖命编修《元史》时，亦未为贵由单独编写《定宗本纪》，而是将他的纪年附在卷二《太宗纪》之末。虽然如此，但在元代帝系中，他仍然明确为位列成吉思汗、窝阔台之后的第三位皇帝。

在国家社科重大招标项目"《元史》会注考证"课题组中，

《定宗纪》由笔者分工承担。对《定宗纪》作全面研究的学者中，以我国学者屠寄与德国学者阿布拉莫夫斯基最为突出，他们的成果是本研究的主要基础。由于这项研究涉及史料与前人成果多，难度较高，工作量大，非常需要听取学界同仁的意见与建议，故不辞浅陋，将《定宗纪》部分的初步成果单独提交发表。

本研究所依据的《元史》为中华书局标点本，研究成果以段后注的方式表现。注文在录写相关史料时，线装古籍原文小字夹注改置于圆括号中，字体不再缩小。清代学者汪辉祖的《元史本证》与钱大昕的《廿二史考异》，按课题组体例约定，属反复引用的文献，不一一注明卷页，此次单独发表《定宗纪》部分初步成果时，保持原样。①

定宗简平皇帝，讳贵由，②太宗长子也③。母曰六皇后，乃马真氏，以丙寅年生帝。④太宗尝命诸王按只带⑤伐金，帝以皇子从，虏其亲王而归。⑥又从诸王拔都西征，次阿速境，⑦攻围木栅山寨，⑧以三十余人与战，帝及宪宗与焉。太宗尝有旨以皇孙失烈门⑨为嗣。太宗崩，皇后临朝，⑩会诸王百官于答兰答八思之地，⑪遂议立帝。⑫

元年丙午春正月，张柔入觐于和林。⑬

秋七月，即皇帝位于汪吉宿灭秃里之地。⑭帝虽御极，而朝政犹出于六皇后⑮云。

冬，猎黄羊于野马川。⑯权万户史权⑰等耀兵淮南，攻虎头关⑱寨，拔之，进围黄州。⑲

二年丁未⑳春，张柔攻泗州。

夏，避暑于曲律淮黑哈速㉑之地。

秋，西巡。㉒

八月，命野里知吉带㉓率捌思蛮㉔部兵征西。㉕是月，诏蒙古人

户每百以一名充拔都鲁。㉖

九月，取太宗宿卫之半，以也曲门答儿㉗领之。㉘

冬十月，括人户。㉙

三年戊申春三月，帝崩于横相乙儿之地。㉚在位三年，寿四十有三。葬起辇谷。追谥简平皇帝，庙号定宗。㉛

是岁大旱，河水尽涸，野草自焚，牛马十死八九，人不聊生。诸王及各部又遣使于燕京迤南诸郡，征求货财、弓矢、鞍辔之物，或于西域回鹘㉜索取珠玑，或于海东㉝楼取鹰鹘，驲骑络绎，昼夜不绝，民力益困。然自壬寅以来，法度不一，内外离心，而太宗之政衰矣。

己酉年。㉞

庚戌年。㉟

定宗崩后，议所立未决。当是时，已三岁无君㊱。其行事之详，简策失书，无从考也。

注释

①本初稿在 2015 年 8 月的《元史会注》项目通稿会上，承蒙多位学者仔细阅读，会后又由蔡晶晶博士根据诸人意见整理修改。谨志谢意。

②汪辉祖《元史本证》卷三十七《证名一》：古与。（以下简称《本证》，版本信息略）

钱大昕《廿二史考异》：定宗名贵由，此作"古与"，声相近。（以下简称《考异》，版本信息略）

柯绍忞：《秘史》、《译史》均作古余克，又作库裕克。古余、库裕、贵由译音相近。"克"字，蒙古语尾音。（《新元史考证·考证五·定宗》，《民国丛书》第 5 编，上海：上海书店，1996 年，叶一。以下

版本信息略）

屠寄："古余克可汗（古余克，旧史《定宗纪》作贵由，《太宗纪》：古与，此从《秘史》译音），斡歌歹可汗之长子，母曰朵列格捏可敦。"（《蒙兀儿史记》卷五《古余克可汗本纪》，北京：中国书店，影印本，1984年，叶一。以下简称《蒙史》，版本信息略）

③《考异》卷八十六：按，陈桱《续编》以为第二子。

④屠寄："即成吉思汗称尊号之岁也。"（《蒙史》卷五《古余克可汗本纪》，叶一）

⑤按，即按赤吉歹（Alčidai），成吉思汗弟哈赤温之子。韩百诗《宗室世系表》译注（Louis Hambis, *Les Chapitre CVII du Yuan Che*, avec des notes supplementaires par Paul Pelliot, Leiden, 1945），第29页罗列此人名称的不同拼法。

⑥柯绍忞："太宗五年，以皇子从按赤带讨蒲鲜万奴。据旧史，《太宗本纪》、《定宗本纪》则云：命诸王按赤带伐金，帝以皇子从，掳其亲王。误以讨辽东为伐金，今改正。"（《新元史考证·考证五·定宗》，叶一）

屠寄："癸巳岁，汗奉斡歌歹汗命帅兀良合台（速别额台之子）、札兀儿臣（亦乞列思氏不秃古列坚之子）从左手诸王阿勒赤歹（旧纪按只带）征辽东，禽东夏国主蒲鲜万奴。（蒙文《秘史》卷十二作主儿扯惕夫合讷。主儿扯，即女真、朱里真之音差；夫合讷，即万奴之音差。那珂通世以为蒲鲜之讹，非也。旧纪云：太宗尝命诸王按只带伐金，帝以皇子从，虏其亲王以归。按，只带，即阿勒赤歹，成吉思汗弟合赤温之子。所伐者东夏，不得谓金。所禽者金之叛将，尝为辽东宣抚使，而非亲王。按，《金史·百官志》，蒲鲜为白号之姓，其王号例封广平郡。然万奴并非金之王爵。《木华黎传》称为完颜万奴，岂尝于金宣宗时因功赐国姓欤？但考之《金史》，万奴无赐姓之

文,当是《木华黎传》之误,今改正。)"(《蒙史》卷五《古余克可汗本纪》,叶一)

阿布拉莫夫斯基注(4):"An-chih-tai und Güyük hatten 1233 nicht die Chin angegriffen, sondern den ehemaligen Chin-General P'u-hsien Wan-nu, der sich in Liao-tung selbständig gemacht hatte.""按只带与贵由1233年进攻的并非金,而是此前已在辽东自立的蒲鲜万奴。"[Waltraut Abramowski, *Die Chinesischen Annalen von Ögödei und Güyük——Übersetzung des 2. Kapitels des Yüan-shih*, *Zentralasiatische Studien* 10 (1976), pp.117—168,瓦勒特劳乌特·阿布拉莫夫斯基《窝阔台及贵由之汉文编年纪——〈元史〉卷二德译》,《中亚研究》第10辑(1976),页117—168,因本文所引部分为《定宗纪》考证,故简称《定宗纪》德译),见第153页。以下版本信息略]

⑦阿布拉莫夫斯基注(6):"Die Stadt Megez der Asi (Alanen) im Kaukasus, sonst meist Mieh-ch'i-szu geschrieben. Sie wurde 1239/40 von den Mongolen erobert.""阿速(阿兰)的蔑劫思城,常称为蔑怯思。1239/1240年为蒙古所征服。"(《定宗纪》德译,第153页)

在注(7)中,阿布拉斯基引《元史》卷一百二十二《昔里钤部传》文字:"明年春正月,钤部率敢死士十人,蹑云梯先登,俘十一人,大呼曰:'城破矣!'众蚁附而上,遂拔之。"他还注意到,该史料未提及贵由与蒙哥参战之事。(《定宗纪》德译,第153页)

⑧阿布拉莫夫斯基注(5):"Güyük war 1235 zusammen mit Batu und anderen Prinzen zu Eroberungen nach Westen geschickt worden.""1235年贵由与拔都和其他宗王一起被派去西征。"(《定宗纪》德译,第153页)

按,"木栅山寨"当指此营寨以木为栅,阿布拉莫夫斯基理解为专门地理名词,误。

⑨阿布拉莫夫斯基注（8）："失烈门，窝阔台次子阔出之长子。"（《定宗纪》德译，第153页）

⑩阿布拉莫夫斯基注（9）："Sie führte bis zur Wahl des neuen Qans die Regierung. Siehe JUVAINI, S.239—244；RASHID, S. 176—179.""她监国直至新罕选出。见志费尼，第239—244页；拉施都丁，第176—179页。"（《定宗纪》德译，第153页）

⑪李文田《元史地名考》：太宗后会诸王议立帝，即太宗议伐宋之地，见六年纪，详见前达兰达葩下。（第26页）

屠寄："可敦再大会诸王、妃主、驸马、万户、千户之官于答兰答八思之地，议立君。巴秃屡愆行期，促之终不至，惟遣其子弟来会。[据《拔都补传》。子，盖撒里答；弟，盖别儿哥、脱哈帖木儿等。旧纪书：是会于元年丙午春正月以前，一若乙巳年事者。盖自甲辰也只里河上之会，迁延至乙巳，未决议也（按，屠寄将《速不台传》所记贵由死后于甲辰年拔都召集之忽里台大会，与议立贵由之会混淆）。若谓古余克汗之立决议于乙未，则漠北无主已四年，何不竟以议决之年即位，而犹迟至丙午秋七月乎？盖第二次召集之命发于乙巳，其大会议其在丙午夏也。]可敦谓大位不可久旷，及是不待巴秃，遂与在会诸王等定议立汗。"（《蒙史》卷五《古余克可汗本纪》，叶三）

李符桐《奇渥温氏内讧与乱亡之探讨》：答兰答八思大会，《蒙兀儿史》记载在丙午即定元年（公元一二四六年），而《元史》载为定宗即位前一年乙巳（公元一二四五年）是《元史》为可信，盖第一次库利尔台在也只里河，第二次在答兰答八思。考答兰者，蒙古语Tala, Talan之对音，草原之意。答八思有卡字意之Dabaghan, Ta-bax之对音。《元史·太宗纪》："六年夏五月帝在达兰达葩之地，大会诸王百僚，谕条令。"达兰达葩，为Talandoba之对音。其年之秋云："帝在八里里答兰答八思之地，议自将伐宋。"八里里为有泉水及清水之意 Bulak 作动词之形 Bulaklakhu 之对音，相当于《元史》卷一二〇《察罕传》清水答兰答八思之清水，其位置虽无明证，但既为太宗屡次开大会之地，则似距合剌和林不甚远也。《双溪醉隐集》卷五谓"达兰河在和林北百余里"。从来学者谓在达兰河畔，殆属正确之判断。达兰河为今何河虽不详，但既在和林之北百余里，答兰又为草原之意，由此推之，大约在今察罕泊之北，额归泊之南。《元史·地理志》和宁路原注云："迦坚茶寒殿，在和林北七十余里。"此殿由今之察罕泊得名者，故当时里程之标准，由此略可推测。《统一舆图》中之集儿玛台河，流入察罕泊，再出而东北流与名博尔哈尔台之南来一小河合，会于额尔浑河。所谓达兰河者，当为察罕泊以北之集儿玛台河，或其支流之博尔哈尔台河也。(《李符桐论著全集》第四册，台湾学生书局，1992 年，第 307 页) 按，李符桐误释答兰答八思，详后。

阿布拉莫夫斯基注 (10)："'答兰答八思'之'思 (-s)'表示复数。"(《定宗纪》德译，第 153 页)

⑫阿布拉莫夫斯基注 (11)："关于贵由被推举为汗之事，拉施都丁，第 176—178 页。"(《定宗纪》德译，第 153 页)

陈得芝《元岭北行省建置考（上）》：此次大会即一二四六年选立贵由的大忽里台，据目击这次大会的教皇使者普兰诺·卡尔平尼说，开会的帐幕称为昔剌斡耳朵，而贵由汗的登基典礼则在距此三十里的另一处金斡耳朵举行。《史集》载，即窝阔台汗在月儿灭怯土建立了一座可容千人的大帐，永不拆除，称为昔剌斡耳朵。这就是选立贵由大会的地点。由此可知，答兰达八思与月儿灭怯土应在同一个地方，其地当在今鄂尔浑河上游支流吉尔马台河源头附近，志费尼说昔剌斡耳朵系建立在山中，与此相合。(《蒙元史研究丛稿》，第 126 页)

志费尼在其书中《贵由汗登上汗位》一节中，记脱列哥那立贵由的前后过程如下：

> 就在合罕告辞这人生的荣华、抛弃这凡尘欢乐的那一年，他遣人去召贵由，叫他转辔回程，一心一意赶去见他。遵从此令，贵由催马速行，放缰飞驰；但就在长途产生的劳累因接近目标而即将得到消除，离荼分别的障碍即将被挪去，这时候，老天的不可避免的指令已经执行。……（中略）当贵由接到那无法挽回的灾难消息，他认为应更加快赶路，而对这不幸事件的哀痛没有使他停驻，直到他抵达叶密立。在这里他也没有逗留，因为传来斡赤斤到来的消息，而是进抵他父亲的斡耳朵：野心家的图谋被他的抵达所失败。于是他在该地住下来。
>
> 朝政仍委付给他母亲脱列哥那哈敦的才略。庶务的损益操执在她手中，贵由没有介入其中去执行札撒或法令，他也没有跟她争议这些事。
>
> 于是当使者们被派到远近地方去召诸王、那颜，宣算端、国王和书记时，每人都奉这个命令离开他们的家乡和邦邑。……（中略）这时，诸王公抵达，每人都带着他的骑士和仆役、他的军队和扈从。……（中略）
>
> 唆鲁禾帖尼别吉及她的儿子们带着"目未曾睹、耳未曾闻"的乘舆和服御，首先抵达。从东方到来的有阔端及其诸子；斡赤斤和他的子女；按只带；尚有其他居住在该地区的叔伯和子侄。来自察合台斡耳朵的是：合剌、也速［Yesü，原注：YSW。也速，也速蒙哥（Yesü-Mengü、Yesü-Möngke），是察合台的第五子］、不里［Büri，原注：BWRY。莫惕干（莫阿图勘的第二子）、拜答儿（Baidar，原注：BAYDAR。察合台的第

六子)、也孙脱花［Yesün-Toqa，原注：原文读作 YSNTWQH。拉施特常有此形的异写，但在一处（伯劳舍，第166页）作 YYSWTWA 或 YYSWNTWA，即 Yesün-To'a。伯希和，《金帐汗国》第88—92页，把这个名字当作是《元秘史》的也孙帖额（Yesünte'e）或也孙脱额（Yesün Tö'e），然而在志费尼和拉施[特]中的形式似乎更支持伯劳舍在242页注中所提出的语原，即 Yesün-togha"第九"，由蒙语 yesün"九"和 togha (to'a)"数字"而来。也孙脱花，即也孙脱阿，是蔑惕干的第三子］，以及他的孙子和重孙。从撒哈辛和不里阿耳之地，因拔都未亲临，他遣来他的兄长斡鲁朵、他的诸弟昔班、别儿哥、别儿哥察儿和脱哈帖木儿。属于这一党或那一党的著名那颜和大异密，陪同诸王公到来。从契丹来的有诸异密和大臣；来自河中和突厥斯坦的是异密麻速忽，由该地区的贵人随同。和异密阿儿浑一起来的是呼罗珊、伊剌克、罗耳（Lur）阿哲儿拜占和失儿湾的显贵和名人。来自鲁木的是算端鲁克那丁［Rukn-ad-Din，原注：乞里只-阿儿思兰四世（Qïlïj-Arslan IV）（1257—65）］和塔迦窝儿［Takawar，原注：TAKWR。如穆·可·所指出（第Ⅲ卷第484—90页）这是亚美尼亚词 t'agawor"国王"，被志费尼错误地用来，不是指西里西亚，即小亚美尼亚的侯王，而是指该国本身。然而这里并非指国王海屯一世（King Het'um Ⅰ）自己，而是指他的兄弟元帅仙拍德（Constable Sempad Smbat）］的算端。从谷儿只（Georgia），两大维德［Davids，原注：即皇后鲁速丹（Qween Rusudani）的儿子大维德四世及后兄阔里吉王（King Giorgi）的私生子大维德五世。见阿伦，《格鲁吉亚人民的历史》，第113—4页］；从阿勒颇，阿勒坡侯王［原注：这是阿由比朝的（Ayyubid）纳昔儿·撒剌合丁·玉速甫（Nāṣir Salāḥ-ad-Din

Yūsuf），阿勒坡（1236—60）和大马士革（1250—60）的侯王］的兄弟；从毛夕里（Mosul），算端别都鲁丁·卢卢［Badr-ad-Din Lu'lu，原注：毛夕里的赞吉朝（Zangid）阿塔毕（1236—69）］的使臣；从和平城八吉打，大哈的法合鲁丁（Fakhr-ad-Din）。前来的还有额儿哲鲁木（Erzerum）的算端［原注：这是个年代错误，而有意思的是，在他史书的这部分中（伯劳舍，第242页）几乎逐字抄录志费尼的拉施特，略而不提"额儿鲁木的算端。"鲁克那丁·札罕沙（Rukn-ad-Din Jahan-Shah），额儿哲鲁木的塞勒术克侯王，在扎兰丁花剌子模沙为鲁木和西利亚联军所败后，遭到废黜，并被处死（1230）；他的领土这时被并入他堂兄阿老丁·凯库拔一世（Ala-ad-Din Kai-Qubad I）的国王内］，富浪（Franks）的使团（原注：这看来是指迦儿宾的出使），尚有来自起儿漫和法儿思的；从阿剌模忒（'Alamut）的阿老丁［'Ala-ad-Din，原注：马可波罗的"山中老人，名叫阿老丁（Alodin）"，即亦思马恩或阿杀辛大长老穆罕默德三世（1221—55）］，遣来他在忽希思坦（Quhistan）的长官（muḥtasham）失哈不丁（Shihab-ad-Din——按，此名元代音译为沙不丁）和苫思丁（Shams-ad-Din）。

  所有这一大群人带着配得过这样一座宫廷的行装到达；从其他方向还来了那么多的使节和使臣，以致为他们准备了两千毡帐；前来的尚有带着产于东西方的奇珍异宝的商人。

  当这个从未有人见过，类似者不见诸史册的集团会齐时，广阔的原野变得狭窄，斡耳朵内无容身之地，更没有地方可以下马。……（中略）食物和饮料也很缺乏，没有给马匹和牲口留下饮料。

  为首的王公们一致同意决定汗位的事，把帝国的权柄交给合罕的一子。阔端一心要获得这个荣誉,因为他的祖父一度提到他。其他的人认为,失烈门［Siremün,原注:SYRAMWN。这个名字较早的拼法。比较格利哥尔的 Siramün 和汉语的昔烈门。后来的拼法(Shiremün)以迦儿宾的 Chirenen,拉施特的 ŠYRAMWN,以及汉语的转写失烈门为代表。见柯立福,《蒙古名字》,第 426—7 页。此名似即 Solomon 的突厥蒙古形式。见伯希和,《蒙古和罗马教廷》,第 203—204 页,注(4),或见柯立福,前引文,那里全文引用了伯希和的注。昔烈门,即失烈门,是窝阔台次子阔出(Küchü)的长子］在成年后可以是一个治理国政的适当人选。但在合罕的所有儿子中,贵由以他的英武、严峻、刚毅和驭下而最知名;他是长子,处理危难最富实践,而且对祸福最有经验。阔端,相反地,病体奄奄,失烈门仅为一孩童。再者,脱列哥那哈敦属意贵由,别吉(按,即唆鲁禾帖尼)及其子在这点上与她意合,大多数异密在这件事上跟他们一致。因此,大家同意汗位应交给贵由,他应当登上帝国的宝座。贵由一如旧习,暂拒绝这份荣誉,时而荐举这个,时而那个作为代替。最后在珊蛮巫师选定的一个日子,所有王公齐聚一堂,脱去他们的帽子,松开他们的皮带。于是〔也速〕(原注:原文有一空白,A 本和 B 本同,但 E 本作 NYSW,即 YYSW)引着一手,斡鲁朵引着另一手,他们把他拥上御座和皇位,同时举起他们的酒杯;朝见殿内外的人三次叩拜(原注:参看前面,第 187 页,D 本作"九次"),称他为"贵由汗"。又按照他们的风俗,他们立下文书称他们不违背他的话和命令,并为他的幸福祝祷;在这之后他们走出大殿,三次向太阳下跪。当他再度登上雄伟的宝座时,王公们坐在他右手的椅上,公主们在他的左手,每个人都像一颗珍珠那样极其高雅。(《世界征

服者传》何高济汉译本,上册,第293—295页)

拉施都丁的记载如下:

当窝阔台合罕死时,其长子贵由汗尚未返自钦察地之远征。木哥可敦 Möge Khatun 后不久亦死。长子之母脱列哥那可敦大运交际权术,不经诸兄弟之商议,亲摄王权。并大行货贿,并揽族人及诸异密之心,使皆倾向于彼,并受其控制。其时,镇海及合罕之诸官员、异密仍继续在任,各处之官员亦留任原位。……(下略)

其时,境土尚称清谧。贵由未曾返还,成吉思汗之弟斡赤斤那颜 Otchigin noyan 图以暴力夺取王位。彼怀此企图而率装备优良之大军前赴合罕之斡耳朵,以此,全军与全兀鲁思皆大为惊震。脱列哥那遣使致言:"我等为叔父之媳 Kelins(按:Kelin,突厥语媳也),于叔父有厚焉。以装备如此精良之军队加临,是何意邪?全兀鲁思与全军皆已惊乱矣!"彼遣侍从合罕之斡赤斤子斡鲁台 Orutai(按:俄译本作 Отай。据《元史·宗室世系表》斡赤斤第七子斡鲁台大王)偕同——之孙明理斡兀勒 [Mengli Oghul,原注:此处诸稿本咸阙(惟《世界征服者史》不阙)明理 Mengli 或蔑里 Melik 乃窝阔台之子,成吉思汗之孙] 为其民众与追随者之首领,第二次与之交涉。斡赤斤颇悔此图谋,托言:不幸罹灾难,彼心悲伤,以为开脱。与此同时,贵由汗已返至其在叶密立河畔之斡耳朵之消息传来,彼后悔有加,乃返还其本土之禹儿惕(按:《元史·耶律楚材传》:"癸卯五月,荧惑犯房。楚材奏曰:'当有惊扰,然讫无事'。居无何,朝廷用兵,事起仓促,后遂令授甲选腹心,至欲西迁以避之。楚材

《元史·定宗纪》笺证 | 065

进曰：'朝廷天下根本，根本一摇，天下将乱。臣观天道，必无患也。'后数日，乃定。"此即斡赤斤叔叔之犯阙也）。(《史集》第二卷周良霄汉文译注本，第208—211页）

纪贵由汗之即汗位

窝阔台合罕在世时，曾择其第三子、脱列哥那可敦所生之子阔出为嗣。然彼先合罕而死。因合罕爱彼出于诸子之上，故抚〔阔出〕之长子，极聪慧之失烈门 Shiremün 于己之斡耳朵，且谕将立之为嗣。

合罕长逝之年，彼曾遣使召贵由。贵由应召返还。然在彼返抵之前，命运之大限已临，父子无由再见。贵由得父耗后，倍道兼行，抵叶密立。由此而赴其父之斡耳朵。诸野心奢望因彼之来临而始感沮抑。

当使者远近四出，以召集诸宗王、诸异密、诸算端、蔑力及诸书记时，彼等皆奉命自其境地来至。马年春月，当回历643年四月（1245.9.26—10.23）〔原注：当为 Ramaḍān（九月）之误，即1246年1月20—2月18日，马年始于该年1月27日）左、右手诸宗王、异密各率其从属齐集阔阔脑兀儿 Kö'ke Na'ur（按：俄译本阙。注作 KWKA，即 Köke Na'ur 无疑。《元史·定宗纪》："会诸王百官于答阑答八思之地，遂议立帝。"Dolan-Daba，义为"七十山口"。《太宗纪》六年作"八里里答阑答八思"。而《察罕传》载是年窝阔台返自河南，居"清水答兰答八之地"。八里里义不明。至若清水，则与青色之湖之 Köke Na'ur 自可联系。前文《窝阔台本纪》谓阔阔脑兀儿为大汗秋狩之地，离和林四日程，疑答阑答八思地近阔阔脑兀儿，故中外所纪，名虽不同，地望实一也）。拔都因与彼等有隙，以体弱风疾为辞，不赴。〔按，《元史·速不台传》："壬寅，太宗崩。癸卯，诸王大会，拔都欲不往。速不台曰：'大王于族为兄，安得不往？'甲辰，遂会于也只里河。"可知癸、甲、乙三年，皆图集会。癸卯以拔都抵制而无法作出选汗的决定。甲辰会议移于也只里河（伏尔加河），明是对拔都之迁就，然亦无结果。至丙午，则已不待拔都之至而立贵由为大汗。双方之忌刻从此更深矣］唆鲁和帖尼及其诸子携各式装饰与全副装备最先莅临。斡赤斤与其八十子［原注：疑为"八"字。据《元史·宗室世系表》斡赤斤八子。按吉歹 Elcitei（按：成吉思汗弟哈赤温子。）及其他诸叔、诸侄来自东方。哈剌旭烈兀、也孙脱及察合台之其他诸子、诸孙与诸侄｛按：俄译本作：Кара［-Хулату］［按，此处排字有误，应为（-Хулагу）］、Йису-［Менгу］、Бури、Йисун-Бука 及察合台之其他子孙。｝自察合台之斡耳朵来。拔都以其兄弟斡鲁朵、昔班、别儿哥、别儿克怯儿、唐兀惕与脱花帖木儿自术赤之斡耳朵来。有关各部分之诸重要那颜、诸大异密皆侍诸宗王以偕来。有来自在契丹之诸异密与官长、突厥斯坦与河中地区之大公亦偕异密麻速忽别以来。异密阿儿浑与呼罗珊及伊拉克、鲁尔 Lūr、阿哲儿拜占、设里汪诸省之异密与要人偕来。算端鲁克那丁 Rukn al-Dīn 来自鲁木，两大维德 Davids 来自谷儿只。来自阿勒波 Aleppo 者，为其统治者之兄弟［原注：此为阿勒波（1236—1260 年）与大马司（1250—1260 年）两地区之统治者 Aiyubid Nāsir Ṣalāh al-Dīn Yūsuf］算端别儿丁鲁鲁 Babr al-Dīn lu'lu' 之使者来自毛夕里 Mosul［原注：即毛夕里之 Zangid atabeg（1233—1259 年）］。首要之哈的 Cadi 法黑兰丁 Fakhr al-Dīn 来自八哈塔之哈里发。又有来自法兰克 Franks 之使者（按：即普兰诺·加儿宾一行。加儿宾《蒙古史》记其历此会，可资参考），有自法儿思与起儿漫来者。阿剌模忒 Alamūt 之统治者、忽失斯坦之长官失哈不丁 Shihab al-Dīn 与赡思丁 Shams al-Dīn 自阿剌丁 'Alā al-Dīn(按,即亦思马因派)与会者皆携来与之相称之行囊、礼品。树有近二千帐幕以供彼等备用。因人众极多,近斡耳朵之地无下马之余地。饮食之价格高腾,难以取给。

诸宗王及诸异密关于汗位之议论如下:"成吉思汗曾指定阔端为合罕之继承人(按:此处成吉思汗当为窝阔台合罕之讹;阔出死后诸书皆不见有立阔端之记载,此处阔端当为阔出之讹。唯下文谓彼小疾,则又显就阔端而言,殊难决断),然彼有小疾。脱列哥那宠爱贵由,而合罕之嗣位人失烈门尚幼。我等宜立合罕长子贵由为汗。"时,贵由以其实力与权威著闻,彼等皆同意定之为汗。彼则按其风俗拒〔此荣誉〕,推举此王或彼王〔以代之〕;且以己身有疾为辞。经诸异密之坚持后,彼乃言:"如若此汗位永属我家,则我当俯徇所请。"彼等皆签立文书保证云:"虽汝之后嗣块肉仅存,甚至为裹于脂肉内或草中而为犬与牛所不取者,我等亦不以汗位奉于他人。"(按:此为当时奉大汗登位时之誓约,参见《秘史》第255节)于是,诸哈木(笔者按,即"甘")施行巫术,诸宗王咸脱帽,解其腰带,奉彼置于汗位。时,马年,当回历634年[1245.9.16—10.13]也。按彼中风俗,饮宴整一周。宴毕,彼取大量财物遍赐诸可敦、诸宗王、诸万户、千户与十夫长。(按,《蒙鞑备录》:"十户谓之牌子头。")然后彼等乃开始处理国家大政。(《史集》第二卷,周良霄汉文译注本,第212—215页)

伽尔宾在其游记中记他参加贵由即位大典时的情况道:

28. 接着,我们进入到西方称为鞑靼人的蒙古地区,我们共用了三个星期骑马疾驰穿过了这个地区,似乎在圣玛大肋纳节的那天,我们来到了当今皇帝贵由宫中。因为为我们来领路的鞑靼人受命尽快带领我们去参加几年前就已预告为选举而举行的一次庄严隆重的集会,所以,我们在整个旅途中总是匆匆忙忙地赶路,以便按时到达。因此,我们一早就起身,不吃饭就一直赶路到夜幕降临,经常在到达目的地时天已经非常晚了,以至于在晚间都吃不上饭,直到晚上才能吃到早上发给的东西。只要马匹能够奔跑,我们就不断地驱马而径直前进。正如人们说的那样,马匹倒下就换回去,一行人马就这样马不停蹄地迅跑。

29. 当我们到达时,正如鞑靼人平时所做的那样,贵由皇帝让人赐给我们一顶幕帐和一些食物,但比对其他所有使节都要友好一些。然而,我们没有被他召见,因为他还没有被推举为皇帝,尚没有主持朝政。但教皇陛下信函的译文和我们对拔都所说的话已经转奏他了。等候了五六天以后,他令人带我们去拜见其皇太后,庄严隆重的集会就在那里举行。当我们到达那里时,人们已经搭好了一个很大的紫色帆布帐篷,据我们认为,这个帐篷大得足以容纳两千多人。四周围有木板栅栏,木板上绘有各种各样的图案。第二天或第三天,我们和负责照料的鞑靼人一起来到了这里,全体首领都被召集到一起,每个首领和他的部下都骑马行走在周围山坡及平原上。

30. 第一天,大家都穿着紫红缎子服装;第二天,换成了红色绸缎,贵由就在这个时候来到了帐篷;第三天,他们都穿绣紫缎的蓝衣服;第四天,大家都穿着特别漂亮的华盖布服装。栅栏里边靠近大门的地方,有两座大门;一座专供皇帝銮驾出进,那里虽然门敞开着,但没有禁卫军,因为任何人都不敢从那里进去;另一座门则供所有那些应召对的人出进,那里有佩带着宝剑和弓箭的禁卫。如果某人特别靠近规定界线以内的帐幕时，人们就要打他；如果他要逃跑时，人们就向他射箭，但箭支都没有铁头。马匹拴在两箭射程的地方。佩带武器的首领们和他们的一些部下来自四面八方，但任何人都不能靠近马匹，除非十人一组；对于那些企图另外择路前往那里的人，就要对他狠狠地打。我们发现许多马匹都佩带着嚼子、胸甲、马鞍和后鞯，据我们看来其价值共约二十马克的黄金。所以，首领们在幕帐里就这样议事，我们觉得他们可能在谈论着选举。全民族的其余所有人都站在栅栏另一侧，与会场保持一定距离。首领们就这样几乎一直恭候到中午，于是他们便开始喝马奶，喝的是那样多，一直到晚上为止，看起来简直叫人眼馋。他们传我们进去，请喝啤酒，因为已经没有马奶分给我们了。他们这样做为的是尊重我们。他们迫使我们喝得实在不能再喝了，因为我们不习惯这样暴饮。所以，我们向他们解释说这样做将我们感到不舒服，这样，他们才停止无休止地劝酒。

31. 根据我们亲眼所见和管事所告诉我们的情况来看，在外面有苏斯达尔（Susdal）的斡罗思大公叶洛斯拉夫、数位契丹和肃良合（笔者按，指高丽）的大首领、谷儿只国王的两个儿子、报达哈里发的使节（他本人曾是算端），还有十多位其他萨拉森的算端。实际上，一共有四千多名使节，其中包括朝贡使，前来送礼的人，前来归附他们的算端和其他首领，奉鞑靼人之诏令而来的人，或者是替他们治理各地区的人。所有这些大权在握的人物都安排在栅栏的外边，人们同时也送给他们饮料。当我们和他们都在外边一起相处时，对于我们和叶洛斯拉夫大公，鞑靼人总是赐予上座。如果我们的记忆是准确的话，我们至少在那里度过了四个星期。我们认为选举就是在那里举行的，然而选举结果却没有就地宣布；使我们坚信不疑的主要是下面一件事，即当贵由从帐篷里出来时，只要他在外面，别人都用顶端装饰有红色毛织品的漂亮小棍尽情地向他表示欢呼和致敬，他们对任何一位首领都不曾这样做过。在他们之中称这个地方为失剌斡耳朵。

32. 于是，当我们大家骑马一起来到距那里只有三四古法里的地方，位于山中间靠近一条河流旁边有一个风景秀丽的平原，平原上已经耸立着另一顶幕帐，当地人称之为金斡耳朵，或"金帐"；圣母升天节那天，应该在这里举行登基典礼，但是由于当天下了冰雹（我在上文已谈到下冰雹一事），就只好推迟了。用来搭幕帐的支柱以金片相裹，然后用金键将其它支柱钉在一起。幕帐的天幕和内壁上也蒙了一层华盖布，而外面则是用其它织物装饰的。我们在这里一直住到圣巴尔泰勒密节（Saint Barthélemy），这一天，成群结队的人聚集在一起，他们面对南方而立，彼此之间相隔投掷一石之距，他们一边跪拜祈祷，一边逐渐离开，始终面对南方。由于我们不知道他们是在念咒还是向上帝或另外的神跪拜，所以不想跪下祈祷。这样做完了很久，他们又回到幕帐，扶贵由登上皇帝宝座，首领们对他参拜，全体庶民都向他跪拜。因为我们不隶属于他，所以方得例外。接着，根据他们的习惯，全体开始不停地畅饮，直至夜晚。然后用车运来了一些没有放盐的熟肉，每四、五个人分一大块肉。对于里边的人，他们所分的是带有调料的肉和汤，他们每次举行宴会时都这样做。

33. 正是在这里，我们被皇帝召见了。当首席书记官镇海签完我们的名字和护送我们前来者的名字以及肃良合（笔者按，高丽）与其他首领的名字时，他就当着皇帝和全体大首领高声宣读着名册。这项仪程完毕之后，我们每个人都四次以左膝跪拜，人们警告我们不要触及内门槛。他们特别仔细地盘问我们是否带有刀，但没有发现。在这以后，我们才从东门进去，因为除了皇帝或是他自己帐篷里的一位大首领之外，任何人都不许从西门进去。事实上，品级低微的小首领对这些事情几乎都不大注意。贵由当选为皇帝以后，让我们进入他的幕帐，这还是我们第一次在他在场的情况下进去的。他还在这里接见了其余使节，但进到他帐篷的使节相当少。

34. 那里有使节们敬赠的如此之多礼物、丝绸、布匹、紫色布、华盖布、缀金的丝带，毛皮或者其它礼物，看起来令人眼花缭乱。呈献给皇帝的礼物中还有撑在皇帝头顶上的那种华盖或天幕，遍饰以宝石。一位省总督为他牵来了一大批披着华盖布的骆驼，骆驼的鞍子配有一个可以使人遮风蔽雨安坐在那里的设施。我们觉得似乎有四五十头骆驼，此外还有很多披马衣的马匹和骡子，一部分披有皮甲，另一部分装以铁甲。有人问我们是否也想奉献一些礼物，但我们的东西几乎全部送完了，没有任何可奉献的礼物了。在离驻地尚有一段距离的高地上，停放有五百多辆四轮马车，车上全都装满了金子、银子和丝绸服装，人们将这些东西在皇帝和大首领之间进行分配。每个首领还可以将他得到的那一份在他的部下之间进行分配。但至少要他们表示乐意时方可这样做。

35. 离开那里，我们来到另一个地方，那里也搭起一个富丽堂皇的帐篷，全都是以光彩夺目的紫红色布搭成，这种布是契丹人送给的。我们在那里被传入了帐内。每当我们进内时，人们总是送给我们啤酒或果酒；还请我们随便吃熟肉。人们在这里还用木板搭了一个高台，台上安排有皇帝的宝座。宝座是用象牙制作而成的，雕刻得令人仰慕。如果我没记错的话，还有金子、宝石和珍珠。人们由台阶一步一步地登上高台，高台的后部呈圆形。高台四周摆有长凳，夫人们坐在左边的凳子上，而右上方却没有人就坐。首领们坐在摆放在幕帐里的长凳上，其余的人坐在他们后面。每天都有一大群夫人于此集会。

36. 我们已描述过的三个幕帐都特别大。皇帝嫔妃们都有其它白色毛毡幕帐，也都比较大而富丽堂皇。他们是分居的，皇太后居住在一侧，皇帝在另一侧审理公案。（耿昇译：《柏朗嘉宾蒙古行纪》，中华书局，2013年，第84—88页）

⑬屠寄："元年丙午（宋淳祐六）春正月，乃蛮真可敦犹称制，执张柔至和林。既而知其无辜，释之。（因夹谷显臣之诬告被执送。旧纪称入觐和林，未考事实，今改正。）"（《蒙史》卷五《古余克可汗本纪》，叶三）

阿布拉莫夫斯基据《元史》卷一百四十七《张柔传》还注曰："张柔因谗言而被召还。"（《定宗纪》德译，第153页，注12）

按，《张柔传》的相关文字为："燕帅屠赤台数凌柔，柔不为下，乃潜柔于中都行台曰：'张柔骁勇无敌，向被执而降，今委以兵柄，战胜攻取，威震河朔，失今不图，后必难制。常欲杀我，我不敢南也。'行台召柔，幽之土室，屠赤台施帐寝其上，环以甲骑，明日将杀之，屠赤台一夕暴死，柔乃得免。"

《通鉴续编》：二月"蒙古入两淮，吕文德败之。蒙古入蜀，余玠败之。"（卷二十二，元刊本，叶六十四。以下版本信息略）

屠寄："命鬼名察罕拓地江淮，（《宋史·理宗纪》：是年闰四月戊戌，吕文德言：'今春北兵攻两淮'，与《察罕传》合。）塔塔儿歹帖赤等分兵四道入蜀。（据《理宗纪》校补。）夏，察罕等围寿春，及宋总管孙琦等战于龙冈，不克。(《理宗纪》：吕文德以秋七月己巳上言，则战事在夏可知。)"(《蒙史》卷五《古余克可汗本纪》，叶三)

⑭《通鉴续编》：秋七月"蒙古自太宗皇帝崩，诸王近属自相攻战，国内大坏。至是定宗皇帝始即位于王吉河之速蔑都。诸王不服，将谋不轨，会雷雨大作，行营水深数尺，遂各散去。"(卷二十二，叶六十四)

柯绍忞："洪侍郎曰：《耶律楚材传》事在癸卯夏。正西北军还之事时，时序亦合。薛氏《宋元通鉴》：议立帝，久不决，诸王将谋作乱，会雷雨大作，帐水深数尺，遂各散去。按，太宗崩，皇后即议立定宗，无久不决之事。薛氏所言殊乖情实，今不取。"(《新元史考证·考证五·定宗》，叶一)

屠寄："秋七月，汗即位于汪吉宿灭秃里之地，(那珂通世云：耶律铸：《双溪醉隐集》有《三月到旺结河有感诗》。《清一统志》引《朔漠图》，和林南有旺吉河云。旺结河、旺吉河，即今之翁金河也。《蒙古游牧记》：赛音诺颜汗部右翼中左旗当翁金河源，注：翁金，亦作翁吉，又作瓮金。两源出鄂尔吉图都兰喀剌山，东行大干山中。其西隔山，即塔楚河源；其北隔山，即鄂尔坤河也。翁金河曲曲东南流八百余里，于大漠潴为呼喇喀乌兰诺尔，周二十余里。《平定准噶尔方略》：雍正十年二月，原任巡抚布兰泰奏：翁金地方并无树木，土少沙多，不能修城云。多桑书之翁奇，《元史》之汪吉，其地在今翁金河上游之山地。欧罗巴人始记和林之事者，为普喇诺喀儿辟尼。据旅僧名若望者，奉罗马教主因诺肯惕第四之命，于一千二百四十六年，即定宗元年，西历七月二十八日达蒙古之昔剌斡儿都，参列定宗即位之大会，著纪行书，述王会之盛况。喀儿辟尼足未践和林之地，不过依记传闻之事。所谓大会之开，在昔剌斡儿都，疑即月儿灭怯土之黄帐，与《定宗纪》"汪吉宿灭秃里"之地名似不合，但昔剌斡儿都即失剌斡儿朵，义谓黄帐，设在月儿灭怯土之地，即为月儿灭怯土之失剌斡儿朵，设在汪吉之地，即为汪吉之失剌斡儿朵可也。蒙古谓藏经之僧寺曰苏默图，即宿灭秃里之异文，汪吉之地盖有此寺。）边远属国若斡鲁速、罗姆、曲儿只、法儿斯、起儿漫、毛夕里其主或自来朝，或遣子弟入贺。若罗马教主（名因诺肯惕第四，一作依诺曾爵，其使臣名若望，其来自法兰西之里昂地方云）、若巴黑塔惕哈里发、若木剌夷、若阿勒坡诸酋长，亦各遣使臣来陪位，襄事数月之内，王会衣冠之盛，前古未有也。汗遍赐妃主、诸王、大臣，下及其子弟、诸翼将士，赐及其家；朝贡之国，犒及从者，莫不优渥。拖雷妃莎儿合黑塔泥实掌其事。（《译·定纪》注引辣施特曰：古余克善用财，备赐之金有七万巴立施之数，徐以赋税补亏。巴立施，不知何数，西人疑是金锭。所备两次赐予，犹有遗者，令众夺取以为乐。又教王使人泼阑喀比尼云，鄂尔多旁有小山，驻车五百，乘皆金银、缎帛，各赐物，出于目击，语当不诬。）是岁宋淳祐六年也。汗既即位，追问斡赤斤国王称兵事而不显言，命蒙格（即宪宗）、斡鲁朵（巴秃之兄）往按之。时斡赤斤已薨，其孙塔察儿袭爵国王在位，戮其旧日主谋官属数人，余释不问。是秋都元帅速别额台乞解兵柄，归老土兀剌河上，许之。"（《蒙史》卷五《古余克可汗本纪》，叶三—四）

李文田《元史地名考》：泰定二年《纪》："五花城宿灭秃、拙只、千麻兀三驿饥，赈粮二千石。"不知即此宿灭秃否。（第26页）（按，贵由即位之宿灭秃里地在漠北，李文田此议误。）

阿布拉莫夫斯注(13)：Onqin sumitur. Onqin ist der Name des Flussees, der im Süden von Qaraqorum entspringt, sumitur heist "Kloster". Über der Krönung Güyük hat CARPINI, der bei den Feierlichkeiten anwesend war, uns einen ausführlichen Bericht hinterlassen (CARPINI, S.

240-242). Auch JUVAINI ist recht ausführlich in seiner Schilderung darüber. (S. 251f) "汪吉宿灭秃里。'汪吉'(Onqin) 是那条发源于哈剌和林以南的河流之名，'宿灭秃里'(sumitur) 乃指禅院，修道院。有关贵由之登基，出席过其庆典的卡尔辟尼为我们留下详尽记录（卡尔辟尼，第240—241页）。而志费尼在其记叙中也相当详细（第251及下页）。"（《定宗纪》德译，第154页）

⑮洪钧：《元史译文证补》："《元史·表》：太宗皇后五人，妃一人。脱列哥那六皇后为乃马真氏，摄国凡四年。又有秃纳吉纳六皇后。《元秘史》：太祖以兀都亦惕蔑儿乞部长脱黑脱阿之子忽都的妻朵列格捏，与了斡歌歹。西书则云：乌虎思蔑儿乞部长带儿哈孙之妃，与《秘史》异。乌虎思即兀洼思，见《秘史》。西书又称：其名曰土拉起纳，与秃纳吉纳音尤类，而《史·表》又皆称为六皇后，是否重出，不无疑窦。西书谓太宗七子，五为后出。合丹、灭里，妃嫔所生。《元史·表》惟载：业里讫纳妃子为灭里之母。"

"定宗即位后数月，太后脱列哥那崩。（六皇后之崩，《元史》失载。《定宗本纪》元年则云，帝难御极，而朝政犹出于六皇后。观西书，此语及以下诸事则六皇后未久即殁，似非妄语。《元史·后妃表》注云：至元二年，追谥昭慈皇后。而《后妃传》乃云：至元二年崩，追谥升祔，恐是撰《皇后传》者误会，妄增崩字。）"（卷二，《定宗宪宗本纪补异》，《丛书集成初编》本）

柯绍忞："旧史《后妃传》作：至元二年崩，误甚。旧史《本纪》：帝虽御极，而朝政犹出于六皇后，亦臆撰之辞。"（《新元史考证·考证五·定宗》，叶二）

周良霄译注：《成吉思汗的继承者——〈史集〉第二卷》：要之，近三年之内，汗权为脱列哥那可敦所控制，彼之文书遍行国内，撤换所有政府要员，皆缘诸宗王不至，忽里台不得举行也。当贵由汗至其母处时，彼亦不预国政；脱列哥那仍继续秉政，直至其子被立为汗。其后两三月，脱列哥那可敦死。周按：据加宾尼的记载，其年十一月十三日，当他们离汗廷西返时，贵由仍令其至可敦处。"她给了我们每人一件狐皮长袍（长袍外面是毛皮，里面有衬里），和一段天鹅绒。"（《出使蒙古记》，中国社会科学出版社，1983年，第67页）十一月十三日当阴历十月初四日，贵由以七月即汗位，可证此处所云"两三月"不确。（第211页）

⑯屠寄下注："蒙兀谓黄羊曰'斡难'。"（《蒙史》卷五《古余克可汗本纪》，叶四）（按，此处《元史》史文为"野马"，屠寄以黄羊释之，疑错简。且蒙古语黄羊为järän"者连"，并非"斡难"。）

陈得芝：太宗的冬猎地名为野马川（亦见《定宗纪》），据记载太宗十三年（1214年）十一月丁亥（初四）大猎，庚寅（初七）还至驻冬行宫地讹铁钴胡兰山（位置在翁金河上游），可见野马川距行宫不远。按元成宗死后，武宗从和林发兵南下争位，自统大军由西道进，其母从大都派阿沙不花前往迎接，至野马川，见武宗（据《元史·武宗纪》、《元史·阿沙不花传》、《元史·康里脱脱传》），据此看来，野马川当在翁金河上游东南方向二三日程之地。（《元岭北行省建置考（上）》，原载南京大学元史研究室编《元史及北方民族史研究集刊》，第九辑，1985年，收入氏撰《蒙元史研究丛稿》，第130页）

野马川，阿布拉莫夫斯基译为"Yeh-ma Fluss"（《定宗纪》德译，第154页，即"野马河"）。此处之"川"并非指河，乃指野甸。按，"讹铁钴胡兰"当还原为Ötügü Qolan，此言"老野马"。

⑰阿布拉莫夫斯基注（15）："《元史》卷一百四十七。"（《定宗纪》德译，第154页）

按，即《史权传》，史权为史天倪之子。

⑱阿布拉莫夫斯基注（16）："在湖北麻城县东北。"（《定宗纪》德译，第 154 页）

⑲阿布拉莫夫斯基注（17）："今湖北黄冈。"（《定宗纪》德译，第 154 页）

《通鉴续编》：十二月"蒙古侵京湖、江淮州县"。（卷二十二，叶六十四）

屠寄："是岁，汗母朵列格捏可敦乃蛮真氏殂。（译《定纪》曰：定宗即位后数月，太后帖列哥那崩。洪侍郎注云：六皇后之崩，《元史》失载。《定宗本纪》则云：'元年帝虽御极,而朝政犹出于六皇后。'观西书此语及以下诸事，则六皇后未久即殁，似非妄语。《元史·后妃表》注云：至元二年，追谥昭慈皇后。而《后妃传》乃云：至元二年崩，追谥升祔，恐是撰是传者误会，妄增崩字。）可敦之摄国也，法令废弛，诸王征求无猒，属官因缘为奸。至是，汗始申禁令，拖雷妃及其子独不效尤，故汗尤礼重之。杀奥都剌合蛮，仍以牙剌洼赤主中原财赋，其子马思忽惕监治突厥斯单、薛米思坚等地，皆锡金狮符。（西书谓：后摄国时，马思忽惕逃往拔都处，不知何故，当是其父被斥，其子畏波及，或亦被斥，故逃也。按，金狮符，应即金虎符。）起复镇海，仍为中书右丞相。谕巴黑塔惕使臣法克哀丁归告哈里发（哈里发，天方教主之称。按，此处屠寄误。哈里发并非教主，乃世俗君主），善视蒙兀人，若仍前无礼，将加兵问罪恶。木剌夷残暴，拒其使，不见礼，放之归。罢合剌旭烈兀监国，以察阿歹子也速蒙哥袭爵可汗，以传孙不传子为非故也。"（《蒙史》卷五《古余克可汗本纪》，叶四）

⑳《庙学典礼》：羊儿年三月初一日，钦奉圣旨条画节该：一款：应州城里村子里的达噜噶齐官人每、过往宣使每，已前的圣旨如今也罢了者。咱每的圣旨里，和尚每、叶尔羌（笔者按，也里可温）

每、先生、达什爱满（笔者按，答失蛮）每的体例里，汉儿、河西秀才每，不拣甚么差发徭役不教当者，秀才的功业习学者。说来的圣旨体例里。这的每河西田地里住坐的高智耀为头儿秀才每，执把行打的圣旨与了也。这秀才每铺马、祗应休拿者，地产、物业不拣他每是甚么休争夺，无体例的气力休教到者。这秀才每兄弟孩儿每，秀才的功业好生习学者。这秀才每却着文字有。圣旨：不是秀才呵，差发根底躲闪将别人，自己休隐藏者，别人根底无体例的气力休教到者。若隐藏无体例气力，到不怕那甚么他每？圣旨俺的。羊儿年二月二十六日，青山子根底有时分写来。至元十六年二月，浙东道提学司赍擎前件，检会到大兴府，钦奉圣旨，至十月十五日宣慰司开读。［高学士讳智耀，字显道，河西中兴路人也。世为西夏显族，曾祖某擢蕃科第一，祖某仕至大都督府尹，父某仕至中书右丞相。夏设蕃、汉二科以取士，蕃科经赋与汉等，特文字异耳。公巍然擢第，授金判，未及大用，天兵西役，夏人举国归附，公隐处贺兰山。哈干皇帝（笔者按，即哈罕皇帝，窝阔台）尝问西夏故大臣家有贤子孙在者否，以公对，召见，上存抚，留公左右。公性乐恬退，未几复归旧隐。时库德（笔者按，阔端）太子镇西凉，令民间立传置，士亦与焉。众请于公，遂乘驿走千里，诣藩府进见，难遽陈儒者事。适太子悬一笙于木上，募有能吹响者，大赏之。公应募而前，太子大悦。公曰："本家世业儒，粗知音乐，兵烬之余，某家乐工尚多存者。"因公乘驿往取之。公遂言西州多士，昔皆给复，今置传，与编氓等，乞与蠲免。太子从之。公奉旨归取乐工，复往西凉。太子喜，欲官之，公不就，受重赏而归。久之，蒙克皇帝（笔者按，即宪宗蒙哥）即位。公复以儒人差役事，北上奏陈："儒者之所能，三纲五常，治国平天下。自古以来，用之则治，不可一日无者，故有国家蠲其徭役，以养成之。"因备陈尧、舜、禹、汤、文、武、周公、孔子之道有补于世，非区区技术者所能万一。上曰:"有是乎?此至美之事也,前未有与朕言者。"遂诏汉地、河西儒户,徭役悉蠲之,无所与。色辰皇帝(笔者按,世祖忽必烈)居潜藩,公因帕克巴(笔者按,八思巴)国师进见,首论佛教,帝大悦。公曰:"释教固美矣、至于治天下,则有儒者之道。"又反复论其所以然者,帝甚异之,有用公意。及即位,刻符印付公,凡汉北、河西儒户,悉委公镇之,从公给文以为验。时汉北、淮、蜀儒人多为驱者,公奏曰:"以儒为驱,古无是也。帝方以古道治天下,宜除之。"上可其奏,命公奉旨以行,前后得释为民者几三四千人。以此忤权势,或诉于上曰:"高秀才所释者多非儒也。"上诘公,公对曰:"譬之于金也,有浅深,谓之非金,不可。儒者学问亦有高下,谓之非儒,亦不可。"上为之释然。时庶事草创,纲纪未张,公奏曰:"前代有御史台为天子耳目,所以肃官常,整治具,诚不可阙。"上命宰臣记其事。越明年,命立御史台,实用公议。久之,有权臣欲令儒户与民给徭役者,公奏曰:"昔孟尝君,一列国陪臣耳,尚养士三千人,至今多之。今陛下富有四海,皆为臣妾,儒在其中万分一耳,除之何补于政。然使之安意讲习,幼学壮行,为治理助,其效不亦多乎?陛下何惜此而不为也。"上以为然,权臣之议遂格。未几,上命公为西夏中兴等路提刑按察使,公以廉勤自将,处事公允。有僧违戒律、挠官法者,有司莫敢谁何,公遣驿奏之,奉旨诘治,不少贷,境内为之肃然。其直而不挠,类如此。解任入觐,上方择人将命北行者,公毅然请行。上问公方略如何,公一一为上陈之,大称上意。比行,以病终,上甚哀悼之。公年六十有六,娶西夏驸马梁氏女,子长寿,仕至佥江淮等处行枢密院事;睿,今为江南浙西道肃政访廉使。](第10—11页)

《元高丽纪事》:"定宗皇帝二年丁未,将命阿母侃,与洪福源,一同征讨,攻拔威州平房城。"(叶八)

屠寄:"命阿毋罕将兵会洪福源征高丽,拔其威州,平卤城。见洪福源旧《传》。是岁,斡赤斤国王薨,可敦命其适孙塔察儿袭爵,授以皇太弟之宝。塔察儿,辣施特书作秃格察儿。欧阳元《高昌偰氏家传》:撒吉思与火鲁和孙驰白皇后帖列聂氏,授塔察儿以皇太弟宝,袭爵为王。撒吉思旧《传》曰:斡真薨,长子只不干早世,适孙塔察儿幼,庶兄脱迭狂恣,欲废适自立。撒吉思与火鲁和孙驰白皇后,乃授塔察儿以皇太弟宝,袭爵为王。旧《传》所谓皇后,即《家传》所谓皇后帖列聂氏,实即朵列格捏六皇后,乃蛮真氏也。撒吉思等不驰白定宗,而驰白皇后,知其时定宗尚未即位也。定宗以丙午秋七月即位,则斡赤斤之薨,塔察儿之袭爵,当在丙午七月以前,然无日月可考,故编列于此。"(《蒙史》卷五《古余克可汗本纪》,叶三)

㉑阿布拉莫夫斯基注(19):"未能勘同。"(《定宗纪》德译,第154页)

㉒柯绍忞:"秋七月,帝西巡。郝和尚朝于行宫。旧史《本纪》作'西巡',《续资治通鉴》改为'西巡太原',以无确证,今不从。毕尚书曰:《郝和尚传》为甲辰事,定宗尚未即位也。本传'还治太原'在戊申,则入朝当在前一年。又《郝和尚传》作:朝于宿瓮都之行宫。那珂通世《成吉思汗实录》谓:宿瓮都即斡尔朵。劭忞案:'昔剌'急读为'宿','斡尔朵'急读为'瓮都'。'宿瓮都'即'昔剌斡尔朵'之异译。旧史误为地名。"(《新元史考证·考证五·定宗》,叶三)

屠寄:"秋七月,车驾西巡叶密立河,其地本潜邸汤沐邑。时汗不豫,谓河上水土宜卫生,故幸之。缘道赏赐无籔。拖雷妃莎儿合黑塔泥知汗与巴秃有隙,今且西巡,使告巴秃,善自为备。(定宗负病西巡,盖欲释憾于巴秃,托言养痾叶密立,此与汉祖伪游云梦同意,拖雷妃殆知其阴谋。)"(《蒙史》卷五《古余克可汗本纪》,叶四)

阿布拉莫夫斯基注（20）：《蒙兀儿史记》卷五叶四称："er sei in sein Stammland am Imil gezogen.""据说他前往其故乡。"（屠寄原文为"车驾西巡叶密立河，其地本潜邸汤沐邑。"）。（《定宗纪》德译，第 156 页）

㉓《本证》卷三十七《证名一》：野里知给歹。（《睿宗传》）

㉔标点本校勘记［九］：搠思蛮，按《圣武亲征录》有"太宗皇帝与太上皇共议遣搠力蛮复征西域"。搠力蛮，《元朝秘史》作"绰儿马罕"、"搠儿马罕"，曾西征中亚、西南亚，占居小亚。野里只吉带受命率搠里蛮旧部，事亦见于拉施特史集。此处"思"误，当作"里"。《蒙史》作"搠儿马罕"。（第 41 页）

阿布拉莫夫斯基注（22）：Ch'o-szu-man ist wahrscheinlich eine Fehlschreibung für Ch'o-li-man (YS 107, 4v) = Čorman, Čormaγan, der vor Alčidai, die mongolischen Truppen in Persien befehligt hatte. (SPULER, Die Mongolen in Iran, S.38)."'搠思蛮'有可能是搠鲁蛮（《元史》卷一百七，叶四），即 Čorman, Čormaγan，此人在野里知吉带之前应已统辖波斯的蒙古军队（施普勒：《蒙古人在伊朗》，第 38 页）"。（《定宗纪》德译，第 154 页）

㉕屠寄：八月"命额勒只吉歹将之，并搠儿马罕旧部兵征巴黑塔惕。（旧纪云：命野里知给带率搠思蛮部兵西征。《亲征录》云：'戊子，太宗皇帝与太上皇帝共议搠力蛮复征西域。'所谓搠思蛮、搠力蛮始不知其何指。按《秘史》卷十四云：鼠儿年，斡歌歹既立，与兄察阿歹商量：成吉思皇帝父亲留下的未完百姓有巴黑塔惕合里伯，曾命绰儿马罕进征去了。如今再教斡豁秃儿、蒙格秃两个做后援征去。绰儿马罕，《秘史》卷十二作搠儿马罕。据此知《亲征录》之搠力蛮，即搠儿马之异文，仅脱'罕'字尾音。搠思蛮，又搠儿蛮罕之音差，脱字也。然据《西域补传》，绰儿马罕卒于六皇后称制

初年，继其任者为副帅贝住。定宗此次遣额勒只吉歹，宜云代贝住西征，乃云率搠思蛮部兵西征，盖贝住所将，本搠儿马罕旧部也。）兼辖西域西境罗姆（句）、曲儿只（句）、毛夕里（句）、的牙佩壳耳（句）、阿勒坡诸属国，取其贡赋，以供军国之用。东境阿梅沐涟等处，仍属阿儿浑额勒只吉歹。濒行，汗谕之曰：'朕且自往，汝为前锋也。'（观此言，则定宗西巡非专为养痾。）"（《蒙史》卷五《古余克可汗本纪》，叶四—五）笔者按，搠思蛮为搠里蛮之误。

拙文《读〈定宗征拔都〉》：

> 此事在尤外尼书记载略详，拉施笃丁书中关于野里知吉带西征的那段文字基本上是抄尤外尼。尤外尼曰："对西方，他（贵由）派去了野里知吉带（Eljigitei）和一支大军。他下令诸王位下每十人须签发两名归野里知吉带统辖，当地所有丁男都须从军随行，回回人（Taziks）每十人应签发两名出征，他们首先应攻击异教徒。他们相约，贵由本人应当随后去。贵由除了将所有的军队和归附的人民置于野里知吉带统率之下以外，还特意将鲁迷（Rum——按今小亚半岛），谷儿只（按今格鲁吉亚的波斯文名称Gurjistān之音译）、阿勒颇、毛夕里和Takavor的事务委付于野里知吉带，这样可以排除任何人的干涉，并且当地的算端和长官可以对他承担交纳贡赋的义务。"（尤外尼《世界征服者传》，波义耳英译本，第257页。）仅从这两段文字，还很难看出贵由此举与拔都有什么关系。然而，野里知吉带所去之地，正是尤赤封土的西南界。尤外尼说："对于长子尤赤，他（成吉思汗）将自海押立和花剌子模地面直到最遥远的撒克森（Saqsīn）和不里阿耳以及在那个方向上蒙古马蹄所能及的一切地方，都分给了尤赤。"（同上书，第42页。）乌马里进一步指出，

"成吉思汗将领察草原（Dašta-i Qïbĵaq）及其附属地面挑选出来，再加上阿兰、帖必力思、哈马丹和蔑剌合之地一起授给了尤赤。"［乌马里《眼历诸国行纪》克劳斯·来西阿拉伯文及德文翻译合璧本《蒙古世界帝国》，威斯巴登，1968年，（Masalik al-absar fi mamalik al-amsar, Das mongolische Weltreich, Al-'Umari's Darstellung der mongolischen Reiche in seinem Werk Masalik al-absar fi mamlik al-amsar, übersetzt von Klaus Lech, Wiesbaden, 1968），德译，第100页。］拔都既然将这些地方视为自己的势力范围，当然不容许别人，尤其是贵由来染指。

其后贵由准备对拔都动武。贵由与拔都积怨由来已久，杨志玖先生已经指出，"《元朝秘史》载巴禿（即拔都）于收捕乞卜察（即钦察）等部后，会诸王做筵席，自以年长，'先吃了一、二盏，古余克（即贵由）怒，詈之为'带弓箭的妇人'，欲以柴击其胸，此当系二人起衅之由。故定宗即位时，拔都托故不赴大会。积怨愈深，猜忌益烈。"参见杨志玖《定宗征拔都》，载《中华文史论丛》1979年第2辑，第401页。（《内蒙古社会科学》，1982年，第4期，第63—66页。以下版本信息略）

㉖屠寄："八月，简诸王部下蒙兀人户，各取什二，充把阿秃儿。（旧纪言：每百以一人充拔都鲁，此云什二，据多桑书。）"（《蒙史》卷五《古余克可汗本纪》，叶四）

阿布拉莫夫斯基注（23）："Pa-tu-lu ist die chinesische Wiedergabe von 'Baɣatur', Held, ein Beiname von Subutai, dem erfolgreichen General der Kampfe im Westen.""'拔都鲁'为汉文对Baɣatur'英雄'的转写，是西征之战中战果辉煌的将军速不台的别名。"（《定宗纪》德译，第154页）

《通鉴续编》：八月"吕文德败蒙古于泗州"。（卷二十二，叶六十五）

㉗阿布拉莫夫斯基注（24）："Ye-ch'ü men-ta-erh scheint die Umschreibung eines mong. Titels oder Beinamens zu sein. Das HYS hat dafür den Namen Alčdai eingesetzt, was sachlich wohl auch richtig ist, doch es konnte kein Beleg dafür gefunden werden.""'也曲门答儿'似为一个蒙古语头衔或别名之转写。《新元史》代之以宴只歹，这当然是正确的，但不可能找到证据。"（《定宗纪》德译，第154页）

㉘屠寄下注："旧纪此下有：冬十月括人户（句），不知所括者何种人。疑即秋八月简蒙兀人户，各取什二事，而变文重出也。"（《蒙史》卷五《古余克可汗本纪》，叶五）

㉙阿布拉莫夫斯基注（25）："括户数无从进一步得知。"（《定宗纪》德译，第154页）

屠寄："法特玛巫蛊事发，极刑处死。（译《定纪》注西书云：法特玛仇怨甚多，有萨玛儿罕人名希雷，诉其巫蛊。皇弟阔端之病，皆其所为。阔端亦遭人来告：'我为其所厌禳，如死必诛其人。'未几，阔端竟卒，镇海请于定宗刑讯之。以线缝其周身孔窍，毡裹而投之河。随从妇女皆死。居无何，又有人告希雷厌禳定宗子忽察，亦戮之，并其家属。洪侍郎云：蒙古本信巫。宪宗初即位，亦有厌禳之狱，定宗后至赐死，事当不诬。西书称阔端音似库滩，忽察音似火札。）是岁，遣兵征高丽。（旧纪不载。惟《高丽传》云：定宗、宪宗之世，岁贡不入，故自定宗二年至宪宗八年，凡四命将征之。所纪年分，与西书合。又译《定纪》此下有：遣察罕伐宋一语，固与《察罕传》'定宗即位，命拓地江淮'一语合。然按之《宋史·理宗纪》，北兵入淮西在淳祐六年春，其时定宗尚未即位。）"（《蒙史》卷五《古余克可汗本纪》，叶五）

释念常《海云传》:"丁未(1247),贵由皇帝即位,颁诏命师统僧,赐白金万两。师于昊天寺建大会,为国祈福。"(《佛祖通载》卷二十一)(按,师指海云。)

㉚《通鉴续编》:"(戊申)八年(定宗皇帝三年)春三月,蒙古定宗皇帝崩于胡眉斜阳吉儿。皇太后秃里吉纳复治国事。[定宗皇帝在位,委政于皇太后及近习而已,及崩,年四十三,有子三人,曰和者,次曰闹忽歹,曰忽也不干。(按,《四库》本作"和和")]"(卷二十二,叶六十五)按,定宗由逝后,监国者并非其母六皇后乃马真氏,而是其皇后斡兀立海迷失。

李文田《元史地名考》:《辍耕录》作"崩于胡眉斜阳吉儿之地"。胡眉者,横字之转,斜阳者,相字之转,吉儿与乙儿亦音近。(第26页)

屠寄:"三年戊申(宋淳祐八)春,行在横相乞儿之地,[旧纪作横相乙儿之地,《大方通鉴》作'胡眉斜阳吉儿',上四字即横相二字缓读之音,吉儿与乙儿不协,知乙当作乞,故改。按胡刻图:札萨克图汗右翼后末旗西有阿剌克泊,泊之西北有地名和集格尔,即此横相乞儿之地也。译《定纪》曰:'三年戊申,以疾西巡叶密尔河,西距别失八里七日程,病作而崩。'洪侍郎云:《本纪》帝崩于横相乙儿之地,不知何地。今考西书,略得方向。惟《本纪》二年秋七月即西巡,疑《元史》有误。寄按,和集格尔,正当库伦西至巴里坤军台孔道,其西南二十里有哈拉城,自此而西至济木萨岛道约七百里许。济木萨,即别失八里,准望程途,与西书合,则和集格尔即横相乞儿无疑。(按,横相乙儿地在今额尔齐斯河)且和集格尔东距和林岛道二千余里,人行曲折,不啻加三之一。以古者吉行三十里计之,百日方至。况帝王之行,千乘万骑,缘道部长迎送、召对、赐予,多所羁留。冬春之间,天寒草枯,既非乘舆力疾上道之日,亦非从骑沿路游牧之时。则乙未秋初启驾,中道驻冬,戊申

春草始生,徐徐移跸,此正事理之常,非旧史之误也。]汗疾大渐,寻殂。"(《蒙史》卷五《古余克可汗本纪》,叶五)

阿布拉莫夫斯基注(26):"Qum sengir. Zu Namen und Ort siehe: PELLORT, Papauté, S. 196; des Campagnes,S.315; CARPINI, s. 330""横相乙儿,关于此名与地点,见伯希和《蒙古人与教廷》,第196页;《圣武亲征录注》,第315页;卡尔辟尼,第330页。"(《定宗纪》德译,第154页)

按,突厥语 Qum-šinggir,意为沙岬,地在今新疆青河东南。

拙文《读〈定宗征拔都〉》:

> 尤外尼书没有有记载贵由出征拔都的理由。除了记载贵由与野里知吉带相约,贵由本人随后西征外(见前引《世界征服者传》文),尤外尼仅记载说:"离开了国都,……带着最可畏的军队和大批人马前往西方国度。当他到达忽木升吉儿(Qum-Sengir)边境之地,离开别十八里一周路程时,他的天数已尽,无法再离开其地一步。"[尤外尼《世界征服者传》,波义耳英译本,英国曼彻斯特大学出版社,1958年(Juvaini, *The History of the World-Conqueror*, tr. by John Andrew Boyle, Manchester University Press, 1958),第261页。关于拔都此时所在地点,可参见此书第263、267、557页。]
>
> 拉施笃丁书对于这件事提到好几次,记述得也较为详细。拉施笃丁在《拖雷汗纪》中记载说:拔都是诸王之长,他借口痛风病拒不参加选立贵由的忽里勒台。"贵由为此举所恼,心中盘算着诡计对付拔都。他借口叶密立的气候对他病体有利,出发前往那个方向。唆鲁禾帖尼别吉由于知道他的打算,秘密地传出消息,并警告拔都。"[拉施笃丁《史集》第2卷,波义

耳英译本《成吉思汗的继承者们》(*The Successors of Genghis Khan,* tr. by J. A. Boyle, New York Columbia University Press, 1971),第170页]

拉施笃丁在《贵由汗纪》中又记载说:"当新的一年来临时,他(贵由)说:'叶密立的空气于我身体有好处,那里的水亦于我病有益。'于是他率领尽可能多的可畏的武力和大批人马,前往西方国度。……这时唆鲁禾帖尼别吉——她是个有知识极聪明的妇女——认识到他(贵由)匆忙地踏上征程是怀有恶意的。她秘密地派出一名信使到拔都那里说:'做好准备,贵由已率领一支大军到这个地方来了。'拔都十分感激,并准备与之作战。然而当他(贵由汗)到达撒马儿罕边境,离别十八里一周路程时,他的天数已尽,无法再离开其地一步,他逝去了。"[同上书,第185页,撒马儿罕(Samarqand)为忽木升吉儿(Qum Sengir)之误。见该书第121页,注95。]

拉施笃丁在《尤赤汗纪》中还写道:拔都故意缓慢地东进,这样他还未来得及到达忽里勒台大会,到会诸王已经决定将大汗之位授予贵由汗。"贵由苦于一种慢性病的折磨,他借口他父亲(窝阔台)授于他的禹儿惕(yürt)的水土于其病体有利,率领一支大军前往叶密立霍只(Emil-Qočin, Emil-Qoči,波义耳认为可与《元史》卷一百二十一《速不台传》的"也迷里霍只"勘同,此处从波义耳之勘同,译写为叶密立霍只)之地。当他接近这一地区时,拔都发觉了。由于尤赤汗和拖雷汗之间以及两个家族之间自成吉思汗时代就有着友好的关系,拖雷汗之长妻唆鲁禾帖尼别吉传信〔给拔都〕,〔告诉他〕贵由汗的西行带有某种阴谋。于是,他(拔都)更加不安,警惕地等待贵由汗的到来。当后者(贵由)到达撒马儿罕,离别十八里一周路程时,他死于折磨了自己多年的那种病，时为回历640年(1242—1243)。

对于这场迫在眉睫的大战，乌马里的说法与和拉施笃丁有些不同。其书云："继承成吉思汗汗位的窝阔台死后，其子贵由继立。贵由为人奸邪狡猾，刚愎自用，专权且粗暴无礼。他在成吉思汗的国家实行专制统治。为了对付拔都，夺取其土地，他向阿兰及其附近的拔都份地派去一位名叫野里知吉带的大异密，带有逮捕当地长官的命令。当地长官上书拔都，要求依靠他的部下进行抵抗。然而窝阔台之子贵由的使臣野里知吉带提前到达，下令进行逮捕，为了便于将他们带到贵由那里，他给这些被捕的长官套上枷锁。就在这时，传来了拔都的命令，以同样的方式对付野里知吉带。被捕长官们的随从因而奋起反抗，打碎他们的枷锁，抓住野里知吉带，把他缚送到拔都庭帐。在那里，他们把野里知吉带送进（一釜水）中煮死。

当使臣之死的沉痛消息传到贵由那里后，他出动了60万骑兵，两人(拔都和贵由)互相推进，以进行一场血战，将对方毁灭。在双方相距十日程的地方，贵由（突然）死去，这消息惊动四方。诸王们和异密们一致协议与拔都结盟。他们致信拔都，通报了贵由之死的消息，并告诉他，他现在可以登上空缺的大汗宝座，可以按自己的意愿行事。拔都则说，他无意要求大汗之位，而应推举拖雷之子蒙哥汗（为合罕）。"（乌马里《眼历诸国行纪》，克劳斯·莱西德译本《蒙古世界帝国》，第100—101页。这段史料杰克逊已经提到。参见杰克逊《蒙古帝国的瓦解》，载《中亚杂志》1978年第3—4期，第200页。但杰克逊未将这段史料全文引出。说贵由出动60万人，这个数字显然夸大了。）（第63-66页）

罗贤佑《从拖雷、贵由和阿里不哥的死因论大蒙古国的分裂》：关于贵由之死，蒙哥汗时出使蒙古的西方教士鲁不鲁乞记录了一则传闻："关于贵由之死，我未能获悉任何明确的说法。安德鲁修士说：他是由于服用了给予他的某些药而死去的，一般都怀疑是拔都干的。但是，我听到的确是另一个故事：贵由曾经召拔都来朝见，以对他表示臣服，拔都当即举行了盛大的仪式，启程出发。然而，拔都和他的部下非常害怕，因此派他的一个名叫思梯坎的兄弟先行。当思梯坎到达贵由那里，并且正要向他献盏时，发生了争吵，他们两人互相把对方杀死了。"（道森编、吕浦译《出使蒙古记》，第165页）。从中得出两点结论：一是贵由一定是死于非命，否则不会众说纷纭；二是其死必定与拔都有关，结合当时严峻的斗争形势，拔都完全有可能先发制人，派人害死贵由，取得斗争的主动权。另一旁证：《史集》（第二卷第221—222页）：贵由死后，"唆儿忽黑塔尼别吉按照习俗送去了劝告的话、衣服、勃黑塔黑及对她（按指贵由遗孀斡兀立海迷失）的慰问。拔都也同样慰问了她，并表示了友好"。这完全是策划者得手之后的惺惺作态，恰好从反面证明此二人是暗害贵由的主谋。（《民族研究》2006年第4期，第90页）

　　按，参见同卷"命野里知吉带率搠思蛮部兵征西"条注。

㉛屠寄："汗既亲政，纲纪粗立，君权复尊，自幼多疾，成吉思汗尝命亦鲁王之祖忽鲁札克为之主膳。中年性好酒色，手足有拘挛之病。在位之日，常以疾不视事，事多决于大臣镇海、合答二人云。（合答，译《定纪》作喀达克。洪侍郎云：辣施特、志费尼并云二人信天主教，常以是劝定宗。定宗之医官亦天主教士，其时西里亚、阿速、报达、俄罗斯之教士，皆东来传教，语出天方教人，斯为可异。喀达克无考。惟《宪宗纪》：元年，以叶孙脱等务持两端，坐诱诸王

为乱，并伏诛，内有合答之名，或即此喀达克。）汗既殂，其可敦斡亦剌惕氏海迷失，以大行在外［斡亦剌，旧史《后妃表》作斡兀立，今从《秘史》译例改正。（按，屠寄误。斡兀立并非斡亦剌之误，而为突厥语 oγul，意谓年轻人）］，秘不发丧，亟命亲信人先赴告莎儿合黑塔泥及巴秃处，自请摄国事，以待立君，巴秃允之。（《元史类编》曰：夏四月，皇后斡兀立海迷失抱皇太孙失烈门临朝称制。按，失烈门在太宗时即有可君天下之谕，计此时已非怀抱中人。且议立未定，不得有皇太孙之称。）（《蒙史》卷五《古余克可汗本纪》，叶五）

㉜回鹘，并非指唐宋回鹘之后裔畏兀儿，而指中亚信奉伊斯兰教诸地。

㉝海东，指今日本海沿岸诸地。

㉞屠寄："己酉，斡亦剌（按，应为斡兀立）可敦称制之元年（宋淳祐九年）夏四月，宗王巴秃大会诸王大将于阿勒台忽剌兀之地（按，'忽剌兀'应为'秃忽剌兀'之误。'秃忽剌兀'为突厥语，此言'胡杨树'）（释地详《蒙格汗纪》注）议立新君。巴秃建议立拖雷汗长子蒙格。时诸王以会议非地，太半不至，遂约明年春再会于东方。（首次之会，西书无年月可考，兹据《兀良合台传》作己酉夏四月）"（《蒙史》卷五《古余克可汗本纪》，叶六）

《元高丽纪事》：己酉年八月十五日，皇后太子懿旨，宣谕王瞮曰：贵由皇帝丙午年间，尔等来时，不遵上天圣训、成吉思皇帝圣训宣谕，尔等并不钦依二帝明谕，尚有不从之人，我之训言，焉肯听从。果欲称臣出力供赋，务要安居乐业，迁海岛，依先降圣旨，亲身朝见。来时宣谕大条例如何？可怜之事，我自知之。为此据尔所奏表文，不曾回降圣旨，实时遣还，又省会军前使臣。若延缓不出海岛，速便征讨去者。既尔奏言尔等迁出，此上不曾进征，昔知尔等甚多谄妄，未必迁出，信其虚诞推托之辞，遽止六师，元戎大将，悉加谴责。如果无贰，果必迁出，勿令征讨。如明谕，今岁又不迁，更无疑贰，即进征。久知尔等数为诰妄，皇帝亲为诘问，尔等并无一辞。以此罪归尔等，累奏表文，俱是已尝谕去。皇帝御前，尔等尚为隐讳。合车、札剌二人已死，计我何知。我非童稺，岂能欺我焉。知此事之具臣俱有据。尔等射回使命禾者，并杀讫著古欤之事，显然可知。如委的出力供赋，果无二心，于壬辰年，令随从撒儿塔征讨万奴，尔等即却违背，迁入海岛。既居海内，却奏亲身欲往朝见，迁出海岛，累以诰妄。又奏亲欲往朝见间，亡其父母，惧此不能去得，明见尔等推托虚妄。迁出海岛，令使臣塔海一一见数，尔等并不遵奉，累积多罪，明降宣谕，终不悔悟。若委出力供职，于庚子年间，亲身朝见来者，如此明谕去来。今日又如昔违皇帝圣训，给我何知何闻。尔等固为轻忽，曩者，皇帝、贵由皇帝屡责尔等之事，亦尝闻之。宣谕尔等训言文字，并尔等所奏表文，我国俱有，知此事之具臣亦在，少我何知。恣行诰妄，苟安一时。为尔等数为虚妄，广罪衅。若数其事，计之无穷。宣谕尔等，训言尔国，不无所降宣谕遵奉无违。如依来奏，迁海岛，点数民户，亲身朝见，出力供职，依诸国例，令尔等安业住坐。如此宣谕，却违天圣训、成吉思皇帝圣旨，故立遵奉，若违元奏，给我何知何能。讨灭尔国之事，我国焉能知。上天其监之哉。（叶八—九）

㉟屠寄："庚戌，斡亦剌（按，应为斡兀立）可敦称制之二年（宋淳祐十年）春，莎儿合黑塔泥主议，复大会诸王大将于客鲁涟阔迭兀阿剌勒。（旧史《宪宗纪》云：元年辛亥夏六月，西方诸王别儿哥，东方诸王也古等，复大会于阔帖兀阿阑之地，共推帝即皇帝位于斡难河云云。按之西书，二次之会与帝之即位决非同月。多桑书曰：太宗、定宗后王及察合台后王也速蒙哥皆不至，拔都屡使往劝仍不纳。伯勒克等以久待为忧，请命于拔都，乃申令于众，定立蒙哥。

按其时别儿哥等会议者在喀鲁涟河，察合台后王在锡尔河，巴秃在阿勒台山，太宗、定宗后王在和林，计其一次往返必更数月，况往返数次，需时益多。则二次会议与宪宗即位，匪特不同月，并不同年。拔都谓明年春再会于东，所谓明年，指庚戌年也。)"(《蒙史》卷五《古余克可汗本纪》，叶六)

《通鉴续编》：夏五月"余玠大败蒙古于兴元。(蒙古汪惟正屯兵利州，以扼四川，日谋进取，使其从宜使李德辉募民入粟绵竹，陆挽兴元，水漕嘉陵，资用饶足。玠亲帅诸军巡边，直捣兴元，与惟正战，败之。)"(卷二十二，叶六十六)

《大元马政记》"抽分羊马"：定宗皇帝五年庚戌五月初八日，奉旨谕诸色人等，马牛羊群，十取其一，隐匿者罪之。(叶三十)

㊱《考异》卷八十六：按：《后妃传》云，定宗后(名斡兀立海迷失)抱子失烈门垂帘听政者六月。陈桱《续编》则云"皇太后秃里吉纳复治国事"，未审谁是。

原刊于《新疆师范大学学报》2016年第1期。

元代主流文化南北界限的消失

——以耶律楚材、陈时可与东坡铁柱杖为题

唐以后,短暂的五代十国虽为宋所并,但包括北京在内的中国北方始终在辽控制之下。金代辽后,南北分界推及淮水。中国的统一至元世祖忽必烈灭宋后才完成。蒙元实行民族等级制度,民分四等,即蒙古人、色目人、汉人与南人。既往的研究集中于以蒙古、色目为一方,汉人、南人为另一方,双方之间的地位差异,与文化不同弥合的探讨,而对在长达三百余年的南北分治结束的过程中,以金统治区人民为主的"汉人"(也包括渤海、高丽、契丹与女真等)与以南宋人为主的"南人"之间,文化与心理的界限是如何消失的,关注较少。

耶律楚材的《用樗轩散人韵谢秀玉先生见惠东坡杖》诗为"圆方顶足法高卑,五九苍苍老节奇。一日湛然获二宝,东坡铁杖寂通诗。"①题目中的"秀玉"即陈时可,"秀玉"为其字,号"寂通",乃元太宗二年设十路课税征收所时,任职燕京者,名见《元史·太宗纪》。此诗作于甲午年(1234)陈时可远赴漠北时。从诗中可知,陈时可不但托带了苏东坡的铁杖,还送上自己为此所作的诗,惜此诗文失传,无法从中得知更多信息,此诗为耶律楚材答谢之作。诗

---

① 耶律楚材著,谢方点校:《湛然居士文集》卷十,中华书局,1986年,页215。

题目提到的"樗轩散人",即完颜璹,字子瑜,自号"樗轩老人",金世宗孙,赵王永功长子,是金皇族中汉文化修养最高者之一。①那么,东坡铁杖是何物?陈时可为何要将此杖交给耶律楚材?笔者拟通过剖析北宋苏轼铁杖在大蒙古国时期传递的个案,来考察元初北方汉人与宋人的共同文化价值观。

一、铁杖与东坡

关于此杖的来历,苏轼有《铁挂杖诗》,其《序》曰:

> 柳真龄,字安期,闽人也。家宝一铁挂杖,如栁栗木,牙节宛转天成,中空,有簧,行辄微响,柳云得之浙中。相传王审知以遗钱镠,镠以赐一僧,柳偶得之,以遗余,作此诗谢之。

诗的内容是:

> 柳公手中黑蛇滑,千年老根生乳节。忽闻铿然爪甲声,四坐惊顾知是铁。含簧腹中细泉语,迸火石上飞星裂。公言此物老有神,自昔闽王饷吴越。不知流落几人手,坐看变灭如春雪。忽然赠我意安在,两脚未许甘衰歇。便寻辙迹访崆峒,径渡洞庭探禹穴。披榛觅药采芝菌,刺虎鏦蛟擉蛇蝎。会教化作两钱锥,归来见公未华发。问我铁君无恙否,取出摩挲向公说。

---

① 关于樗轩散人,可参阅刘崇德、于东新:《论金代完颜皇族词——以胡汉文化融合进程为中心》,《河北大学学报》,2010年第1期;并见王庆生:《金代文学家年谱》,凤凰出版社,2005年,页462—470,"完颜璹"条。

诗后注文为："闽王，《五代史·闽世家》：王审知，字信通，光州固始人。兄潮，本县吏，唐末为福建观察使，以审知为副使。乾宁四年（897）潮卒，审知代立。唐以福州为武威军，拜审知为节度使，封琅邪王。梁太祖时加拜中书令，封闽王。"

由此可知，此铁杖之来历为：原为唐末时物，由十国中闽昭武王王审之（862—925）赠吴越武录王钱镠（852—932），钱镠复送给一位僧人，而福建人柳真龄偶得之，以遗苏轼。苏轼得此铁杖后作《铁杖诗》，①其弟苏辙（字子由）也很羡慕，有和诗：

> 截竹为杖瘦且轻，石坚竹破误汝行。削木为杖轻且好，道远木折恐不到。闽君铁杖七尺长，色如黑蛇气如霜。提携但恐汝无力，撞坚遇险安能伤。柳公虽老尚强健，闭门却扫不复将。知公足力无险阻，怜公未有登山侣。回生四海惟一身，袖中长剑为两人。洞庭漫天不觉过，半酣起舞惊鬼神。愿公此杖亦如此，适意遨游日千里。归来倚壁示时人，海外苍茫空自记。②

上述诗句对此杖有详细描述：细黑，长七尺，老树枝形，杖中有簧片。在普遍使用竹木为杖之时代，此物的确非常稀罕。兹后，苏轼将此杖作为生日贺礼赠给友人张乐全，并写《乐全先生生日以铁拄杖为

---

① 苏轼曾在《常州太平寺法华院蘸卜亭醉题》诗中提及此杖：六花蘸卜林间佛，九节菖蒲石上迁。（《演维摩经》言：如入蘸卜林中，唯嗅蘸卜，不嗅余香。蘸卜，栀子花也，其花六出，韩众服菖蒲得仙。须生石上，一寸九节者。）何似东坡铁柱杖，一时惊散野狐禅。——（宋）苏轼撰、题（宋）王十朋集注、宋刘辰翁批点：《东坡诗集注》（《增刊校正王状元集百家注分类东坡先生诗》）卷九，《四部丛刊》景宋本。
② （宋）苏轼撰、（清）查慎行补注：《补注东坡编年诗》卷二十，古今体诗六十首，《四库全书》本（以下版本信息略）；附子由和诗。并见（宋）苏轼撰、题（宋）王十朋集注、宋刘辰翁批点：《东坡诗集注》（《增刊校正王状元集百家注分类东坡先生诗》）卷十三，《四部丛刊》景宋本。

寿二首》记事。其第一首为：

> 先生真是地行仙，住世因循五百年。每向铜人话畴昔，故教铁杖斗清坚。入怀冰雪生秋思，倚壁蛟龙护昼眠。遥想人天会方丈，众中惊倒野狐禅。

第二首为：

> 二年相伴影随身，踏遍江湖草木春。摘石旧痕犹在一作作眼，闭门高节欲生鳞。畏涂自卫真无敌，捷径争先却累人。远寄知公不嫌重，笔端犹自斡千钧。①

受赠铁杖的张乐全名张方平，字安道，号乐全居士。清人查慎行在两首诗后附从《黄州志》采录张安道的和诗一首：

> 随书初见一枝藤，入手方知锻炼精。远寄只缘怜我老，闲携常似共君行。静轩独倚身同度，小圃频游脚为轻。何日归舟上新洛，拄来河岸笑相迎。②

东坡以铁杖赠张乐全贺寿事，在北宋时已经十分有名，成为文人笔下的典故。两宋之交时人陈与义（1090—1138）有诗《某窃慕东坡以铁柱杖为乐全生日之寿，今以大铜瓶上判府待制，庶几因物以露，区区且作诗二首将之，亦东坡故事》，曰：

---

① 《补注东坡编年诗》卷二一，古今体诗八十九。
② 同上。

要学东坡寿乐全，此瓶端合供儒先。铁如意伴无忧畏，玉唾壶傍耐岁年。项似董宣真是强，腹如边孝故应便。与公剩贮为霖水，不羡宫门承露仙。

不与观音伴柳枝，要令奇相解公颐。会逢白氏编书日，犹梦陶家贮粟时。安用作盘供歃血，也胜为钵困催诗。千年秀结重重绿，长映先生鬓与眉。①

此事作为用典，也出现在元诗中，如元人刘诜的《和彭叔和见寿》：

何必致身卿与陪，折腰受辱始归来。岁年不禁衰容改，天地犹容笑口开。君似坡仙分铁杖，我如洛老托春杯。郭门西转青塘路，却欠闲田种芋魁。②

元人程端礼作贺寿诗时，也用此典：

苏子铁挂杖，以寿张乐全。倚杖抚铜狄，谓与同清坚。铁杖岂为寿，销蚀同飞烟。寿公无一物，多祝亦空言。公心在精舍，不息如流川。斯文天所相，公寿无穷年。③

但他们均未提及此杖为耶律楚材所得，似乎因为不属社会上层，并不知此杖为耶律楚材所得事。

---

① (宋)陈与义撰：《简斋诗外集》，《四部丛刊》景元钞本。
② (元)刘诜撰：《桂隐诗集》卷四，明末刻本，清丁丙跋，南京图书馆。
③ 《代诸生寿王岂岩七首》其三，《畏斋集》卷一，民国《四明丛书》本。

二、金元之际铁杖的传递历程——有关事与人

那么，苏轼赠张乐全的铁杖，又是如何落到陈时可的手中呢？耶律楚材在《谢西方器之赠阮杖并序》诗中提到：

> 了然居士素蓄东坡铁杖、洎地字号阮，真绝世之宝也。天兵既克汴梁，先生携二君来燕，欲藏之，恐不能终宝，欲赠湛然，南北相去不知其几千里，虑中道浮沉，是以献诸秀玉殿学、田公奉御，欲转致于予也。甲午（1234）之秋，陈、田入觐，果馈之于我。因乱道数语，用酬厚意。
>
> 睢阳三绝从来传，坡仙铁杖为之先。宋朝四美岂易得，地君神器①称手贤。了然居士隐洛瀍，读书好古有积年。擒龙捉日获二宝，宝之凿栋屋壁穿。龙庭万里迭山川，欲来馈我嗟无缘。将夺固与此理玄，殷勤携赠陈与田。陈、田今岁来朝天，惠然出赐穹庐前。乌虬入手苍璧悬，恍然遗世如登仙。长蛟倚壁光娟娟，鳞介欲生如蜿蜒。澄澄秋月莹朝镜，须臾洗尽余腥膻。足方法地顶法乾，四十五节松栢坚。七尺乌金三十两，微簧瑟瑟鸣哀蝉。云顶纤纤空腹圆，十三玉柱鸿翩翩。耽耽云坐踞猛虎，岩岩山口双双弦。铁君伴我游林泉，足疾顿减冲云烟。临风三弄碎琼玉，清商秋水声涓涓。安仁得此如临渊，子聃求杖不惜钱。湛然坐受匪劳力，不胜其服心胡然。西方讽我求终焉，故令二友相招延。抱桐扶杖间山巅，举觞笑咏秋风边。
>
> 了然居士作《铁君传》云："长七尺重三十两，顶圆足方，中有微簧，凡四十五节，世传嵇生造。又云：昔显宗东宫时，

---

① 宋代四名杖以"天地玄黄"四字排序，东坡铁杖以地字为号。

常读东坡《铁杖诗》,因召侍臣郑子聃问杖之存亡。子聃以在睢阳为对。因以数千缗购于张文定公之孙,其孙藏于屋栋,子聃竟不得一见云。"①

耶律楚材的另一首诗《和董彦才东坡铁杖诗二十韵》亦描述了铁杖传递的经历:

> 女娲未补青天裂,神液飞精散为铁。秫生箕踞锻洪炉,白汗翻浆滴清血。黑虬仿佛欲飞跃,鳞介苍苍生乳节。情知中散气凌云,肯与凡工争巧拙。柳君传与东坡老,神物终须归俊杰。坡仙为寿文定公,酬和新诗夸胜劣。观妙堂名龙尾砚,睢阳并此为三绝。睢阳城破兵火炎,神器不随烟焰灭。了然居士②出伊洛,登山渡水相扶挈。燕然分付我清溪,妙语雕镌跨先哲。远来携赠白霅老,③天理似为余所设。湛然忝佐本无功,致王泽民媿皋契。再游北海复何恨,与君同步龙沙雪。大泽深山无所惊,扫除魑魅驱凶孽。轻簧历历吐微语,闲对幽人如鼓舌。有如拈起击须弥,须弥击碎同丘垤。云门远遁德山去,敢对髯翁④开口说。一时惊倒野狐禅,奔走不来予闒闑。他年神武挂冠去,谁知劫外乾坤别。横担此杖入千峰,大方独步无蹉跌。⑤

---

① 《湛然居士文集》卷十,页 233–234。
② 关于此人,详见下。
③ 耶律楚材因族出契丹,自号"白霅老人"。
④ 耶律楚材因胡须长,蒙古名为吾图撒哈里,即长胡子。
⑤ 耶律楚材:《湛然居士文集》,卷十,页 233–234。

此云金显宗（1146年—1185年）完颜允恭为太子时，因常读东坡《铁杖诗》而召侍臣郑子聃问杖之存亡。子聃答称在睢阳（今河南商丘睢阳区）。他派郑子聃以钱数千缗，与张乐全之孙洽购，其孙不愿卖，藏于屋栋，子聃竟不得一见。

从这两首诗有关金末东坡铁杖落入了然居士手中的过程，没有清楚的描述。商丘城破后，只说了然居士携此杖来到燕京，想藏起来，但恐怕保不住，欲以"神物终须归俊"为辞，将杖赠耶律楚材，但未见其人，遂委托两位有机会与耶律楚材联系的友人陈与田，即秀玉殿学、田公奉御转交。

（一）睢阳三绝与宋朝四美

这是耶律楚材诗中与东坡铁杖密切关联的两个概念。在前述《谢西方器之赠阮杖》诗的一开头，就写道："睢阳三绝从来传，坡仙铁杖为之先。宋朝四美岂易得，地君神器称手贤。"诗中将"坡仙铁杖"列为"睢阳三绝"之一。而在上述《和董彦才东坡铁杖诗二十韵》中，在描述了铁杖的外形与历程后，亦提到："观妙堂名龙尾砚，睢阳并此为三绝。"按此说法，"睢阳三绝"三绝分别为东坡铁杖、观妙堂与龙尾砚。这里先论"睢阳三绝"。

"三绝"中的"龙尾砚"意义较为明确。龙尾砚，今称歙砚，因砚石产于婺源县溪头乡的龙尾山而名。这种砚受苏轼高度赞赏，他作有《章圣黼砚铭》、《龙尾月砚铭》与《龙尾砚铭孔毅夫》等铭，在《章圣黼砚铭》中，他写道："龙尾黼砚，章圣所御赐外戚刘氏，臣轼得之，遗臣宗孟铭。黟歙之珍，匪斯石也。黼形而縠理，金声而玉色也。云蒸露湛，祥符之泽也。"而在《龙尾砚铭孔毅夫》中，他赞道："涩不留笔，滑不拒墨。炜肤而縠理，金声而玉德。厚而坚，足以阅人于古今。"①刻有苏轼题铭的歙砚被视为珍品,至元尚为人收藏,如元人刘敏中作有《题德州高教谕所藏二苏砚》的诗,其序称:"砚背刻东坡所题,云:'子由为积溪得此砚以遗余。千之强、安适自蜀来,因以赠之。'"刘敏中还题诗:

> 颍滨得砚不敢有,献与东坡坡未然。一笑还将赠蜀客,至今此物阅流年。败瓦磨来不害书,玉屏宝匣亦区区。留连一物吾无尔,正要清风挹二苏。②

有关苏轼与歙砚的论题,已有学者作过详细研究,③兹不赘。"三绝"中的东坡铁杖与龙尾砚均与苏轼有关,由此推测"观妙堂"也可能与苏轼有关。查苏轼的确写过《观妙堂记》。④苏轼在徐州作太守时,其弟苏辙在睢阳为官,苏轼因之常来睢阳。但观妙堂究竟与此有何关系,尚有待考察。

(二)了然居士与西方器之

前述耶律楚材铁杖历史的诗《谢西方器之赠阮杖并序》的标题中提到,赠送给他铁杖的人是西方器之,而在诗中却说金末持有东坡铁杖与地字号阮者,为了然居士,而西方器之的名字并未出现,

---

① (宋)高似孙撰:《砚笺》卷三,清康熙四十五年曹寅扬州使院刻楝亭十二种本,清何焯校并跋。
② 刘敏中:《中菴集》卷二十五,清抄本影印,《北京图书馆古籍珍本丛刊》,册92,书目文献出版社,无出版时间。
③ 参见沈喜彭:《论苏轼与歙砚》,《重庆科技学院学报》(社会科学版),2012年第4期,页101—103。
④ 收于《苏文忠公全集·东坡续集》卷十二,明成化刻本。

这不禁使人推测：了然居士与西方器之是同一个人。耶律楚材另有一首诗，题为《送西方子尚》，诗云：

> 西方子尚气凌云，一见忘年各任真。阴德传家宜有庆，义方垂训不违仁。雄文固可魁天下，确论曾无诡圣人。天产英才须有意，好将吾道济斯民。①

《湛然居士》的点校者谢方先生表示，此诗的写作年代不清。②从诗中看，耶律楚材与这位西方子尚是初次见面。前已提及，西方器之（＝了然居士？）金亡后携东坡铁杖入燕，因未见到耶律楚材，只好将铁杖托陈时可转交。如果西方子尚就是西方器之的话，则他们后来还是见面了，故此诗当作于陈时可携杖赴漠北之后。

（三）携赠者陈与田

耶律楚材在描述了然居士在燕京时向其托带东坡铁杖之人的说法似乎前后不一。第一个说法是陈时可。《湛然居士集》卷十之《用秀玉韵》，序言称："甲午（1234）之秋，秀玉殿学远以新诗寄东坡杖。"③前文还提到，耶律楚材接到铁杖后，为答谢陈时可作诗《用樗轩散人韵谢秀玉先生见惠东坡杖》，诗中说"一日湛然获二宝，东坡铁杖寂通诗"④。据此，携赠铁杖的是陈时可。

第二个说法前述施国祁所举耶律楚材的第四首诗《谢赠阮杖诗》

---

① 《湛然居士文集》卷十，页215。
② 同上。
③ 同上，页214—215。
④ 同上，页215。

元代主流文化南北界限的消失 | 103

即上文引用的耶律楚材《谢西方器之赠阮杖》诗已经提及,该诗序称,了然居士将铁杖"献诸秀玉殿学、田公奉御,欲转致于予也。甲午之秋,陈、田入觐,果馈之于我"。而其诗中也有"龙庭万里迭山川,欲来馈我嗟无缘。将夺固与此理玄,殷勤携赠陈与田"的句子,据此,赠杖者为了然居士。如前文中笔者有关西方器之与了然居士是同一人的假设能成立,则两种不同说法其实一致。了然居士至燕京时,因耶律楚材远在"龙庭",即和林,只好将杖交给"陈与田"。①其中之"陈",即"秀玉殿学",也就是陈时可;可见赠杖者实为了然居士(或西方器之),受托转致于耶律楚材的是陈时可。而了然居士委托携杖的除陈时可之外还有一人"田",或称"田公奉御",按其"西方讽我求终焉,故令二友相招延"的诗句,可见受托携铁杖者实为二人,即陈时可与田公,均为了然居士(西方器之)的友人。那么这位田公是何人呢?

查元人刘敏中,于元贞元年(1295)秋九月撰有《田氏孝敬堂记》,提到世祖朝至成宗朝时人"燕山田侯仲珪",字瑞卿,幼时其母韩氏曾告诉他,其祖父田"安抚"与其"府君"即田仲珪故父,"以医得幸太祖圣武皇帝,寔掌太医,尝以节行安抚事,征西域战殁"。而其父"倜傥有气节,太祖爱之,因赐名阔阔,以父官居近幸,从征回鹘,密以方略,假数人擒其王算摊以归"。后来"诏复其家,以旌其功,寻授金虎符,以提刑转运使填朔方,调兵食。皇帝经略河南、关右,为护军。虽在征伐,以拯溺为主,凡儒服若二教艺术者,率招辑之,所全活弗知几何人矣。复还领太医,而天下诸医隶焉。奏请郡国立惠民药局以济病者,尽瘁两朝德业盛矣"②。姚燧《医隐阁

---

① 《湛然居士集》卷十。
② 《中庵集》卷二。

君阡表》记金元之际医人阎王禹事迹：

> 壬辰（1232），逾河而北，侨居宣德府，以所取医值衣寒士申岳、陈邃、孙周、郭通，至则馆其庐，去则赆之。魏学士邦彦玉峰亦略行位以游。时召诸道医，悉领于奉御田阔，将以君偕北，进尚医列。固以学识浅浅不可，亲上辞，稍居，南留真定二年。①

耶律楚材笔下的田公，应当就是这位统领医道的"奉御田公"。此外，《元史》还记"太宗九年（1237），始于燕京等十路置局，以奉御田阔阔、太医王璧、齐楫等为局官"②。耶律楚材所记之"田公奉御"，显然就是这位父子两代仕于成吉思汗帐前的田阔阔。田阔阔曾在成吉思汗西征时，参与擒获花剌子模首领之役，与耶律楚材当是老相识。

清人沈钦韩有札记《东坡铁拄杖》一篇，追踪东坡铁杖之下落，他在节录前引耶律楚材诗序中的文字后，引元末人张雨诗句"试问东坡铁拄杖，于今海上未曾还"③，并推测此"杖已流落漠庭矣"④。此后未见有提及此杖者。

金末元初围绕东坡铁杖发生的故事，说明包括耶律楚材这样出身契丹贵族的汉人知识分子，与宋人有着共同的汉文化精神家园，这是中国历经三百余年分裂之后，在元代能够弥合南北分离形成的

---

① 《牧庵集》卷二十七，清《武英殿聚珍版书》本。
② 《元史》卷九十六《食货志》"惠民药局"条，标点本，页 2467。
③ 张雨：《书东坡先生画像》，《元诗选》卷六六。"试问东坡铁拄杖"中"试"，一作"更"。此诗《句曲集》未收。
④ （清）沈钦韩撰：《幼学堂诗稿》卷十三，清嘉庆十八年刻本，南京博物院。

元代主流文化南北界限的消失 | 105

人民心理隔阂的重要文化基础。

原刊于《元史及民族与边疆研究集刊》第 27 辑，韩儒林教授诞辰 110 周年纪念专辑，南京大学元史研究室/民族与边疆研究院中心主办，上海古籍出版社。收入本书时略有修改。

燕京征收课税使陈时可事迹探微

一、问题的提起

元太宗窝阔台为成吉思汗的继位人,从 1229 年登基至 1242 年去世,在位时间长达十三年。蒙古肇兴于漠北草原,制度杂糅蒙汉西域,与元世祖忽必烈建元之后相较,草创之初书面资料保存很少。明初修《元史》时,《太宗纪》附《定宗纪》内容仅有一卷。《元史·〈太宗纪附定宗纪〉》内容虽然简略,但存世文献中有一些与之关系密切的纪年类史料,如《圣武亲征录》[①]、波斯史家拉施都丁(Rašīd al-Dīn)的《史集》(Jāmi' al-Tawārīkh)[②] 中的《窝阔台合罕本纪》(داستان اوگای قاآن, Dāstān-i Ūktāī Qāān)及志费尼(Juvainī)的《世界征服者传》(Tārīkh-i Jahāgušāī)[③]中有关窝阔台合罕部分叙事,及《元

[①]《圣武亲征录》,王国维校注本:《圣武亲征录校注》,《王国维遗书》第 13 册,上海古籍书店,1983 年版。
[②] 拉施都丁:《史集》(Rašīd al-Dīn Faẓl Allāh Hamadānī, Jāmi' al-Tawārīkh)德黑兰刊本(رشید الدین فضل اللاه همدانی, جامع التواریخ, تهران, 1373/1974)。
[③] 志费尼:《世界征服者传》('Alā' al-Dīn 'Aṭā Malik Bin Bahā' al-Dīn Muhammad Bin Muhammad al- Juvainī, Tārīkh-i Jahāgušāī), 可疾维尼波斯文刊本,第 1、2、3 卷 [The Ta'ríkh-i-Jahán-Gushá of 'Alá'u d-Dín 'Atá Malik-i Juwayní, composed in A.H. 658—A.D.1260, ed. with an introduction, notes and indices from several old mss by Mírzá Muhammad Ibn 'Abdu' l-Wahháb-i Qazwíní, and for the trustees of the "E.J.W. Gibb Memorial", vol.XVI(1), vol. XVI(2), vol.XVI(3), London, 1912, 1916, 1937],吉布纪念集,伦敦,1912 年、1916 年,(转下页)

朝秘史》中成吉思汗以后部分。自清代以来，国内治蒙元史学者与欧洲东方学家研究《圣武亲征录》、《秘史》与《史集》的共同方法，是将这些关系密切的史料相互参照与比较。这一学术传统产生的成果构建了元初历史研究的基本框架，钻研《太宗纪》当然要继承。

研究太宗朝历史的另一个思路，是尽可能挖掘与研究这一时代的其他史料，以加深对这一时期历史进程的认识。耶律楚材是成吉思汗、窝阔台两朝最重要的大臣之一。王国维的《耶律文正公年谱》可以说是这一思路的最重要成果之一。[①]元太宗窝阔台同时代人的作品，重要者除耶律楚材的文集之外，也包括元好问的《遗山集》、刘祁的《归潜志》等。近年来有关元好问的研究成果不断问世，[②]为我们将上述此两种方法结合起来创造了条件。上世纪七十年代，德国学者阿布拉莫夫斯基将《元史·太宗纪》译为德文，并作注释。[③]这项研究虽然是有关《太宗纪》的专门研究，但其注释较为简略。尽管如此，它仍为我们对照西方学界的研究提供了许多有用的资料。

元太宗二年（1230），针对朝廷"中使"别迭认为汉人无用，欲

（接上页）1937 年（علاء الدين عطا ملك بن بهاء الدين محمد الجويني, تاريخ جهانگشای）；波义耳英译本 Juvaini, *The History of the World-Conqueror*, tr. by John Andrew Boyle, Manchester University Press, 1958；何高济汉译本《世界征服者史》，上下册，内蒙古人民出版社，1980 年。在波斯语中 تاريخ (tārīkh) 意为编年，纪年，历史，而汉文通常个人传记不称"史"，故而此处按汉文习惯译为《世界征服者传》。

① 谢方的耶律楚材《湛然居士文集》点校本即在此基础上完成，其附录二将《耶律文正公年谱》收入，中华书局，1986 年（以下版本信息略）。
② 元好问撰，姚奠中主编：《元好问全集》，山西人民出版社，1990 年；孔凡礼编：《元好问资料汇编》，学苑出版社，2008 年。
③ Abramowski, Waltraut: "Die Chinesischen Annalen von Ögödei und Güyük——Übersetzung des 2. Kapitels des Yüan-shih", *Zentralasiatische Studien* 10 (1976) [瓦勒特劳乌特·阿布拉莫夫斯基：《窝阔台及贵由之汉文编年纪——〈元史〉卷二德译》，《中亚研究》第 10 辑（1976）]。

变农地为牧场的建议，耶律楚材提出，重建汉地的税赋制度，于此年冬有十路征收课税所之设。这是元初政治生活中的大事，有关中国历史的著述多有提及。对于这件事，《元史》卷二《太宗纪》提到：元太宗二年（1230），"冬十一月，始置十路征收课税使，以陈时可、赵昉使燕京，刘中、刘桓使宣德，周立和、王贞使西京，吕振、刘子振使太原，杨简、高廷英使平阳，王晋、贾从使真定，张瑜、王锐使东平，王德亨、侯显使北京，夹谷永、程泰使平州，田木西、李天翼使济南"①。上述记载过于简单，除了正副课税使的名字，所赴地点之外，未提供其他信息。此事在宋子贞《耶律文正公碑》中亦有记载："乃奏立十路课税所，设使副二员，皆以儒者为之，如燕京陈时可，宣德路刘中，皆天下之选。"②

选充十路正副收课税使的这些人有些什么背景，赵琦博士在其专著《金元之际北方的儒士与汉文化》，通过搜捡、剖析史料，作了较为深入的研究。本文拟在此基础上，聚焦于上述《元史·太宗纪》中提到的十路收课税使中的第一位，即陈时可，期盼有所前进。

除依据上述宋子贞《耶律文正公碑》写成的《元史》耶律楚材本传之外，陈时可在《元史》还出现过两次，均在《太宗纪》中：一次是太宗八年丙申（1236）春"秋七月，命陈时可阅刑名、科差、课税等案,赴阙磨照"③。另一次是太宗十年（1238）"秋八月陈时可、高庆民等言诸路旱蝗，诏免今年田租，仍停旧未输纳者，俟丰岁议之"④。但未提供有关此人背景的更多信息。

---

①中华书局标点本，页30。
②《元文类》卷五十七，《四部丛刊》景元刊本。
③中华书局标点本，页35。
④中华书局标点本，页36。

陈时可是金元之交北方的重要文人。元人鲜于枢记："寂通老人陈时可，字秀玉，燕人，金翰林学士，仕国朝为燕京路课税所官。"①这段记载为我们补充了查找陈时可的重要线索：陈时可字秀玉，号寂通老人，燕京人氏，曾为金翰林。笔者见闻所及，迄今虽然尚无专门有关陈时可其人的研究，但并不等于此人未受学者关注。据笔者查检，认真考察过陈时可的学者有三位，他们分别从不同的视角考察有关陈时可的资料。第一位是清乾嘉时代的施国祁，他在笺注元好问诗文集《遗山集》时，除了引据上述宋子贞《耶律楚材神道碑》与鲜于枢有关陈时可的记载外，提到还提到十条史料。为论述方便起见，笔者引用时对其依次编号：

> 《湛然居士集》有（1）《过燕京和陈秀玉韵》，（2）又《寄清溪居士秀玉诗》，（3）又《戏秀玉诗》，（4）又《谢赠阮杖诗》称秀玉殿学，(5)又《和陈秀玉绵梨诗》注：清溪，秀玉道号也。（6）《二妙集》，段成己有《冯生成之自燕归平杨赖寂通先生获脱奴役诗》，（7）万松老人《和节度陈公绝句》云：清溪居士陈秀玉，要结莲宫香火缘。赚得梢翁摇橹棹，却云到岸不须船。（8）《宝坻县志》赵铸《兴宝圣母庙记》：岁庚寅（1230）国朝设十路征收所，前学士陈公秀玉为举首，充燕路长；前大中正赵德辉副之。（9）《寰宇访碑录》：陈时可撰《重修柏林禅院碑》，性英书，在赵州。（10）又潭柘寺《归云大禅师塔铭》，大兴。②

第二位是清末著名学者缪荃孙，他在负责编写《畿辅通志》的

---

① 《困学斋杂录》，（清）《知不足斋丛书》，《畿辅丛书》本。元好问在抄录此段时，将"寂通"误为"通寂"。
② （清）施国祁：《元遗山诗笺注》卷十，清道光二年南浔瑞松堂蒋氏刻本（以下版本信息略）。

金石部分时，就前述施国祁提到的第9条史料，即《寰宇访碑录》所记赵州陈时可撰《重修柏林禅院碑》，考证了陈时可署名时的官衔，今录其内容如下（笔者补入的字置于六角括号之中）：

> 谨案，此碑撰文人为陈时可，书丹者沙门性英。陈时可，《元史》无传，但见于太宗《宣谕夺罗觧碑》文。①其题衔"宣差燕京路课税长官、兼提领编修所、司天台事"，考《元·地理志》，中书省大都路：元太祖十年（1215），为燕京路；世祖至元九年（1272），改大都。又《百官志》：至元十九年（1282），置大都税课提举司，而无燕京路课税长官。"提领"二字为元时职事官之总称。《百官志》提领某所、某局者甚多，而无所谓"编修所"者。刘侗《帝京景物略》有《双塔寺碑》，为"燕京编修所"次二官王万庆撰，可知元初曾设编修所之官，与燕京课税长官后皆裁汰，《百官志》皆漏之。司天台事，《百官志》属司天监，中统元年（1260）因金人旧制立司天台。中统上追〔乃〕马真后称制垂二十年，而此碑已载有此官，其非中统以后所置，亦可知。又案，篆额者为释印简。《帝京景物略》引元庆寿寺僧《海云碑》，称海云名印简，金宣宗时为成吉思帝所执，后住持燕京庆寿寺，与此题款称燕京（□）〔庆？〕寿（□）〔寺？〕堂海云袭祖印简者，其时、其地、其人，无不吻合也。②

第三位是前已提及的赵琦博士，她在《金元之际的儒士与汉文化》中对陈时可有较详细的记述，关注的中心是燕京路征收课税所，

---

①此即元末明初人宋濂所提及的《元太宗皇帝御制宣谕后题》，详见后。
②（清）莲池书院主讲黄彭年主纂：光绪本《畿辅通志》卷一五二，以下版本信息略。

所注的内容如下:

> 陈时可,字秀玉,燕人,金翰林学士,道号清溪老人,又称寂通居士,通寂老人,①宁道居士。②他是耶律楚材的老朋友,而且是耶律楚材向万松老人(释行秀)学佛的引荐人,《湛然居士文集》中收有数首两人唱和的诗作③。邱处机西行途中,寓居燕京玉虚观,陈时可是与邱处机诗歌"日所与唱和者"之一,被称为"京城吾道"。邱处机逝后,他的弟子尹志常以"知先师者,君最深"为由,请求陈时可撰写《长春真人本行碑》。此外陈时可还撰有记录邱处机葬事的《燕京白云观处顺堂会葬记》④。他与终南山重阳万寿宫洞真真人于善庆、佐玄寂照大师冯志亨等道教名人多有来往⑤。看来陈时可是一位兼通儒、释、道三教的金朝文人。⑥

赵琦博士对陈时可作了认真研究,但缺陷是未注意到前述施国祁与缪荃孙的考证。此外,金人刘祁《归潜志》卷十四收有"寂通居士陈时可秀玉"所撰之《归潜堂铭并序》。这位号为"寂通居士"的陈时可秀玉,清乾隆末学者鲍廷博确定他就是后来充任燕京路征

---

① "通寂老人"之号有误,详见后。
② 《困学斋杂录》;耶律楚材:《和秀玉韵并序》,《湛然集》卷一一;《归潜志》卷一四《归潜堂铭并序》;《析津志辑佚》,第 152 页《名宦》——赵琦原注。此条见《顺天府志》引《析津志》,缪荃孙于清光绪丙戌(1886)辑自《永乐大典》卷四千六百五十,北京大学出版社影印本,1983 年,页 207。
③ 卷一、三、六、九、一〇、一一。(赵琦原注)
④ 《仙源录》卷二、九。(赵琦原注)
⑤ 杨奂:《终南山重阳万寿宫洞真于真人善庆道行碑》、赵著:《佐玄寂照大师冯公道行碑铭》,《仙源录》卷三、六。(赵琦原注)
⑥ 参见赵琦:《金元之际的儒士与汉文化》,人民出版社,2004 年,页 77—78。

收课税使的陈时可，并记入其十四卷本《归潜志》抄本中。当代出版的崔文印先生点校本《归潜志》在录写上述鲜于枢有关陈时可的记载后，将鲍廷博所抄录的上述鲜于枢《困学斋杂录》中的内容，移录至"陈时可秀玉"之下，但未作进一步考订。①近年唐山师范学院政史系刘永海先生发表的《论〈甘水仙源录〉的史料价值》一文中，也提及陈时可。②这些可算是零星研究。

施国祁、缪荃孙与赵琦三人虽然切入点不同，但研究都很深入，特别是施、赵二位学者对有关陈时可的史料挖掘最多，为查找陈时可踪迹提供了重要线索。进一步考察发现，限于时代，前人的个别结论尚有修改余地。今拟先考察他们所引史料，再进一步论举证讨论。

二、施国祁引述的有关陈时可的史料

（一）取自《湛然居士集》者

施国祁所举史料中，出自耶律楚材有五条，其中第一条《过燕京和陈秀玉韵》为五首诗，收于《湛然居士集》卷三，其内容为：

> 回首亲朋半土丘，嗟予十稔浪西游。半生兵革慵开眼，一纸功名暗点头。下士笑予谋计拙，至人知我谓心忧。再行不惮风沙恶，鹤迹云踪任去留。

---

① 刘祁：《归潜志》，崔文印点校本，中华书局，1983年，见页173。
② 《中国道教》，2008年，第1辑，页38—43。

其二

君恩犹未报山丘,自笑遐方汗漫游。客过玉关惊白发,要游金谷觅苍头。冷官待罪予为歉,陋巷居贫君不忧。犹望道行泽四海,敢辞沙漠久淹留。

其三

狐死曾闻尚首丘,悲予去国十年游。昆仑碧耸日落处,渤海西倾天尽头。君子云亡真我恨,斯文将丧是吾忧。尚期晚节回天意,隐忍龙庭且强留。

其四

余生不得乐林丘,犹忆丁年选胜游。几帙残编聊暎眼,一张衲被且蒙头。貔貅已报西门役,柱石犹怀东顾忧。自料荒疎成弃物,苁裘归计乞封留。

其五

空惊沧海变陵丘,白昼分明梦里游。除妄楔边重出楔,求真头上更安头。亨通富贵刚生喜,苦恼悲愁强作忧。斫断葛藤闲伎俩,系驴橛子不须留。①

从"嗟予十稔浪西游"与"悲予去国十年游"句可知,这些诗作于成吉思汗西征结束之后不久。耶律楚材在成吉思汗逝前受命赴燕京,这些诗当作于他回到汉地,与旧友陈时可取得联系之后不久。

---

① 《湛然居士文集》卷三,页62—64。

王国维《耶律楚材年谱》系之于1227年。①其第二首第一句"君恩犹未报山丘",乃指陈时可当年介绍耶律楚材向万松老人学佛法之事,耶律楚材视为恩情,自觉当报。而此诗中"陋巷居贫君不忧"一句,反映当时陈时可生活困顿的窘境。而其第三首中"君子云亡真我恨,斯文将丧是吾忧。尚期晚节回天意,隐忍龙庭且强留"的四句,说明陈时可虽然本人对贫困处境淡然处之,但耶律楚材却对自己因赴西域,无法照顾陈时可感到不安,希望有机会在将来利用职权改变现状。这应与后来委任陈时可为燕京征收课税使有关。

施国祁所举耶律楚材的第二首诗《寄清溪居士秀玉诗》,当为收于《湛然居士集》卷十一中之《和秀玉韵并序》,其序与诗曰:

> 三学老人背佛说法教,僧幽半藏谤之,清溪老人有颂,因和之。
>
> 清溪作龚语,湛然大笑之。仅能知大用,尚未识天机。贪随言语转,错认二阿师。个中关挨子,卓然绝百非。三学未尝坐,何说非与是。半藏未有言,奚论赞与毁。解语非干舌,能知诚匪智。为报清溪公,无事莫生事。

诗中"尚未识天机"一句,《四部丛刊》据无锡孙氏小绿天藏影元写本作"尚未识大机",点校者谢方据"渐西本"改"大"为"天"。②

施国祁所举耶律楚材的第三首诗《戏陈秀玉并序》即《湛然居士集》卷九所收:

---

① 见《湛然居士文集》附录二《耶律文正公年谱》,页350。
② 《湛然居士文集》卷十一,页238。王国维将此诗系于1234年,见《耶律文正公年谱》,页360。

> 万寿堂头自汴梁来,远寄万松老师偈颂,旧本有和节度陈公一绝,云:"清溪居士陈秀玉,要结莲宫香火缘,赚得梢翁摇橹棹,却云到岸不须船。"噫!三十年前已有此段公案,湛然目清溪为昧心居士者,厥有旨哉!仆未参万松时,秀玉盛称老师之德业,尔后少得受用,皆清溪导引之力也。每欲报之,秀玉竟不一染指,故作是诗以戏之。
>
> 不见桃源路渺茫,_{骑驴觅驴。}清溪招引到仙乡。_{未当好心。}
> 湛然幸得齁齁饱,_{也须吐却。}擘与些儿不肯尝。_{恰似真个。}①

点校者谢方注明王国维以为作于 1233—1236 年间。②查,王国维原话为"案,卷九以上皆作于癸巳年(1233)前"。③这里提到的"万松老师偈颂"与施国祁所举第 7 条史料有关,详析见下。

耶律楚材《湛然居士集》卷十之《用秀玉韵》:

> 甲午(1234)之秋,秀玉殿学远以新诗寄东坡杖,因用元韵谢之:
>
> 七尺乌虬乳节坚,清溪寄我我忻然。敢轻黑铁三十两,远胜黄金百万钱。好句君堪坡老敌,清诗予负定公先。他年携此林泉去,静依松轩诵大全。④

耶律楚材已经言明,此诗作于甲午年(1234),当系此年陈时可

---

① 《湛然居士文集》卷九,页 213。有关本诗的讨论,详见本文后面"万松老人和陈秀玉诗小考"一节。
② 同上注。
③ 《耶律文正公年谱》,见页 365。谢方似有误。
④ 《湛然居士文集》卷十,页 214—215。

携东坡铁杖赴漠北相赠时，两人之间的唱和作品。

施国祁所举楚材的第五首诗《和陈秀玉绵梨诗韵》收于《湛然居士集》卷一：

> 石门九月西风高，梨出于石门之北遵化县。绵梨万树金垂梢。清溪秀玉道号也。千里携赠我，藤筐初发香盈包。谪仙风度清溪亚，春风曾饮梨花下。不用红妆唱采莲，醉望青天歌二雅。我有斗酒清且醇，同君荐此鹅黄新。初见分香剖金卵，更看削玉飞霜鳞。缥叶紫条何足语，夜光安可同鱼目。文园尘渴政难禁，咀嚼冰雪剸香玉。①

诗中"初见分香剖金卵"一句，校注本所据之"渐西本"作"初见清香剖金卵"；"缥叶紫条何足语"一句，"渐西本"作"缥叶紫条何足录"。②王国维认为："此诗作于秀玉入觐时。秀玉于甲午（1234）、乙未（1235）二年均至和林，见《文集》十《谢西方器之赠阮杖诗序》及《元史·太宗纪》。"③故点校者谢方将此诗系于1234—1235年间。④前已提及，陈时可甲午岁（1234）与耶律楚材见面时，曾携苏东坡铁杖相赠，在两人的唱和诗作中，并无一字提及梨，故可知携梨北上必为乙未年（1235）。绵梨为河北遵化名产，《大明一统志》有载。清人斌良有诗题为《遵化绵梨》，曰：

> 秋实骈佳果，倾筐摘未完。枝柔黏紫蒂，颗重叠黄团。

---

① 《湛然居士文集》卷一，页17。
② 同上。
③ 《耶律文正公年谱》，见页363—364。
④ 《湛然居士文集》卷一，页17。

瀣露浸喉润,琼浆沁肺寒。笑凭儿女索,和枣饤牙盘。①

得燕京征收课税使职后,陈时可不再贫困,他利用赴漠北的机会,向耶律楚材赠河北遵化的梨,当有感谢之意。

(二)《二妙集》中有关史料正误辩

施国祁所举第六条史料为《二妙集》中段成己所写《冯生成之自燕归平阳,赖寂通先生获脱奴役诗》。查《二妙集》,其文如下:

> 冯生成之自燕归平阳,赖寂照先生获脱奴役,复齿士列,将复归燕主。吾友济夫来谒诗,姑序其概以答云:
> 英英大冯君,雅志在千里。坎窞不得前,而姑止于此。
> 出处虽两途,动静无二理。燕坐三十年,初不离朝市。
> 了了方寸闲,湛然若秋水。冯生适何来,眉目差可喜。
> 自云衣冠后,家破偶不死。失身坑阱中,摇尾凡几禩。
> 过者日千百,藐焉不一止。忽逢盘谷翁,引手惟力致。
> 力极势未回,既出几复委。不知何因缘,又入先生耳。
> 一见不忍遗,即命加冠履。奴虏岂所安,推己乃知彼。
> 恻然动于中,弃金犹弃粃。少属豺虎场,永谢泥与滓。
> 乞诗答盛德,此意良亦美。顾我欲何言,一笑不如已。
> 先生世外人,于汝初何奭。苟能肩一心,绮语奚足恃。
> 屈信固有时,此政在知己。勿如越石父,以是骄晏子。②

---

① (清)斌良撰:《抱冲斋诗集》卷二十三《粉署趋承集》四,清光绪五年崇福湖南刻本。
② (金)段克己、段成己撰:《段氏二妙集》卷一,清传抄明成化十七年(1481)刻本,缪荃孙校,李木斋据旧刻本校并跋,北京大学图书馆。

这里是说冯成之金亡国破后,"家破偶不死",不幸身陷奴籍。而"摇尾凡几禩。过者日千百,藐焉不一止"则形象地描写了他像一只摇尾乞怜的狗,多方求助也未能引起注意。最后在寂照先生的帮助下,才复归士籍。这位施救的"寂照先生"除施国祁《元遗山集》笺注本引文称"寂通先生"之外,今存《二妙集》诸本(包括《四库》本),以及在《全金诗》录文中,均作"寂照先生"。

此外,诗中提还到救冯成之的"寂照先生"乃"世外人",当属佛家人或道士,与陈时可的身份不符。查历事成吉思汗、窝阔台、贵由、蒙哥与忽必烈的海云,即号寂照,居燕。①而继承邱处机的冯志亨亦号寂照大师。②笔者推测,施国祁误将"寂照"读为"寂通",因而笺注有误,兹不足据。

(三)万松老人和陈秀玉诗小考

施国祁所举第七首诗《万松老人和节度陈公绝句》与其前举耶律楚材的第三首诗,即《湛然居士集》卷九所收《戏陈秀玉并序》有关,已在本文前面"取自《湛然居士集》者"一节中录引,兹不重复,直接讨论。

该诗说,耶律楚材收到万寿堂从开封带来的其师万松老人的偈颂,其中有与"旧本"相同的,是《和节度陈公一绝》。所谓旧本,当指耶律楚材在西域时所收到的万松老人的偈颂,此事在其所撰《〈评唱天童觉和尚颂古从容庵录〉序》有明确记载:

---

① 程钜夫:《海云简和尚塔碑》,《程雪楼集》卷六,明洪武二十八年与耕书堂刻本,南京大学元史室藏。
② 虎岩赵著撰:《佐玄寂照大师冯公道行碑铭》:"公讳志亨,字伯通,寂照其号。"——(元)李道谦辑:《甘水仙源录》卷六,明正统《道藏》本。

……尔后奉命赴行在,扈从西征,与师相隔不知其几千里也。师平昔法语偈颂,皆法隆公所收,今不复得其稿。吾宗有天童者,《颂古》百篇,号为绝唱。予坚请万松评唱是颂,开发后学。前后九书,间关七年,方蒙见寄。予西域伶仃数载,忽受是书,如醉而醒,如死而苏,踊跃欢呼,东望稽颡,再四披绎,抚卷而叹曰:"万松来西域矣!"其片言只字,咸有指归,结款出眼,高冠今古,是为万世之模楷,非师范人天,权衡造化者,孰能与于此哉!予与行宫数友,旦夕游泳于是书,如登大宝山,入华藏海,巨珍奇物,广大悉备,左逢而右遇,目富而心饫,岂可以世间语言形容其万一邪!……甲申(1224)中元日漆水移刺楚才卿叙于西域阿里马城。①

从耶律楚材自署甲申年(1224)看,成吉思汗西征结束后回师途中,耶律楚材随行驻于阿力麻里时收到其师万松评唱的《天童觉和尚颂古》。此后回到燕京之后,又复收到其师所托带的偈颂。两者中均有万松和陈时可的诗一首。诗中提到的"莲宫",指佛寺,"香火缘",这里应是说陈时可曾一直尊崇佛教。"赚得梢翁摇橹棹,却云到岸不须船"则表示陈时可凭借佛教达到个人目的之后,便不再关注佛教。耶律楚材因作诗戏语陈时可。

(四)几则碑记

施国祁所举之第八则史料,为《宝坻县志》中赵铸所撰兴宝《圣母庙记》。笔者手头无此志,查《圣母庙记》被后世多种文献抄录,

---

① 《〈万松老人评唱天童觉和尚颂古从容庵录〉序》,《湛然居士文集》卷八,页190—192。

如《日下旧闻考》卷一一三，清陈梦雷所编《职方典上》卷二六；清丁符九修，谈松林所纂光绪《宁河县志》卷十三等。今从《日下旧闻考》录文查得，芦台圣母庙，位于距县治一百六十里处，庙记题为《元平州路廉访赵铸重修芦台兴宝〈圣母庙记〉》，其文曰为：

渔阳东南三百里有芦台焉，面海背山，左踞旷野，右跨大河，地僻而卑，民勤而野，男薪女汲，聚土而煮之成醝而后已。舟车水陆，运之于民，令贵富贱贫尫倪大小均食之，日获万缗以输公府。向者大安末，河朔不逞之徒，啸聚山谷，后天下革，人获小康。岁次庚寅（1230），国朝设十路征收所，选通古今、练钱谷、明儒术、娴吏事者以补之。前学士陈公秀玉为举首，充燕路长；前太学正赵德辉副之。明年，辟铸行提领关防盐使司事。于是集场中遗民五七人，俾诛茅剪棘，拾瓦砾，平陷穿，屋而居之。一日沿水而西，见有庙巍然，榜曰圣母。询诸由来，佥曰不知。独一老能道之。昔五代时，南北各据，限以疆界。幽燕之地盐绝者岁余，百姓病之。忽有姥语人曰：此地可煮土成盐。遂教以煮之之法，不数日，俄失所在，居人神之。圣母之号实自此始。由是公私饶足，祈祠下者皆如所请。铸因祷之，黎明有告者曰：台南十里皎白如春雪者十数顷，其厚寸余，迫而视之，则盐也。尽驱土人挟箕筥收之，力未竟，复婴而为水，乃作《瑞盐歌》以颂之。学士陈公亦留诗庙壁。后二载，聂赫公来长盐政，谒圣母祠，仆者起之，阙者补之，颠者扶之，坏者成之，天龙置之于左，雷师风伯安之于右，庙貌一新焉。属铸书之刻于石。丁未年二月望日也。宝坻县旧志。按：聂赫，满洲语鸭也，旧作粘合，今译改。①

这里除提及太宗二年委任陈时可为燕京路征收课税使之外，还言及"学士陈公"巡视宝坻盐业，留诗于圣母庙之事。"学士陈公"即陈时可。有关赵铸其人及此记，既云"元平州路"，当撰于入元以后。明人汪砢玉所撰之《古今卤略》，曰："平州路廉访使赵铸号玉溪翁，于大德丁未春重修芦台兴宝神祠记。"②故知此碑所立之丁未，乃为于大德之丁未（1307）年。

施国祁所举之第九则史料《寰宇访碑录》所记陈时可撰"《重修柏林禅院碑》，性英书，在赵州"。查《寰宇访碑录》有关文字为："沙门性英正书太宗皇后称制元年八月。"此碑在《畿辅通志》记录稍详："又赵州重建柏林禅院碑，前署'宣差燕京路课税长官、兼提领编修所、司天台事陈时可撰，海云印简篆额'，末云'壬寅岁（1242）'立石。壬寅为六皇后称制之元年。上距戊子（1228）十四年。印简，即佑圣国师，与时可为同时人。"③查元代有两位"佑圣国师"，一位是入元以后的吐蕃僧，另一位为海云，即此印简，其墓在北京西长街，地名双塔寺，明人刘侗、于奕正记：

> 双塔寺
> 西长安街双砖塔，若长少而肩随立者。其长九级，而右其少七级。而左九级者，额曰："特赠光天普照佛日圆明海云佑圣国师"之塔。……双塔地元庆寿寺也，海云、可庵，元僧也。

---

①《日下旧闻考》卷一一三，录自《宝坻县志》。
②（明）汪砢玉撰：《古今卤略》卷八，清抄本，北京图书馆。
③光绪本《畿辅通志》卷一三九。

寺今僧室中有碑矣。①

《重修柏林禅院碑》在《畿辅通志》中另一处又有记录，云：

> 重建柏林禅院碑，陈时可撰，沙门性英正书，壬寅（1242）仲秋，是太宗皇后称制元年，在柏林寺金碑之南。《金石分域编》
> 　此碑在柏林寺天王殿下，行书，立于元太宗后马真氏称制元年，是时尚称蒙古，即宋理宗淳祐二年，共凡十八行，字径九分，篆额字长二寸五分，宽二寸。《赵州石刻录》②

这段文字之后缪荃孙为此所写案语，考证了陈时可自署的官衔，在本文开头处已经引述，兹不重复。

此碑尚存，连额高 2.07 米，宽 0.8 米，龟趺，碑书行文 18 行。碑文内容现已磨灭不清。鲁娇之硕士论文《元代柏林禅寺研究》③，通过对比《赵州石刻全录》以及《河北省志·宗教志》内所载拓片及所录碑文，对碑文整理如下：

> 赵州重建柏林禅院碑
>
> 宣差燕京路课税长官兼提领编修所司天台事陈时可　撰
> 前往仰山栖隐禅寺传法嗣祖沙门性英　书
> 燕京□庆寿寺□海云袭祖印简　篆额

---

① 《帝京景物略》卷四，明刻本，南京图书馆藏。
② 《畿辅通志》卷一五二。
③ 河北师范大学硕士论文，2017 年，第 24—25 页。

□州古佛，平生以平常□接人，八十住赵州之观音院，几四十年。其后更为律居，宗风不复闻。在宋则曰永安，金氏帝中国，改赵州为沃，永安始号柏林矣。然未尝居禅者，国士院亦废，独三门法堂存，其荒寒寂寞可知也。丁酉之夏，节度使移刺公诸官告之曰："柏林道场，赵州说法故地，当作禅寺。吾久闻归云老人宣公，济下□□容庵法子，□价满天下，今也寓锡北平，吾将以住持相屈，庶吾赵人少知祖师西来□。"皆曰善，于是授使者疏，诣开元请焉。

老人既至，爰暨龙象，经始丛林，檀越慕其行，争设净供，衲子归依者千指。其传道也，严而道尊；其领众也，宽而众服，足以为诸方法，时人赞曰："赵州再来矣。"不二年，负郭得良田五千亩，所谓硙者碾者俱以水为之，常住遂足，州内外僧，愿入其所，□□□林换刹者五，非诚心□人，能至是欤。云堂斋不劳告成。庚子之建丑月，老人遁去，鞍马衣盂，悉付寺门。侍行者木上座耳，其退□源之永安亦如是。

移刺公高之，欲追挽不可也，乃焚香叩头，迎请其嗣□老升公者，主盟法席。升公以殿庑方文未钩□□，壬寅之三月，遣侍者仁禅，持书求碑词于余。

归云，各方外友，能勿与之笔其事乎？余以为，向者之柏林，名禅而实律也，而我归云起废于数百年之后，俾宗门大老，一枝佛法，撑天柱地，荫覆大千，其为功又奚待余言而后显哉！虽然，柏树□因缘毕竟作么生？不见觉铁嘴对法眼道："先师实无此语。"明眼当自知耳。或谓未明寂通，不妨为渠挽葛牵藤，重宣□颂云：

赵州住院无□妙，只此平常心是道。格律谁转柏林旨？策勋应侍归云老。

庭前几树郁森森，身后诸禅犹浩浩。赖有金毛狮子儿，谓人莫傍先师好。

　　　　壬寅岁中秋日　立石

　　前燕京兵马西山行元帅　移剌麻捏
　　柏林禅寺挟刹下项　观察判官　王植
　　赞皇县刑郭村洪福禅院　节度判官　赵义
　　临城县游仙观村龙泉禅院　节度副使　王玉
　　临城县王家庄村洪岩禅院　同知庆源军节度使官民万户　高添禄
　　□晋县在城□禅院　庆源军提领　齐春
　　平棘县大李寺村石佛祥院　宣差庆源军节度使管民万户　移剌马奇
　　在城贞行院在城法宝院　宣差庆源军节度使管民万户　移剌撒里文
　　归云庵节度使太夫人　施到
　　宣差庆源军达鲁花赤　达剌罕
　　真定府在县真际禅院　都功德主　宣差庆源军节度使太夫人　石抹化
　　平棘马郡村龙泉禅院　同立

碑阴（题名二十排，略）

据陈时可所撰碑文，丁酉之夏（元太宗九年，1237），时人任赵州节度使的移剌麻捏欲重修柏林禅寺，燕京僧归云志宜为临济宗杨歧方会下第九代法孙,重修道场。乃马真后称制元年(1242),为重建柏林禅院,于天王殿下立《赵州重建柏林禅院碑》。

此碑与施国祁所举第十则史料潭柘寺《归云大禅师塔铭》有密切关系。《归云大禅师塔铭》至今尚存,据《北京元代史迹图志》记:

> 归云大禅师塔
> 现存于门头沟区潭柘寺塔院。立于蒙古定宗二年(1247),幢塔为汉白玉石质。通高260厘米。六角三级密檐式墓幢,莲花须弥座承托幢身,幢身刻有铭文。文为楷书,从右至左35行,满行41字。①

该书除有碑文拓片图之外,还附有编者根据拓片认读后的录文,为读者提供了方便,也为后人进一步研究打下了基础。书中公布的拓片虽然不够大,但借助放大镜基本可读。笔者对照拓图后,发现录文有不足之处,不能直接使用,需对照拓图订正。因此,在此先录写编者录文,凡对照拓图有异处,加圆括号()标示,笔者读出的部分加六角括号〔〕插于录文的相应部分之后;笔者以为不能确认处,以六角括号括问号(?)附于有疑问的字之后。凡笔者认为有必要处,均出注解释。录文中的标点,系笔者所加:

1.(□□)〔浑源〕州②(□□)〔永安〕(□)〔寺?〕③〔子?〕

---

①齐心主编:《北京元代史迹图志》,北京燕山出版社,2009年,见页158。
②本行起首"浑源"二字在拓片图上隐约可见。《金史》:"浑源晋县,贞祐二年(1214)五月升为浑源州,产盐。"(卷二四《地理志》"西京路")
③碑文第5行可读出"浑源之永安";第17行中有"复领永安"语,与此对应。(明)李贤等撰:《明一统志》:"永安寺,在浑源州治东北。"[卷二十一,大同府,明万历十六年(1588)杨氏归仁斋刻本]

(□)〔弟〕一代归云大禅师塔

2. 寂通居士陈(□□)〔时可〕撰〔活?浩?〕〔然?〕〔居?〕〔士?〕①

3. 住持法侄懒牧野人语归书丹

4. (□)〔容〕庵老人②得(隐)〔临〕济③之不派,(的)〔以〕大于股本□当挞□(凭)〔□〕□,(清)〔法?〕子④凡十有七人。其道行(□□)〔德学〕杰然〔□〕⑤

5. □(是)〔□〕(然若)〔以光〕⑥佛祖豢(□□)〔龙象〕⑦者(绵之然女)〔浑源永安〕⑧

6. □□□□□大禅师□□(□)〔师〕⑨(□□)〔六十?〕⑩□(□)〔字〕⑪仲(□)〔微?徽?〕⑫□(□享)〔广宁〕⑬(季)〔李?〕

---

① "撰"字之后,似还可读出这几个字。
② "庵"字之前隐约可见"容"字。第21行亦见"容庵"。至大二年(1309)内翰赵孟頫奉敕撰《临济正宗之碑》:"自摩诃迦叶二十八传而为菩提达磨,始入中国,居嵩山少林寺,面壁坐者九年。达磨六传而为能,能十传为临济。临济生于曹州……一传为兴化奖,再传为南院颙,三传为风穴昭,四传为首山念,又五传为五祖演,演传天目齐,齐传嫌牛和,和传竹林宝,宝传竹林安,安传海西堂容庵,容庵传中和璋,璋传海云大宗师。简公海云性与道合,心与法冥……"——《松雪斋集》卷九,《四部丛刊》景元本;《佛祖通载》卷二十二。此处提及的容庵老人为海云简公之宗师。
③ "隐"字当为"临","临济"指曹洞宗。
④ 此处"清"应为"法"。"法子"为佛教术语,与第3行的"法侄"相对应。
⑤ "然"字之后应当还有一字。
⑥ 此处编者录写的"□是然若"其前两个字无法认读,后两个字似为"以光"。
⑦ 此处"龙象"二字隐约可见。
⑧ 此处编者录文中的"绵之然女"系误读,当识为"浑源永安",此寺名见碑文第1行。
⑨ 此处"师"字隐约可见。
⑩ 此处"六十"二字隐约可见。
⑪ 此处"字"字隐约可见。
⑫ "仲"之后的字或为"微",或为"徽"。
⑬ 此处可识出地名"广宁"。

氏舍，(□)〔资质〕①不凡。少辞亲出家，师□〔□〕②

7. □□□□(□□)〔大禅〕③□□□□□□有今日④□□□□□□(□□)〔老人〕⑤□□□□□全氏□□〔□〕⑥

8. □□□□□(□)〔大〕⑦□□□□(禅)〔□〕⑧师□老人□□□□□□□□□□□□□

9. □□□(本享)〔□□〕⑨之□□□□□(□)〔明〕⑩□师□大□于□□〔□□〕⑪淘汰⑫既精，(名夜)〔容庵〕⑬退以西□□□(□)⑭

10. □□□□〔京〕⑮行省□□□□□□□休容(□)〔庵〕寂(□□)〔灭遂〕⑯□(□□)〔事应？〕⑰□州□休之(诸)〔请〕⑱。既而(□)〔浑源〕⑲州长官

---

① 此处为两个字，读为"资质"。
② "师"字之后应有一字。
③ 此处可识出"大禅"二字。
④ "有今日"三个字不清晰。
⑤ 此处可识出"老人"二字。
⑥ "全氏"之后应有三个字。
⑦ 此处可认读出"大"字。
⑧ 此处编者录写的"禅"字无法认读。
⑨ 此处编者录写的"本享"两个字无法认读。
⑩ 此处可认读出"明"字。
⑪ "于"字之后应有四个字。
⑫ "淘汰"指佛僧去世火化后，淘洗骨灰，取舍利子。
⑬ 此处编者录写的"名夜"两个字，实为"容庵"，即海云之宗师。
⑭ "西"字之后应为三个字，编者录文为四个阙字。
⑮ "行省"之前应有四个字，其最后一个字可认读为"京"，或为"燕京行省"。
⑯ "容"之后的字可认读，为"庵"。"容庵"即海云之宗师，见前。"寂"之后的字隐约可识为"灭遂"。
⑰ 此处可读出"事应"二字，其后还有一字，不可读。
⑱ 此字或可识为"请"。
⑲ "既而"之后为两个字，可读出为"浑源"。

11.(□□□)〔高公开〕①□□〔□〕②(□)〔以〕③□(□□)〔境之〕④□(□)〔山〕⑤□师居之。有山洞下精舍,大□□□□者夷门破大隐之孙〔□〕⑥

12.(□)〔公〕⑦□□(□□□□)〔留锡中〕⑧□师当以其(□)〔寺?亭?〕⑨(□)〔西?〕⑩有接之。(□□)〔远近〕⑪□〔□□〕⑫山(古堂)〔□□〕⑬香复北堂,今之(康)〔永〕安⑭也。栋宇

13.□□□估□(□)〔集〕⑮名之□□□□(□□)〔柏林〕⑯□(之白)〔□□〕⑰□□(□二□□)〔住田园追〕⑱□(□潘)〔临济〕⑲赵州二太老俱(□)〔以〕⑳平

14.□□□□□□□□□□□□□□□(□□)〔之白〕㉑

---

① 此处可读出"高公开"三个字。"高公"亦见于本碑第19行。
② "以"字之前应有三个字。
③ 此处可读出"以"字。
④ 此处可读出"境之"二字。
⑤ 此处可读出"山"字。
⑥ "孙"字之后应当还有一个字。
⑦ 本行第一个字可读出,为"公"。
⑧ 此处可读出"留锡中"三个字。
⑨ 此字难以认读。
⑩ 此处似可读出"西"字。
⑪ 此处可读出"远近"二字。
⑫ "山"字之前应有三个字。
⑬ 此处编者录写的"古堂"两个字无法认读。
⑭ "永安"即碑文开头处提到的浑源永安寺。
⑮ 此处可读出"集"字。
⑯ 此处依稀可读出"柏林"二字,当指赵州柏林寺。
⑰ "之白"二字在下一行(第14行),此处编者录文误。
⑱ 此处可读出"住田园追"四个字。
⑲ 此二字为"临济",当指曹洞宗。
⑳ 此处可读出"以"字。
㉑ 编者录文第13行中的"之白"二字在此处。

口(口)〔广〕①口口口口(堂)〔口〕②凡七(口口)〔名刹〕③退口之西(口)〔有〕④

15. 二(口)〔浸〕⑤水,则归云堂西馆,则归云庵,处处(口口楼)〔唯以柱〕⑥(物利官)〔口口口〕⑦为心。癸卯(1243),云口(口口)〔燕京〕⑧口口口口〔口〕⑨

16. 禅(口)〔教〕⑩师德聚(口)〔焉〕⑪。师嗟祖令不振,召而分赴其重口法,(以)〔如〕⑫此方其(车)〔在?〕⑬荐福(之)〔也〕⑭。(流)〔浑〕⑮源高公口口〔口〕⑯

17. 师,复领永安。师嘉其(详)〔诚〕⑰。欲置公究竟常乐之地,不远口口口而本一日化口将口口口口〔口〕⑱

18. 门人口口口口口口口讵可强为哉?(是)〔口〕⑲必师以

---

① 此处可读出"广"字。
② 此处编者录写的"堂"字无法认读。
③ 此处依稀可读出"名刹"二字。
④ 此字似可读为"有"。
⑤ 此字似可读为"浸"。
⑥ 此处依稀可读出"唯以"二字,其后当为"柱"字,非"楼"。
⑦ 编者录文中的"物利官"三字在此处无法识读。
⑧ 此处依稀可读出"燕京"二字。
⑨ "燕京"之后应当还有六个字。
⑩ 此字为"教"。
⑪ 此处为"焉"字。
⑫ 此字当识为"如"。
⑬ 此字似应识为"在"。
⑭ 此字当识为"也"。
⑮ 编者录文中此字为"流",误。此字为"浑",与下一字合起来即本碑文起首处提到的"浑源州"。
⑯ "高公"之后应当还有三个字。
⑰ 此字似可读为"诚"。
⑱ "将"之后应当还有五个字。
⑲ 编者录文中此处的"是"字无法认读。

道哉！其中有不可解者矣。丙午（1246），□□□□〔□〕①

19. 四日，师召乐差居士高公付之，□□其□□□辞世。云（本）〔五？〕②十九年（圣）〔□〕③□月□□□□□□〔□〕④

20. 抛却纶竿，星升（在）〔一〕⑤天，（烟）〔炳〕⑥焕掷举，而游荼毗。日获舍利百数，□（□□然）〔春？秋〕⑦五十有（□）〔七〕⑧□□□□〔□□〕⑨

21. 得法子信□道因等，如容庵⑩云，数受戒者百余□□□□□□□□□□□□□□□□

22. 一祭，以师云灵骨分葬四道场：永安⑪、潭柘、玉泉、栢（□）〔林〕⑫也。遗文有（□）《〔语〕⑬录》一、（□□等）〔《归云集》〕⑭〔一□□□□〕⑮。

23. 来求潭柘寺塔铭。寂通居士叹曰："归云起从医，无（宪）

---

① "丙午"之后应当还有五个字。
② 编者录文中此处的"本"字，或可识为"五"。
③ 编者录文中此处的"圣"字难以认读。
④ "月"之后应当还有七个字。
⑤ 编者录文中此处的"在"字明显为"一"。
⑥ 编者录文中此处的"烟"字应读为"炳"。
⑦ 编者录文中，"数"字之后至"五十"为四个字，对照拓图，此处应为三个字，第一个字无法认读，第二个字似为"春"，最后一个字并非"然"，而明显是"秋"。
⑧ 此字似可读为"七"。
⑨ 在模糊不清的"七"字之后，应有六个字。
⑩ 此容庵即前面碑文提及之"容庵老人"。
⑪ 此即前面提及的浑源州永安寺。
⑫ 此处"林"字可识，应即赵州柏林禅院。
⑬ 此处"语"字可识，当即下文之《真际语录》。
⑭ "归云集"三字清晰可识。应为与后来明陈士元《归云集》同名的诗文集。
⑮ "集"之后应有五个字，其中第一字为"一"。

〔虑?〕①山口为强雨兹岩燕赵（雪）〔云?〕②中。后觉无（口）〔负容〕③

24. 庵矣,岂待老夫（口）〔录〕④哉! 但师住持栢林时,尝以《（口除）〔真际〕⑤语录》⑥寄老夫。其《行状》有云:吾出世之（矣）〔后〕,

25. 烧了,不用净淘舍利,⑦身且是幻,舍利何有? 此赵州六佛临终戒群弟子（六）〔之?〕⑧语。（是然）〔口?口?〕⑨,吾归〔口〕⑩安

26. 有意于此也。盖乐差高公⑪,护法精诸,暨一方信士,志于奉佛致然。老夫谨以其始〔终〕⑫铭之曰:

27. 开堂竹林,春雷发音。于嗟口归〔云〕,示寂北堂。

---

①编者录文中此处的"宪"字应读为"虑"。
②编者录文中此处的"雪"字,对照拓图似可读为"云"。
③"无"字之后应有两个字,可读出为"负容"。本行最后之"容"字与下一行起首的"庵"合起指碑文前面提到的"容庵老人"。
④此字似可读为"录"。
⑤编者录文中此处的"口除",对照拓图可识为"真际",指真际老人。
⑥当即前面碑文第22行提及其所遗《语录》,应指《赵州真际语录》,此书见录于（明）晁瑮撰:《晁氏宝文堂书目》,明钞本。此书至清初尚存于赵州柏林禅院,清初人卢世㴶曾"至赵州,访柏林禅院启古佛堂,瞻真际老人石刻、小影,住持僧送老人《语录》三卷,序之者为豫章见心。"——（清）卢世㴶撰:《尊水园集略》卷九,清顺治十七年卢孝余刻本。有关真际老人的资料,限于篇幅,兹略。
⑦指僧人逝后火化,从骨灰中淘拣舍利子。明人明瞿汝稷提到:"法云佛照杲禅师,尝退居景德铁罗汉院。殿中有木罗汉数尊,京师苦寒,杲取而烧之,拥炉达旦,次日淘灰中,得舍利无数,诸座主辈皆目之为外道,盖佛照乃丹霞辈流,非俗眼所能验也。"——（明）瞿汝稷撰:《指月录》卷二十八《东京法云佛照杲禅师》条,清乾隆明善堂刻本。
⑧编者录文中此处的"六"字应识为"之"。
⑨编者录文中此处的"是然"二字,在拓图中无法认读。
⑩"归"与"之"之间有一个字,不可识。
⑪此人在前面碑文中已出现数次。
⑫"始"与后面的"铭"字之间有"终"字,清晰可识,编者录文遗漏。

28. □德□□，于嗟乎归云。
29. 丁未（1247）岁清明日法姪海云印简①，同副□师道因……②

概括前述陈时可所撰赵县《柏林禅院碑》与《归云大禅师塔铭》这两通石资料，可知，归云大禅师生前曾先后住持山西浑源州永安寺、燕京潭柘寺，终于赵州柏林禅院，崇奉临济曹洞宗，为陈时可之友。在住持柏林禅院期间，他曾以该禅院名僧真际老人语录赠时可。

三、其他几则有关史料

除了前面提及的史料之外，笔者还从文献中检出几则有关陈时可的记载，今简述如下：

除了前述耶律楚材的交往之外，《湛然居士集》中还收有《寄清溪居士秀玉》一首，其句曰：

> 鹪鹩犹欠一枝栖，不得燕山半土犁。时复有琴歌碧玉，年来无梦绕清溪。数行文字聊遮眼，半纸功名苦噬脐。回首故人今健否，余生甘老碧云西。③

耶律楚材在诗中表达了自己追求功名的苦闷，和因音讯断绝而对故友陈时可的怀念。王国维将此诗写作的时间系于1221年。④

---

①《佛祖历代通载》卷二一有其传，《帝京景物略》卷四有略传，《畿辅通志》已引，见上。
②齐心主编：《北京元代史迹图志》，北京燕山出版社，2009年，图片见页159；录文见页160。
③《湛然居士文集》卷六，页129。
④《耶律文正公年谱》，收于《湛然居士文集》，见页343。

邱处机见成吉思汗于西域之后归回中原。李志常提到,"陈公秀玉来见师,出示七言律诗云":

> 苍山突兀倚天孤,翠柏阴森绕殿扶。万顷烟霞常自有,一川风月等闲无。乔松挺拔来深涧,异石嵌空出太湖。尽是长生闲活计,修真荐福迈京睹。①

陈时可是邱处机的故交。在邱处机应成吉思汗之召赴西域前路过燕京,居于玉虚宫时,曾与一些士人唱酬,李志常记其名为:"孙周楚卿、杨彪仲文、师谞才卿、李士谦子进、刘中用之、陈时可秀玉、吴章德明、赵中立正卿、王锐威卿、赵昉德辉、孙锡天锡",并称"此数君子,师寓玉虚,日所与唱和者也"②。陈时可任职燕京时,除负责课税政务之外,还要承担何种责任?明代《新增格古要论》收有元末明初人宋濂的《元太宗皇帝御制宣谕后题》,其中写到:

> 太宗即位之五年(1233),新建国子学于燕京,御制宣谕二通。其一,通谕夺罗觯等及十投下管匠等官。方是时,遣蒙古子弟一十八人来习汉人语言文字。复抡汉人子弟二十二人,攻习蒙古言语、弓箭。命提领陈时可择二名儒管句,并主守孔子庙。道人冯志亨选秀士二人,通儒道人二人,分作四牌子教读。〔不率教者,以筒子量棰之,更权用燕京、真定历日银,建立夫子庙两庑及肄业之舍,其子弟日给米一升,面如之,肉一斤,晚同给酒一缶,家粮之给亦一升,土著者皆不与。又于降户每人拨小

---

① 李志常:《长春真人西游记》下卷,王国维校注本《长春真人西游记校注》,卷上,《王国维遗书》,上海书店,1983年版。
② 同上。

苍头一名，以奉使令。此蛇儿年六月初九日所颁也。）①

此题记即前述缪荃孙所举之《宣谕夺罗觰碑》文②，未收于宋濂《宋学士文集》，但见录于光绪本《畿辅通志》，曰《宣谕夺罗觰等圣旨碑》，缪荃孙注明出自宋濂《潜溪集》，亦见录于清人《国子监志》③，及《日下旧闻考》④等。立碑之"蛇儿年"，即癸巳年（1233），亦即太宗五年。至于陈时可在燕京任职期间的交游，元人魏初在《庸斋先生哀挽诗引》提到：

> 庸斋杨先生，蓟州玉田人，尝避地河南。北渡后居燕，以教授为业，乐于提诲，循循有法。性仁厚恺悌，耻言人之过失。有小善必极日称道。不啻如其自己出。客有穷窘，无所依，先生与之周旋百至，或馆于其家，至更易寒暑，无一毫倦怠意用。是宾客日满门，有布衣孟尝君之号，一时名公巨卿，如陈学士秀玉、梁都运斗南、先祖靖肃君玉峯，皆折官位、辈行与之交，故海内识与不识，悉能道先生之姓字。⑤

杨庸斋名时照，字春卿，庸斋为其号。魏初所谓"皆折官位"，说明陈时可已在燕京为高官。元好问有诗题为《过寂通庵别陈丈，甲辰（1244）秋并序》，其序云：

---

① （明）曹昭辑、（明）王佐增补：《新增格古要论》卷十，北京中国书店影印本，无影印出版年代。六角括号内为据《日下旧闻考》《四库》本所补入文字（北京古籍出版社标点本缺），见《四库》本卷六七，叶二十三。
② 光绪本《畿辅通志》卷一五二。
③ 卷六一，识余一，《四库》本。
④ 卷六七，《四库》本。
⑤ 《青崖集》卷五，《四库》本。

陈丈未识某而爱其诗，曾对高御史士美言："我他日见遗山，当快饮百醉。"后见之而公已病，乃相约易百醉为百杯。每见以酒筹计之，至七八十杯，复有此别。故诗中及之。

其诗曰：

心远由来地自偏，不离城市得林泉。从教上界多官府，且放闲身作地仙。三月有期何敢负，百杯未满会须填。违离更觉从公晚，却望都门一慨然。①

前文提及的清乾隆时学者施国祁已经确认元好问所提及的"陈丈"就是陈时可。从元好问的序中可知，他与陈时可起初并不相识，但两人却相互敬仰。而从元好问诗的题目中"过寂通庵"几个字判断，陈时可的"寂通"之号，当来自此庵。

陈时可是耶律楚材的旧友，早年曾介绍他拜万松老人为师。陈时可认识邱处机也很早，可见他是当时华北地区著名的文人。太宗二年，陈时可被提名任职燕京，当出于耶律楚材对他的报答。透过对陈时可的考察推及十路课税所，《太宗纪》中所提及这些的正副长官人选，应当也与耶律楚材等人有密切关系。

原刊于魏崇武主编：《元代文献与文化研究》第三辑，北京师范大学古籍与传统文化研究院，中华书局，2015年，收入本书时略有修改。

---

① 前引（清）施国祁：《元遗山诗笺注》卷十。

《元史·纳麟传》研究

序

西夏人纳麟为元末名臣，其先祖仕夏，祖父为元初名臣高智耀，祖孙两人传略分别在《元史》卷一百二十五与卷一百四十二中。

高智耀家族世代业儒，其高祖为西夏进士第一人，夏末高智耀亦登进士第，[1]国亡后隐居不仕。元太宗窝阔台、定宗贵由朝，皇子阔端（Ködän）镇河西，使儒士与普通民众一同应役，高智耀说服阔端免儒户役，后来受宪宗蒙哥信任。世祖时入仕。纳麟是高智耀家族中入元仕宦品职最高者。既往研究中，除汤开健的《元代西夏人的政治地位》[2]、《元代西夏人的历史贡献》[3]，史金波的《蒙元时期党项上层人物的活动》[4]与李蔚的《蒙元时期党项人物事迹述评》[5]有所提及外，近期研究主要是徐悦的《蒙元史期西夏遗民高氏及其后

---

[1]《元史·高智耀传》溯其世系仅及其祖父，但虞集所撰《重建高文忠公祠记》提及其曾大父进士及第事，见《道园类稿》卷二十五，台湾新文丰出版公司《元人文集珍本丛刊第6册》影台北"中央"图书馆藏明初覆刊元抚州路学刊本，1985年。
[2]原刊于陈乐素、常绍温主编：《宋元文史研究》，广东人民出版社，1986年，收入氏撰《党项西夏史探微》，商务印书馆，2013年。
[3]原刊于《青海社会科学》，1987年第3期，收入上引氏撰《党项西夏史探微》。
[4]原刊于中国社会科学院民族研究所民族历史研究室编《民族论丛》第一辑，中华书局，1987年，收入氏撰《史金波文集》，上海辞书出版社，2005年05月。
[5]刊于《固原师专学报》，2004年第4期。

裔》一文①。该文聚焦于高智耀家族,特别提及纳麟在元顺帝至正初,决定于居庸关建过街塔时推动镌刻包括西夏文在内的六种文字《陀罗尼经》之事的作用,与明代话本《拍案惊奇》收录的《崔俊臣巧会芙蓉屏》传奇中所记高纳麟协助落难崔俊臣夫妇重获团聚并智擒盗匪的材料。但此文亦有一些明显缺陷,如文中表1在登录高氏家族成员姓名、爵里、职官及主要活动时,记"高纳麟,字文灿"②。其文中与本主题关系不大者,这里评述从简。③

兹将在《元史》会注项目中所分担之《纳麟传》,以笺证形式奉献读者,期闻同好指正。

---

①刊于《宁夏大学学报》,2008年第3期。
②见其文,第59页。作者说明,此表系据汤开健《元代西夏人物表》、《增订〈元代西夏人物表〉》,韩荫晟《元代西夏后裔事迹及其分布地区简介(二)》绘制,此文作者有所补充。
　　元代有北庭纳麟普华,字文灿,见于许有壬《至正集》卷四十《絅斋记》与卷七十二《跋纳麟文灿诗》,前者称他为"北庭纳麟普华",后者记为"高昌纳麟普华文灿",则此纳麟其实名"纳麟普华"(Narïn Buqa),系畏兀儿人,而非河西人,显误。
③作者对史料与后人论著未加区分,将《新元史》、《蒙兀儿史记》皆列为史料;文中虽引用了虞集《道园类稿》卷二十五之《重建高文忠公祠记》,但在追溯高氏祖时,仍仅录其曾祖父高逸为西夏大都督府尹、祖父高良惠为西夏右丞相及其父惠德的名字,未言及《重建高文忠祠记》与《新元史》和《蒙兀儿史记》的重要差别,即其曾祖为西夏进士第一人,而曾任西夏大都督府尹的并非其曾祖,乃其祖父等。

《元史·纳麟传》笺证

纳麟①,智曜之孙,睿之子也。大德六年,纳麟以名臣子,用丞相哈剌哈孙答剌罕荐,入备宿卫。十年,除中书舍人。至大四年,迁宗正府郎中。皇庆元年,擢佥河南廉访司事。延祐初,拜监察御史。以言事忤旨,仁宗怒叵测,中丞朵儿只力救之乃解。②又言风宪恃纠劾之权而受人赂者,宜刑而加流。四年,迁刑部员外郎。六年,出为河南行省郎中。至治三年,入为都漕运使。泰定中,擢湖南、湖北两道廉访使。

天历元年,除杭州路总管。锄奸去蠹,吏畏民悦。明年,改江西廉访使。南昌岁饥,江西行省难于发粟。纳麟曰:"朝廷如不允,我当以家赀偿之。"乃出粟以赈民,全活甚众。③平章政事把失忽都贪纵不法,纳麟劾罢之。至顺元年,拜湖广行省参知政事。元统初,召为刑部尚书,未至,改江南行台治书侍御史。寻升中丞。至元元年,召拜中书参知政事,迁同知枢密院事。寻出为江浙行省右丞,乞致仕,不允,除浙西廉访使,力辞不赴。

至正二年,除行宣政院使。④上天竺耆旧僧弥戒、径山耆旧僧惠洲,恣纵犯法,纳麟皆坐以重罪。请行宣政院设崇教所,拟行省理问官,秩四品,以治僧狱讼,从之。寻为江浙行省平章政事。三年,迁河南行省平章政事。明年,入为中书平章政事。⑤七年,出为江南行台御史大夫。寻召拜御史大夫,所荐用御史,必老成更事者。八年,进金紫光禄大夫,请老,不许,加太尉。御史劾罢之。退居姑苏。⑥

十二年,江淮盗起,帝命为南台御史大夫。纳麟承诏即起。仍命兼太尉,设僚属,总制江浙、江西、湖广三省军马。诏遣直省舍人海玉传旨慰谕之。纳麟北面再拜曰:"臣虽耄老,敢不黾勉从事,尽余生以报陛下。"至则修筑集庆城郭。会江浙杭城失守，淮南行省平章政事失列门引兵往援，次于采石。纳麟使止之曰："闻杭贼易破不足忧，今宣城危急，先宜以兵救宣城。"乃调典瑞院使脱火赤率蒙古军应之，大破贼于堨下门，宣州以安。已而贼陷徽州、广德、常州、宜兴、溧水、溧阳，蔓延丹阳、金坛、句容，略上元、江宁，游兵至钟山，集庆势甚危。纳麟乃力疾治兵，部署士卒，命治书侍御史左答纳失理守城中，中丞伯家奴戍东郊。是时湖广行省平章政事也先帖木儿军和州，纳麟遣使求援。也先帖木儿曰："我奉命镇江北，不敢往援江东。"纳麟复遣监察御史郑郊力促其行，也先帖木儿引步骑度采石至台城，入候纳麟疾。纳麟喜，即以其故闻于朝。已而也先帖木儿兵东趋秣陵，杀贼二千余人，平湖熟镇，尽复上元、江宁境，乘胜入溧阳、溧水，贼溃奔广德；其据龙潭、方山者奔常州。时江浙行省平章政事三旦八、右丞佛家闾亦引兵来会。所在群贼皆败北，州郡悉平。

十三年，纳麟固请谢事，从之，命太尉如故，乃退居庆元。十六年九月，诏以江南行台移置绍兴，复以纳麟为御史大夫，仍太尉。明年，移治绍兴。⑦十八年，赴召，由海道入朝，至黑水洋，阻风而还。十九年，复由海道趋直沽。山东俞宝率战舰断粮道，纳麟命其子安安⑧及同舟人拒之，破其众于海口。八月，抵京师。帝遣使劳以上尊，皇太子亦馈酒脯。而纳麟感疾日亟，卒于通州。年七十有九。⑨

注释

①《本证》卷四十七，证名十一：纳璘。(嶙嶙)〔《嶙嶙》〕、(据点校本《元史》卷一四三本传改。)《杨朵儿只传》。

(清)嵇曾筠撰(雍正)《浙江通志》卷一百六"江浙行省右丞"：

"纳琳，字文璨，河西人。"（文渊阁《四库》本）并见（清）顾嗣立、席世臣编，吴申扬点校《元诗选》，中华书局，2001年，第942页。

会注按，纳麟或为蒙古语 narin，意为"细"、"小"。

②虞集《杨襄愍公神道碑》："御史大夫纳麟言事忤旨，不怒叵测，公救之。"（《道园类稿》卷四十，台湾《元人文集珍本丛刊》影明初翻印至正刊本）

③（明）章潢《（万历）新修南昌府志》："高纳麟，智曜之孙，睿之子。天历元年，改江西廉访使。值岁饥，督守令核户口计米，数月发官廪给之。不足，则捐己俸为助。禁劝分而强人之不欲，及抑价以遏籴。其老弱不能移者，遣吏往济之；病不能愈者，给以医药；饥饿于道者，为鬻食之；厄于命者瘗之。下令州赈抚皆如其法。又能发奸摘伏，抚恤孤弱，民咸德焉。"（卷十五，明万历十六年刻本）

（清）嵇曾筠《（雍正）浙江通志》："高纳麟，《元史·高睿传》：纳麟，智曜孙，睿之子也。天历元年，除杭州路总管，锄奸去蠹，吏畏民悦。为江浙行省右丞，除浙西廉访使，行宣政院使。上天竺耆旧僧弥戒，径山耆旧僧惠洲，恣纵犯法，纳麟皆坐以重罪。请行宣政院设崇教，所拟行省理问官，秩四品，以治僧狱讼，从之。寻为江浙行省平章政事。十二年，江淮盗起，帝命为南台御史大夫，兼太尉，设僚属总制江浙、江西、湖广三省军马。十六年，诏以江南行台移置绍兴，以纳麟为御史大夫，仍太尉。"（卷一百四十七，清文渊阁《四库全书》本）

元人杨朝英所编《乐府新编阳春白雪》中收署名为古洪刘时中所写散曲［正宫·端正好］《上高监司》两套，前套内容为：

众生灵遭磨障，正值着时岁饥荒。谢恩光拯济皆无恙，编做本词儿唱。

〔滚绣球〕：去年时正插秧，天反常，那这里取若时雨降？旱魃生四野灾伤。谷不登，麦不长，因此万民失望。一日日物价高涨，十分料钞加三倒，一斗粗粮折四量，煞是凄凉！

〔倘秀才〕：殷实户欺心不良，停塌户瞒天不当！吞象心肠歹伎俩：谷中添秕屑，米内插粗糠，怎指望他儿孙久长！

〔滚绣球〕：甑生尘老弱饥，米如珠少壮荒。有金银那里每典当？尽枵腹高卧斜阳。剥榆树餐，挑野菜尝。喫黄不老胜如熊掌，蕨根粉以代糇粮。鹅肠苦菜连根煮，荻笋芦萵带叶哇，则留下杞柳株樟。

〔倘秀才〕：或是捶麻柮稠调豆浆，或是煮麦麸稀和细糠，他每早合掌擎拳谢上苍。一个个黄如经纸，一个个瘦似豺狼，填街卧巷。

〔滚绣球〕：偷宰了些阔角牛，盗斫了些大叶桑。遭时疫无棺活葬，贱卖了些家业田庄。嫡亲儿共女，等闲参与商。痛分离是何情况！乳哺儿没人要撇入长江。那里取厨中剩饭杯中酒？看了些河里孩儿岸上娘，不由我不哽咽悲伤。

〔倘秀才〕：私牙子船湾外港，行过河中宵月朗。则发迹了些无徒米麦行。牙钱加倍解，卖面处两般装，昏钞早先除了四两。

〔滚绣球〕：江乡相，有义仓，积年系税户掌。借贷数补答得十分停当，都侵用过将官府行唐。那近日劝粜到江乡，按户口给月粮。富户都用钱买放，无实惠尽是虚桩。充饥画饼诚堪笑，印信凭由却是谎，快活了些社长知房。

后套为：

〔伴读书〕：磨灭尽诸豪壮，断送了些闲浮浪。抱子携男扶筇杖,尫羸伛偻如虾样。一丝游气沿途创,阁泪汪汪。

〔货郎〕:见饿莩成行街上,乞出拦门斗抢。便财主每也怀金鹄立待其亡。感谢这监司主张,似汲黯开仓。披星带月热中肠,济与粜亲临发放。见孤疠疾病无皈向,差医煮粥分厢巷,更把赃输钱、分例米多般儿区处的最优长。众饥民共仰,似枯木逢春,萌芽再长。

〔叨叨令〕:有钱的贩米谷,置田庄,添生放;无钱的少过活,分骨肉,无承望。有钱的纳宠妾,买人口,偏兴旺;无钱的受饥馁,填沟壑,遭灾障。小民好苦也么哥!小民好苦也么哥!便秋收鬻妻卖子家私丧。

〔三煞〕:这相公爱民忧国无偏党,发政施仁有激昂。恤老怜贫,视民如子,赴死回生,扶弱摧强。万万人感恩知德,刻骨铭心,恨不得展草垂缰,覆盆之下,同受太阳光。

〔二〕:天生社稷真卿相,才称朝廷作栋梁。这相公主见宏深,秉心仁恕,治政公平,莅事慈祥,可与萧曹比并,伊傅齐肩,周召班行。紫泥宣诏,花衬马蹄忙。

〔一〕:愿得早居玉笋朝班上,伫看金瓯姓字香,入阙朝京,攀龙附凤,和鼎调羹,论道兴邦。受用取貂蝉济楚,衮绣峥嵘,珂佩丁当,普天下万民乐业,都知是前任秀衣郎。

〔尾声〕:相门出相前人奖,官上加官后代昌。活被生灵恩不忘,粒我丞民德怎偿。父老儿童细较量,樵叟渔夫曹论讲。共说东湖柳岸傍,那里清幽更舒畅。靠着云卿苏囿场,与徐儒子流芳挹清况。盖一座祠堂人供养,立一统碑碣字数行。将德政因由都载上,使万万代官民见时节想。(隋树森编:《全元散曲》,中华书局,1964年,第669—671页,引用时标点符号有更动)

《元史·纳麟传》研究 | 143

刘时中的这两套曲1950年代以来，在元曲界引起热烈讨论，其焦点之一是标题中的"高监司"其人，其二为该曲的创作年代。

"中国科学院文学研究所编《中国文学史》中表示：'应作于至正十年（1350）前后'；游国恩等主编的《中国文学史》中把它的写作时间与张养浩的散曲《潼关怀古》列为同时，即天历二年（1329），并认为高监司，即当时江西道廉访使高纳麟；王季思等的《元散曲选注》说'这套曲大约写于泰定元年（1324）'，并认为'高监司可能指侍御史高奎'。"（见孔宪富《刘时中的套曲［正宫端正好］——〈上高监司〉之一》，《锦州师院学报》，1987年第4期，第77页）

李修生根据《江西通志》卷二十六《名宦》中"高纳麟"条所记纳麟天历年在龙兴救灾的记录，与后套中出现的"相门出相，前人奖"词句，及《新元史》卷一百五《纳麟传》与《元史·文宗纪》中有关天历二年旱灾的记载，觉得可以断定刘时中的［正宫端正好］《上高监司》两套曲就是写给高纳麟的。他还据前套中"去年时正插秧，天反常，那这里取若时雨降？旱魃生四野灾伤"及后套中提到"为高纳麟立祠问题"，判定其写作年代应为1330年。（《关于刘时中》，《北京师范大学学报》，1963年第3期）支持此说的有银河所撰《〈上高监司〉的写作年代》（《社会科学战线》，1986年第1期，第109页）。

孟繁仁在其《散曲定刘时中有关问题澄疑》明确表示，"《上高监司》作于'天历二年'等说不能成立，'高监司'不是高纳麟、高奎"，当指高昉。至于其写作年代，当为延祐三年（1310）。（《晋阳学刊》，1985年，第84页）

针对孟繁仁之说，孔繁信撰文《关于〈上高监司〉套曲的几个问题商榷》，提出"曲中所歌颂的高监司是高纳麟而不是高昉或高奎"，两套曲所记灾害应指1354年的旱灾与1354年的饥荒，均应写

于1354年。(《文学遗产》,1986年第4期,第52—58页)

④黄溍《阿育王山广利禅寺承恩阁碑》:"今太尉纳麟公,时为行宣政使。"(《金华集》卷八,元钞本)

贡师泰《重修定水教忠报德禅寺之碑》:"至元六年,宣政院使纳麟高公选住处之连山。"(《玩斋集》卷九,明嘉靖刻本)

⑤据欧阳玄《圭斋文集》卷一三《进〈宋史〉表》(《四部丛刊》本)与《宋史》附录"修史官员"(中华书局,1985年点校本),在此期间,纳麟还担任过修《宋史》的提调官、协助修史。(参见陈广恩:《元唐兀高氏家族考略》,《元史及民族与边疆研究集刊》第22辑,上海古籍出版社,2010年,见第81页)

⑥纳麟退居姑苏时期的事迹,史料所记甚少。但明初李昌祺所撰《新增全相湖海新奇剪灯余话大全》中,收录了一则故事题为《芙蓉屏记》,其中提到纳麟。此传奇收入陈建根主编之《中国文言小说精典》(山东大学出版社,第二版,2008年1月,见第323—326页)。

其文为:

> 至正辛卯(1351,至正十一年),真州有崔生名英者,家极富,以父荫补浙江温州永嘉尉,携妻王氏赴任,道经苏州之圌山,泊舟少憩。买纸钱牲酒,赛于神庙。既毕,与妻小饮舟中。舟人见其饮器皆金银,遽起恶念。是夜,沉英水中,并婢仆杀之。谓王氏曰:"尔知所以不死者乎?我次子尚未有室,今与人撑船往杭州,一两月归来,与汝成亲。汝即吾家人,第安心无恐。"言讫,席卷其所有,而以新妇呼王氏。王氏佯应之,勉为经理,曲尽殷勤。舟人私喜得妇,渐稔熟,不复妨闲。
>
> 将月余,值中秋节,舟人盛设酒殽,雄饮痛醉。王氏伺其睡沉,轻身上岸,走二三里,忽迷路,四面皆水乡,惟芦

苇菰蒲，一望无际。且生自良家，双弯纤细，不任跋涉之苦。又恐追寻至，于是尽力而奔。久之，东方渐白，遥望林中有屋宇，急往投之。至则门犹未启，钟梵之声隐然。少顷开关，乃一尼院。王氏径入，院主问所以来故。王氏未敢实对，绐之曰："妾真州人，阿舅宦游江浙，挈家皆行，抵任而良人殁矣，孀居数年，舅以嫁永嘉崔尉次妻。正室悍戾难事，棰辱万端。近者，解官舟次于此，因中秋赏月，命妾取酒杯，不料失手，坠金盏于江，必欲置之死地，遂逃生至此。"尼曰："娘子既不敢归舟，家乡又远，欲别求四耦，卒之良媒，孤苦一身，将何所托？"王惟涕泣而已。尼又曰："老身有一言相劝，未审尊意如何？"王曰："若吾师有以见处，即死无憾。"尼曰："此间僻在荒滨，人迹不到，蓟之与邻，鸥鹭之与友，幸得一二同袍，皆五十以上。侍者数人，又皆淳谨。娘子虽年芳貌美，奈命蹇时乖，盍若舍爱离痴，悟身为幻，披缁削发，就此出家，禅榻佛灯，晨餐暮粥，聊随缘以度岁月，岂不胜于为人宠妾，受今世之苦恼，而结来世之仇雠乎？"王拜谢曰："是所志也。"遂落发于佛前。立法名慧圆。

王读书、识字、写染俱通，不期月间，悉究内典，大为院主所礼待。凡事之巨细，非王主张，莫敢辄自行者。而复宽和柔善，人皆爱之，每日于白衣大士前礼百余拜，密诉心曲，虽隆寒盛暑弗替。既罢，即身居奥室，人罕见其面。岁余，忽有人至院随喜，留斋而去。明日持画芙蓉一幅来施，老尼张于素屏。王过见之，识为英笔，因询所自。院主曰："近日檀越布施。"王问："檀越何姓名？今住甚处？以何为生？"曰："同县顾阿秀兄弟，以操舟为业。年来如意，人颇道其劫掠江湖间，未知诚然否。"王又问："亦尝往来此中乎？"曰："少到耳。"即默识之。乃援笔题于扉上，曰：

少日风流张敞笔，写生不数今黄筌，芙蓉画出最鲜妍，岂知娇艳色，翻抱死生冤！

粉绘凄凉余幻质，只今流落有谁怜。素屏寂寞伴枯禅，今生缘已断，愿结再生缘。

其词盖《临江仙》也，尼皆不晓其所谓。

一日，忽在城，有郭庆春者，以他事至院，见画与题，悦其精致，买归为清玩。适御史大夫高公纳麟退居姑苏，多慕书画。庆春以屏献之，公置于内馆，而未暇问其详。偶外间忽有人卖草书四幅，公取观之，字格类怀素而清劲不俗。公问："谁写？"其人对："是某学书。"公视其貌，非庸碌者，即询其乡里、姓名。则蹙眉对曰："英姓崔，字俊臣，世居真州，以父荫补永嘉尉。挈累赴官，不自慎重，为舟人图，沉英水中，家财妻妾不复顾矣。幸幼时习水，潜泅波间。度既远，遂登岸投民家，而举体沾湿，了无一钱在身。赖主翁善良，易以裳衣，待以酒饭，赠以盘缠，遣之曰：'既遭寇劫，理合闻官，不敢奉留，恐相连累。'英遂问路出城，陈告于平江路。今听候一年，杳无消耗，惟卖字以度日，非敢谓善书也。不意恶札上彻钧览。"公闻其语，深悯之，曰："子既如斯，付之无奈，且留吾西塾，训诸孙写字，不亦可乎？"英幸甚，公延入内馆，与饮。英忽见屏间芙蓉，泫然垂泪。公怪，问之。曰："此舟中失物之一，英手笔也。何得在此？"又诵其词，复曰："英妻所作。"公曰："何以辨识？"曰："识其字画。且其词意有在，真拙妇所作无疑。"公曰："若然，当为子任捕盗之责。姑秘之。"乃馆英于门下。

明日，密召庆春问之。庆春云："买自尼院。"公即使宛转诘尼，得于何人，谁所题咏。数日报云："同县顾阿秀舍，院尼慧圆题。"公遣人说院主曰："夫人喜诵佛经,无人作伴。闻慧圆了悟,今礼为师,愿勿却也。"院主不许,而慧圆闻之,深欲一出,或者可以藉此复仇。尼不能拒。公命舁至,俾夫人与之同寝处,暇日问其家世之详。王饮泣,以实告,且白题芙蓉事,曰："盗不远矣!惟夫人转以告公,脱得罪人,洗刷前耻,以下报夫君,则公之赐大矣。"而未知其夫之故在也。夫人以语公,且云其读书贞淑,厥非小家女。公知为英妻无疑,属夫人善视之,略不与英言。公廉得故居址出没之迹,然未敢轻动,惟使夫人阴劝王畜发返初服。

又半年,进士薛理溥化为监察御史,按郡。溥化,高公旧日属吏,知其敏手也,且语溥化掩捕之,敕牒及家财尚在,惟不见王氏下落。穷讯之,则曰："诚欲留以配次男,不复防备。不期当年八月中秋逃去,莫知所往矣。"溥化遂置之于极典,而以原赃给英。英将辞公赴任。公曰："待与足下作媒,娶而后去,非晚也。"英谢曰："糟糠之妻,同贫贱久矣。今不幸流落他方,存亡未卜。且单身到彼,迟以岁月,万一天地垂怜,若其尚在,或冀伉俪之重谐耳。感公恩德,乃死不忘。别娶之言,非所愿也。"公凄然曰："足下高谊如此,天必有以相佑,吾安敢苦逼。但容奉饯,然后起程。"

翌日开宴,路官及郡中名士毕集。公举杯告众曰："老夫今日为崔县尉了今生缘。"客莫谕。公使呼慧圆出,则英故妻也。夫妇相持大恸,不意复得相见于此。公备道其始末,且出芙蓉屏示客,方知公所示"了今生缘"乃英妻词中句,而慧圆,则英妻改字也。满座为之掩泣,叹公之盛德为不可及。公赠英奴婢各一,津遣就道。

英任满,重过吴门,而公薨矣。夫妇号哭,如丧其亲。就墓下建水陆斋三昼夜以报，而后去。王氏因此长斋，念观音不辍。真之才士陆仲旸作《芙蓉屏歌》，以纪其事。因录以警世云：

　　画芙蓉，妾忍题屏风。屏间血泪如花红。败叶枯梢两萧索，断缣遗墨俱零落。去水奔流隔死生，孤身只影成飘泊。成飘泊，残骸向谁托？泉下游魂竟不归，图中艳姿浑似昨。浑似昨，妾心伤，那禁秋雨复秋霜！宁肯江湖逐舟子，甘从宝地礼医王。医王本慈悯，慈悯怜群品，逝魄愿提撕，茕嫠赖将引。芙蓉颜色娇，夫婿手亲描。花萎因折蒂，干死为伤苗。蕊干心尚苦，根朽恨难消！但道章台泣韩翊，岂期甲帐遇文萧？芙蓉良有意，芙蓉不可弃。幸得宝月再团圆，相并相爱莫相捐。谁能听我《芙蓉篇》？人（问）[间]夫妇休反目，看此芙蓉真可怜！（[明]胡文焕编，向志柱点校《稗家粹编》，中华书局，2010年，第119—124页）

这则传奇后来在明抱瓮老人所辑《今古奇观》中，又改编为《崔俊臣巧会芙蓉屏》（卷三十七，清初刊本，北京图书馆），情节更加绘声绘色，可见纳麟作为廉吏清官在后世留下的影响。

此传奇说的是元至正年间，真州崔英一家乘船赴温州。就任途中，船家劫财害命，沉崔英于水中，强抢其妻王氏为媳。英因泅水逃脱。王氏假意服从，后逃匿庵院，削发为尼。崔英卖字求生，偶遇退居苏州的御史大夫高纳麟，聘入其家教书。船家将所劫崔英之芙蓉屏施与庵院，王氏为寻机觅夫，其上题《临江仙》词一首，述对英的思念。郭姓财主购此屏送予纳麟。崔英见屏及题词，知王氏尚在，请纳麟搭救。纳麟救出王氏，擒拿舟人，且助崔王团圆。在故事中，纳麟富有正义感与同情心。

既往研究此传奇者多为古典文学界学者，如杨小燕的《奇特的情节，感人的形象——〈芙蓉屏记〉赏析》（《山西高等学校社会科学学报》，2004年第4期，第108—109页）；刘俐俐之《诗书画一体与中国古代言小说叙事艺术——以李静祺〈芙蓉屏记〉为中心》（《明清小说研究》，2013年第4期，第220—228页）；朱丽蒙《绘画因素引入中国古代白话小说与文言小说的比较——以〈滕大尹鬼断家私〉与〈芙蓉屏记〉为例》（按，原文误作〈与芙蓉屏记〉，南开大学《时代文学》2013年12月，《美学理论·影视评论及其它》，第223—224页），多从文学理论的视角切入。

该传奇中提到"进士薛理溥化为监察御史，按郡。溥化，高公旧日属吏"，为核查其历史背景提供了线索。薛理溥化，当即燮理溥化，时而写为燮理普化。沈仁国详查过有关资料，兹过录如下：

> 燮理溥化，钱大昕（第55页）、萧氏（第72页）、陈氏（第894页）、沈仁国本人（第78页）皆录之。钱氏："燮理溥化，由湖广举首登泰定四年进士弟，授舒城县长。见《揭文安公集》。"钱氏指的应是揭傒斯送《燮元溥序》："庐州舒城长燮元溥，泰定四年进士也。元溥，蒙古人，名燮理普化，无氏姓，故人取名之首字加其字之上……元溥治舒城……"（《揭文安公集》卷九，第十页下、十一页上，《四部丛刊》）揭傒斯又有《舒城县龙眠书院记》"庐陵舒城长燮理溥化，用湖广举首，取泰定四年进士第，得兹邑"，在进士李公麟龙眠山庄故基修龙眠书院。（《揭文安公集》卷十，第四页下，第五页上）萧氏提到虞集《道园学古录》卷四十《题幹罗氏世谱》：顺德忠献王之"族孙燮理溥化，举进士高科，有斯文之好。其仕于江右，始得见其世谱"。此外吴当《燮仁侯及刘义民兴颂序》："元统间，御史燮理公以进士科来长斯邑。"（指抚之安乐，见朱奎章总修，

胡芳杏纂修《同治乐安县志》卷十《艺文志·文征·序》,第七页下,清同治十年刻本)

燮理溥化,字符溥,斡罗那氏。族祖哈剌哈孙,官至太傅、开府仪同三司、中书右丞相。元溥用湖广举首,取泰定四年(1327)进士第,授舒城县达鲁花赤。天旱民饥,元溥奖激好义之家,出锱籴谷实民,数验口赒给,民赖以生。[(明)吴道明修,杜璁纂《万历庐州府志》卷八《名宦列传》,南京图书馆胶片第374号]又修学舍、明伦堂。在进士李公麟龙眠山庄故基,修龙眠书院。元统元年(1333)冬至后至元三年(1337),任抚州路乐安县达鲁花赤,修治县学。(据《重建乐安县学记》,燮理溥化于元统元年冬任乐安县达鲁花赤,后至元己卯拆旧县学重建之。见黎喆纂《弘治抚州府志》卷十四《文教二》,《天一阁藏明代方志选刊续编》第48册,第99页。)后至元四年,以儒林郎任江南行台监察御史。后至元六年前后,任西台监察御史。[虞集《奉元路重修宣圣庙学记》:"(后至元)六年,御史燮理溥化、司虞以为……"见《道园类稿》卷四八,《元人文集珍本丛刊》第5册,第557页下。]又任内台监察御史。(虞集《傅民德墓志铭》:"今监察御史、前进士燮理溥化监邑乐安……"《道园类稿》卷四八)《全元文》第56册(第152—154页)录其文《乐安县志序》、《重修南岳书院记》。《元诗选癸集》癸之丁"燮右丞元圃"录其诗《寓锦湾望岳亭》、《寓杨梅洲书舍》。(《元诗选癸集》称其为右丞,盖尝任此职,然称其为宋咸淳进士,应误。)——见氏撰《元朝进士集证》,中华书局,2016年,第246—247页。

纳麟至正七年为南行台御史大夫时,燮理溥化实为其下属,可见作者的确了解两人的上下级关系。但传奇却将这种关系误植入纳麟退居姑苏之后。

至于前引徐悦论文中提到"明代话本《拍案惊奇》中《崔俊臣巧会芙蓉屏》传奇",并非原作,而是上述《芙蓉屏记》之改编本。耿祥传在其《江楫〈芙蓉记〉改编考论》一文中提到该传奇在古代文学中的源流关系:"明人江楫《芙蓉记》传奇改编自《芙蓉屏记》。本事见于宋人洪迈《王从事妻》(《夷坚志》),讲述的不过是王从事失妻复得的一逸事。入明后,文人却对改编此逸事热情高涨:小说方面,有李昌祺《剪灯余话》、凌蒙初《拍案惊奇》、冯梦龙《情史》,并为几部同名作《燕居笔记》等收录;戏剧方面,有南曲戏文《芙蓉屏记》、叶宪祖《芙蓉屏》杂剧、张其礼《合屏记》传奇及江辑和王环同名《芙蓉记》传奇等。"(《玉溪师范学院学报》,2010年第1期,第61—64页)

⑦ (明)徐象梅《两浙名贤录》(明天启刻本)卷二十七《吏治》:"陈麟,字文昭,永嘉人。少贫窭为吏,年三十始刻志读书,登至正甲午第,授承事郎,庆元路慈溪县尹。抚摩穷困,斥逐豪强,民被其惠。时迈里古思在越,秃坚帖木儿在余姚,皆以能名,与麟号浙东三杰。僧法匡交结台省,麟以事置之法。御史大夫纳麟改置南行台于越,其子安安与僧素交视,篆初即令其徒诉冤,移文逮麟甚急。麟扬言曰:'台官,天子耳目。天下之事,多有可理者。今江南诸道大半沦丧,宜思振台纲而肃风纪,何独左袒奸髡而轻逮天子执法之吏乎?'纳麟愧而止。"

⑧ 陈广恩《元唐兀高氏家族考略》:"纳麟有九子,其中安安官至江浙行枢密院判官、江浙行省参政。安安为人阴险狡诈,史有明文。集庆(治今江苏南京)被红巾军攻陷后,行御史台移置绍兴(治今浙江绍兴),纳麟再任御史大夫。当时浙省丞相达失帖木儿得便宜

行事，但此人甚贪，老百姓非常反感。纳麟年老，其政皆决听于其子院判安安，因故当时有人作诗讽刺说：'旧省新丞相，新台旧大夫。大夫听子语，丞相爱金珠。'又有人大书于台之门：'苞苴贿赂尚公行，天下承平恐未能。二十四官徒獬豸，越王台上望金陵。'绍兴后被方国珍攻占，与安安也有直接关系。"（《元史及民族边疆研究集刊》第22辑，上海：上海古籍出版社，2010年，第81页）

⑨（明）凌迪知辑《古今万姓统谱》："御史高纳麟，辟南台掾，迁定海尹，兴学校，理冤枉，理军储，修战具，去虎害，善政甚多，累官至翰林待制，兼国史院编修致仕。所著有《居官四要》行于世。"（卷四十六，明万历刻本，南京图书馆）

《蒙史》卷八十一补纳麟不良事迹：元朝曾于广、惠二州立宋采珠提举司，"泰定间，张珪以其扰民，奏罢之。后至元初，纳麟为中书参政，复奏复之，且请以珠户四万赐丞相伯颜，病民尤甚"。范孟之乱，纳麟审之，承伯颜意，被牵连者千百计，江浙行省丞相杨朵儿只知其冤，欲宽典，纳麟执不可，并谮朵儿只心徇汉人。纳麟复起为南台御史大夫时，因其耄昏，政皆掌于江浙行省枢密院判安安之手。

结语

尽管现存史料中对纳麟的描述主要是正面的，但如上所述，也确有负面记录。而对比本文所提及的元末刘时中的《上高监司》散曲两套与明初的传奇小说《芙蓉屏记》，可以发现，从元末至明永乐间的半个多世纪中，纳麟留在民间的却主要是一位清正、机智且乐于助人的廉洁人物形象。如果说刘时中尚处元代，书写散曲时不排除有讨好纳麟的动机，那么在蒙古统治被推翻的明初，身为色目人的纳麟及其同事蒙古人爕理溥化仍然在故事中作为正面人物出现,并不断被改编,足以说明他们的善政是确实的。当然文学作品从史实的可信性来讲,与史料对比判然有别,但其所记录的本事,反映的却是当时社会大众的主流对历史人物的认识。这一点,对我们正确评介元代人物是有借鉴意义的。

原刊于张生主编《史地》,南京大学出版社,2017年。

许师敬皇庆间在中书省的同僚

许师敬为许衡第四子。焦作市地方史志办公室与中站区政府所编《许衡与许衡文化》的上卷《许衡故里志》之附录一汇集《元史》所载许衡与许师敬史料,而焦作市政协文史委所编《焦作文史资料》第7辑《焦作历史名人·古代部分》中有《许师敬考述》一文,勾勒了许师敬的一生活动。①本文拟在此基础上,结合其他史料,再对许师敬事迹作若干补证。

一、任御史中丞时间及其他

许师敬曾任御史中丞。按金制,"御史中丞,从三品,贰大夫"②。元承金制,御史中丞亦为从三品。《南台备要》记:"御史中丞二员,

---

① 河南省焦作市政协文史资料委员会编,2002年1月,见第354—356页。以下再引此书时,简称《许衡故里志》。陈正夫、何植靖合著《许衡评传》(《中国思想家评传丛书》,南京大学出版社,2002年版)未提及许师敬。
② 《金史》卷五五《百官志一》,标点本,第1241页。同书卷四二《仪卫志》又记:"从三品:元帅、左右都监、劝农副使、殿前副都点检及御史中丞等官。"

从三品,月俸员中统钞台百陆拾陆贯叁分。"①至于其任职时间,《许衡故里志》已经提到了几则史料:

(一)许衡逝后,在欧阳玄所撰、立于后至元元年(1335)的《许衡神道碑》文中,提到许师敬"今由西台中丞拜御史中丞、阶光禄大夫"。而在碑文最后,有"至元元年岁次乙亥冬十一月己卯朔二十六甲辰,第四子、光禄大夫、御史中丞师敬立石"。②

(二)在后至元四年所立《许师义墓志》中,亦提到"其从兄光禄大夫、御史敬斋"。③

而在《孟泌墓志铭》提到,孟泌"年十七,侍故御史中丞许公师敬游京呈师"④。据此墓志,孟泌逝于后至元五年(1339),享年四十五岁。据此倒推,其十七岁时当在至大四年(1311),而此时许师敬为御史中丞。但此时间与上述《许衡神道碑》与《许师义墓志》相左。故而《孟泌墓志铭》中的"故御史中丞"并非表示他当年随游大都时许师敬的职衔为御史中丞。御史中丞应为许师敬去世前最后的职衔。

许师敬在仁宗朝开始受重用。《仁宗纪》提到,皇庆元年(1312)八月"己卯,以吏部尚书许师敬为中书参知政事"⑤。而据《丞相表》,

---

① 刘孟琛等编撰:《南台备要》,"行御史台官吏品秩"条,王晓欣点校,浙江古籍出版社,2002年(与赵承禧编撰:《宪台通纪》;唐惟明编撰:《宪台通纪续集》;王恽:《乌台笔补》合刊),第157页。
② 该碑原立于今河南焦作市中站区李封村之南许衡墓地,"文革"中,"此碑横罹毁劫,身断数块,销匿不见。近年来,文物部门在修复许衡墓时,陆续发现了部分神道碑残石……2005年调查时竟得残石多至14块,其中3块经过对接应是基本完整的碑首部分"——《许衡故里志》(上卷),第151页。
许师敬的职衔,在残存拓片中清晰可见,见《许衡故里志》(上卷),第155页,右,倒数第1行。
③ 《许衡故里志》(上卷),第176页,拓片倒数第5行。
④ 苏天爵:《滋溪文稿》卷十三,陈高华、孟繁清点校本,中华书局,1997年,第212—213页。
⑤ 《元史》卷二四《仁宗纪》,标点本,第553页。

许师敬任参知政事是从皇庆元年九月起，此年正月至九月任参知政事的是察罕。据《仁宗纪》，皇庆元年十月"癸未，以中书参知政事察罕为中书平章政事，商议中书省事"①。皇庆二年（1233）他为《解梁仪氏先茔记》篆额时，自署为"荣禄大夫、平章政事、商议中书省事察罕"②。此人又见于《仁宗纪》延祐元年正月条。程钜夫《河东郡公布都公夫人李氏墓碑》记："夫人京兆李氏，金进士试长安，今讳君宝之女，皇赠正奉大夫、护军、河东郡公讳布都纳之妻，荣禄大夫、平章政事、商议中书省事察罕之母。"③这位李氏之子察罕，当即此察罕。察罕为西域板勒合人，即今阿富汗位于阿姆边与乌兹别克斯坦捷尔梅兹/忒儿迷（Termez）隔河南望的古城巴里黑（Balkh），《元史》有传。④

武宗海山在位时，立仁宗为太子，以察罕为詹事院判，又进为佥詹事院事，管理仁宗的安西王府。仁宗即位后，"拜中书参知政事，但总持纲维，不屑细务"。察罕汉文化水平极高，曾为仁宗讲解唐代宰相狄仁杰，"诵范仲淹所撰碑词甚熟"，晚年自号"白云先生"。他虽为西域人，但其本人及后裔均起蒙古名，或蒙—汉合璧名，蒙古化程度也很深。他"通诸国字书"，在位时不但将《帝范》、《贞观政要》、《纪年纂要》、《太宗平金始末》等书译为蒙古语，还将元皇家秘籍蒙古文《脱必赤颜》译为汉文，定名为《圣武开天纪》。⑤许师敬应为察罕中书参知政事之职的接任者。

---

① 《元史》卷二四《仁宗纪》，标点本，第553页。
② （清）胡聘之撰：《山右石刻丛编》卷三十，稿本，南京大学图书馆。
③ 《雪楼集》卷二十，明洪武刊本。
④ 卷一三七《察罕传》，标点本，第3309—3312页。
⑤ 同上《察罕传》，并参见钱大昕：《元史艺文志》卷二，《潜研堂全书》本。

二、皇庆间许师敬在中书省的同事

此年与许师敬同时为中书参知政事者,有阿卜海牙,其任职时间是十月至十二月;贾钧,此人正月至三月曾任此职,九月至十二月又复任。而次年许师敬的新增同事有秃鲁花帖木儿(皇庆二年六月至七月在任),薛居敬(皇庆二年九至十二月在任)。①

阿卜海牙,又作阿不海牙,次年升为中书左丞。贺胜,蒙古名伯颜,曾从许衡学习,有女二人,"长适平章政事阿不海牙"②,即此人。贾钧之父贾居贞曾为中奉大夫,江西等处行中书省参知政事,逝后被追授为平章政事、定国公,其配李氏亦获追授,制文均由程钜夫撰写。③据《吴澄年谱》,贾钧大德七年(1303)为工部侍郎。④

阿卜海牙在延祐间仍中书,已迁为平章。《元典章》所录有关"僧俗相争"的条格提到:

> 延祐四年十月十二日,也先帖木儿怯薛第一日,嘉禧殿有时分,速古儿赤大慈都、察里儿,给事中不花帖木儿等有来。兀伯都剌平章、阿礼海牙平章、郄释鉴郎中、哈剌都事等:伯

---

① 《元典章》所录《省部减繁格例》提到,"皇庆二年二月二十一日,章闾平章、张平章、兀伯都剌右丞、不花参议"。——《元典章》朝纲卷一典章四,陈高华等校注本,中华书局/天津古籍出版社,2011年3月,第132页。
② 虞集《贺丞相墓志铭》,《道园学古录》卷十八,上海涵芬楼景印明景泰翻元小字本,《四部丛刊》初编集部。以下再引此书时版本信息略。
③ 《参议中书省事贾钧父中奉大夫江西等处行中书省参知政事居贞特赠推忠辅义功臣银青荣禄大夫平章政事追封定国公谥文正制》、《故母李氏追封定国夫人制》,《雪楼集》卷二,明洪武景刊本。以下再引此书时版本信息略。
④ 危素编:《临川吴文正公年谱》一卷,清乾隆二十一年刻本,北京图书馆。

荅沙丞相、阿撒丞相俺众人商量来。①

这里的阿里海牙当为阿卜海牙，而阿撒丞相，即阿散。

秃鲁花帖木儿，又写为秃鲁花铁木儿，名见下面将要讨论的《乡试录》。薛居敬，《仁宗纪》皇庆二年八月条记此人在入中书之前为侍御史。

而许师敬此时在中书省、地位高于他的同僚为：

右丞相：铁木迭儿，皇庆二年为秃忽鲁

左丞相：阿散

平章政事：章闾，张珪_{正月至五月}，乌伯都剌_{六月至十二月}

右丞：乌伯都剌，后升任平章政事。其后任为八剌脱因_{六月至十二月}

左丞：李〔士英〕_{正月至二月}，八剌脱因_{二月至十二月}（次年升为右丞）

其中，铁木迭儿为宪宗夺位时功臣不怜吉歹之孙。前面提到的阿卜海牙之岳父贺胜（贺伯颜），"当是时太师铁木迭儿为丞相子弟纵虐于民"，他"一绳之以法。官峙宿储，而丞相家奴擅罔市利，责高直于官。公每裁抑之，又恶其帷薄之不修也，而贪嫉日盛，绝不与往来"②。哈剌鲁人柏铁木儿，仁宗即位时为侍御史，践职之即便"即日以台评劾右丞相铁木迭儿素乏人望，贪墨敢官。上可其奏，而皇太后不直之。王扣头陈世祖旧训所以彰善瘅恶之意，卒罢之"③。《元史》本传称其因病去职。但延祐间复职。后因其子锁南弑英宗，《元

---

① 《元典章》刑部卷十五，典章五十三，陈高华等校注本，中华书局／天津古籍出版社，2011年3月，第1759页。
② 虞集《贺丞相墓志铭》，《道园学古录》卷十八。
③ 黄溍：《太傅文安忠宪王家传》，《金华黄先生文集》，四部丛刊景元抄本。

史》列入奸臣传。①

阿散,又作合散、哈散、阿撒,其回回名应为 Hasan。据《铁木迭儿传》,皇庆初右相铁木迭儿被黜退后,阿散曾再度提名他任要职。阿散在延祐七年(1320)英宗即位后被处死。《元史·英宗纪》与《元典章·新集至治条例》中有处死他的诏书。②

章闾,又作张闾、张驴。元人贡师泰提到,"延祐初,诏遣平章章闾经理江浙田土,令行,急趣使者悉召诸有田家诣庭下,盛气临之人,人皆骇惧失色,莫敢仰视"③。此为章闾任平章政事次年事。《经世大典》中"延祐初,章闾倡经理之议。期限猝迫,贪刻并用,官府震动,人不聊生。富民黠吏并缘为奸,盗贼并起,田菜荒芜,其弊有甚于在前者。至降明诏,以抚慰之而后定。故才臣计吏之有欲为者,可不熟虑而慎行之哉!"④即指此事。⑤此人可能是吐蕃人,

---

① 标点本,页 4577—4581。
② 操东部突厥语的民族在读波斯、阿拉伯语以辅音 h- 启首的借词时,常略去 h-,如把 Hasan 读为 Asan,即阿散。《元典章》,陈高华等校注本,中华书局/天津古籍出版社,2011 年 3 月,第 2026 页;《元史》卷二七《英宗纪》。
③ 《义士周光远墓志铭》,贡师泰撰:《贡礼部玩斋集》卷十,明嘉靖刻本。
④ 《元文类》卷四十"经理"条,《四部丛刊》景元至正本。
⑤ 此事之原委,《元史·食货志》记载最详:

"仁宗延祐元年,平章章闾言:'经理大事,世祖已尝行之,但其间欺隐尚多,未能尽实。以熟田为荒地者有之,惧差而析户者有之,富民买贫民田而仍其旧名输税者亦有之。由是岁入不增,小民告病。若行经理之法,俾有田之家,及各位下、寺观、学校、财赋等田,一切从实自首,庶几税入无隐,差徭亦均。'于是遣官经理,以章闾等往江浙,尚书你咱马丁等往江西,左丞陈士英等往河南,仍命行御史台分台镇遏,枢密院以军防护焉。

其法先期揭榜示民,限四十日以其家所有田,自实于官。或以熟为荒,以田为荡,或隐占逃亡之产,或盗官田为民田,指民田为官田,及僧道以田作弊者,并许诸人首告。十亩以下,其田主及管干佃户,皆杖七十七。二十亩以下,加一等。一百亩以下,一百七;以上,流窜北边,所隐田没官。郡县正官不为查勘,致有脱漏者,量事论罪,重者除名。此其大略也。(转下页)

笔者拟另撰文讨论，此处从略。

张珪，元名臣张弘范之子，在就职中书平章政事之前，历任南台侍御史、浙西廉访使、南台中丞、御史中丞等，为铁木迭儿政敌，在英宗被弑后，拥立晋王也先帖木儿为泰定帝。①《元史》卷一七五有传，其墓志铭为虞集所撰，收于《道园学古录》卷十八。②

乌伯都剌，又写为兀伯都剌、乌巴都剌，皆为波斯语 عبد الله（'Abd al-Allāh）之音译，意为"真主的奴仆"。《元典章》朝纲卷一典章四"省部减繁格例"条记"'薛禅皇帝初立中书省时分，是这般行来。恁商量了，新年里便行者。'么道，圣旨了也。钦此。剳付左右司、六部等，钦依分拣定拟到行省、各部诸衙门合减各各名件，于皇庆二年二月二十一日，章闾平章、张平章、③兀伯都剌右丞、不花参议、钦察郎中等官奏……"④

（接上页）然期限猝迫，贪刻用事，富民黠吏，并缘为奸，以无为有，虚具于籍者，往往有之。于是人不聊生，盗贼并起，其弊反有甚于前者。仁宗知之，明年，遂下诏免三省自实田租。二年，时汴梁路总管塔海亦言其弊，于是命河南自实田，自延祐五年为始，每亩止科其半，汴梁路凡减二十二万余石。至泰定、天历之初，又尽革虚增之数，民始获安。今取其数之可考者，列于后云：

　　河南省，总计官民荒熟田一百一十八万七百六十九顷。
　　江西省，总计官民荒熟田四十七万石四千六百九十三顷。
　　江浙省总计官民荒熟田九十九万五千八十一顷。"（《元史》卷九三《食货志》"经理"条，标点本，第2353—2354页）

（明）黄淮、杨士奇等辑：《历代名臣奏议》卷二五九（明永乐十四年内府刻本，（清）丁丙跋，南京图书馆）及（明）冯琦辑：《经济类编》卷三七（明万历三十二年周家栋等刻本，南京大学图书馆）所记，似皆由此节录。

①杨讷：《泰定帝与南坡之变》，《庆祝邓广铭教授九十华诞论文集》，河北教育出版社，1997年，第101页。
②《元文类》中保留的墓志较《道园学古录》中多出拥立泰定帝一段三百余字，见马晓霖：《中国典籍与文化》，2011年第4期。
③即张珪。
④陈高华等校注本，中华书局／天津古籍出版社，2011年3月，第132页。

有关他的主要史料为元人程钜夫所撰之《乌巴都剌三代赠谥制》①及吴澄的《与乌伯都剌平章书》②。乌伯都剌曾祖木沙剌福丁应为 Mušarraf al-Dīn 之音译，义为"宗教之光荣"；其祖札剌鲁丁应为 Jalāl al-Dīn 音译，义为"宗教之伟大"；父亦福的哈鲁丁应为 Iftikhar al-Dīn 之音译，义为"宗教之自豪"，可见他出自回回世家。泰定帝逝后，他与倒剌沙结为朋党，在上都拥立泰定帝子阿剌吉八为帝，失败后被杀。③

八剌脱因，名见《元典章》与《通制条格》中的几则文献，如《通制条格》卷七"巡军"条记：

> 皇庆元年二月，中书省奏：八剌脱因题奏，有司官勾当里差占着巡军弓手的上头，巡禁的勾当怠慢了，今后有司官其余勾当里不得差占，专一巡捕者。么道。奏呵。那般者。么道圣旨了也。钦此。④

《元典章》所收"禁宰马牛及婚姻筵席品味"记：

---

① 程钜夫：《中书参政乌巴都剌赠谥三代制》，《雪楼集》卷二。
② 吴澄：《草庐吴文正公全集》卷八，乾隆二十一年万氏刊本。
③ 马娟：《对元代色目人家族的考察——以乌伯都剌家族为例》，《回族研究》，2005年第3期。
④ 黄时鉴校点本，浙江古籍出版社，1986年，第113页；方龄贵校注本，中华书局，2001年，第316页。此事又见《元典章》：
弓手专一巡捕
皇庆元年五月，江西行省准中书省咨：
皇庆元年二月二十四日奏过事内一件："八剌脱因题奏：'有司官勾当里差占着巡军、弓手的上头，巡禁的勾当怠慢了有。'今后有司官其余勾当里不得差占，专一巡捕者。"么道，奏呵，"那般者。"么道，圣旨了也。钦此。都省咨请钦依施行。(《元典章》刑部卷十三，典章五十一，陈高华等校注本，中华书局/天津古籍出版社，2011年3月，第1705页)

延祐七年□月□日，江西行省准中书省咨：

刑部呈："会验皇庆二年六月初七日承奉中书省劄付：'皇庆元年十二月二十一日，八剌脱因左丞奏：薛禅皇帝时分，不交宰马牛有来。'"①

已故方龄贵教授在注解《通制条格》时，表示八剌脱因无考。②《元典章》有关通事部分的"译史通事·通事译史出身"条，提到：

至元二十年九月，御史台承奉中书省劄付：

来呈："定夺各道按察司奏差、通事、译史出身。"送吏部："照得至元二十年正月初九日呈奉省判：'河东山西道按察司译史八剌脱因，勾当七年告迁。议得：按察司译史同书吏出身。又书吏除贡不尽外，九十个月，应得提领案牍。其译史八剌脱因不系吏员，于巡检内任用。呈奉都堂钧旨，准拟施行。'本部议得：除奏差已有定例外，据通事，九十个月考满，与译史一体，拟于巡检内任用相应。"都省准呈施行。③

又在《永乐大典》残卷《站赤》条中，笔者还检出一条：

（延祐）六年。正月十日。宣政院使月鲁帖木儿、八剌脱因、

---

① 《元典章·新集至治条例·兵部·头疋》，陈高华等校注本，中华书局/天津古籍出版社，2011年3月，第2244页。
② 方龄贵校注本，中华书局，2001年，第316页。
③ 《元典章》吏部卷六，典章十二，陈高华等校注本，中华书局/天津古籍出版社，2011年3月，第467页。

答儿麻失里等奏：乌思藏，纳怜速古儿赤宣慰司言，往者乌思藏等站消乏。"①

此两处提及的至元二十年在河东山西道任译史与延祐任宣政院使的八剌脱因，是否就是许师敬的同事，待考。

许师敬的另一同事李士英，待考。

三、许师敬的另一个名字——许思敬

笔者浏览史籍时，偶见明人所录的一则有关元皇庆间乡试告文，其中两次提到许师敬，不过将其名写为许思敬。今录之如下：

> 友人秀水屠用明，其先世应元代乡试解，藏有其年《乡试录》一帙，前刻科场诏旨、应行事宜，及奉行各官衔名，足备一代典故，特录于后。
>
> 皇庆二年十一月，诏曰：我祖宗以神武定天下，世祖皇帝设官分职，征用儒雅，崇学校为育才之地，议科目为取士之方，规模宏远矣。朕以躬获承丕祚，志述事祖训，是式若稽。三代以来，取士各有科目要本，举人宜以德行为首，试艺则以经术为先，词章次之，浮华过实，朕所不取。爰命中书参酌古今，究其条制，其以皇庆三年八月，天下郡县兴其贤者能者充赋，有司次年二月会试京师。中选者，朕将亲策焉。具合行事，宜

---

① 《永乐大典》，第一九四二一卷，站赤六。

于后。①

一科场。每三岁一次开试，举人从本贯，官司于诸色户内推举，年及二十五以上经明行修之士，结罪保举，以礼敦遣。诸路府州县，或徇私滥举，并应举而不举者，监察御史、肃政廉访司察究治。

一考试程序。

蒙古色目人。

第一场，经问五条，《大学》《论语》《孟子》《中庸》内，设问用《朱氏章句集注》。其义理精明、文辞典雅者为中选。第二场，策一道，以时务题，限五百字以上。

汉人南人。

第一场，明经，经疑二问，《大学》《论语》《孟子》《中庸》内出题，并用《朱氏章句集注》，后以己意结之，限三百字以上。《经义》一道，各治一经。《诗》以朱氏为主，《尚书》以蔡氏为主，《周易》以程氏、朱氏为主。已上三经，兼用古注疏。《春秋》许用三传及胡氏传。《礼记》用古注，限五百字以上，不拘格律。

第二场，古赋、诏诰、章表内科一道。古赋、诏诰用古体，章表四六恭用古体。

第三场，策一道，经史时务内出题，不矜浮藻，惟务直述，限一千字以上成。

一蒙古色目人作一榜，汉人南人作一榜。

一蒙古色目人，愿试汉人南人科目，中选者加一等注授。

一第一名，赐进士及第，从六品。第二名以下，及第二甲，皆正七品。第三甲下，皆正八品。两榜并同。

---

① 据《元文类》卷九，此段文字乃程钜夫所拟。

一流官子孙荫叙,并依旧制。愿试中选者,优升一等。

一在官未入流品,愿试者听。若中选之人,已有九品以上资级,比附一高加一等注授。若无品级,止依试例从铨注。

一别路府州县人,若寄居本处,许借籍贯赴试。中选者,注本籍贯,并寄借处所。

一军民、僧尼道、客、官、儒、回回、医、匠、阴阳写算、门厨、典、雇未完等户,愿试者以本户籍贯赴试,乡党保举,不得狗私,路府州县不许滥,以妨旧制。

一蒙古、色目人、汉人、南人,已经犯罪在逃未获,并赦后或未赦,愿试者听。若中选,减一等注授。

一倡优之家及患废疾,若犯十奸盗之人,不许应试。

一国子监学岁贡生员,及伴读出身,并依旧制。愿试者听。中选者,于监学合得资品上从铨注。

一别路府州县附籍蒙古、色目人、汉人、南人,大都、上都有恒产注,经年深者,从两都官司依上例推举就试。其余去处冒贯者,治罪。

一科举既行之后,若有各路府州县岁贡,及保举儒人等,文字到官,并令还本乡应试。

一举人于试场内毋得喧哗,违者治罪,仍殿二举。

一所在官司迟悮开试日期,监察御史、肃政廉访司纠弹治罪。

各乡试处所并选中名数,其余条目,命中书省议行于经明行修,庶得真儒之用,风移俗易,益臻至治之隆,咨尔多方体予至意。

皇庆二年十一月□□□日

勅　　　押

中书平章政事臣兀伯都剌　　押

中书平章政事枢密使臣张珪　　　押

中书平章政事臣张驴

中书右丞相臣八剌脱因　　　押

中书左丞相、参知政事臣阿卜海牙　押

中书参知政事、吏部尚书、纲领国子学事臣许思敬

中书知枢密院事御史大夫臣脱欢答剌罕

中书参知政事、侍御史臣答失罕①

参知政事臣秃鲁花铁木儿

中书知枢密院事、宣徽使臣完泽

翰林学士承旨臣、玉连赤不花　　　施行

皇帝圣旨诏曰：我世祖高皇帝驭区立极，一洗故宋之敝习，再三传朕，垂拱宸居，华夷黎庶，罔不咸宁。取道之远，必资良车；航海之深，惟宜巨舶。今据中书省张珪丞相、秃鲁②、合散③，牙成应平章④、阿迭不花⑤、国子学事许思敬、御史答剌丑议，以明年皇庆三年八月，大都、上都、真定路、东平路、河南行省、陕西行省、辽阳行省、四川行省、甘肃行省、云南行省、岭北行省、征东行省、江浙行省、江西行省、湖广行省、河东行省、宣慰司，山东宣慰司，各行乡试，选合格者三百人。

蒙古人取合格七十五人：大都一十五人，上都六人，河东五人，真定等路五人，东平等路五人，山东四人，辽阳五人，

---

①疑此名为答失蛮（Dānišmand 波斯语，意为"学者"）之误。
②应即铁木迭儿右丞相的接任者秃忽鲁。
③应即阿散左丞相。
④此人若是回回人，其回回名或为 Yahya，但皇庆年平章或丞相中并无此名此者。
⑤此人疑有误，待考。

许师敬皇庆间在中书省的同僚　|　167

河南五人，陕西五人，甘肃三人，岭北三人，江浙五人，江西三人，湖广三人，四川一人，云南一人，征东一人。

色目人取合格者七十五人：大都一十人，上都四人，河东四人，东平等路四人，山东五人，真定等路五人，河南五人，四川三人，甘肃二人，陕西三人，岭北二人，辽阳二人，云南二人，征东一人，湖广七人，江浙一十人，江西六人。

汉人取合格者七十五人：大都一十人，上都四人，真定等路一十一人，东平等路九人，山东七人，河东七人，河南九人，四川五人，云南二人，甘肃二人，岭北一人，陕西五人，辽阳二人，征东一人。

南人取合格者七十五人：湖广一十八人，江浙二十八人，江西二十二人，河南七人。

官司务简，擢贤能拔幽振，取士以德行为本，试艺以经术为先。行省分左、右二试。右以二场，左以三试。核其籍贯，征彼蕴涵，毋容浇薄之风用损文明之治。次年二月，俱赴京师，分卷考试，于内取中选者一百人。内蒙古人二十五人，色目人二十五人，汉人二十五人，南人二十五人。务矢公慎，期致得人。三月俟朕御试，中选者登名黄榜，隆加任铨，授有司。其余未入格者，求其寸长，录为备榜，广储器使，鼓舞成才，俾岩穴之士不歌迈轴之章多士之朝，睹咸和之象，布告天下，体朕意焉。皇庆二年十一月☐☐☐日。

  勅 押江浙行中书省正六品散官安思台誊写

  淇阳王开府仪同三司太师录军国重事知枢密院事臣脱光罕赤① 行

---

① 疑此名应为"脱火赤"之讹。

开府仪同三司知枢密院事臣也先铁木儿　　施行

御史大夫　　　缺

御史大夫　　　缺

御史大夫臣火尼赤　　　押①

  这篇文献中所录公告署名人员中书平章政事兀伯都剌，平章政事、枢密使张珪，平章政事张驴（即章闾），右丞相八剌脱因、左丞相、参知政事阿卜海牙，参知政事、吏部尚书、纲领国子学事许思敬，参知政事秃鲁花铁木儿与《元史·宰相表》中所列皇庆年间宰相基本一致，可见是可信的。唯兼侍御史的参知政事答失（罕）〔蛮？〕，《元史》失载，或许是他任职时间不长。

  而另一引人注意之处是，它不但告诉我们许师敬在任参知政事之后，仍然兼吏部尚书职，而且将其名写为许思敬。查许师敬的同时代人虞集在泰定初所撰《书经筵奏议稾后》提到，泰定元年春，泰定帝"始御经筵"，以蒙古语讲述，"左丞相专领之"。"四年之间以宰执与者，张公珪之后，则中书右丞许公思敬，与今赵公世延也。御史台则中丞撒忒迷失。"②而在虞集后来编定的《道园学古录》，不但将标题由《书经筵奏议稿后》改为《书赵学士简经筵奏议后》，而且将涉及前面提到的许思敬的文字改为"四年之间以宰执与者张公珪之后则中书右丞许公师敬与今赵公世延也。御史台则中丞撒忒迷失。"③可见许师敬在元代就曾写为许思敬，而非明时该文献传抄时的笔误。

---

① （明）胡震亨撰：《读书杂录》卷下，清康熙十八年刻本，上海图书馆。
② 苏天爵编：《元文类》卷三九，《四部丛刊》影元至正刊本。
③ 虞集：《道园学古录》卷十一。

《老乞大》所见元代纸钞流通场景研究

虽然在宋代我国已经先后出现兑换银货功能的"交子"和"关子",在金代发行过交钞,但元世祖发行的中统宝钞,是全社会大规模流行纸币的开始。①既往有关元代纸币的研究大致集中于金元时期纸币的发行史、钞法制度、币值等领域。

此外元代又是中国纸币向境外扩展影响的时代。在蒙元帝国的境内,元代的钞法直接影响到波斯的伊利汗国。伊利汗海合都时期(1291—1295),伊利汗国陷入财政危机,属下官员也尤丁·木札法儿的建议,仿元朝行钞法。海合都向孛罗丞相请教,据拉施都丁记载,孛罗回答道:"纸钞是盖有皇印的纸,它代替钱币通行于整个中国,中国所使用的钱锭便被送入国库。"②《史集》中记录了伊利汗国推行钞法的过程:

> [伊斯兰太阴历693年(1294)]八月二十七日周五(按,相当于公历7月23日),异密阿黑不花、脱合察儿、撒都剌丁与探马赤—依纳前往帖必力思印造纸钞。九月十九日(8月13日),他们到了那里,宣布诏令,印造了许多纸钞。③

---

① 王有鹏:《从"交子"、"会子"到"宝钞"》,《四川金融》,1994年增刊,见页45—46。
② 《史集》汉译本第3卷,商务印书馆,1986年,页227。
③ 同上注。

（回历）693年十月十九日周六（1294年9月12日），在帖必力思城发行纸钞，同时颁布诏令：凡拒绝纸钞者立即处死。约一星期左右，人们害怕被处死接受了纸钞。①

一百多年前，亚美尼亚人多桑在其《蒙古史》中，就关注到伊利汗国行钞法之事，他写道：

> 钞以纸制，其形长方，上有汉字数字。钞上两面皆著回教之词曰："上帝之外无他上帝，摩诃末是上帝之使徒。"钞下著亦辇真朵儿只（Irentchin Tourdji）之名（见瓦撒夫书第三册），盖诸博士所上乞合都之尊号也。钞中有圈，内著钞价，自半答剌黑木［（drachme），钧按每答剌黑木重约三公分有奇］至十底纳不等。下著禁令曰："世界之主在693年（1294）颁发此顺利之钞。有伪造者，并其妻子处死，财产籍没。"②

拉施都丁还在一部题为Tānksūqnāma的著作（译言《珍宝之书》）中，在描述中国的纸张与印刷术之后，提到了宝钞在元境内的使用：

> 乞台人制定了一个宏大的公平体系，用"钞［Čāu］"来取代黄金进行消费，其中充满了智慧，并制定了措施与秩序，以免产生纠纷，属于真主意愿之一，其益处数不胜数。众所周知，如果存在炼金石的话，定会是伟大而有用的，在这一国家流通的"钞［Čāu］"就是一种炼金石。如果将其和炼金石放在一起的话，

---

① 《史集》汉译本第3卷，页277。
② 《多桑蒙古史》，冯承钧汉译本，商务印书馆1937年，下册，第6卷第3章，页36。

价值不到它的百分之一,将它放在我们这里流通也是不可能的。但是这种方法在他们的政策下被证明是可信赖的,可讲解的与清晰的,这就是乞台人的智慧、学问、政策、睿智、聪颖的表现,凭借极度的认真仔细,没有出现纠纷,一些人对此感到诧异,一些人对此表示否定,当出现如此的规定时,我们就可以想象外国人的理智与学问以及乞台人渊博的智慧与才能。①

不但伊利汗国发行过纸币,元政府也向伊利汗颁赐钞币,如泰定二年十一月"壬申,赐诸王不赛因钞二万锭,帛百匹"②。同年十二月"诸王不赛因遣使贡珠,赐钞二万锭"③。

元钞的流通范围甚至越出元境域,当时周边地区也接受中国纸币。元末人汪大渊曾两度附海舶下番,他在记东南亚的罗斛国(今泰国)时,说,其国"法以𧴩子代钱流通行使,每一万准中统钞二十四两,甚便民"④。他在提及位于今孟加拉湾的乌爹国(今缅甸勃固地区)时,又说,此国"每个银钱重二钱八分,准中统钞一十两,易𧴩子计一万一千五百二十有余,折钱使用"⑤。

马可波罗是直接在元境内观察到纸币流通的人,他叙述道:

> 在此汗八里城中,有大汗之造币局,观其制设,得谓大汗专有方士之点金术,缘其制造如下所言之一种货币也。此币用树皮作之,树即蚕食其叶作丝之桑树。此树甚众,诸地皆满。

---

① 拉施都丁著,时光汉译校注《伊利汗中国珍宝书》,东方文化集成,伊朗、阿富汗文化编,北京大学出版社,2016年,页101。
② 《元史》卷二十九《泰定帝纪》,中华书局标点本,页661。
③ 同上,页662。
④ 汪大渊:《岛夷志略》,苏继庼校释,中华书局,1981年,页114。以下版本信息略。
⑤ 汪大渊:《岛夷志略》,页376。

人取树干及外面粗皮间之白细皮，旋以此薄如纸之皮制成黑色。纸既制成，裁为下式。幅最小之纸值秃儿（按，今图洛）城之钱（denier tournois）一枚，较大者值物搦齐亚城（按，今威尼斯）之银钱（gros vénitien）半枚，更大者值物搦齐亚城之银钱一枚。别有值物搦齐亚城银钱五枚、六枚、十枚者。又有值金钱（besant d'or，按，指拜占庭金币）一枚者，更有值二枚、四枚、五枚以至十枚者。此种纸币之上，钤盖君主印信，由是每年制造此种可能付给世界一切帑藏之纸币无数，而不费一钱。

既用上述之法制造此种纸币以后，用之以作一切给付。凡州郡国土及君主所辖之地莫不通行。臣民位置虽高，不敢拒绝使用，盖拒用者罪至死也。兹敢为君等言者，各人皆乐用此币，盖大汗国中商人所至之处，用此纸币以给费用，以购商物，以取其售物之售价，竟与纯金无别。其量甚轻，致使值十金钱者，其重不逾金钱一枚。①

那么，钞币在实际使用过程中，究竟在买卖双方之间是怎样流通的？元明文献很少提及。所幸高丽时代末期所编汉语口语教科书《老乞大》，以一位来自王京（按，今开城）的高丽商人，与一位辽阳的姓王的商人结伴赴大都贩马为题，编写了各种场景下的对话。李朝时代，《老乞大》曾数次重刊，但明清汉语与元代汉语有异，因此后来所刊行的《〈老乞大〉谚解》与《〈老乞大〉新解》对元本《老乞大》有所改动。在这些后来刊行的《老乞大》中，改动的并非只是语言本身，也包括场景。

---

① ［意］马可波罗著，冯承钧译：《马可波罗行纪》，第95章，东方出版社，2011年，页243—244。

1998年,韩国庆北大学南权熙教授在整理大邱市一位私人藏书者的藏书时,发现了古本《老乞大》。经郑光、南权熙、梁伍镇合作研究,初步认为此本约刊于李朝世宗时(1418—1450),是迄今所发现最早的《老乞大》本子。此本2000年由韩国庆北大学出版。[①]此元本《老乞大》对话场景中,有几处的对话背景是有关于买卖中使用纸钞的情况,在后来的《〈老乞大〉谚解》与《〈老乞大〉新解》、《重刊〈老乞大〉谚解》等版本中一概改去。因此《原本〈老乞大〉》的发现,对了解元代纸钞在市井生活流通的情况,提供了难得的资料。

本文拟以此为题,对其中有关纸钞在元代社会中使用的情况,对照元代文献中有关交钞的记载,分主题作初步研究,不当之处,祈请方家指正。所引《老乞大》[②]会话中,括弧中的说话人,为原文所无,系按笔者理解标示。

一、"料钞"与"择钞"

(一)何谓"料钞"?

《原本〈老乞大〉》中有关"料钞"节文如下:

> (丽商):咱每饭也喫了也,与了饭钱去来。卖物,来迴钞,通该多少?

[①]《原本〈老乞大〉》解题,汪维辉编:《朝鲜时代汉语教科书丛刊》(以下简称《朝鲜时代汉语教科书丛刊》),第1册,中华书局,2005年,页4。
[②]本研究所据《老乞大》为上引汪维辉编:《朝鲜时代汉语教科书丛刊》,全四册,中华书局,2005年。

（店家）：二两烧饼，一两半羊肉，通是三两半。
（丽商）：兀的①五两钞，贴一两半来。
（丽商）：这一两半没些眉眼，使的么？
（店家）：好钞有，你将去。这钞大都做料钞使。②

"料钞"这个词，研究宋元语的学者早就关注。龙潜庵先生释为："元初发行的纸币钞，以丝料作合价标准，故称。后泛称纸币。《杀狗劝夫》二折：'你怀揣着雅青料钞寻相识，并没半升粗米施馆粥。'《刘弘嫁婢》一折：'人家道那把时节将烂钞你强揣与，巴的到那赎时节要那料钞赎将去。'刘时中《端正好·上高监司》套：'一日日物价高涨。十分料钞加三倒，一斗粗粮折四量。'"③对照从上述节文中最后一句"好钞有，你将去。这钞大都做料钞使"反映，"料钞"与"好钞"几乎是同义语，可知龙潜庵所释不妥。

其实龙潜庵所举的诸例中，其一"你怀揣着雅青料钞寻相识，并没半升粗米施馆粥"的对句中，"雅青料钞"说明，料钞的纸色呈青绿色。《元典章》中所录延祐六年（1319）六月的《买卖蛮会断例》中称"窥见亡宋关会纸色粉青，复行纠合无藉哗民收买，转行添插颜料，抄成钞纸，印造伪钞，比与宝钞色无异"可证明这一点。因此，"你怀揣着雅青料钞寻相识，并没半升粗米施馆粥"中，蓝青色料钞与"半升粗米"恰成鲜明对照，正说明料钞指好钞。

其二"人家道那把时节将烂钞你强揣与，巴的到那赎时节要那

---

① "兀的"在宋元白话中为指示代词，意为"这"、"这个"，又作兀底、阿的，释见龙潜庵编：《宋元语言辞典》，上海辞书出版社，1985年，页46。在《〈老乞大〉谚解》与《〈老乞大〉新解》与《重刊〈老乞大〉谚解》中，凡元本原有的"兀的"，皆改为"这"或"这是"。
② 影印本《原本〈老乞大〉》，《朝鲜时代汉语教科书丛刊》，第2册，叶17b；标点本，《朝鲜时代汉语教科书丛刊》，第1册，页25。
③《宋元语言辞典》，上海辞书出版社，1985年，页763。

料钞赎将去"中,前句中的"烂钞"与后句中的"料钞"为反向对比,也证明料钞指好钞。

而其三"一日日物价高涨。十分料钞加三倒,一斗粗粮折四量"中,"十分料钞加三倒"一句意为:买家以料钞给足价还不行,还要再加付30%。而"一斗粗粮折四量"一句意为:卖家即使是粗粮,也要扣称40%。以此说明钱贱物贵,通货膨胀。这也说明这里的"料钞"指好钞。

卜键先生正是根据其二《刘弘嫁婢》一折中"人家道那把时节将烂钞你强揣与,巴的到那赎时节要那料钞赎将去",将料钞释为"新钞"。①但卜键先生的解释不过是根据上述元曲的推测。其实好钞与新钞毕竟有别,好钞也不等于新钞。最清楚表述料钞概念的史料是元人郑介夫在成宗时所上《钞法》,其中说:"况外路倒换到合烧之钞,贯伯分明,沿角无缺,京都之下称为料钞,一归煨烬,诚为可惜。"②可见料钞并不是新钞,而是指钞面有关币值文字清晰,钞币本身完好无缺的纸钞。而《原本〈老乞大〉》中与料钞对应的好钞,也说明料钞并非新钞。

"料钞"中的"料"字作何解?是否与丝料有关?查《金史》记:

> 交钞之制,外为阑,作花纹,其上衡书贯例:左曰某字料,右曰某字号。料号外篆书曰:伪造交钞者斩,告捕者赏钱三百贯。料号衡阑下曰:中都交钞库准,尚书户部符承都堂札付,户部覆点,勘令史姓名押字。又曰:圣旨印造,逐路交钞于某处库纳钱换钞,更许于某处库纳钞换钱,官私同见钱流转,其

---

① 《元曲百科大辞典》,学苑出版社,1991年,页91。
② 郑介夫:《钞法》,元成宗时上,收于(明)唐顺之辑、(明)刘日宁补:《荆川先生右编》卷三十二,户二,明万历三十三年南京国子监刻本,南京大学图书馆。

钞不限年月行用。①

大约是因为金代交钞钞面文字中有"字料",所以元代以"料"来区分元人钞的种类。元人梁寅曰:"元因宋之交会而为钞,大小凡十八料。迨今朝造钞益精,止于六料而与钱兼行。"②元末陶宗仪亦提到:

> 至元印造通行宝钞分一十一料:贰贯、壹贯、伍伯文、叁伯文、贰伯文、壹伯文、伍拾文、叁拾文、贰拾文、壹拾文、伍文。③

"十八料"与"一十一料"均指十八种或十一种不同面值的纸钞,这里的"料"当指钞面文字。那么,料钞是否因钞面"贯伯分明"而得名呢?

(二)关于"择钞"

《原本〈老乞大〉》有关在市场交易中使用"择钞"的段落如下:

> (丽商):你是牙家,你算了者,该多少?
> (牙家):上等毛施布一百疋,每疋两定半,该二百五十定。低的三十匹,每疋两定,计六十定。都与料钞是。
> (买家):委实没若干料钞。敢则到的三百定料钞,那零一十定与恁上等择钞,如何?

---

① 《金史》卷四十八志第二十九,中华书局标点本,第1073页。
② (元)梁寅撰:《策要》卷四,"钱币"条,清嘉庆《宛委别藏》本。
③ 《辍耕录》,卷二六,中华书局排印本,1959年,第325页。

（牙家）：客人覷，①偌多交易，索甚么争这些箇料钞？好择钞也与料钞一般使有。

（丽商）那般者，依著恁，将好择钞来。

（买家）：这钞都捡了也，俺数将布去。②

（丽商）：你且住者，这钞里头真假俺高丽人不识有，恁都使了记号印儿者，牙家眼同看了者。后头使不得时，俺则问牙家换。

（买家）：却不当面捡点见数，出门不管退换也？③

（丽商）：怎道？恁这等惯做买卖的人，俺一等不惯的人根底，多有过瞒有。④恁使着记号者，大家把稳。

（买家）：这五十锭做束，兀的是九束。

（丽商）：那几箇客人将布子去了。咱每人参价钱也都收拾了，行货发落了也。⑤

值得注意的是，《原本〈老乞大〉》在这里提到了"好择钞"或"上等择钞"的类别，并借买家之口说明"好择钞也与料钞一般使有"。从交易的场景判断，市场对"择钞"的接受程度低于"料钞"，但它

---

① "客人覷"，《〈老乞大〉谚解》改为"客人看"，《朝鲜时代汉语教科书丛刊》，第1册，见页97；《〈老乞大〉新释》改为"客人们"，见同书，页150。
② 影印本《原本〈老乞大〉》，《朝鲜时代汉语教科书丛刊》，第2册，叶37a—37b；标点本，《朝鲜时代汉语教科书丛刊》，第1册，页46—47。
③ "却不当面捡点见数，出门不管退换也"，《〈老乞大〉新释》改为"你不当面看了好歹件数，出门却不管退换的"。见《朝鲜时代汉语教科书丛刊》，第1册，见页150。
④ "俺一等不惯的人根底，多有过瞒有"，《〈老乞大〉谚解》改为"我一等不惯的人跟前，多有欺瞒"，《朝鲜时代汉语教科书丛刊》，第1册，见页97；《〈老乞大〉新释》改为"我们却不惯欺骗人"，与原本意义有较大区别，《朝鲜时代汉语教科书丛刊》，第1册，见页150。
⑤ 影印本《原本〈老乞大〉》，《朝鲜时代汉语教科书丛刊》，第2册，叶37a—37b；标点本，《朝鲜时代汉语教科书丛刊》，第1册，页46—47。

也不是昏钞，否则会被市场拒收。笔者从字面上判断，"择钞"应指从有一定损坏程度的纸币中挑选出的尚堪使用的钞币。而挑选出来之后，再根据新旧或损烂程度分等。

从《原本〈老乞大〉》所描写的场景看，民间市场接受"好择钞"或"上等择钞"。而元代文献则不止一次地提到元政府对外支付时，也使用择钞，且库存大量择钞。如：

> 至治元年二月□日，江西行省准中书省咨：
> 户部呈："万亿宝源库申：'奉符文，奉省判，为甘肃和籴价中统钞二十万定，令本库拣择料钞起运，承此，于应有诸名项，并寄库钞内拣择起运，又行起运二十万定。为此，照得本库先收各行省、盐运司并诸路诸名项钞内，多有与街市行使钞样一体，不堪支持。今两淮盐运司解到中统钞一百五十余万定内，已起上都八十万定，又拨换起运和林五十万定。今于见收诸名项钞内，运起甘肃二十万定。若不申覆，诚恐各处依前将课程并诸名项钱，不行委官监临提调收受，依前起解，不堪支持钞定前来，卑库难以支持，申乞施行。'得此。本部议得：万亿宝源库申各处行省与盐运司、诸路解到诸名项钞定，多与街市行使一体钞样，不堪支持。盖是各处提调正官不为用心亲临监收，以致如此。参详，今后各处凡收课程诸名项钞定，须要提调正官亲临监收，堪中支持，无昏烂钞定，赴都交纳。相应具呈照详。"得此，咨请依上施行。①

---

① 《元典章·新集至治条例》，"万亿库收堪中支持钞"条，陈高华、张帆、刘晓、党宝海点校，中华书局／天津古籍出版社，2011年，页2089。

二、昏烂钞与伪钞

(一) 昏烂钞

尽管全社会抵制昏烂纸钞，但昏钞并没有从市场上绝迹，不过在使用时要多费口舌。《原本〈老乞大〉》设置有如下使用昏钞的对话场景：

> （丽商）：量酒①，来迴钞②。兀的二两半钞，贴五钱来。
> （店家）：哥哥与一张儿好的，这钞无了字儿，怎么使的？
> （丽商）：这钞嫌甚么？字儿，(伯)〔佰〕儿分明都有，怎么使不的？你不识钞时，教别人看去。
> （店家）：我怎么不识钞？索什么教别人看去？换钞不折本。你自别换与一张儿便是也。索甚么合口？③
> （丽商）：这量酒也缠的坏了。④阿的般⑤钞使不得？兀的一箇一两半、一箇五钱将去。
> （店家）：这一两半也昏。
> （丽商）：你却休谎。恰早来喫饭处贴将来的钞。

---

① 量酒指"卖酒的"，见《〈老乞大〉谚解》，页76。
② "迴钞"，《〈老乞大〉谚解》与《〈老乞大〉新释》均改为"会钱"，见页76，页128。
③ "索甚么合口"，《〈老乞大〉谚解》改为"要甚么合口"，见页76；《〈老乞大〉新释》改为"不用多说"，见页128。
④ 意为这"卖酒的也太能缠了"，李朝时改动见《〈老乞大〉谚解》，页76；及《〈老乞大〉新释》，页128。
⑤ "阿的"即"兀的"，宋元汉语中指示代词，释见龙潜庵编：《宋元语言辞典》，上海辞书出版社，1985年，页46。"阿的般"，《〈老乞大〉谚解》改为"这们的好"，见页76；《〈老乞大〉新释》改为"这样好"，见页128。

（店家）：尽教，①胡留下者，②便使不得也罢。

（丽商）：你要那话怎么？使不得呵，你肯要哪？③

上述对话中，店家曾经找给过高丽商人一张一两半的烂钞，这位高丽商人后来再次消费时，试图将张烂钞支付给店家，店家不收。这位高丽商人指明，这张烂钞就是店家找零时给他的。店家只得收下，但还是说了几句不满意的话。可以见得，市场上的支付方千方百计地试图将昏烂的纸钞花出去，而收方尽量试图拒收烂钞。但毕竟昏钞在民间还是勉强使用着。不但民间使用昏钞，按规定官府也不能拒收昏钞，王恽记载道：

> 时钞法初行，惟恐涩滞，公私不便，省官日与提举司官及采众议，深为讲究利病所在。其法大约随路设立钞库，如发钞若干，随降银货，即同见银流转。据倒到课银，不以多寡，即装垛各库作本，使子母相权，准平物估。钞有多少，银本常不亏欠。至互易银钞及以昏换新，除工墨出入正法外，并无增减。又中间关防库司略无少弊，所纳酒醋税、盐引等课程大小一切差发，一以元宝为则。其出纳者虽昏烂，并令收受。七道宣抚司，管限三日午前，将彼中钞法有无底滞及物价低昂与钞相碍于民有损者，画时规措有法以制之。在都总库印到料钞，不以多寡，除支备随路库司关用外，一切经费，虽缓急不许动支借贷。其

---

① "尽教"，《〈老乞大〉谚解》改为"罢罢"，见页76；《〈老乞大〉新释》亦如，见页128。
② "胡留下者"，《〈老乞大〉谚解》改为"将就留下者"，见页76；《〈老乞大〉新释》改为"将就留下罢"，见页128。
③ 影印本《原本〈老乞大〉》，《朝鲜时代汉语教科书丛刊》，第2册，叶18b；标点本，《朝鲜时代汉语教科书丛刊》，第1册，页26。

钱贯显印钞面,将来以钱钞互为表里,此张本也。①

至元年间,元政府再次规定,允许官府收受昏钞,但要加收2%工墨费:

> 至元□年□月,福建行省准中书省咨:准江淮行省咨"江南镇店买卖辏集,每倒昏钞,直须远赴立库去处倒换,不惟钞法涩滞,或被盗失事,于民不便。若许令课程内收受昏钞,带收工墨,随解本管上司,令办课官赴库续倒好钞纳官,公私便当。外州郡见设钞库四十三处,将近下库分并罢,革去冗设官典,省减俸钱,一举兼得数利,请定夺"事。又据御史台呈,亦为此事,都省议得,依准所拟。今后应据诸处差发课程,许受昏钞,每两依例带收工墨二分,委自各处茶盐运司官、路府州县提点正官厘勒当该官典人等,不得多收工墨。如违,追陪断罪,仍将收到昏钞工墨,依期申解行省、户部,发下合属烧毁,支

---

① 《秋涧集》卷八十《中鉴事记上》;王恽在《论钞法》中还提到:
窃见元宝交钞,民间流转,不为涩滞,但物重钞轻,谓如今用一贯,才比往日一百,其虚至此,可谓极矣。究其所以,法坏故也。其事有四:自元十三年已后,据各处平准行用库倒到金银,并元发下钞本课银,节次尽行起讫,是自废相权大法。此致虚一也。其钞法初立时,将印到料钞止是发下随路库司换易烂钞,以新行用,外据一切差发课程内支使,故印造有数,俭而不溢,得权其轻重,令内外相制。以通流钱法为本,致钞常艰得,物必待钞而后行,如此钞宁得不重哉!今则不然,印造无算,一切支度虽千万定,一于新印料钞内支发,可谓有出而无入也,其本钞数,民间既多而易得,物因踊贵而难买,此致虚二也。又总库行钱人等,物未取成,预先定买,惟恐或者先取,故视钞轻易添买,物重币轻,多此之由。此致虚三也。又外路行用库令、库子人等,私下倒易,多取工墨,以图利息。百姓昏钞到库不得画时回换,民间必须行用,故昏者转昏,烂者愈烂,流传既难,遂分作等级,其买(市物必须上——据《四库》本补)等,除(是则加择钞、罗纱巾钞、口钞之类——据《四库》本补)搭价,然后肯接。此致虚四也。——同书,卷九十。

拨料钞纳官，却不得图收工墨，好钞妄作昏钞，刁蹬人难。除已劄付御史台常加体察外，咨请依上施行。①

按理说，政府作为纸钞的发行者，不但有义务接受昏钞、烂钞，而且应该主起到昏钞过滤器的作用，在收到昏烂纸钞后，主动置换为新钞或料钞，使之再流入社会，以保证纸钞在社会上的信誉。但实际上，大量的昏烂钞币却是从政府流向社会的。

（二）贪腐加重的昏钞危机

社会上存在大量市场不愿意接受的昏烂钞币，而官府独掌着倒换昏钞的权力，造成了昏钞与料钞之间的价差；同时，回笼在政府手中的倒换后的昏钞，在法律上成为无价值的废纸，这与其钱面价值之间形成巨大反差，这两个原因共同推动相当数量的官僚产生尽可能地将力所能控制范围内的料钞据为己有，同时染指本已成为废纸的被倒换过的昏钞，使之重新流向市场。存世元代文献不止一次地提到这种现象，如《通制条格》提到：

> 至元二十一年四月，中书省。户部呈："大都管下州县和籴和买米粮、料草一切所须，官给价钱内，有给不到数目，及将元降料钞，私下换作烂钞，散与百姓。"②

由时可见，在世祖时代，大都地区就存在官员将政府拨下的用

---

① 《元典章》户部卷六，典章二十，"课程许受昏钞"条，页724—725。
② 《通制条格》卷十八《和雇和买》条，方龄贵校注，中华书局，2001年，页528。以下版本信息略。

《老乞大》所见元代纸钞流通场景研究 | 183

于支付和籴和买米粮料草等项的料钞,私下换为烂钞支付给百姓的现象。和籴和买米制度本身,就隐含着政府强迫民间接受以低于市场的价格出售货品,而政府在低于市场价格的基础上,又以昏钞支付,造成对民间财富的再次掠夺。

元人刘敏中也意识到,"和买和雇,官皆给价",这一政策本身看来民间是接受的,但在执行过程中频生弊端,其中就包括官府中有人私下截留颁降的料钞,而易以昏钞支付。他在建议"除民患"时提道:

> 公家百须,皆民所出,取之有法,民不知病。今夫夏丝秋税,乃其常赋。和买和雇,官皆给价,宜无所病者。然和买和雇,名件不一,骈至迭出,责办须臾。故和买必至望户科着,贪吏憸人得缘为奸,易新钞为烂钞者有之;给价撙除者有之;缪指其物恶、赂焉而受者有之;预吓以多买而取赂者有之;受赂当买之户而移之下户者有之。①

元政府对昏钞倒换规定了严格的制度,"诸行用库,凡遇诸人以昏钞易换料钞,皆须库官监视司库对倒钞人眼同辨验检数。如不系接补、挑剜伪钞,当面用讫退印,昏钞入库,料钞付主。当该上司,委官时至检校。违者究治"②。但实际上官场在利用职权,私下将料钞倒换为昏钞,居中谋利的腐败现象,直至元末始终存在。存留至今的有关元代钞法问题的文献中,可见一些与交钞提举司有关的官员利

---

① 刘敏中:《又二事》,《中菴集》卷十五《表牋·册·奏》,北京图书馆影清抄本,书目文献出版社,无出版时间;刘敏中著、邓瑞全、谢辉校点《刘敏中集》,吉林文史出版社《元代别集丛刊》,2008年,页146。
②《通制条格》卷十四《仓库》条,页396。

用民间倒换昏钞的困难，利用自己掌控的料钞私下倒换昏钞，并自定章程，根据昏钞的昏烂程度，私自确定工墨费数额，且寻找机会"妄分料钞、择钞"的案例。①如《南台备要》记载：

> 至正十一年（1351）六月十七日，准御史台咨：承奉中书省劄付，户部呈：检会到至元十九年御史台咨，承奉中书省劄付，先为民间有不堪行使钞数，许令赴行用库倒换，每两克除工墨三分。如有私下倒昏钞之人，告捉到官，将犯人所赍钞数给付告人充赏，累行禁治。今捉获交钞提举司转嘱库官人等，私下倒换昏钞，除对问断决外，又体知得街市专有一等不畏公法窥利之人，结揽昏钞，恃赖权势，抑逼库官倒换。及有库官、库子人等，通同将关到钞本推称事故，刁蹬百姓，不行依例倒换，私下结揽，妄分料钞、择钞、市钞等第，多取工墨接（到）〔倒〕，使诸人不得倒换。据大都在城已经委官及劄付御史台体察，并出榜禁治。②

贪官的这些行为，虽然在元中央政府的眼中是不法的，但因吏治腐败，问题越积越重。元末昆山人顾阿瑛有诗揭露官员强付昏钞，百姓被迫接受昏钞后无法使用之事：

> 估贩年来不受沽，徒劳踪迹走通衢。祇缘尽要新交钞，除却天都到处无。带号新军识未真，栏街作队动生嗔。官支烂钞

---

① 语出见下引史料。
② （元）刘孟琛等编撰：《南台备要》"整治钞法"条，王晓欣点校：《宪台通纪》，浙江古籍出版社，2002年，页230。

难行使,强买盐粮更打人。①

(三)交易中的伪钞防范问题

《原本〈老乞大〉》中有关于市场交易中关于伪钞问题的对话:

(丽商):我试听你定的价钱。

(买家):这五箇好马,每一箇评七定,计三十五定。这十箇歹马,每一箇评五定,计五十定。通做八十五定,成了去。

(丽商伙伴):似你这般定价钱,就高丽田地里也买不得,那里是实买马的?则是胡商量的。

(买家):这箇伴当,你说甚么话?不买时害风那?做甚么来这里商量?

(丽商):这马恰才牙人定来的价钱,犹自亏着俺有。

(买家):这般价钱不卖,你更待想么?

(牙人):你两人家休自管叫唤。买的更添些箇,卖的减了些箇。更添五定,做九十定成交呵,天平地平。买主恁不着价钱也买不得,卖主多指望价钱也卖不得。

边头立地闲看的人道:这牙家说的价钱,哏是本分的言语。

(买家):罢罢,咱则依牙人的言语,成了者。

(丽商):既这般时,价钱哏亏着俺。只是一件,烂钞不要,与俺好钞。

(买家):那般者,烂钞也没,俺的都是好钞。

---

① (元)顾瑛撰:《张仲举待制以京中海上口号十绝附郯九成见寄瑛心吴下时事复韵答之》,《玉山璞稿》卷上,杨镰整理,中华书局,2008年,页4。

（丽商）：既是好呵，咱先拣了钞，写契。

（买家）：那般者，布袋里钞将来，都拣了。

（丽商）：着牙人先拣了。

（牙人）：你卖主自拣，里头无一张儿歹的。

（丽商）：这钞是拣了，假伪俺不识。恁使了印记者。以后便不得时，俺则问牙人换。

（牙人）：使著印儿也，不拣几时管换。①

在这场对话中，丽商是商品售卖者，他在交易达成后，首先要求买家支付好钞，然后表示他不能识别钞的真伪，要求牙人在每张付出的钞上盖印记以为证。事后如果发现有伪，牙人负责调换。这场对话反映了伪钞对元代市场交易的影响。元代传世文献中，可以见到许多官府处置伪钞制造者的案例。元人李存作有《伪钞谣》：

> 国朝钞法古所无，绝胜钱贯如青蚨。试令童子置怀袖，千里万里忘羁孤。岂期俗下有奸弊，往往造伪潜隈隅。设科定律非不重，奈此趋利甘捐躯。纵然桎梏坐囹圄，膝有囊橐并尊壶。生平心胆死相逋，口舌所挂多无辜。人生既以不堪此，恶辛乃藉生危图。苦之棰楚甘酒肉，役用在手犹样珠。或思夙昔报仇怨，或出希觊倾膏腴。搜求宁肯剩鸡狗，污辱间有连妻孥。何如巧遇贤令尹，烛照剑断神明符。先穷支蔓到根本，矿铁虽硬归红炉。非唯此境少忧畏，亦遣邻邑多欢愉。自怜弱肉脱虎口，从此饮水皆醍醐。誓将白首至死日，顶戴岂与勋劳殊。愿推此举遍天下，

---

① 影印本《原本〈老乞大〉》，《朝鲜时代汉语教科书丛刊》，第2册，叶23a—24a；标点本，《朝鲜时代汉语教科书丛刊》，第1册，页32—33。

咸使良善安田庐。①

这首诗的开头歌颂钞法,认为是前无古人之举,比金属货币好得多。即使是一个远离家乡的少年,只要袖中有钞,就无漂泊之苦。政府虽然有苛政严法禁伪钞,但造伪之徒为谋利铤而走险,一旦被抓身陷囹圄,往往牵连无辜。

而《原本〈老乞大〉》则为我们提供了一幅元代市场交易中纸钞收受方防范伪钞的场景,即要求牙人在每张纸钞之上盖上印记,以备发现伪钞时追索损失。当然,这种方法应当只用于较大数额的交易。今后如能在旧藏与新发现的元代钞币上发现印记,可以作为《原本〈老乞大〉》中这篇对话的佐证。

三、全社会渴求好钞原因析

钱面虽微有破损但钞值尚清晰的纸币在市场交易中时遭拒收的现象在元代文献中很常见。《元典章》提到:

> 至元十五年(1278)六月,行中书省:体知得街市买卖人等,将贯伯分明、微有破损宝钞,依前不行接转,及各处平准行用钞库所倒昏钞,尽是贯伯分明、堪以行使宝钞,盖是本库官典不为用心行运钞法,以致如此。省府相度,须合再行出榜晓谕,诸行买卖人等今后行使宝钞,虽是边栏破碎,仍存贯伯分明,即便接受,务要通行流转,不致涩滞钞法。若有似前将

---

① 《俟庵集》卷三,明永乐三年李光刻本。

贯伯分明、微有破软钞〔数〕不肯接受行使，告捉到官，严行治罪。及将堪中行用宝钞，赴库倒换，仰库官人等亦不得回倒。如库官人等却将堪中行用宝钞倒换，定将官典断罪施行。①

不但民间交易时买方惜于支付好钞，卖方渴求好钞，连政府得自于民间的钱财也要求是好钞。《元典章》提到：

> 延祐三年（1316）二月，行省准中书省咨：
> 江西福建道奉使宣抚呈："会集江西省官、廉访司官一同讲议事内一件'官钱不收软钞'事。累奉上司行下，钞法务在流通，毋致涩滞。今来酒税务、赈粜官粮、折收轻赍，官府一应赃罚钱物，及盐场、茶局，并要交收好钞。其通使市钞中间，但有分毫损软，刁蹬不与收受，于民甚不便当。合无令酒税务、盐场、茶局、赈粜官粮、折收轻赍、官府一应赃罚等项，钞两虽是损软，但有贯伯分明，边栏可验者，与民一体行用，商贾市民俱各利益。议得，钞法颁行，乃国之大计，务要流通，以便民用。但有软烂，官不收受，民间何以流转，以致钞法涩滞，交易不便。除咨行省，合令各处应收诸色课程，如系可以行使者，即与受纳。具呈照详。"得此。送据户部呈："参详，上项课程等钞，如是堪中支持，

---

① 《元典章》户部卷六，典章二十，"贯伯分明即便接受"条，陈高华等点校本，页712。中书省的这一通知，亦收入《通制条格》，但经过文饰：
倒换昏钞：至元十五年六月中书省会验：先为街市诸行买卖人等将元宝交钞，贯伯分明，微有破损，不肯接使。已经出榜晓谕，今后行使宝钞，虽边栏破碎，贯伯分明，即便接受，务要通行，毋致涩滞钞法。若有似前将贯伯分明、微有破软钞数不肯接受行使，告捉到官，严行治罪。及将堪中行用宝钞赴库倒换，库官人等亦不得回倒，如违，定将官典断罪。——《通制条格》卷十四，方龄贵点校本，页425；黄时鉴校本，页168。"至元十五年六月中书省会验：先为……"，方龄贵先生点断为"至元十五年六月中书省，会验先为……"。

依例收受相应。具呈照详。"都省咨请依上施行。①

笔者在《原本〈老乞大〉》中捡得以下几处使用宝钞的描述，其卖家无一例外均要求买家支付好钞或料钞：

> （丽商）：这箇羝羊、②臊胡羊、③羯羊、④羖䍽羔儿、⑤母羖䍽，⑥都通要多少价钱？
> （卖家）：我通要六定钞。
> （丽商）：量这些羊，索这般高价钱！好绵羊却卖多少？
> （卖家）：索的是虚，还的是实。你与多少？
> （丽商）：你这般胡索价钱，我那些箇还呵是？⑦
> （卖家）：你道的是。那般者，减了半定者。
> （丽商）：你来。你休减了半定。我老实价钱，则一句儿还你：我与你四定钞。肯时卖，你不肯时赶将去。

---

① 《元典章》户部卷七，典章二一，"官钱不收软钞"条，陈高华等点校本，页761—762。
② 《朝鲜时代汉语教科书丛刊》，第1册，页321。
③ 臊胡羊，《质问》云："有角公羊，未割肾子，方言谓之臊胡。"《质问》又云："臊羊，未割肾羊也。胡羊，山羊也。"又云："乃有角大山羊，有胡子。"又云："山羊，毛与声不同胡羊，其毛不得做毡，另一种也。"——《〈老乞大〉集览》，《朝鲜时代汉语教科书丛刊》，第1册，页321。
④ 总称牡曰公羊，牝曰母羊，未割肾者曰公臊，曰臊羊，去肾者曰羯羊。然未详是否。——《〈老乞大〉集览》，《朝鲜时代汉语教科书丛刊》，第1册，页321。
⑤ 羖䍽羔儿，《质问》注云："初生公羊，方言谓之羖䍽羔儿。"——《〈老乞大〉集览》，《朝鲜时代汉语教科书丛刊》，第1册，页321。
⑥ 母羖䍽羔儿，《质问》云："初生牝羊，方言谓之母羖䍽。""此二者俱美味小羊也。"——《〈老乞大〉集览》，《朝鲜时代汉语教科书丛刊》，第1册，页321。
⑦ 此句《〈老乞大〉谚解》改为"你这们胡讨价钱，我还你多少的是？"——《朝鲜时代汉语教科书丛刊》，第1册，页86；《〈老乞大〉新释》改为"你胡讨价钱，我还你多少是呢？"——同书，页137。

（卖家）：休四定，你更添半定，卖与你。

（丽商）：添不得。肯时肯，不肯时罢。

（卖家）：我是快性。（捡）〔拣〕好钞来，临晚也，贱合杀卖与你。①

（丽商）：恁好坐的者。我赶着羊到涿州卖了，便回来。②

又：

（丽商）：这金胸背③两定，和织七十两，和素四十两，是实实的价钱。你肯时我买，不肯时俺别处商量去。

（卖家）：既你知道价钱，索甚么多说？（捡）〔拣〕好钞来，卖与你。

（丽商）：这段子买了也。④

又：

（买家）：你这参多少斤重？

（丽商）：俺这参一百一十斤。

（买家）：恁枰如何。

（丽商）：俺枰放着印子里，⑤谁敢使私枰？这价钱一定也，

---

① 此句《〈老乞大〉谚解》改为"我滥贱卖与你"。——《朝鲜时代汉语教科书丛刊》，第1册，页86。

② 影印本《原本〈老乞大〉》，《朝鲜时代汉语教科书丛刊》，第2册，叶26a—26b；标点本，《朝鲜时代汉语教科书丛刊》，第1册，页35—36。

③ 胸背，凡于纱罗段帛之上，以彩绒织成胸背之纹，裁成衣服者也。——《〈朴通事〉谚解》，《朝鲜时代汉语教科书丛刊》，第1册，页228。

④ 影印本《原本〈老乞大〉》，《朝鲜时代汉语教科书丛刊》，第2册，叶27a；标点本，《朝鲜时代汉语教科书丛刊》，第1册，页36。

⑤ 此句《〈老乞大〉谚解》改为"我的是官司称，放着印子里"。——《朝鲜时代汉语教科书丛刊》，第1册，页95。

俺则要上等择钞，见钞不赊也①。

（买家）：怎那般说？钞呵与你好钞，买行货的那里将便与钞里？须索限几日。

（牙人）：你两人家休争，限十箇日头，还足价钱。

（丽商）：那般者，依着牙家话。②

又：

（丽商）：恁这毛施布，③十一综的价钱，九综的价钱索多少？

（卖家）：十一综的是上等好布，三定半，没商量；九综的是中等的，两定半。

（丽商）：这帖里布，好的多少价钱，低的多少价钱？

（卖家）：帖里布，这一等好的两锭，这一等较低的六十两。

（丽商）：恁休胡索价钱。这布今见有行市，俺买呵，买一两箇，自穿的不是，一发卖将去，要觅些利钱。俺依着如今价钱，一句儿还恁：这毛施布，高的三锭，低的两锭；这帖里布，高的七十两，低的一锭。俺不赊恁的，一捡儿与好钞。

牙家道：他每还的价钱，是着实的价钱。恁客人每直东新来，不理会得直实价钱。恁休疑惑，成交了者。

（卖家）：那般者，价钱呵依着恁。依的俺时成交，依不得

---

① 此句《〈老乞大〉谚解》改为"见要银子，不赊"。——《朝鲜时代汉语教科书丛刊》，第 1 册，页 95；《〈老乞大〉新释》改为"现要银子，不赊的"。——同书，页 148。
② 影印本《原本〈老乞大〉》，《朝鲜时代汉语教科书丛刊》，第 2 册，叶 35a—35b；标点本，《朝鲜时代汉语教科书丛刊》，第 1 册，页 44—45。
③ 毛施布，即本国人呼苧麻布之称，汉人皆呼曰苧麻布，亦曰麻布，曰木丝布，或书作没丝布，又曰漂白布。今言毛施布，即没丝布之讹也，而汉人回丽人之称，见丽布则直称此名而呼之。记书者回其相称而遂以为名也。——《〈朴通事〉谚解》，《朝鲜时代汉语教科书丛刊》，第 1 册，页 241。

时俺不卖。钞呵择钞,烂钞都不要。

（丽商）：你则要一等料钞时,每两官除工墨三分,私下五分家出工墨,也倒不出料钞来。似恁这般都要料钞时,亏着俺。

（卖家）：待亏恁多少？肯时成交,不肯时恁别处买去。

（丽商）：那般者,与恁料钞买。①

按理说,对于昏烂钞币,政府允许在指定机构调换新钞,求换人仅需按钞面币值支付 3% 工墨成本,可算是一项德政。曾长期居于元境的意大利人马可波罗对于元政府允许调换昏钞的政策也大加赞扬,称"此种货币虽可持久,然亦有敝坏者,持有者可以倒换新币,仅纳费用百分之三"②。可是为什么不但民间,连官府也不愿意接受稍有破损的钞币呢？

笔者注意到,元成宗大德七年（1303）郑介夫上奏曰：

> 每岁发出钞本,倒换昏钞,止收三分工墨,可谓巧于利国,廉于取民矣。殊不知一贯出,一贯入,钞行民间,仅有三分,而民间之钞反损三分也。且钞在天下,昏烂则已,何必倒换？于古亦无倒换之法。兼倒钞之便,止是城市间一簇人烟得济,若各县百姓,散居村落僻远之地,去城数百里,得倒换者绝少,未尝便于小民也。且所倒昏钞,既皆付之丙丁,则钞本尽成虚舍矣。况外路倒换到合烧之钞,贯伯分明,沿角无缺,京都之

---

① 影印本《原本〈老乞大〉》,《朝鲜时代汉语教科书丛刊》,第 2 册,叶 36a—36b；标点本,《朝鲜时代汉语教科书丛刊》,第 1 册,页 45—46。
② [意] 马可波罗著,冯承钧译：《马可波罗行纪》,第 95 章,东方出版社,页 243—244。实际上,昏钞倒换的工墨费在元代曾有过变动,《元史·食货志》记："凡钞之昏烂者,至元二年委官就交钞库,以新钞倒换。除工墨三十文,三年减为二十文,二十二年复增如故。"——《元史》卷九十三。

下称为料钞，一归煨烬，诚为可惜。今但知可得工墨三分之利，不悟虚舍本钞九钱七分之害，于国于民，两有所损，将见日少一日，而民间愈无钞可用，此弊之二，所宜急救也。①

郑介夫的上述报告中有两点很值得关注：

其一，"每岁发出钞本，倒换昏钞，止收三分工墨，可谓巧于利国，廉于取民矣。殊不知一贯出，一贯入，钞行民间，仅有三分，而民间之钞反损三分也"。这就是说，虽然每次昏钞倒换料钞只需支付3%的工墨成本，但对于持钞人来说，是多换少。假设每张钞币的寿命是交易20次，再假定每张钞币平均每年流通20次，那就是说，经过20次交易，一年时间，持钞人就需要到官府倒换一次昏钞。假定钞的价值或购买力不变，那么在一年中，经过倒换之后，持钞人的损失是3%。而对于以农业经济为主的元代社会来说，农民一年辛劳的收获，除去租税、科差全家生存所需的费用及生产过程中的损耗与成本之外，恐怕也不会有10%以上的得益。而持有昏烂钞币的一个直接后果，就是倒换损失。以此观之，持有昏烂钞币倒换时要支付的3%，就当时生产力发展的条件来说，实际上是一项极大的费用，不容民间不加正视。

其二，"兼倒钞之便，止是城市间一簇人烟得济，若各县百姓，散居村落僻远之地，去城数百里，得倒换者绝少，未尝便于小民也"。郑介夫一针见血地指出，虽然元政府制定了允许以昏钞倒换好钞的政策，但从实际执行的角度看，是要大打折扣的，其主要原因就是，当时世界上没有任何政府或经济组织，像今天现代化的银行系统一

---

① (明)黄淮、杨士奇等辑：《历代名臣奏议》卷六十七，"治道"条，明永乐十四年内府刻本，清丁丙跋，南京图书馆；又见(明)唐顺之辑、(明)刘曰宁补：《荆川先生右编》卷三二，户二，明万历三十三年南京国子监刻本，南京图书馆。

样,在这样一个巨大的国家内,遍设交钞倒换机构。所以,真正能够方便地倒换昏钞的,只是重要城市里的居民,而各县镇及乡村居民,根本不可能为一张昏钞的倒换,而出行数百里前往中心城市。

换而言之,接受损烂的纸钞,实际上犹如一场"击鼓传花"的游戏。谁也不知道在经过几次交换之后,拿在手里的纸币何时会因为昏烂而被市场拒收。既然对大多数乡村和县镇的居民来说,昏钞倒换是一件可望而不可即的事,那么避免在这种类似"击鼓传花"的游戏中成为输家,唯一的办法就是尽可能拒收有所损坏的纸钞。

四、元代钞币的质地问题——代结束语

有人撰文称"宝钞纸(Precious Bill Paper)系元代纸名。它是宋代发行纸币——'交子'、'会子'后的延伸,也是用于印制钞票的纸张之总称"①,但作者并未举证任何史料。笔者通过各种方式检索,未查得传世文献中有所谓"宝钞纸"的说法。明代朱载堉所撰《乐律全书》提到:

《会典》又云:凡织造段疋,阔二尺长三丈五尺。
臣谨按,见今常用官尺有三种,皆国初定制,寓古法于今尺者也。世人止知今尺而已,岂知寓古法哉!请详言之:一曰钞尺,即裁衣尺,前所谓织造段疋尺也。此尺与宝钞纸边外齐,是为衣尺,又名钞尺。二曰曲尺,即营造尺,前所谓方高一尺

---

① 刘庆仁:《论宝钞纸——古纸研究之十四》,《纸和造纸》,第30卷,2011年,第11期,页71。

者也。此尺与宝钞黑边外齐，是为今尺，又名曲尺。三曰宝源局铜五尺，即上条所谓量地五尺也。此尺比钞黑边长，比钞纸边短，当衣尺之九寸六分。臣家收藏业主钞数万，大率同者多，而不同者少，是以取其同者校尺，其不同者不可校也。校尺之法亦用纸条，自钞纸边外齐，用刀裁作一尺，均为十寸，每寸均为十分，是名衣尺。别取纸条，自钞近边黑道外齐，裁作一尺，均为十寸，每寸均为十分，是名营造尺。营造尺之八寸，裁衣尺之七寸五分，乃稽古度尺也。求古尺捷法：钞内黑边取齐，折为五折，去一取四，亦得一尺。宜知此捷法，校对尤便也。今制三种尺：

  钞尺即裁衣尺。

  铜尺即量地尺。

  曲尺即营造尺。①

这里提到的均为"宝钞纸边"或"钞纸边"，指整个钞币的外边；"宝钞黑边"或"钞近边黑道"，指钞币的黑框之边；并不存在"宝钞纸"这个术语。

  但宋时纸品中已有"钞纸"，《皇宋中兴两朝圣政》提到："允文奏有两事，众论未以为然。其一，给典帖；其二，买钞纸。上曰：此两事既病民，且伤国体，俱不可行，更令别议以闻。"②马端临的《文献通考》亦记："纸之品五：曰大灰纸、三钞纸、竻纸、小纸、皮纸。"③"钞纸"的称谓至明代仍然沿用，明初设有专门督造"钞纸"

---

① （明）朱载堉撰：《乐律全书》卷二二《律学新说二》，明万历郑藩刻增修本，南京大学图书馆。
② （宋）留正等撰：《皇宋中兴两朝圣政》卷五〇，《宛委别藏》影宋抄本。
③ 卷四《田赋考四》。

的"钞纸局"。朱元璋发布的《钞纸局大使敕（副使同）》曰："钞无古制，始宋用元，……然制造之法不难，欲人无犯，岂不艰哉！所以不难者，一蔡伦之工于今之时，……禁民勿伪，故设钞纸局，官人于斯，使督工有成，抄造尤精。"①

自金代起，印制钞币的纸就称为"桑皮纸"。成吉思汗攻占华北后，金统治区状况日艰，兴定元年（1217）"五月以钞法屡变，随出而随坏。制纸之桑皮故纸皆取于民，至是又甚艰得，遂令计价，但征宝券、通宝，名曰'桑皮故纸钱'，谓可以免民输挽之劳，而省工物之费也。高汝砺言：'河南调发繁重，所征租税三倍于旧，仅可供亿，如此其重也。而今年五月省部以岁收通宝不充所用，乃于民间敛桑皮故纸钞七千万贯以补之，又太甚矣。'"②

本文开头处所引《马可波罗游记》提到"此币用树皮作之，树即蚕食其叶作丝之桑树。此树甚众，诸地皆满。人取树干及外面粗皮间之白细皮，旋以此薄如纸之皮制成黑色"③。当代考古出土的元代钞币已有不少。如无锡市博物馆藏元代至元通行宝钞 33 张，其中伍佰文 15 张，贰佰文 18 张。由于纸币难以保存，历来发现的元钞屈指可数，这批元钞是我国保存较为完整，数量较多，特别是有确切年代可以查考的珍品，已收进《中国古钞图辑》一书。这批"至元钞"系该馆于 1960 年在清理市郊晖嶂山甲丈坞亥山元代钱裕墓时发

---

① 《明太祖文集》卷十，文渊阁《四库全书》本。
② 《金史》卷四十八《食货三·钱币》，中华书局标点本，第 1087 页。并见同书卷一百七《高汝砺传》："十一月，汝砺言：'臣闻国以民为基，民以财为本。是以王者必先爱养基本。国家调发，河南为重，所征税租率常三倍于旧。今省部计岁收通宝不敷所支，乃于民间科敛桑皮故纸钱七千万贯以补之。近以通宝稍滞，又加两倍，河南人户，农民居三之二，今税租犹多未足，而此令复出，彼不恝所当输租，则必减其食以应之。'"（中华书局标点本，第 2358 页）
③ ［意］马可波罗著，冯承钧译：《马可波罗行纪》，第 95 章，东方出版社，页 243—244。

现的。从墓志内容可知：墓主人钱裕为吴越王钱氏后裔，无锡新安乡人，生于宋淳祐七年（1247），死于元延祐七年（1320），享年74岁，至治元年（1321）葬于开化乡辉嶂山钱氏家族墓，从而可以推算出这批纸币的发行和流通时间下限应在1321年。①其中面额为伍佰文和贰佰文的"至元钞"均为长方形，桑皮纸质地，韧性极好，呈灰色。②

考古学者已经注意到桑皮纸"纤维细，印刷效果好，但限于当时技术条件，其韧度无法与现代制钞纸相比。流通过程中，反复折叠及摩擦，很易破损为昏钞。另外，由于元代用钞量大，特别是后期钞法大乱，滥印钞券，桑皮纸来源不足，只好采用榆树皮制作的纸张制钞，这种榆树皮纸的韧度就更差了，使用稍久即脱浆变软，极易损毁，而且榆树皮汁煮熟后泛黑色，导致钞纸似墨渍污染，印刷不清。故而元代流通的纸币中，有较多破残难用的昏钞存在，考古工作者曾在内蒙古额济纳旗黑城民居、官署、寺庙及店铺的房基下，发现约144张元钞，其中昏钞数量占绝大多数。③

虽然在宋代我国已经先后出现兑换银货功能的"交子"和"关子"，在金代发行过交钞，但元世祖发行的中统宝钞，是全社会大规模流行纸币的开始，④这从人类货币发展史的角度看，是有重要意义的。从发行纸钞的技术角度看，元代的制纸技术所能提供的最好纸张是桑皮纸。这种纸虽然相当经磨，且适于印刷，但并不能经得起钞币在使用过程中的长期磨损。而倒换昏钞过程中设计的收取3%

---

① 钱裕墓为夫妻合葬墓。元钞装入一个丝绸袋内，夹在衣服包中间，置于女主人的胸部。但女墓主的生卒年月一无所知。墓志载明钱裕有妻陆氏，并未表明有否继室或妾等。由此可推测女墓主的卒年在钱裕先后均有可能。但钱裕享年七十四岁，她肯定不比钱裕晚死很久，因此以钱裕的卒年查考这批至元钞的大致流通时间。
② 冯丽蓉：《无锡市博物馆藏"至元通行宝钞"》，《中国钱币》，1989年第3期，页44—45。
③ 罗仁忠：《元代昏钞倒换及烧钞制度概述》，《中国钱币》，1993年第1期，页29—30。
④ 王有鹏：《从"交子"、"会子"到"宝钞"》，《四川金融》，1994年增刊，页45—46。

工墨费的制度，是按次收取的。换而言之，在钞纸质低劣的情况下，虽然钞面价值不变，但在料钞转变为昏钞的过程越短，其转加到纸钞本身的内在成本越高。加之当时政府尚不能全国遍设倒换机构，更加剧了昏钞倒换的困难。

既往的货币信用问题研究认为"从货币的产生过程可以看出，货币的最本质特征就是专门充当一般等价物，具有同其他一切商品的普遍交换性"①。研究货币理论的学者提出，"纸币是以社会商品价值总量作为信用担保的一般等价物。货币之所以成为信用货币，必须能够'兑现'。信用货币的'兑现'有两种情况：一是发行信用货币的信用机构用价值物，如贵金属兑现，……二是发行信用货币的信用机构以社会的商品总量为物资担保，使信用货币成为持有者能够索取实在价值物——商品的凭证，这种'兑现'表现在商品交换中持币者以信用货币能够买到商品"②。

"金属货币发展到纸币，这时货币发行者一定是一个信用保证的社会性更广泛、兑现准备更充分的信用主体，这就是国家。由于纸币没有内在价值，只有由国家强制发行、流通，纸币的信用保证能力，即'兑现'能力如何取决于国家的信誉，而国家的信誉如何归根结底取决于社会拥有的商品价值总量。相对于一定的纸币数量来说，商品越丰足，纸币的'兑现'能力越强，纸币的信誉越高。亦即纸币作为信用货币，其'兑现'能力取决于纸币的价值基础是否稳固、雄厚。当然，现行纸币虽然是信用货币，但由于货币本身没有内在价值和发行的强制性，仍存在转化为与信用货币涵义相对的纸币的可能性，即国家强制社会成员接受的货币不能索取到价值物或丧失了

---

① 张玉喜：《纸币的本质与职能》，《学术交流》，2000年第3期，页9。
② 同上，页10。

部分价值,如非信用程序的财政发行,或货币贷出后,但货币资金使用者并未实现有效产出,这部分贷出的资金没有对应的符合社会需要的产品,因而降低了货币的信用担保程度。保持纸币的信用货币性质,主要在于保证一定时期内社会可供应的商品价值量与持币者以货币购买力为基础的社会需求量基本平衡。"[1]

那么,这些理论能否涵盖元代的钞币流通状况?这是我们要考察的。从人类首次大规模行使纸币的元代看,货币的信用程度,除了其本身的"兑现"能力之外,还包括纸币的质量,但既有的关于元代出土纸钞介绍,多集中于印制的版式、面值、钱面文字等,很少有提及钞币的纸质。[2]虽然每次昏钞抵换的工墨费不过三分,而且从政府规定上看,并不阻止昏钞抵换,似乎是官民两便,但如钞质低劣,交换20次之后,就不堪流通,必须重兑方能使用,假定每张钞每年流通20次,这就意味着每年每张新钞的内在成本上升3%。这对处于经济增长率低下的古代社会,实际上是一个非常巨大的成本压力。而新钞与旧钞的面值虽然相同,但实际上由于存在倒换成本,造成其内在价值不同,迫使钞币的持有人尽可能地拥有新钞,排斥旧钞。

因此,随着时代的演进,只有在人类有能力造出质量更高的纸张用于印制纸币之后,新旧钞之间的价值差问题才趋于消失。

原刊于《清华元史》第五辑,商务印书馆,2020年。

---

[1] 张玉喜:《纸币的本质与职能》,页10—11。
[2] 普·那生德力格尔:《内蒙古额济纳旗出土的至元纸币》,《考古》,1990年第8期,页765—767。

摩合罗考

元灭宋后，元政府不但接收了南宋东南沿海的官私海上力量，也注意到南宋的海外贸易。《元典章》提到：

> 有在先亡宋时分海里的百姓每，舡只做买卖来呵，他每根底客人一般敬重看呵。咱每这田地里无用的伞、摩合罗、磁器、家事、帘子这般与了，博换他每中用的物件来。①

这里提到的宋亡后，元政府注意到南宋对海外贸易重视，要求如宋时一样，不但对前来贾贩的番商待如贵客，而且打算向外输出国内大量生产供应充分的货物，以交换海外的产品。《元典章》提到元朝可供出口的货品名单中，伞、磁器、家事、帘子皆为常见物品，唯有"摩合罗"，殊为奇异。本文拟就此展开讨论。

一、前人对摩合罗的解释——玩偶

当代几部有关宋元语言的字书中，多可见"摩合罗"、"魔合罗"、

---

① 《元典章》户部卷八典章二十二《市舶则法二十三条》，陈高华、张帆、刘晓、党宝海点校，中华书局 / 天津古籍出版社，2011年3月，页874。

"魔侯罗"等词条，如龙潜庵编著的《宋元语言词典》"魔合罗"条：

> （一）用泥、木、象牙或蜡塑制的小偶人。多于七夕供养，或盛饰作为珍玩。《魔合罗》一折："每年家赶这七月七入城，卖一担～。"亦作"魔侯罗"、"摩睺罗"、"摩诃罗"、"摩孩罗"、"磨喝乐"。《京本通俗小说·碾玉观音》："这玉上尖下圆，好做一个摩侯罗儿。"《武林旧事》卷二"乞巧"："七夕前，修内司例进摩睺罗十卓，……或用象牙雕镂，或用龙涎佛手香制造，悉用镂金珠翠。"杜仁杰《集贤宾·七夕》套："把几个摩诃罗儿摆起，齐拜礼，端的是塑得来可嬉。"赵师侠《鹊桥仙·丁巳七夕》词："摩孩罗荷叶伞儿轻，总排列，双双对对。"《东京梦华录》卷八"七夕"："皆卖磨喝乐，乃小塑土偶耳。悉以雕木彩装栏座，或用红纱碧笼，或饰以金珠牙翠，有一对直数千者。"（二）喻所喜爱的人物，如言宝贝。《任风子》四折："玉天仙孩儿你是你，将来～孩儿，知他谁是谁。"《铁拐李》二折："花朵般浑家不能勾恋，～孩儿不能勾见。"亦作"摩合罗"、"磨合罗"。《西游记》十九出："小鬼！对恁公主说：大唐三藏国师摩合罗俊徒弟孙悟空求见。"《调风月》一折："和哥哥外名，燕燕也记得真，唤作磨合罗小舍人。"按，磨合罗原为佛教神名，此借称。因梵语，故多异译。①

---

① 龙潜庵编著：《宋元语言词典》，上海辞书出版社，1985年，页1022。原文标点符号有问题处，径改。引用时请核对原文。此外还有一些释义大致相同，但较略者，如袁世硕主编：《元曲百科辞典》"魔合罗"条，山东教育出版社，1989年，页150；卜键主编：《元曲百科大辞典》"魔合罗"条，学苑出版社，1992年，页105—106；李修生主编：《元曲大辞典》修订本，凤凰出版社，2003年，页167。

宋元时将类似今"洋娃娃"一类的玩偶称为魔合罗的习俗,可在文献中找到大量的例证,如吴自牧提到,每年七夕,"市井儿童手执新荷叶,效摩睺罗之状,此东都流传,至今不改"①。宋末元初的周密除了提到"小儿女多衣荷叶,半臂手持荷叶,效颦摩睺罗,大抵皆旧俗也"之外,还说宫修内司所进"摩睺罗":"七夕前,修内司例进摩睺罗十卓,每桌三十枚,大者至高三尺,或用象牙雕镂,或用龙涎拂手香制造,悉用镂金珠翠、衣帽、金钱、钗镯、佩环真珠、头须及手中所执戏具,皆七宝为之,各护以五色镂金纱厨。制闻、贵臣及京府等处,至有铸金为贡者。"②而由此引申形容小儿可爱的用法,也多见于各种文献,如《今古奇观》记录了一个主人襄敏公丢失了自己五岁的孩子后,其"夫人道:'摩诃罗般一个孩子,怎生舍得失去了。'"不久这个孩子在轿中被人发现,"人闻得孩子声唤,推开帘子一看,见是个青头白脸摩诃罗般一个小孩子,心里欢喜,叫住了轿,抱将过来"。后来这个孩子被皇帝赐给皇后"鞠养,以为得子之兆"。宫中"妃嫔闻得钦圣宫中御赐一个小儿,尽皆来到宫中,一来称贺娘娘,二来观看小儿。因小儿是宫中所不曾有的,实觉希罕。及至见了又是一个眉清目秀、唇红齿白摩诃罗般一个能言能语、百问百答的,你道有不快活的么。妃嫔们要奉承娘娘,且喜欢孩子,争先将出宝玩、金钏镯等类来做见面钱,多塞在他小袖子里"③。

可见将摩合罗释为"洋娃娃"确有依据。值得注意的是,前述《元典章》将"摩合罗"与伞、磁器、家事、帘子等物并列,均系中国输往海外诸番的商品。如果将"摩合罗"释作玩偶,在这里能解释通吗?

我们发现,当时妇女、女儿在家中以手工制作,用于七夕乞巧、

---

① (宋)吴自牧撰:《梦粱录》卷四,清《学津讨原》本。
② (宋)周密撰:《武林旧事》卷三,明国景明宝彦堂秘籍本。
③ 题(明)抱瓮老人辑:《今古奇观》卷三十六《十三郎五岁朝天》,清初刻本,北京图书馆藏。

求子的玩偶，也作为商品售卖。前述《宋元语言词典》"魔合罗"条所引之剧本《魔合罗》一折就提到："每年家赶这七月七入城，卖一担魔合罗。"剧中小贩高山挑着一担盛满玩偶的担子，进城出售。宋人吴自牧在《梦粱录》中记"七夕"时，亦记：

> 内庭与贵宅，皆塑卖磨蝎药，又名摩睺罗孩儿，悉以土木雕塑，更以造彩装，襕座用碧纱罩笼之，下以桌面架之，用青绿销金桌衣围护，或以金玉珠翠装饰尤佳。①

抄自《永乐大典》的《西湖繁胜录》所记："御街扑卖摩候罗，多着干红背心，系青纱裙儿，亦有着背儿戴帽儿者。牛郎织女，扑卖盈市"②，也证明了这一点。因此，史料中常见提及摩合罗价值不菲的描述，如前述《宋元语言词典》"魔合罗"条所引之《东京梦华录》卷八"七夕"："皆卖磨喝乐，乃小塑土偶耳。悉以雕木彩装栏座，或用红纱碧笼，或饰以金珠牙翠，有一对直数千者。"宋人罗烨在记"七夕潘楼前卖乞巧物"时，说："京师是日多（愽）〔搏〕泥孩儿，端正细腻，京语谓之摩猴罗，小大甚不一，价亦不廉，或加饰以男女衣服，有及于华侈者，南人目为巧儿。"③周密也记"七夕节，物多尚果食、茜鸡及泥孩儿，号摩睺罗，有极精巧饰以金珠者，其直不赀。"④

"摩合罗"玩偶在宋元时代作为一种商品流通，是否意味着它也输往海外呢？笔者查检元代有关海外贸易的主要资料，如《岛夷志

---

① 《梦粱录》卷四。
② （宋）西湖老人撰：《西湖繁胜录》，明《永乐大典》本。
③ （宋）罗烨撰：《醉翁谈录》卷四，清《委宛别藏》本。
④ （宋）周密撰：《武林旧事》卷三，明国景明宝彦堂秘籍本。

略》、《真腊风土记》与大德《南海志》,均未见提及。

二、语源追踪

那么,如果前述《元典章》中的提到的当时中国输出商品中的"摩合罗"不是如今"洋娃娃"一类的玩偶的话,又会是什么呢?前引《宋元语言词典》的"魔合罗"条提及"魔合罗原为佛教神名,此借称。因梵语,故多异译"①。关注过"魔合罗"词源问题的学者有不少,如徐宏图在其《元杂剧中的佛教语考》一文中,引述赵景深先生语,曰:"魔合罗当即佛典中牟呼洛迦(Mahraga)之转音与略语。唐玄应《一切经音义》云:魔喉勒,又作摩休勒,皆讹也。正言牟呼洛迦,此译云大有行龙也。据《慧琳音义》说,其形人身而蛇首。"②南开大学杨林先生对此作过较详细的研究,他归纳道:

> 在摩侯罗是哪个梵语词的音译上学者们见解分歧,提出过三种说法。
> 一说是 Mahakāla 的音译。如胡适主张:"'摩合罗'即是'吗噶喇',即'吗哈噶拉',即'魔诃迦罗'(Mahukulu),即'大黑天'。"法国汉学家雷未威安(André Lévy)曾将我国话本小说《京本通俗小说》译为法文(*L'ante aux fantomes des collines de l'ouest*, Paris, 1972),并对疑难词语作了注释。他在解释《碾玉观音》中的"摩侯罗"时也认为来自 Mahākāla。何满子《古代白话短

---

① 龙潜庵编著:《宋元语言词典》,上海辞书出版社,1985年,页1022。
② 刊于《中华戏曲》,2002年第1期,页215。

篇小说选集》（上海古籍出版社，1983年）中解释《碾玉观音》中的"摩侯罗"时也认为是"梵语 Mahākāla 的音译"。

  德国学者福赫伯（Herbert Franke）不同意摩侯罗来自 Mahākāla 的说法。他认为七夕节是妇女们求夫及乞子的节日，而 Mahākāla 是密教的"施福神"（God of wealth），与七夕节的主旨不合。福氏认为，摩侯罗是梵语 makara 的音译，因为 makara 是黄道十二宫之一，人们也用来指十二个月。在蒙古，所谓"month of the makara"是指七月，因此摩侯罗可能是作为佛教历法用语进入七夕习俗的（《评 André Lévy 共 René Goldman 译注〈京本通俗小说〉》，T'oung Pao, Lx: 1-3, 1974）。

  比较流行的说法是摩侯罗为 Mahogara 的音译。如傅芸子说："'摩睺罗'即佛典中'摩睺罗迦'（Mahogara）的略语。"刘正埮等编《汉语外来词词典》（上海古籍出版社，1984年）"摩睺罗"条："唐宋时流行的一种加服饰的小儿土（木、蜡）偶，七夕供养……源梵语 Mahogara。"①

"大黑天"为佛教密宗神祇，元代随吐蕃归入版图，元帝奉吐蕃僧为帝师、国师而传入中原，故而杨文所引胡适、何满子与法国学者雷未威安有关"摩合罗"即"吗噶喇"，指"大黑天"的意见不足取。其文中其他有关"摩合罗"词源追溯研究，均是建立在前面提及的"摩合罗"指玩偶的基础之上的。笔者已经指出，《元典章》所提及的摩合罗的意义，应与玩偶无涉。因此进一步讨论也超出了本文的主旨。那么，这里摩合罗如果不是指玩偶的话，又指什么呢？

---

① 杨林：《化生与摩合罗的源流》，《中国历史文物》，2009年第2期，见页26。

三、北珠之上品

笔者注意到,《居家必用事类全集》有一段记载,描述北珠:

> 北珠,圆如弹子转身青,披肩色好甚分明。粉白油黄并骨色,节病多般不尽论。凡看北珠颜色,须是看讫,闭目再闪看,颜色一同,方为验也。其珠青者,亦如暑末秋初,乍雨还晴,云绽处闪出青天带,白云中现出青天。此青系真色。第一,其青不用深青,只要白包青笼罩,乃嫩青色,其珠青只如在顶上盖者,不披青至顶下者,谓之摩孩罗儿,顶青也。其青若至腰下至窍眼,谓之转身青,为第一。腰上青者,谓之披肩青,为第二。若珠顶上只有一点青不能盖顶者,谓之鬼眼睛,不为奇也。①

而这个"摩孩罗儿",应当就是"摩合罗"的另译,指北珠之上品。

对于北珠在时人眼中的价值,宋人洪迈的《林积阴德》中提到:

> 林积,南剑人。少时入京师,至蔡州,息旅邸,觉床笫间

---

① 戊集,明刻本,《北京图书馆古籍珍本丛刊》,第 61 册,书目文献出版社影印本,无出版时间。清人陈元龙在所辑《格致镜原》中,亦抄录了一段大致相同的文字:
"《博物要览》:北珠,青色如暑末秋初,及晴云绽处,闪出青天带白云,此青系真色,第一。其青色只在顶上盖者,不披青至顶下,乃嫩青色,谓之摩孩罗儿,顶上上者。其青若至腰下及窍眼,谓之转身青,为第一。腰上青者,谓之披肩青,为第二。若珠顶上只有一点青,不能盖顶者,谓之鬼眼睛,乃下等。如上尖下阔者,谓之宝装,亦名无笃珠子。如一头大一头小者,谓之鼓槌。中间一穴,两头圆者,谓之横钻,皆不佳也。凡看南、北、西珠,须要照看中无乌黑丝路,青白一匀,无斑点。如有黑纹者,名为砂蛀。珠心蛀空,外虽无伤,年久或为重物所压,必至粉碎。"——(清)陈元龙辑:《格致镜原》卷三十二,清康熙五十六年刻,雍正十三年(1735)印本,南京图书馆。
可见《居家必用事类全集》提到北珠中"其珠青只如在顶上盖者,不披青至顶下者,谓之摩孩罗儿",即"顶青"的说法流传甚广。

物逆其背，揭席视之，见一布囊，中有锦囊，又其中则绵囊，实以北珠数百颗。明日，询主人曰："前夕（明钞本无'夕'字）何人宿此？"主人以告："乃巨商也。"林语之曰："此吾故人，脱复至，幸令来上庠相访。"又揭其名于室曰："某年某月日剑浦林积假馆（叶本多'于此'二字）。"遂行。商人至京师，取珠欲货，则无有。急沿故道处处物色之。至蔡邸，见榜即还，访林于上庠。林具以告曰："元珠具在，然不可但取（上句叶本作"然不宜私还"，明钞本作"然不宜以私取"），可投牒府中，当悉以归。"商如教，林诣府，尽以珠授商。府尹使中分之，商曰："固所愿。"林不受，曰："使积欲之，前日已为己有矣。"秋毫无所取。商不能强，以数百千就佛寺作大斋，为林君祈福。林后登科，（叶本多一"官"字）至中大夫。生子又（叶本作"乂"），字德新，为吏部侍郎。①

洪迈为南宋时人，其所记之林积，则为北宋人。叙事中所提"入京"、"至蔡州"等语，也说明所谓"京"指东京城，即开封，故所记为北宋时事。本则故事说，北宋时林积年少时赴开封途中经蔡州，在投宿旅馆时，发现床笫席下有此前客人所遗锦囊，内盛北珠数百，通过店主了解到，曾有巨商宿此。他留下联系方式，通过官府见证的方式向富商归还了这些北珠。断事官员曾决定要物主割取所失北珠之半给林积，遭拒。从富商失珠后的焦急心态，与林积拒绝收取酬谢后，富商花费巨资入寺做佛事为林积祈福，说明北珠在北宋时被视为珍品。

青色是判断"北珠"质地的重要标准。《居家必用事类全集》几

---

① 《夷坚志·夷坚甲志》卷十二（十五事），何卓点校，中华书局，2006年，页100。以下版本信息略。此事为元胡炳文《纯正蒙求》卷下所录（明刻本，清丁丙跋，南京图书馆），但文字略有删节。

次提到鉴别北珠的方法,其中在"南北西湖珠式"条中提到:

> 北珠儿看青,要美,披肩青,转身青,选四五分者,价贯不廉。或鬼眼晴,一点青也。或粉白,或磁色,或腰勒,或骨色,或鼠头莲子身,搭膊儿,直钻,皆有褒弹。①

而在"看大珠身分颜色节病诀"条中,又记:

> 所看北珠身分,须是带圆,只用窍眼。其珠子身分须是青白色。绿色牵黄,磁白骨色,低样。如粉白色,尤得。如北珠身下有白搭膊,或面上有牵字落,及黄上青色者,不中。青上黄者,尤得。如直眼及窍眼,身分上损,破穴眼,并改钻三眼四眼者,亦不中也。且如买直钻,北珠只买肚儿高者,且得谓如窍眼上尖,乃黍头下阔者,谓之宝装,亦名无笃珠子也。如一头大一头小者,谓之皱槌;中间一穴,两头圆者,谓之横钻,亦不中也。②

由此可知,被称为"摩孩罗儿"或"摩合罗"的"顶青",为北珠中之上品。而与北珠相对的是南珠与西珠。元人熊太古记:"广南珠,色红;西洋珠,色白,各随其方色。"③至于"南珠",前引《居家必用》说:"南珠儿看明亮,精神,捻圆,浅红色,粉白,不要油黄,其价低。"④在明人曹昭所辑之《格古要论》中,明人王佐专门增补了"南珠"条,称:

---

① (元)佚名者:《居家必用事类全集》戊集,明刻本,北京图书馆古籍珍本丛刊,第61册,书目文献出版社影印本,无出版时间,见页214。
② 同上。
③ (元)熊太古:《冀越集记》卷下,"珠"条,清乾隆四十七年吴翌凤抄本,清吴翌凤、黄丕烈校并跋。
④《居家必用事类全集》戊集,明刻本,见页214。

> 南珠，出南蕃海蚌中。南蕃者好，广西者易黄。要身分圆及色白而精光者，价高。以大小粒数等分两定价。古云一粒圆，十粒钱。又云一圆二白。今广东廉州府合浦县海中出珠。①

那么，北珠为何要称为"摩孩罗儿"或"摩合罗"呢？"摩孩罗儿"或"摩合罗"的称谓出自何种语言呢？查波斯语مهره（muhra）为"珠"、"弹子"、"小球"，源自مهر（muhr）意为（圆型）印记，可见非自他族语言中借入，当系波斯本族词汇。此مهره（muhra）即当为"摩孩罗儿"或"摩合罗"之语源。

四、牵动王朝兴衰的小珠

那么北珠产在何处？初平南宋的蒙古统治者又如何会知道北珠的价值呢？元人方回曾作五律《北珠怨》一首，曰：

> 北方有奇蚌，产珠红晶荧。天鹅腹中物，万仞翔冥冥。
> 此贪孰能致，俊鹰海东青。钩戟为爪喙，利刀以为翎。
> 采之肃慎氏，扶桑隔沧溟。无厌耶律家，苛取不暂停。
> 中夏得此珠，艳饎生芳馨。辽人贸此珠，易宝衔□耕。
> 东夷此为恨，耻罍嗟罄瓶。渡兵鸭绿水，犁扫黄龙庭。
> 夹山一以灭，河朔无锁扃。幽燕及淮江，赤地战血腥。
> 徒以一珠故，百亿殃生灵。两国失宗社，万乘栖囚图。

---

① (明)曹昭辑、(明)王佐增补：《新增格古要论》，北京中国书店影印本，无影印出版年代。

旅獒戒异物，圣人存为经。徒以一珠故，天地生虫螟。
　　此事有本原，貛郎柄熙宁。力行商君法，诡勒燕然铭。
　　延致众奸鬼，坏败先朝廷。焉得致渠魁，輘裂具五刑。
　　钟山有遗瘗，漾之江中泠。我作《北珠怨》，哀歌谁忍听。①

诗中提到，北珠"采之肃慎氏，扶桑隔沧溟"，即出自女真以东，与"扶桑"即日本相望的大海之中，即指日本海。北珠为女真特产之事，至明清时仍广为人知。明末茅元仪提到"北珠即东珠，今出奴儿干。兵兴以来,亦不复入中国矣"②。清傅恒亦记："北珠即东珠，出混同江。"③

前引元人方回所记获取这种珍珠的方式甚为奇特。方回称："天鹅腹中物，万仞翔冥冥。此贪孰能致，俊鹰海东青。钩戟为爪喙，利刀以为翎。"也就是说，天鹅捕食孕含北珠的"奇蚌"，而一种称为海东青的鹰则捕杀天鹅，最终猎手取得北珠。④宋人陈均记完颜阿骨打起兵时也提到，契丹"至虐女真，捕海东青以求珠"⑤。

上述方回诗中"无厌耶律家，苛取不暂停。中夏得此珠，艳篩生芳馨。辽人贸此珠，易宝衔□軿"几句所述的是北珠因深受宋人喜爱，契丹统治者不断责求于女真各部。而诗中所提及之"夹山"，即辽末天祚帝所败亡之处。

宋人视北珠为珍品之事，有数则史料可资证实。蔡絛提到：

---

① (元)方回：《桐江续集》卷九，《四库全书》本。
② (明)茅元仪撰：《三戍丛谭》卷九，明崇祯刻本，北京图书馆。
③ (清)傅恒撰：《通鉴辑览》卷八十，《四库全书》本。
④ 笔者初不解方回所记取珠过程中，天鹅与海东青之间的关系。在2013年10月天津宋元明史研讨会上承南开大学王晓欣教授赐教。
⑤ (宋)陈均撰：《皇朝编年备要》(又称《宋九朝编年备要》)卷二七，宋绍定刻本，清钱大昕跋，上海图书馆。《宋史》亦记：契丹"虐女真捕海东青以求珠"。——卷二百八十五《梁适传》，中华书局标点本，页9625。

摩合罗考 ｜ 211

> 太上（按，宋徽宗）受命享万乘至尊之奉，而一时诸福之物毕至，加好奇喜异，故天下瑰殊，举入尚方，皆萃于宣和殿小库。宣和殿小库者，天子之私藏也。顷闻之以宠妃之侍从者颁首饰，上喜而赐之，命内侍取北珠筐来。上开筐，御手亲掬而酌之，凡五七酌以赉焉，初不计其数也，且又不知其几筐。北珠在宣和间围寸者价至三二百万。①

除北宋皇室之外，北珠亦为士人和商贾，甚至盗贼所珍。洪迈留下了两则有关记载：

> 衢人留怙彦疆，年二十余进士及第，调官归乡，常独处一室。其地滨水，水次皆芰荷，景趣奇迥。忽若有所遇，家人莫得而知也。第怪其入室即扃户，非温清与宾客至，辄不出。人窃疑之，而不可问。后因易衣浣濯，家人得珠囊于带间，皆北珠结成，而极圆莹粲洁，非世能有。所串银线柔软光好，不可名状。
>
> 荆湖两路，大抵皆黥卒，率皆凶盗贷命者。每一郡兵士居土人十之七八。皋之侄签书复州判官，其阍人曰谢四，凡三以盗败，幸而不死，黥文满面，亦颇知悔前过。犹藏大北珠三颗，各可值千缗，乃劫得之巨室者，至是不敢出售。②

值得注意的是，北宋社会上下对北珠的价值高估，成为辽政府制定

---

① （宋）蔡絛撰：《铁围山丛谈》卷六，清乾隆嘉庆间鲍廷博刻《知不足斋丛书》本，傅增湘校并跋，北京图书馆藏。
② 《夷坚志·夷坚丁志》卷十九《留怙香囊》，页 692；《夷坚支志》壬卷九《复州谢黥》，页 1534。

利用北珠贸易，消耗制约宋国力政策的依据。宋人陈均提到：

> 以梁子美为户部尚书。子美……用三百万缗市北珠以进。北珠者，皆自虏中来。虏人始欲禁绝，或曰："中国倾府库以事无用之物，此为我利，而中国可困矣。"因听之。①

但辽之北珠却是强取之女真。为制约宋而过度向女真责求，从根本上动摇了契丹与女真之间的关系。上引方回"东夷此为恨，耻罍嗟罄瓶"的诗句，说明直至元代，南方人民尚知女真各部对契丹的愤怒。在陈均记天祚帝朝之前，辽统治者压迫女真人的记述中，亦有反映：

> 先是，州（按，宁江州）有榷场，女真以北珠、人参、生金、松实、白附子、蜜蜡、麻布之类为市，州人低其直，且拘辱之，谓之打女真。②

女真各部的愤怒，终于引发完颜部首领阿骨打起兵。陈均说："虏酋后益骄"，"女真不胜其求，遂叛。"③前引《宋史·梁适传》也称"两国之祸盖基于此"④。

女真兴起后，中国北方政局大变，一如前引方回诗中所言"河朔无锁钥。幽燕及淮江，赤地战血腥。徒以一珠故，百亿殃生灵。两国失宗社，万乘栖囚图"。女真人不但一举灭辽，而且继而铁蹄席

---

① （宋）陈均撰：《皇朝编年纲目备要》（又称《宋九朝编年备要》）卷二七，宋绍定刻本，清钱大昕跋，上海图书馆。以下版本信息略。
② 同上，卷二八，宋绍定刻本。
③ 同上，卷二七。
④ 《宋史》卷二百八十五《梁适传》，中华书局标点本，页9625。

卷中原，祸及辽、宋两个王朝。

在前引《元典章》中提及用于出口的物品中，与摩合罗相并列的伞、磁器、家事、帘子等，均为日常用品，而北珠却为贵重奢侈品，似不合情理。因此笔者考虑，此处摩合罗或指以高岭土烧制成的珠，即烧珠，这种物品常见于元代输出产品目录之中。

五、历史追溯

近读王一丹教授所撰《波斯胡人传国宝珠——唐人小说的描述》①，注意到文中提到《太平广记》中所录唐人戴孚的《广异记》中的一段有关"紫珠羯"记载：

> 乾元中（758—760），国家以克复二京，粮饷不给。监察御史康云间为江淮度支，率诸江淮商旅百姓五分之一，以补时用。洪州，江淮之间一都会也，云间令录事参军李惟燕典其事。有波斯胡人者，率一万五千贯腋小瓶，大如合拳。问其所实，诡不实对，请率百万。惟燕以所纳给众，难违其言，诈惊曰："上人安得此物？必货此，当不违价。"僧试求五千而去。胡人至扬州，长史邓景山知其事，以问胡。胡云："瓶中是紫珠羯，人得之者，为鬼神所护，入火不烧，涉水不溺，有其物而无其价，非明珠杂货宝所能及也。"又率胡人一万贯，胡乐输其财而不为恨。瓶中有珠十二颗。②

---

① 刊于《内陆欧亚历史语言论集——徐文勘先生古稀纪念》，欧亚历史文化文库，兰州大学出版社，2014年，见页324—325。
② (宋) 李昉等编：《太平广记》卷四百三十四，中华书局，1961年，页3251。

"靺羯"通常解为"胡羊",亦为"鞑鞨"的异写,但在此均说不通,因为文末说明"瓶中有珠十二颗",故当指珍珠,而其前之"紫"为形容词。

查"靺"通"袜",明母月韵,中古音可拟为 miwat;"羯",见母月韵,中古音可拟为 kiat。故而"靺羯"的中古音应为 miwat-kiat。那么珍珠在中古波斯语中是哪个字呢?再查吐鲁番中古安息语(Middle Parthian of Turfan)珍珠为 mwrg'r'yd。①

唐代常以带 -t 尾音的入声字音译他族语言以 -r 结尾的音,如以汉字啜(tsuet)译写突厥官号 čör;以"纥"、"鹘"(ghuet)译写 Uyghur 的第二音节;以"密"(miet)译写粟特语 mir(日、太阳)等。②

因此,可以确定"靺羯"(miwat-kiat / miwar-kiar)应为中古安息语珍珠 mwrg'r'yd 的音译。换而言之,《太平广记》所录《广异记》中提到的售卖"紫靺羯"的波斯商人可能是一位操安息语的贾胡。

中古安息语 mwrg'r'yd,即为本文所讨论的摩合罗的词源,唐时音译为"靺羯",可证明中古波斯语与新波斯语对珍珠的称谓,分别在唐元二代两度传入中国。

原刊于刘进宝主编《丝路文明》第 2 辑,浙江大学"一带一路"合作与发展协同创新中心,浙江大学中国古代史研究中心,上海古籍出版社,2017 年。

---

① H.W. Bailey, *Dictionary of Khotan Saka*, Cambridge University Press, Cambridge, London, New York, Melbourne, 1979, p.341: M. Parth. T. mwrg'r'yd.
② 说见笔者拙文《亦必儿与失必儿》,原刊于《历史地理》,第 4 辑,1986 年,收入拙著《蒙元帝国与 13—15 世纪的世界》,生活·读书·新知三联书店,2013 年。

元代回回珠宝与江南士人与新价值观

成吉思汗及其子孙领导下的蒙古人先后统一了中国各地割据政权：畏兀儿、哈剌鲁、西辽、西夏、金、大理、吐蕃、南宋，还统治了欧亚草原与中亚、西亚的伊斯兰世界。大量的中亚、西亚与欧亚草原的军人、官吏、工匠、知识分子、宗教人士、商人等，随蒙古军进入中国内地，并定居下来，以此核心形成了色目人。除了超越汉唐的境域之外，元代最鲜明的特殊性色之一，便是文化上的多元。与之相联系的是价值观的多元。在色目人中，回回人占有着特殊的地位。回回人入居汉地之前多生活于干旱缺水的内陆亚洲地区。与汉地辽阔的江河平原相比，面积狭小的绿洲出产有限，因此这里的居民自古善于经商，他们的价值观更多地体现了商业与财富的色彩。元末生活于江南的陶宗仪在《南村辍耕录》中记有"回回石头"一节，大致记录了回回人所视为珍贵之物：

> 回回石头，种类不一，其价亦不一。大德间，本土巨商中卖红刺一块于官，重一两三钱，估直中统钞一十四万锭，用嵌帽顶上。自后累朝皇帝相承宝重，凡正旦及天寿节大朝贺时则服用之。呼曰刺，①亦方言也。今问得其种类之名，具记于后：

---

① 亦作"刺子"，详见下。

红石头四种同出一坑，俱无白水。

剌淡红色娇。　避者达深红色，石薄方娇。　昔剌泥黑红色。苦木兰红、黑、黄不正之色，块虽大，石至低者。

绿石头三种同出一坑。

助把避上等，暗深绿色。　助木剌中等，明绿色。　撒卜泥下等，带石，浅绿色。

鸦鹘

红亚姑上有白水。　马思艮底带石，无光，二种，同坑。　青亚姑上等，深青色。　你蓝中等，浅青色。　屋扑你蓝下等，如冰样，带石，浑青色。　黄亚姑　白亚姑。

猫睛

猫睛中含活光一缕。　走水石新坑出者，似猫睛而无光。

甸子

你舍卜的即回回甸子，文理细。　乞里马泥即河西甸子，文理麄。　荆州石即襄阳甸子，色变。①

这里提到的"红石头"，见于元末航海家汪大渊的记载：高郎步"地产红石头"②。高郎步即今斯里兰卡之科伦坡（Colombo）。而所谓"红石头"即红宝石（ruby）。"白水"指纹理。

"剌"乃阿拉伯文لعل（l'al）之音译，指红宝石，故曰"淡红色娇"。又称"红剌"。③《居家必用事类全集》还引述有关"剌"的诗作，曰：

---

① （元）陶宗仪：《南村辍耕录》，卷七，中华书局排印本，1980年，页84–85，笔者对标点有所更动。
② （元）汪大渊：《〈岛夷志略〉校释》，苏继庼校释，中华书局，1981年，页270。
③ 《明史》卷八十二《食货志》"上供采造"，中华书局标点本，页1994。

刺。

紫刺红刺出南番,钏镯杯盘打嵌鞍。

大者直钱五六百,小者多嵌指镯间。

此物出南番。红、紫并酒色,大者如指面,亦有多嵌七宝首饰,并系腰。盏、盘、钏、镯、指镯,余外无用。①

明代巩珍说忽鲁谟厮国的"诸番宝物"有"剌石"。②明四夷馆本《回回馆杂字》与《回回馆译语》增续部分"珍宝门"序号第890词"لعل"(l'al),红腊石,勒阿勒"③,即此。明人宋诩记载:"红剌,深红,水光,清泠如血,亦有淡红色、木红色,间有行动景物居中。此则天造地设之巧。"④李时珍曾概说曰:宝石"红者名剌子","紫者名蜡子。"⑤"剌","红剌"或"红腊石",今称为红宝石,它是一种红色的刚玉,最佳者称为"鸽血红"。"剌"的价值很高。明人徐应秋说"有红剌一块,即值千钱,然不可多得"⑥。

宋诩还提到一种"剌儿撒阿剂",说它"色嫩如深红,其性软。'剌'即'雅琥'之美名。'剌'与'雅琥'其本地之方言也"。还有一种宝石,宋诩称为"撒阿剂",他说亦"色嫩如深桃红,其性软"⑦。他提到这

---

① 《居家必用事类全集》,戊集,北京图书馆藏,《北京图书馆珍本丛刊》,第61册,书目文献出版社,1988年,北京,页215。此书为《永乐大典》所引用,且其辛集中收有大德五年吴郡徐元瑞的《吏学指南序》,当为元代文献。
② (明)巩珍著、向达校注《西洋番国志》,中华书局,2000年,页43。
③ 参见拙著:《〈回回馆杂字〉与〈回回馆译语〉研究》,中国人民大学出版社,2008年,页365—366。
④ (明)宋翊:《宋氏家规部》卷四,明刻本,北京图书馆藏,《北京图书馆珍本丛刊》,第61册,1988年,北京,页42。以下简称《宋氏家规部》,版本信息略。
⑤ (明)李时珍:《本草纲目》卷八,清光绪张氏味古斋重刻本。
⑥ (明)徐应秋:《玉芝堂谈荟》卷二十七,《四库全书》本。
⑦ (明)宋诩:《宋氏家规部》卷四,页42—43。

两种宝石，笔者尚未见有解释。所谓"本地方言"，当指波斯语。"刺儿"或即前述之"剌"。"色嫩如深桃红"的"撒阿剂"，当为波斯文 پیازی (pīyāzī)。其字根乃波斯语 پیاز (pīyāz)，意为葱头、球茎、洋葱。明四夷馆本《回回馆杂字》"花木门"序号第 448 词 پیاز (pīyāz)，葱，痞呀思"即此。①此字后加形容词后缀 ی (-ī) 构成，意为"洋葱色的"，即宋诩之所谓"色嫩如深桃红"。故他所述之"刺儿撒阿剂"，当为波斯文 لعل پیازی (l'al-i pīyāzī)，即褐红色的红宝石。今波斯语中仍有此词，意义同。至于雅琥，详见下。

"避者达"，即明宋诩所述之"别者牙"。对这种宝石，他记载道："红光明亮，身薄，无圆厚者。照视有光，平视无光也。"②其原字有待进一步研究。

"昔剌泥"应为波斯语 سیلانی (sīlānī) 的音译。سیلان (sīlān) 即锡兰，今称斯里兰卡，《大德南海志》作细蓝。③ سیلانی (sīlānī) 在波斯语中意为"锡兰的"，指斯里兰卡的红宝石。此国自古为红宝石产区。随同郑和船队出洋的回回人通事马欢曾提到，锡兰所出宝石中有"昔剌泥"④。宋诩说："洗那泥，身红边黑，无厚者。"⑤

"苦木兰"，据马欢记载锡兰大山内所出之宝石中有"窟没蓝"，⑥即此。宋诩称"孔木剌，红黑黄不正之色，有大块。以上俱'剌'之种，

---

① 参见拙著：《〈回回馆杂字〉与〈回回馆译语〉研究》，中国人民大学出版社，2008 年，页 194。
② 《宋氏家规部》卷四，页 42—43。
③ （元）陈大震：《大德南海志》，卷七，元大德刊本残卷，《宋元方志丛刊》，中华书局，1990 年，第八册，页 8432；《元〈大德南海志〉残本　附辑佚》，广东人民出版社，1991 年，页 47。
④ （明）马欢原著，万明校注：《明钞本〈瀛涯胜览〉校注》，北京，海洋出版社，2005 年，页 54。以下简称《明钞本〈瀛涯胜览〉校注》。
⑤ 《宋氏家规部》卷四，页 42—43。
⑥ 《明钞本〈瀛涯胜览〉校注》，页 54。

皆可施之磨碾"①。当代研究者万明提出"苦木兰"与"窟没蓝"均为马来语 kumula、kumala 的音译，指蓝晶。

"助把避"的原字应为波斯语 ذبابى（zubbābī），乃阿拉伯语词 ذباب（dhubbāb，波斯语读为 zubbābī）"苍蝇"、"黄蜂"，加波斯语形容词后缀 ى（-ī）构成，意为"蝇色的"，指优质绿宝石。宋诩说："锁把鼻，钺绒绿色，内有蜻蜓翅形光耀，其性脆。"②"锁把鼻"即"助把避"。

"助木剌"为波斯文 زمرد（zumrad）的音译，又为"锁目绿"。明四夷馆本《回回馆杂字》与《回回馆译语》增续部分"珍宝门"序号第 889 词为" زمرد（zumurud），祖母绿，则木鲁得"③，即此。明人巩珍说忽鲁谟厮国"其处诸番宝物皆有"，如"祖母绿"。④明人宋诩说，"锁目绿，绿色，其性脆，南人称蛇见怕"⑤。徐应秋则说"祖母绿色碧，日耀则一室掩映。或云：'坐草女人握之易产，云是金翅鸟所成，出回回国。'"⑥它实际上是一种绿柱石，属绿宝石，在矿物学上称为钙铝榴石，是一种中档宝石。

"撒卜泥"的原字应为波斯语 صابونى（sābūnī），乃阿拉伯语词 سابون（sābūn）"肥皂"、"石碱草"、"肥皂草"，加波斯语形容词后缀 ى（-ī）构成，直译为"石碱草色的"。宋诩说："撒淳泥，淡绿色其性软。"⑦此即"撒卜泥"。

---

① 《宋氏家规部》卷四，页 42—43。
② 《宋氏家规部》卷四，页 42—43。
③ 参见拙著：《〈回回馆杂字〉与〈回回馆译语〉研究》，中国人民大学出版社，2008 年，页 364—365。
④ （明）巩珍著、向达校注：《西洋番国志》，中华书局，2000 年，页 43。
⑤ 《宋氏家规部》卷四，页 42—43。
⑥ （明）徐应秋：《玉芝堂谈荟》卷二十七，《四库全书》本。
⑦ 《宋氏家规部》卷四，页 42—43。

鸦鹘,乃阿拉伯文 ياقوت（yāqūt）之音译,源于希腊文,专指红宝石。陶宗仪下文又译为亚姑。前已提及,宋诩记载:"剌,即雅琥之美名。剌与雅琥其本地之方言也。"①元末航海家汪大渊在记录"故临国"②之西的"明家罗"时,提到此国"山有三岛",其中"一岛土中红石,掘而取之,其色红活,名鸦鹘也。舶人兴贩,往往金银与之贸易。""地产红石之外,别物不见。"③海外出鸦鹘石之处,《岛夷志略》数度提及,兹不一一辑录。鸦鹘（雅琥、亚姑）又泛指宝石,可前置各种定语,表示蓝宝石、绿宝石等。故而明人黄省曾提到,在阿丹国,即今也门亚丁"其贸采之物异者十有二品,一曰猫睛之石,二曰五色亚姑"④。

陶宗仪所谓之"红亚姑",相当于今波斯语中之 ياقوت رمانی（yāqūt-i rumānī,按,直译"石榴色的红宝石"）或 آتشی یاقوت（yāqūt-i ātašī,按,直译"火红色的红宝石"）,意为红玉、红宝石。

他所提到的"青亚姑",相当于今波斯语中之 ياقوت ازرق（yāqūt-i azraq,按,直译"蓝色的刚玉石"）,意为绿宝石,蓝晶。宋诩描述称:"青雅琥,如淡竹叶青色,亦有深青者。"⑤

"黄亚姑"相当于今波斯语中之 ياقوت زرد（yāqūt-i zard,按,直译"黄色的刚玉石"）,意为黄宝石。宋诩说:"黄雅琥,色黄,有水色,澈底明亮。"⑥

"白亚姑",宋诩说:"白雅琥,水白色光滚。"至于在波斯语中的原字,待考。

"马思艮底",未见有人解说。宋诩说:"马厮酿蹄,紫红色,有

---

① (明)宋诩撰:《宋氏家规部》卷四,页42—43。
② 元代又称"俱蓝",即印度西南海岸之 Quilon。
③ (元)汪大渊:《〈岛夷志略〉校释》,苏继庼校释,中华书局,1981年,页152。
④ (明)黄省曾撰、谢方点校:《〈西洋朝贡典录〉校注》卷下,中华书局,1982年,页114。
⑤ 《宋氏家规部》卷四,页42—43。
⑥ 同上。

碎纹，无水光。"①笔者以为，"马思艮底"或"马厮艰蹄"，当为波斯语مسكين(muskīn)的音译，意为"麝香色"的。从陶宗仪的叙述中，其前为红亚姑，其后为黄亚姑、白亚姑看，它应当也是红宝石的一种。

"你蓝"，陶宗仪说这种宝石质量中等，浅青色。"你蓝"当为音译，其原字有待于研究。宋诩也提到一种宝石，说："未蓝，淡青色，有光清泠。"②似与此有关。

"屋扑你蓝"，陶宗仪称它为下等宝石，"如水样，带石，浑青色"。此名亦应为音译。疑其后两字"你蓝"即前述之中等宝石"你蓝"。其前之"屋扑"是否为波斯语آب (āb)"水"，待考。

"猫睛"，在明四夷馆本《回回馆杂字》与《回回馆译语》增续部分"珍宝门"序号第 888 词为"عينالهر"('ain al-hirr)，猫睛，哀纳勒—希儿"。"袁氏本""珍宝门"序号第 554.(1564) 词"猫睛，蹉乃力—吸儿"③即此。这是一个阿拉伯语词组。"猫睛"是一种宝石，又称"猫儿睛"，多出于印度南部和斯里兰卡。宋赵汝适在"南毗国"（今印度东南部海岸）条中曰：其"国有淡水江，乃诸流凑汇之处。江极广袤，旁有山突兀。常有星现其上，秀气钟结，产为小石，如猫儿眼。其色明透，埋于山坎中。不时山水发，溯洪推流。官时差人乘小舟采取，国人珍之"。在另一处，赵汝适又专门描述这种宝石道："猫儿睛，状如母指大，即小石也。莹洁明透，如猫儿眼，故名。出南毗国。国有江曰淡水江，诸流迤汇，深山碎石为暴雨溯流，悉萃于此，以小舸漉取。其圆莹者，即猫儿睛也。或曰有星照其地，秀

---

① 《宋氏家规部》卷四，页 42—43。
② 同上。
③ 参见拙著：《〈回回馆杂字〉与〈回回馆译语〉研究》，中国人民大学出版社，2008 年，页 363—364。

气钟结而成。"①陶宗仪具体描述猫睛的形象为"中含活光一缕"。《居家必用事类全集》提到记载这种宝石的诗,曰:

> 猫睛。
> 黄如酒色唤猫睛,转侧中间一道真。
> 睛更散帘深黑色,二物应当价例轻。
> 猫睛出南番,酒色,阔如指面大者。以大为好,睛死不活并黑睛者不直钱。小者亦有米颗大者,只可打嵌指镯杂用。②

《格古要论》记道:"猫睛出南蕃。性坚,黄如酒色。睛活者中间有一道白横搭,转侧分明,与猫儿眼睛一般者为佳,故云若眼睛。散及死而不活者,或青黑色者,皆不为奇。大如指面者尤好。小者价轻,宜厢嵌用。"③宋诩也说:"猫睛,中含活光一缕,色如煮酒者为胜,亦有荳青色、湖水色、黑色皆次也。"④

"走水石",从名称上看,似为汉语陶宗仪说这种宝石产自"新坑","似猫睛而无光"。宋诩在其《宋氏家规部》中,虽未如陶宗仪一样将走水石列为猫睛之一种,而是单独列项,但描述文字基本同于陶宗仪,称其"色似猫睛,无活光转动"。宋诩在走水石之前,还提到一种称为"裸子"的宝石,说它:"有煮酒色、青黑色、绿色。中有脉,若猫睛,惟无活光焰。一种金山石,全相似走水石色,似猫睛无活光转动。"⑤

"猫睛"在清代以后又称为"猫眼"。清初著名学者王士祯曾记"武

---

① (宋)赵汝适撰、冯承钧校注:《〈诸蕃志〉》,商务印书馆,页30、130。
②《居家必用事类全集》,戊集,页215。
③ (明)曹昭辑、(明)王佐增补:《新增格古要论》卷六,北京中国书店影印本,叶五。
④《宋氏家规部》卷四,页42–43。
⑤ 同上。

林金编修家有猫眼宝石一枚，其睛正午则如一线，过午即圆。陆延枝说听云"①。

清人秦嘉谟所撰之《月令粹编》，从各种书中摘抄有关猫眼石的记载："猫儿眼，《物类相感志》：猫儿眼知时，有歌云：'子午线，卯酉圆，寅申、巳亥银杏样，辰戌、丑未侧如钱。'《宝镜》：'猫儿眼睛随时变，子午、卯酉一条线，辰戌、丑未两头尖，寅申、巳亥滴溜圆。'《珍玩考》：'宝石出西南诸郡县，状如猫眼，其中光如猫睛，能别时，或尖或圆，惟日午如一线，其价千金。'"②

而清末李圭《环游地球新录》记其访英时见"根性登博物院，各国器用服饰无所不有。猫眼宝石，大若鸽卵"③。"根兴登"即今之肯辛顿（Kensington）。

据《清实录》记载，清制王公贵族冠上均镶有猫眼石。④

"甸子"，指孔雀石、绿松石，是铜的自然氧化隐晶质块体，其色绿，故又称为"碧甸子"。又作"靛子"、"钿子"、"淀子"、"碇子"等。元时宋遗民周密记："刘汉卿尝随官军至小回回国，去燕数万里。每雨过，山泥净尽，数百里间皆玉山相照映，碧淀子皆高数丈。岂所谓琅玕者耶？"⑤《居家必用事类全集》还提到记录各种甸子的价值的诗作，曰：

---

① （清）王士禛：《香祖笔记》卷六，清康熙刻本。
② 卷二十，清嘉庆十七年秦氏琳琅仙馆刻本。
③ （清）李圭：《环游地球新录》卷三，《游览随笔·英国伦敦京城》，清光绪刻本。
④ 可检索《清实录》，兹不赘录。
⑤ 《癸辛杂识》，续集上，"西域玉山"条，吴企明点校本，中华书局，1997年，页120。见于文献记载的元代名刘汉卿者有好几位。据《元史》记载，合鲁（Qarluq/哈剌鲁）人铁迈赤（成吉思汗忽阑皇后之捆马官）虎都铁木禄（Qutluq Temür）汉名刘汉卿。周密当指此人。忽阑皇后曾随成吉思汗西征。按此，则所谓"小回回国"当在成吉思汗西征所历诸地求之。查西域最著名的绿松石产地为波斯你沙不而(详下文)。当地绿松石有相当部分产自风化的砂岩中，可露天采集。所谓"小回回国"应相对于"回回国"即花剌子模而言，就是你沙不而。

碧靛。

碧靛马价皆相类，颜色黑绿不直钱。

青得美者可人爱，碾成事件做钱看。

翠色不夹石为最，西夏者地道，黑绿、粉绿皆不直钱。[1]

明李时珍记曰：宝石"碧者名靛子"[2]。元明史料中有关甸子的记载相当多，兹不一一录写。

"你舍卜的"，诸家均以为乃نیشابوری（neišāpūrī）的音译，由نیشابور（Neišāpūr）/ 你沙不而加后缀ی（-ī）构成，意为"你沙不而的"指你沙不而的宝石。你沙不而为地名，位于今伊朗呼罗珊省（Khārašān）马什哈德(Mašhad)附近。故而陶宗仪说此"即回回甸子"，其特点是"文理细"。这里是波斯著名的绿松石产区，即前引周密所记之小回回国。

"乞里马泥"，诸家均以为乃کرمانی（kirmānī）的音译，由کرمان（Kirmān）/ 起儿漫加后缀ی（-ī）构成，意为"起儿漫"的（石头）。起儿漫位于今伊朗克尔曼省（Kirmān）。陶宗仪称之为"河西甸子"，其文理较粗，质量低于"你舍卜的"。

荆州石，即今湖北地区所出孔雀石。

中国人所珍视的宝石自古为玉或玛瑙，上述陶宗仪所记"回回石头"，除了回回人本身之外，在元代还为什么人视为珍宝呢？波斯史家志费尼记载：一次元太宗窝阔台观看汉人的杂剧演出，有回回人叛乱受到惩罚的情节。太宗下令：

---

[1]《居家必用事类全集》，戊集，页215。
[2]（明）李时珍：《本草纲目》，卷八，清光绪张氏味古斋重刻本。

> 从库藏中取出来自呼罗珊和两伊剌克等地的各种珍宝,如珠子、红玉和绿玉等,并取出织金的料子与衣服,阿剌伯马,以及来自不花剌和帖必力思的武器;又取出从契丹运来的东西,那是质地较差的衣服,瘦小的马匹和其它契丹产品;所有这些东西他命令并排放着,以致可以看出差别有多大。①

阿拉伯良马比蒙古马高大,波斯织金纺织品(当指纳失失)为汉地所无,这些东西受到蒙古贵族的珍视本不足怪。但值得注意的是,志费尼提到回回人的珍宝,说它们比汉地所产者好得多,可见蒙元上层贵族在价值观上,深受回回人影响。

前已提及,陶宗仪说"大德间,本土巨商中卖红刺一块于官,重一两三钱,估直中统钞一十四万锭,用嵌帽顶上。自后累朝皇帝相承宝重,凡正旦及天寿节大朝贺时则服用之"②。《元史》还说,"世祖影堂有真珠帘,又皆有珊瑚树、碧甸子山之属"③。

在元代,西域手工业品的消费者主要是蒙元贵族。《元史·舆服志》记载:"天子质孙,冬之服凡十有一等,服纳石失、金锦也。怯绵里,翦茸也。则冠金锦暖帽。"④这里提到的纳石失,元代又写作纳失失,为波斯语ناسیج(nasīj),释为"金锦"。元代集来自撒麻耳干(Samarqand)的回回工匠于荨麻林⑤,专门织造纳失失。此外还在大都设"别失八

---

① 志费尼:《世界征服者史》(Tārīkh-i Jahāgušā),何高济汉译本,上册,内蒙古人民出版社,1980年,页243。拉施都丁将志费尼的这段记载略作修改后抄录,见《史集》(Jāmi' al-Tawārīkh)德黑兰1974年波斯文刊本 (جامع التواریخ, تهران, 1373/1974),余大钧、周建奇汉译本《史集》第2卷,商务印书馆,1985年,页87;《史集》第2卷周良霄译注本《成吉思汗的继承者》,天津古籍出版社,1992年,页107。
② (元)陶宗仪:《南村辍耕录》卷七,中华书局点校本,1980年,页84–84。
③ 《元史》卷七十五《祭祀志》,中华书局标点本,1976年,页1875。
④ 《元史》卷七十八《舆服志》,页1938。
⑤ 今河北张家口洗马林。

里局,秩从七品,大使一员,副使一员,掌织造御用领袖,纳失失等段"①。而"怯绵里,则当为波斯语 کملی (kumlī),《元史》释为"蒴茸",今意为粗毛织物。

《舆服志》还记载"夏之服凡十有五等,服答纳都纳石失,<small>缀大珠于金锦。则冠宝顶金凤钹笠</small>"②。这里提到的"答纳都纳石失"或为阿拉伯语 دانه الناسيج (dāna al-nasīj)。"答纳" دانه (dāna),在波斯语中意为颗粒、珠子。元代汉文史料中屡言回回人贩售大珠,当即指此。

珠宝体积小,价值高,便于携带,其贩运的成本要远小于一般贸易货品。从商品的角度讲,它是一种奢侈消费品,使用者是社会上层,贾贩容易获利。回回人利用蒙古贵族掌握大量社会财富的机会,不时将西域珠宝带至汉地,进献给元皇室,以谋取高额回报。《元史》记载至元二十九年(1292)闰六月"庚戌,回回人忽不木思售大珠,帝以无用却之"③。次年,二月"丁酉,回回孛可④马合谋沙(Mahmūd Šāh)等献大珠,邀价钞数万锭,帝曰:'珠何为!当留是钱以赒贫者。'"⑤皇庆二年(1313)二月元仁宗"谕左右曰:'回回以宝玉鬻于官。朕思此物何足为宝,唯善人乃可为宝。善人用则百姓安,兹国家所宜宝也。'"⑥这几则例子虽然讲的是元世祖与元仁宗拒绝回回人向朝廷进献珍宝,但这正说明回回商人借献宝向蒙元宫廷获取巨额回赐的事经常发生。

《舆服志》还记载元帝的服装中有"青速夫金丝阑子,速夫,回

---

① 《元史》卷八十五《百官志》,页2149。
② 《元史》卷七十八《舆服志》,页1938。
③ 《元史》卷十七《世祖纪》,页364。
④ 屠寄认为"孛可"即后世之"伯克"——《蒙兀儿史记》,卷八下注。
⑤ 《元史》卷十七《世祖纪》,页371。
⑥ 《元史》卷二十四《仁宗纪》页555。

回毛布之精者也"①。"速夫"乃阿拉伯语 صوف (sūf) 的音译,此言羊毛、粗毛织品。明会同馆本《回回馆杂字》"衣服门"有"梭甫,苏付"。已故日本学者本田实信指已出,应为صوف(sūf)。阿波文库本注音为"速伏"。②本田氏校正文本注音为"苏伏"。③这种毛织品陈诚和李暹在《西域番国志》中提到过,称为"锁伏",并形容它"一如纨绮,实以羊毛"。

成吉思汗及其子孙所建立的世界帝国,使东西交通大开,不但大量回回人移居内地,且使西域的价值观逐渐传入汉地。回回人买卖珠宝,主要是从财富增殖的角度出发,与汉人、南人士人收藏古玩有所不同。收藏古玩虽然需有大量财富做后盾,但始终具有浓厚的文化气息,体现的是文化的情趣。士人观赏字画与铜、瓷器,讨论其形制款识,所获取的是精神的满足。故而在元代江南有财力收藏古玩的,多为故宋遗民及其后裔中的士大夫。因此可以讲,元朝虽然文化是多元的,从笔者所接触的史料看,当时接受回回人财富价值观影响的,主要是以元皇室为代表的蒙古人的上层(盖因为回回人所属的色目集团高居于社会上层,与蒙古统治者关系密切),以及与海外交通关系密切的人物(如汪大渊),而普通汉族士人所受影响甚微。以致陶宗仪写《辍耕录》时,还需要专门了解,才能记下各种"回回石头"的名称及特点。收藏回回文物的,据笔者所见,只有杨瑀提到:"镔铁胡不四,世所罕有乃,回回国中上用之乐,制作轻妙。余每询之铁工,皆不能为也。今归平江巨室曹氏。"④"胡不四"又作"火不思",名见《元史》,曰:

---

① 《元史》卷七十八《舆服志》,页1938。
② 胡振华、胡军:《回回馆译语》,中央民族大学东干学研究所,内部印刷,无出版年代,页88。
③ [日]本田实信:《回回館訳語に就ぃて》(《论〈回回馆译语〉》),载《北海道大学文学部纪要》,1963年第11期,见页173。
④ 《山居新语》卷二,余大钧点校,中华书局,与《玉堂嘉话》合刊本,2006年,页212。

> 火不思，制如琵琶，直颈，无品，有小槽，圆腹如半瓶榼，以皮为面，四弦，皮絣同一孤柱。
>
> 胡琴，制如火不思。卷颈，龙首，二弦，用弓摵之。弓之弦以马尾。①

"胡不四"或"火不思"乃突厥语 qopuz 的音译，是内陆亚洲的一种弹拨乐器。杨瑀的此条，是笔者仅见的元人收藏回回文物的记载。

蒙元时代回回人随蒙古军事力量进入汉地，其财富观的传播在明初得到了助力：郑和七下西洋、明廷与帖木儿帝国的往来，可视为元以后伊斯兰世界珍奇流入中国的又一次浪潮。在这种情况下，西域珍宝的价值才为士人所接受。宋诩提到，富家有"长物簿"，即家庭资产登记簿，"凡天地间奇物，随时地所产，神秀所钟，或古有而今无，或今有而古无，不能尽知见之也"。他将这类资产分为二十一类，告诫人们在登记时，要详记"某物某年某月某日置，立价直几何，每年共较某物，用某物存"。在他的分类中，与回回宝石并列的有玉类、珠类、玛瑙类、珊瑚类、水晶类、琥珀类、玻璃类、琉璃类，及各种窑器、图籍、书画等。②清初《格致镜原》亦将上述珍宝与书卷、字画、古铜器与漆器并列。③可见，至明代，回回人的财富价值观，开始为中国人所接受。

（本文原为《王仲德家族与元末江南古玩收藏》的结语，略作修改后单独成文。）

---

① 《元史》卷七十一《礼乐志》，页 1772。
② （明）宋诩撰：《宋氏家规部》卷四，页 42-43，及以下。
③ （清）陈元龙辑：《格致镜原》卷三十三至四十一，清雍正十三年（1735）刻本，北京大学图书馆藏。

经堂语还是表意词

——论"小儿锦"中波斯/阿拉伯文词汇使用的问题①

据笔者管见,既往论及当代回族语言与文字的论著,相对集中于两个热点,即"经堂语"和"小儿锦"。②

与"经堂语"相联系的是回族群众所使用的汉语,这种汉语中有相当数量当代汉族群众所不熟悉的特殊语汇,其中又以大量源自波斯/阿拉伯语的语汇为特色。近年来我国出版的学术论著中,涉及"经堂语"者不在少数。例如,新近出版的《中国伊斯兰教简志》

---

① 对于小儿锦这种处于濒临灭亡的民族文字,除了各地要加强文献收集登录之外,研究释读方法也非常重要,这样一旦在将来的某一天它成为死文字之后(或许只需经过一两代人的时间),也能为研究者所释读。从研究的角度看,释读的主要途径有以下几条:

一、掌握以波斯/阿拉伯文字母为基础的小儿锦字母的拼音规则是基础。不会波斯/阿拉伯字母的拼音规则,不了解小儿锦新制字母,阅读小儿锦文献就无从谈起。但由于小儿锦并非是由语言文字学家制定的,波斯/阿拉伯文字母表示的辅音与元音与汉语并不完全重合,且常有同一个字母在不同使用者笔下,表示的音素不同,从来没有统一的正字法,加之使用者的方言差别,其拼写的随意性很大。因此,即使掌握了小儿锦字母的拼音,也不能如同汉语拼音那样准确读出所拼内容。

二、因此,充分利用各地,特别是西北地区以回族为主体的穆斯林群众民间经堂教育中所使用的材料的小儿锦-汉文-波/阿对照资料,建立语料库便成为极为重要的工作。现存各种民间所编小儿锦-汉文-波/阿与小儿锦-汉文对照资料的很多,只要投入人力与物力,将语料库建得足够庞大,小儿锦文献释读的可靠性就有了依据。

三、我们数次提到,小儿锦并非是一种严格意义上的"汉语拼音"文字,其拼读不一致主要表现在其中的波斯/阿拉伯语词汇上。本文的重点在于解决这一问题。

② 近期研究成果有杨占武著:《回族语言文化》,宁夏人民出版社,2010年。

中有一段《常用经堂语字汇表》，是从杨占武先生《回族语言文化》中抄录的波斯／阿拉伯语词汇。①当代出版的《阿坝州志》中"回族语言"条也提到：

> 州内回族以汉语言为本民族的交流工具。但在日常生活中，各地回族语言中仍保留了一定的阿拉伯语和波斯语的词汇。如：见面互道"色兰"（问好），回族称天为"阿斯马尼"，称同意为"口唤"，称结婚祝词为"尼卡尔"，把结婚仪式叫"尼卡哈"，把人情称做"海地也"……这些均是阿拉伯语的音译，至今还在日常生活中使用。②

如果将考察的目光伸及海外，会发现日本学者多年前已对这类词汇悉心收集，其中最著名者为田坂兴道的名著《与中国有关之伊斯兰教及其传播》。③

过去笔者言及小儿锦文字研究史时，曾追溯到已故冯增烈先生论文中提到的"'小儿锦'这个生疏的名称既不见之于阿拉伯语，也不是什么织锦绸缎之类的衣料，而是在中国回族人民中流行的一种用阿拉伯字母拼写的汉语拼音文字"④。最近，《回族研究》刊出中国

---

① 中国伊斯兰教协会编：《中国伊斯兰教简志》，宗教文化出版社，2011年，页912–916。
② 阿坝藏族羌族自治州地方志编纂委员会编：《阿坝州志》（上册），民族出版社，1994年，页432。按，"色兰"为阿拉伯语 سلام（salām），意为平安；"尼卡哈"为阿拉伯语 نكاح（nikāh），意为婚姻；"海地也"为阿拉伯语 هدية（hadīya），意为礼物、赠品。但"阿斯马尼"为波斯语 آسمان（āsimān）的音译。
③《中國における回教の傳來とその弘通》（上下册），东京，1964年，《东洋文库论丛》页43。
④ 拙文《回族与其他一些西北穆斯林民族文字形成史初探——从回回字到"小经"文字》，《回族研究》，2002年第1期；冯增烈先生的文章《"小儿锦"初探——介绍一种阿拉伯字母的汉语拼音文字》，刊于上海外国语学院阿拉伯语言文化研究室编《阿拉伯世界》，1982年第1期，上海外语教育出版社，页37–47（见页37）。

社科院宗教研究所的马景与甘肃平凉市第七中学高中部杨燕两位作者所撰《白寿彝先生与小儿锦的研究》，对笔者的说法提出纠正。该文提到：学术界一般认为白寿彝先生开始关注和研究小儿锦的时间是1952年。事实上，20世纪30年代白先生已开始涉及小儿锦，他于民国二十六年（1937年）在《申报》上发表的《从"小锦"说到边疆教育上的文字问题》，是目前发现学术界对小儿锦最早的研究。[1]

上述《回族研究》同期中还重刊白寿彝先生这篇文章，文中对"小儿锦"的称谓是"小锦"。白寿彝提到：

> "小锦"最重要的特色，是用阿拉伯字母拼写中国话。在中国回教寺院教育所常用的十四种基本教典中，差不多每一种教典都附有这种文字。有的是在经典原文底左右空白上（即书页底边缘上）写着，有的是在一个单字底附近写着，有的是在一段原文完结后写着。头两种写法，以解释字句者为多；第三种写法则是解释全段原文底意思的。

白先生还说：

> 凡学习这类经典而不识中国方块字的回教徒，平常都是用这种文写信，记账和记事。依不明白这种情形的人之素日的看法，往往以为回教徒没有甚么著作，识字的人太少，其实回教徒何尝没有著作，识字的人又何尝少，不过用中国方块字著作和认识中国方块字的人太少罢了。近来友人庞士谦阿衡常常和我谈到这种文字，使我觉得这种文字不只在中国拼音字史上应

---

[1]《回族研究》，2013年第1期，页24—33。

该有很重要的地位，在目前回民教育底广大推行上，更是一种很要紧很应该充分利用的一种教育工具。①

正如白寿彝先生所指出的，"'小锦'最重要的特色，是用阿拉伯字母拼写中国话"。而上述介绍与评价白先生成果的两位作者马景与杨燕也提到，"小儿锦是中国穆斯林最早创造的汉语拼音文字"②，即将小儿锦视为一种汉语拼音文字。

前面提到，回族群众中所使用的经堂语中包括大量源自波斯语与阿拉伯语的词汇。白先生则提到，以小儿锦所写注记，"一段文字写得很长，除了大体上写的是中国话外，还夹杂着许多阿拉伯话和波斯话"③。

笔者在本文起首处提到，当代讨论回族语言与文字的论著集中于两点，即"经堂语"和"小儿锦"。既然两者都包含波斯语与阿拉伯语词汇，那么这些小儿锦中的"阿拉伯话和波斯话"是否就是回族所使用的经堂语中的波斯语与阿拉伯语成分的书面形式呢？

如果答案是肯定的，那么小儿锦中的波斯语与阿拉伯语词汇应当按其原来的读音发音。但是如果答案是否定的呢？这恰是本文所关注之处。质言之，本文所要讨论的，是小儿锦文字中的波斯/阿拉伯语词汇的读音问题。据笔者查检，这一问题迄今似尚未被充分注意并讨论过。

---

① 《回族研究》，2013年第1期，页22。
② 同上，页24。
③ 同上，页22。

一、李殿君字典中的谜团

在笔者收集的小儿锦资料中，对释读这种文字最有帮助的是一部《中阿双解字典》，其阿拉伯文标题为 جوهرى اللغات (*Jūharī al-Lughāt*)，译言《诸语之珍宝》。封面上注明出版方为上海方浜路西马桥受百里一号，穆民经书公司发行，1955年。此书封装之第一部分为一部题为 معجم العربيه الصينيه جوهرى اللغات (*Mu'jim al-'Arabiyah al-Sīnīh Jūharī al-Lughāt*)，意为《阿拉伯—汉语词典——诸语言之珍宝》的阿—汉—小儿锦词典手抄本，共372页。而其第二部分为一部编写相当精良的汉文—小儿锦—阿拉伯/波斯文三种文字合璧字典，共186页，其编者为李殿君。这部字典分为两部分，第一部分大体按意义排列，共101页；第二部分按阿拉伯/波斯文词汇的字母顺序排列。作者附言，共收入2959字。据笔者研判，2959指阿拉伯/波斯文词汇的数量。若以小儿锦的词数计，两部分合计应有小儿锦词3000余条。

李殿君阿訇：1918年生，《中阿双解字典》作者，河南南阳新野马庄人，1945年毕业于宁夏吴忠市中阿学校。据他称，所收学生均高中以上并且掌握阿拉伯文、波斯文。他本人通英、阿、波斯文与日文。1952年他在江西九江时，曾为人大代表、民委干部。《中阿双解字典》经杨尚昆批准印行。1955年印成时，他已调至西安。1958年初打成"右派"后，书被抄走。他估计此书初刊印数不超过300册，而目前流行的临夏印本他未见过，也未听说过。

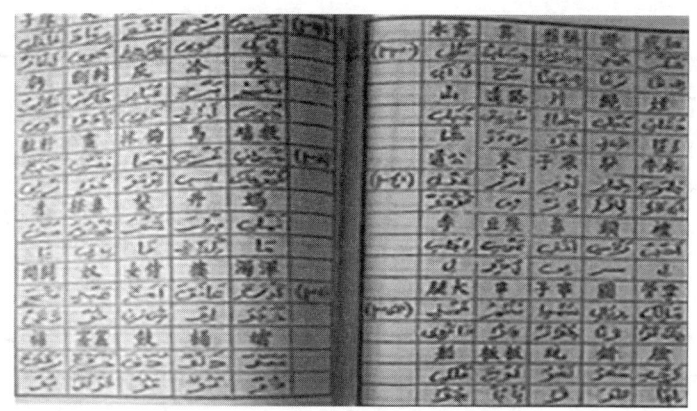

《中阿双解字典》的词汇表。

作者李殿君阿訇生于1918年,河南南阳新野马庄人,年轻时曾在宁夏马鸿逵办的阿语学校中学习,师从虎嵩山阿訇,1945年从该校毕业。据他本人写的后记,这部字典的编写历经十数年,1955年完成于江西九江。由于它编写规范,字迹清晰,收词量大,因而成为我们研究小儿锦的主要基础。在汇集资料的过程中,笔者注意到小儿锦中的一些波斯/阿拉伯文词汇释读遇到的特殊问题。

兹先将这些不能以通常思路释读的小儿锦中的波斯/阿拉伯文词汇录写如下,再讨论其解读途径,最后再举证上述李殿君字典中的其他相关例子。

(一)挑战"经堂语"说的9个问题

问题1:پای [pāy] 为什么表示"角"?

为论述方便,笔者将问题归纳在表格中(以下不再重复):

表1

小儿锦	拉丁转写	对应汉文	出处	简要说明
بڕپای	bin pāy	鬓角	《李殿君》页7，列5，行7—9。	该词小儿锦的前半部分ب[bin]是汉语"鬓"的音译。
زغَوْپای	zaghu pāy	皂角	同书页7，列1，行7—9；同书页139，列6，行10。	该词前半部分"皂"字小儿锦双元音拼音中的字母غ[gh]，应理解为ع[e]，即读为زعَوْ[zeau]。

在表1这两则例子中，小儿锦بڕپای[bin pāy]"鬓角"与زغَوْپای[zaghu pāy]"皂角"的第二部分均为پای[pāy]，与对应的汉字"角"语音不合，显然不是汉语拼音。如何解释呢？我们再看其他پای[pāy]出现的例子：

表2

小儿锦	拉丁转写	对应汉文	出处	简要说明
پای	pāy	脚	《李殿君》页6，列2，行1—3；同书页163，列6，行4—6。	原作者两处著录的小儿锦"脚"所举对应阿拉伯语有别，页6为رجْل[rijli]；页163为قدَم[qadami]。
پای لِیوْ	pāy liau	脚镣	同书页65，列5，行7—9。	该小儿锦لِیوْ[liau]是汉语"镣"的音译。

在表2这两则例子中，小儿锦پای[pāy]"脚"与پای لِیوْ[pāy liau]"脚镣"的共同部分为پای[pāy]，与对应的汉字"脚"语音不合，显然不是汉语拼音。其实پای[pāy]为波斯语，意为脚、足。明四夷馆本《回回馆杂字》"身体门"第314词"پای[pāy]，足，把衣"即此。会同馆本《回回馆杂字》"身体门"第479词（总第1489词）"脚，把亦"也是这个字。① 由此联系到表1中提到的پای[pāy]为什么表示"角"的疑问，答案是：在汉语中"脚"与"角"同音，小儿锦

---

① 参见拙著：《〈回回馆杂字〉与〈回回馆译语〉研究》，页150，页482—483。

的使用者将两者混用。这一点证明，小儿锦书写与使用者在书写与阅读 پای [pāy] 这个词时，肯定不是如对待经堂语中的波斯/阿拉伯语词汇那样，按波斯文发音，读为 pāy，而是径直按其汉意理解并读为"脚"；换而言之，小儿锦使用者虽然书写为波斯文原形，但仍按对应汉语意义读为"脚"，这才会产生以 پای [pāy] 来表示"角"的现象。

问题 2：تمام [tamām] 为什么表示"泉"？

表 3

小儿锦	拉丁转写	对应汉文	出处	简要说明
تمام	tamām	泉	《李殿君》页 46，列 3，行 16–18；同书页 50，列 5，行 16–18；同书页 89，列 4，行 1；同书页 22，列 5，行 10–11。	原作者在小儿锦"泉"出现的几处所举对应阿拉伯语有别。页 46 与页 50 为 مَنْبِع [manbi'a]；页 89 为 نَفْط [nafti]；页 22 为 يَنْبُوع [yanbuū'i]。
تمام يا	tamām yan	泉眼	同书页 19，列 5，行 13–15；同书页 156，列 3，行 16–18。	第二部分 يا [yan] 是汉语"眼"的音译。
خُوآن تمام	khuan tamām	黄泉	同书页 116，列 4，行 4。	第一部分 خُوآن [khuan] 是汉语"黄"的音译。آن- [-ān] 在小儿锦中表示开口后鼻韵母 -ang。
ى تمام 七	qi tamām	漆泉	同书页 166，列 6，行 10–12。	该小儿锦写法中的"七"以汉字"七"表示普通话声母 q，读为 [qi]。这是迄今所见唯一以汉字表示的小儿锦字母。它与 ى [i] 相拼，表示"漆"。有关小儿锦表示"漆"的问题，我们下面再谈。

经堂语还是表意词 | 237

在表3四则例子中，小儿锦 تمام [tamām]"泉"、تمام یا [tamām yan]"泉眼"、خُوآن تمام [khuan tamām]"黄泉"与 تمام ی [itamām]"漆泉"的共同部分为 تمام [tamām]"泉"，与对应的汉字"泉"语音不合，显然不是汉语拼音。如何解释呢？我们再看其他 تمام [tamām] 出现的例子：

表4

小儿锦	拉丁转写	对应汉文	出处	简要说明
تمام	tamām	全	《李殿君》页22，列3，行4-6；同书页38，列2，行13-15；同书页94，列5，行10。	原作者在小儿锦"全"出现的三处所举对应阿拉伯语有别。页22为 تَمَّ [tamma]；页38为 سَبْغِي [sabghi]；页94为 اِسْعَاف [isa'aāfu]。此表示"全"的小儿锦与下面表示"全美"的小儿锦完全一样。
تمام	tamām	全美	同书页139，列3，行1；同书页169，列1，行1-3。	原作者在小儿锦"全美"出现的两处所举对应阿拉伯语有别。页139为 سَبْغَ [sabgha]；页169为 كَمَال [kamāli]。此表示"全美"的小儿锦与上面表示"全"的小儿锦完全一样。
تمام مُو	tamām mui	全美	同书页51，列5，行13-15。	第二部分 مُو [mui]是汉语"美"的音译。
تمام مُوی	tamām mui	全美	同书页115，列2，行4。	第二部分 مُوی [mui]是汉语"美"的音译。
تمام چْعْ	tamām ċgha	全才	同书页40，列4，行4-6；同书页81，列1，行13；同书页109，列6，行16。	第二部分 چْعْ [ċgha]中的字母 ع [gh]，应为 ع [e]，其正确拼法应为 چْعْ [ċea]，是汉语"才"的音译。故而"全才"应校正为 تمام چْعْ [tamām ċea]。
چع تمام	ċingh tamām	成全	同书页130，列1，行16。	第一部分 چع [ċingh]是汉语"成"的音译。
كِيُو تمام	giu tamām	求全	同书页104，列3，行16。	第一部分 كِيُو [giu]是汉语"求"的音译。

在表4七则例子中，小儿锦 تمام [tamām]"全"或"全美"，تمام مُو [tamām

mui]及تمام مُوى[tamām mui]"全美"،تمام خ غ[tamām ġgha]"全才"，چغ تمام[čing tamām]"成全"与گُیو تمام[giu tamām]"求全"的共同部分为تمام[tamām]，与对应的汉字"全"/"全美"语音不合，显然不是汉语拼音。其实تمام[tamām]为阿拉伯语，意为完全的、全部的。明会同馆本《回回馆杂字》"通用门"第1684词"了毕，忒马密"，已故日本学者本田实信还原为تمام[tamām]，即此。[①]说明此字为入华回回人所熟知。

小儿锦使用者时而当以汉语"全"，时而释为"全美"，并不固定，甚至不排除在其他意义相近的情况下使用它。同时，当表示"全美"（甚至"完全"、"全体"等）时，同一位作者可时而写为تمام[tamām]，时而写为تمام مُو[tamām mui]或تمام مُوى[tamām mui]。

由此，表3提到的تمام[tamām]为什么表示"泉"的答案不言而自明：在汉语中"全"与"泉"同音，小儿锦的使用者按同音原则，将"全"、"泉"混用。这一点充分证明，小儿锦书写与使用者在书写与阅读تمام[tamām]这个词时，肯定不是如对待经堂语中的波斯/阿拉伯语词汇那样，按波斯文发音，读为tamām，而是径直按其汉意理解并读为"全"（甚至"完全"）；换而言之，小儿锦使用者虽然书写为阿拉伯文原形，但仍按对应汉语意义读为"全"，这才会产生以باتمام[tamām]来表示"泉"的现象。

问题3：درم[diram]为什么表示"前"？

表5

小儿锦	拉丁转写	对应汉文	出处	简要说明
درم	diram	前	《李殿君》页15，列5，行4-6。	

[①] 参见拙著：《〈回回馆杂字〉与〈回回馆译语〉研究》，页516。

在表5中，小儿锦درم[diram]与对应汉文"前"语音不合，显然不是汉语拼音。如何解释呢？我们再看其他درم[diram]出现的例子：

表6

小儿锦	拉丁转写	对应汉文	出处	简要说明
درم	diram	钱	《李殿君》页4，列5，行10–12；同书页15，列2，行1–3；同书页101，列1，行2；同书页140，列5，行13。	原作者在小儿锦"钱"出现的几处所举对应阿拉伯语有别。页4为فُلورنس[fulurins]；页15为مِثقال[miṣqāl]；页101与140为سِّكى[ssikiī]。此表示"钱"与下面表示"银钱"的小儿锦写法相同。
درم	diram	银钱	同书页161，列2，行13–15。	此表示"银钱"与上面表示"钱"的小儿锦写法相同。
ءغدرم	'ingh diram	银钱	同书页129，列3，行7。	此处与汉字"银"对应的小儿锦غء['ingh]拼为后鼻音，应为前鼻音，其中字母غ[gh]，应为ع[e]，其正确拼法应为عء['iein]。
گِ درم	gin diram	金钱	同书页131，列6，行4。	第一部分گِ[gin]是汉语"金"的音译。
گیَا درم	gia diram	价钱	同书页116，列3，行10。	第一部分گیَا[gia]是汉语"价"的音译。

在表6五则例子中，小儿锦درم[dirm]"钱"或"银钱"，ءغدرم['ingh diram]"银钱"，گِ درم[gin diram]"金钱"及گیَا درم[gia diram]"价钱"的共同部分为درم[dirm]，李殿君又标音为[diram]，两者均与对应汉文"钱"/"银钱"语音不合，不可能是汉语拼音。其实درم[diram]为阿拉伯语中的希腊语借词درہم[dirham]（今通称

"底尔汗"或"迪尔汗")的波斯语形式,意为银钱,今译称"迪拉姆"。四夷馆本增续《回回馆杂字》"珍宝门"中有"درم"(diram),银钱,得蓝,即此。① 小儿锦使用者时而当以汉语"钱",时而释为"银钱",并不固定。同时,当表示"银钱"时,同一位作者可时而写为درم[dirm],时而写为ءغدرم['ingh diram]。

由此,表5提到的درم[diram]为什么表示"前"的答案不期而得:在汉语中"钱"与"前"同音,小儿锦的使用者按同音原则,将"钱"、"前"混用。这一点充分证明,小儿锦书写与使用者在书写与阅读درم[diram]这个词时,肯定不是如对待经堂语中的波斯语词汇那样,按波斯文发音,读为[diram]或[dirm],而是径直按其汉意理解并读为"钱"(甚至"银钱");换而言之,小儿锦使用者虽然书写为波斯文原形,但仍按对应汉语意义读为"钱",这就解释了小儿锦为什么会以درم[diram]来表示"前"的现象。

问题4:"入"为什么写为روزء[rūz'u]?

表7

小儿锦	拉丁转写	对应汉文	出处	简要说明
روزء	rūz'u	入	《李殿君》页77,列2,行16—18。	

在表7中,小儿锦روزء[rūz'u]与对应汉文"入"语音不合,不可能是汉语拼音。如何解释呢?我们不妨通过查检李殿君使用روزء[rūz'u]的前一部分روز[rūz]的情况,试求其解。

---

① 参见拙著:《〈回回馆杂字〉与〈回回馆译语〉研究》,页367。

表8

小儿锦	拉丁转写	对应汉文	出处	简要说明
روز	rūz	日子	《李殿君》页14，列3，行1—3。	

在表8中，小儿锦 روز [rūz]与对应汉文"日子"虽然语音相近，但却不能径推为汉语拼音。其实 روز [rūz]为波斯语，意为天、日、日子。明四夷馆所编《回回馆杂字》"时令门"第99词为"روز (rūz)，日，罗子"。①明会同馆本《回回馆杂字》"节令门"第88词（总第1098词）音译同此。②

清人江蘩所编《四译馆考》卷九、卷十为《集字诗》，其中卷九有《回回馆课集字诗》两首，在汉诗之下注有回回番字及番语音译，很是奇特。其第二首《生查子》第三句使用此字对译汉词中的"日"。今录其句如下，汉诗、波斯文原文、波斯文拉丁字转写与波斯文汉字音译均自右向左排：

心分一日旧
کهته روز یک فریق دل
dil farīq yak rūz kuhna
的勒 法里革 夜克 罗子 科黑纳③

---

① "巴黎本"在"日"字右侧，有无名学者标音 ge，其下拉丁文释义为 dies（日子）。在汉字音译"罗子"之上标音为 lo tsee。

② 此词作为复合词组成部分亦见于"时令门"第133词"هرروز (har-rūz)，逐日，哈儿罗子"［会同馆本"节令门"第103词（总第1113词）"每日，詥儿·罗子"，即此］。并见于会同馆本"时令门"第100词（总第1110词）"今日，因·罗子"，拟为 امروز [im-rūz]；及第104词（总第1114词）"几日，诣得·罗子"，拟为 چندروز [chand rūz]。参见拙著：《〈回回馆杂字〉与〈回回馆译语〉研究》，页68。

③ 参见拙文：《〈回回馆课集字诗〉回回文研究》，《文史》，1999年第2辑（总第47辑），中华书局。

因此，该小儿锦可拆解为两部分，第一部分روز[rūz]为波斯语，取其汉译"日子"之"日"以为声母，而其第二部分ء['u]为韵母，两相拼读，恰为"人"的读音。由此可证，小儿锦使用者在书写روزء[rūz'u]的声母时，虽然取波斯文原形روز[rūz]，但并不像回回馆臣一样读为"罗子"[rūz]；换而言之，它并非如同经堂语一样使用，而是按其对应汉语意义"日子"读为"日"。这才是表7中"人"为什么写为روزء[rūz'u]的答案。

问题5："牲畜"为什么写为زادسء[zād s'i]？

表9

小儿锦	拉丁转写	对应汉文	出处	简要说明
زادسء	zād s'i	牲畜	《李殿君》页42，列5，行13—15。	第二部分سء[s'i]是汉语"畜"的音译。

在表9中，小儿锦زادسء[zād s'i]的第二部分سء[s'i]既与汉语"畜"对应，是其拼音，那么其第一部分زاد[zād]呢？它与对应汉文的另一部分"牲"语音不合，不可能是汉语拼音。我们仍以同样方法，通过查检李殿君使用زاد[zād]的情况，来试求其解。

表10

小儿锦	拉丁转写	对应汉文	出处	简要说明
زاد	zād	生	《李殿君》页2，列4，行13—15。	

在表10中，小儿锦زاد[zād]与对应汉文"生"语音不合，不可能是其拼音，但它在波斯语中乃动词原形زایدن[zā'īdan]"出生"、"下崽"的过去词干，意为他/她生了（孩子），它下了（崽）等。联系表9所提为何"牲畜"写为زادسء[zād s'i]的问题，由此可知在汉语中"生"与"牲"同音，小儿锦的使用者以زاد[zād]"生"

经堂语还是表意词 | 243

的对应汉语读音,加上汉语拼音ﺱء[s'i]"畜",表示"牲畜"。这无可辩驳地证明了,其使用者在书写波斯文زاد[zād]的时候,头脑中浮现的读音并非zād,换而言之,它并非如同经堂语一样使用,而是取其对应汉语意义"生"的汉语读音。

问题6:"瞳仁"为什么写为ﺗُﻮكس[tun kas]?

表11

小儿锦	拉丁转写	对应汉文	出处	简要说明
ﺗُﻮكس	tun kas	瞳人[仁]	《李殿君》页121,列2,行13。	原作者所举对应阿拉伯文为حُدقة[hudqati]。参见حدقة[hadaqat],瞳仁、瞳孔。由此可知,对应汉文"瞳人"之"人"为"仁"之误。该小儿锦第一部分ﺗُﻮ[tun]是汉语"瞳"的音译。

在表11中,小儿锦ﺗُﻮكس[tun kas]的第一部分ﺗُﻮ[tun]既与汉语"瞳"对应,是其拼音,那么其第二部分كس[kas]呢?它与对应汉文的另一部分"人"及校正后的"仁"语音皆不合,不可能是汉语拼音。我们仍可以查检李殿君使用كس[kas]的情况,来试求其解。

表12

小儿锦	拉丁转写	对应汉文	出处	简要说明
كس	kas	人	《李殿君》页6,列1,行1–3;同书页76,列4,行13–15;同书页86,列2,行4;同书页90,列2,行13。	原作者在几处所举对应阿拉伯文不一,在页6为رجلٌ[rajuli];在页76为رَهْطِ[rahṭi];在页86为آدم[ādami];而在页90为أنام[ānāmi]。

续表

小儿锦	拉丁转写	对应汉文	出处	简要说明
كسى	kasī	人	同书页73，列1，行1–3；同书同页，列2，行16–18。	原作者在页73两处所举对应阿拉伯文不一，在列1为 ناس[naāsi]，在列2为 إنسان[insaān]。
پُوْكس	pu kas	仆人	同书页82，列3，行1。	第一部分 پُوْ[pu]为汉语"仆"的音译。
دَوْكسى	dau kasī	道人	同书页17，列5，行7–9。	第一部分 دَوْ[dau]为汉语"道"的音译。
کَكس	ka kas	客人	同书页88，列1，行1。	第一部分 کَ[ka]为汉语"客"的音译。
كبيركس	kabīr kas	大人	同书页51，列4，行10–12。	第一部分 كبير[kabīr]释见下文。
وكس	wi kas	为人	同书页85，列1，行7。	第一部分 و[wi]是汉语词汇"为"的音译。
وكسى	wi kasī	为人	同书页22，列1，行13–15。	第一部分 و[wi]是汉语词汇"为"的音译。

在表12几则例子中，小儿锦 كس[kas] 或 كسى[kasī]"人"，پُوْكس[pu kas]"仆人"，دَوْكسى[dau kasī]"道人"，کَكس[ka kas]"客人"，كبيركس[kabīr kas]"大人"以及 وكس[wi kas] 或 وكسى[wi kasī]"为人"的共同部分为 كس[kas]，与对应的汉字"人"及校正后的"仁"语音不合，不可能是汉语拼音。其实 كس[kas] 为波斯语，意为人。明会同馆本《回回馆杂字》"人物门"第1370词"人，克思"，已故日本学者本田实信拟为 كس[kas]，即此。①联系表11所提为何"瞳仁"写为 تُوكس[tun kas] 的问题，由此可知在汉语中"仁"与"人"同音，小儿锦使用者在书写波斯文 كس[kas] 的时候，头脑中浮现的读音并非kas；换而言之，它并非作为经堂语使用，而是取其对应汉语意

---

① 参见拙著：《〈回回馆杂字〉与〈回回馆译语〉研究》，页465。

义"人"的汉语读音。

问题 7:"靴子"为什么写为 ماه ز[himāh z]?

表 13

小儿锦	拉丁转写	对应汉文	出处	简要说明
ماه ز	himāh z	靴子	《李殿君》页 126，列 4，行 16。	第二部分 ز[z] 是汉语"子"的音译。

在表 13 中，小儿锦 ماه ز[himāh z] 的第二部分 ز[z] 既与汉语"子"对应，是其拼音，那么其第一部分 ماه[himāh] 呢？它仅有起首字母及其下的齐齿符 ه[hi-] 与对应汉文中"靴"的声母 x- 对应，余下部分 ماه[māh] 与"靴"字的韵母不合，当然不可能是汉语拼音。我们可以求助查检李殿君使用 ماه[māh] 的情况的方法，来探寻其解。

表 14

小儿锦	拉丁转写	对应汉文	出处	简要说明
ماه	māh	月	《李殿君》页 73，列 2，行 7-9。	
ماه ماه	māh māh	月月	同书页 64，列 1，行 13-15。	
ماهگءغ	māh g'ingh	月经	同书页 45，列 5，行 1-3；同书页 87，列 3，行 1。	原作者在两处所举对应阿拉伯语不一，在页 45 为 طمْث[ṭamṣi]，在页 87 为 حَيْض[haīzu]。该小儿锦第二部分 گءغ[g'ingh] 是汉语"经"的音译。
ماه ش	māh ši	月蚀	同书页 71，列 4，行 16-18。	第二部分 ش[ši] 是汉语"蚀"的音译。
ماه ليٰان	māh lian	月亮	同书页 165，列 5，行 13-15。	第二部分 ليٰان[lian] 是汉语"亮"的音译。 ان[-ān] 在小儿锦中表示开口后鼻韵母 -ang。

在表 14 中，小儿锦 ماه [māh]"月"，ماه ماه[māh māh]"月月"，ماه گِءغ[māh g'ingh]"月经"，ماه ش[māh ši]"月蚀"与 ماه لیَأن[mah lian]"月亮"的共同部分为 ماه [māh]，与对应的汉字"月"语音不合，不可能是汉语拼音。其实 ماه [māh] 为波斯语，意为月亮、月份。明四夷馆本《回回馆杂字》"天文门"第 3 词"ماه (māh)，月，妈黑"①即此，指月亮。同书"时令门"第 98 词重复收录，彼处指月份。会同馆本"天文门"第 6 词（总第 1016 词）音译为"妈虩"，"虩"字之注："音黑"。②它作为复合词的构成部分，还见于四夷馆本"时令门"第 103 词"تیرماه (tīr-māh)，秋，体儿妈黑"，③会同馆本"节令门"第 84 词（总第 1094 词）音译为"体儿·妈虩"。而在会同馆本"天文门"第 23 词（总第 1033 词）中则有"月落，妈虩·伏罗·勒伏贪"，本田实信拟为 ماه فرورفتن[māh furū-raftan]。④前述之《回回馆课集字诗》第二首《生查子》第一句为：

眉蛾影出月

آمدن سایه پروانه ابرو بر ماه

abrū parwāna sāya bar-āmadan māh

阿卜罗 迫儿洼纳 撒夜 百剌默丹 妈黑⑤

---

① "巴黎本"在"月"字旁，有无名学者标音 yue，在其下注拉丁文意译 luna（月），并在汉字音译"妈黑"之上注音 ma he。
② 参见拙著：《〈回回馆杂字〉与〈回回馆译语〉研究》，页 29，67 及 402。
③ "巴黎本"在"秋"字右侧，有无名学者标音 tsieou，其下拉丁文释义为 autumnus（秋季）。在汉字音译"体儿妈黑"之上标音为 ty eulh ma he。
④ 参见拙著：《〈回回馆杂字〉与〈回回馆译语〉研究》，页 404–405。
⑤ 参见拙文：《〈回回馆课集字诗〉回回文研究》，《文史》，1999 年第 2 辑（总第 47 辑），中华书局。

其句首就是"月"这个字。

联系表 13 所提为何"靴子"写为 ماه ز [himāh z] 的问题，我们发现，波斯语 ماه [māh] 所对应的汉语意义"月"的汉语读音 yue 被当作韵母 üe 来使用，其前加上起首字母及其下的齐齿符 ه [hi-] 作为声母，拼为 hiüe，即"靴"的拼音。由此我们证明了，小儿锦使用者在书写波斯文 ماه 的时候，虽然取其波斯文原形，但其头脑中浮现的读音并非 māh；换而言之，它并非作为经堂语使用，而是取其对应汉语意义"月"的汉语读音。

问题 8："明"为什么写为 نام [nām]？

表 15

小儿锦	拉丁转写	对应汉文	出处	简要说明
نام	nām	明	《李殿君》页 40，列 4，行 1—3。	
هيّا نام	hian nām	宣明	同书页 49，列 3，行 13—15。	第一部分 هيّا [hian] 是汉语"宣"的音译。原作者所举对应阿拉伯文为波／阿 اعراب [a'iraābu]，参见 اعراب [i'rāb] "阐明"、"说明"。可见"宣明"的意思是"讲明"、"讲清"。

在表 15 中，小儿锦 نام [nām]"明"与 هيّا نام [hian nām]"宣明"的共同部分 نام [nām] 与"明"对应，但声母与韵母均不合，当然不可能是其拼音。从查检李殿君使用 نام [nām]"明"的情况，应获其解。

表 16

小儿锦	拉丁转写	对应汉文	出处	简要说明
نام	nām	名	《李殿君》页 33，列 4，行 13–15；同书页 45，列 4，行 7–9。	原作者在两处所举对应阿文有别，在页 33 为 سمعة [sam'at, sum'at]，在页 45 为 شاع [šā'a]。
نام	nām	名字	同书页 92，列 3，行 1；同书页 104，列 5，行 16。	在此两处作者所举对应阿文为 اسم [ismu]。

在表 16 中，小儿锦 نام [nām] 的读音无论与对应汉文"名"还是"名字"皆不合，不可能是汉语拼音。而在波斯语中，نام [nām] 的意思就是"名字"、"名称"。明会同馆本《回回馆杂字》"文史门"第 1580 词"名，那密"①即此。

对照表 15 所反映的"明"写为 نام [nām] 的问题，谜团自然解开。小儿锦使用者在书写 نام [nām] 时，心里所考虑的读音并非其波斯文读音 nām，也就是说，并非在使用经堂语，而是使用其对应汉语意义。尽管时而写为"名"，时而写为"名字"，但使用者的读音却始终是 ming。而因为在汉语中"名"与"明"同音，小儿锦创制时代汉文化教育程度较低的回回人或许并不清楚"名"与"明"的不同，所以才会产生将"明"写为 نام [nām] 的现象。

到目前为止，我们处理所遇小儿锦与对应汉文读音不合的现象时，一直使用着"自证法"：第一步是从原作者所提供的资料中，检出使用相同拼法的小儿锦的例子；第二步是通过分析这些小儿锦词汇，说明它们由于本身并非汉语词汇，不是汉语拼音；第三步是从波斯文或阿拉伯文的角度加以解释，以它们对应的波斯/阿拉伯文汉译

---

① 参见拙著：《〈回回馆杂字〉与〈回回馆译语〉研究》，页 499。

的读音同音相训；最后说明这些小儿锦与对应汉文读音不合的原因。

问题9："十"与"嗅肉"为何写为 است[ast] 与 چوْحم[čiu hamm]？

表17

小儿锦	拉丁转写	对应汉文	出处	简要说明
است	ast	十	《李殿君》页19，列2，行16–18。	
چوْحم	čiu hamm	嗅肉	同书页17，列4，行4–6。	以第一部分 چو[čiu] 的拼法，比勘其对应汉文，可知"嗅"当订正为"臭"。

表17中两例小儿锦在李殿君的字典中未重复出现，因而我们无法进入前面所说的"自证法"的第一步。但既然解决问题的思路已明，我们仍然可以跳过第一步，直接进入第二步和第三步。

先谈小儿锦 است[ast]。此字小儿锦形式 است[ast] 与对应汉文"十"不合，不可能是汉语拼音。在波斯语中，است[ast] 乃联系动词 بودن[būdan] 的现在时第三人称单数，意为（他/她/它）是，与基数词 ده[dah]"十"是两个完全不同的词，其间并无任何语音与词意上的联系，也没有相互混淆的可能性，但它为什么会在小儿锦中被当成"十"使用呢？唯一可接受的解释是，小儿锦的书写者在阅读和理解 است 这个波斯语词汇时，并没有按波斯语的拼音读为 ast（"阿斯特"等），而是按其对应汉语意义直接理解为"是"，连第三人称的意义也略去了，可见它并非经堂语。而在汉语中，"是"与"十"两个字除去声调因素，可视为同音，因此小儿锦才能将 است[ast] 当做"十"。

再看小儿锦 چوْحم[čiu hamm]。其第二部分 حم[hamm] 与对应汉文"肉"语音不合，不可能是其拼音。在阿拉伯语中，حم[hamm] 意为热。在小儿锦使用者所操汉语方言中，应有一种"热"与"肉"读音相近。这也证明，小儿锦使用者在书写这个阿拉伯语词汇时，心里所想的并非其阿拉伯语读音 hamm，而是其对应汉语"热"的读音；换句话说，ﺡ [hamm] 在这种场合并非经堂语，所以它才能表示"肉"的意义。

（二）韩中义重要发现之补证——小儿锦中波/阿语非"经堂语"

上面所举李殿君字典中的例子非常重要，因为它证明了：

第一，小儿锦除了其所代表的基础语言、使用的基本词汇、遵循的语法是汉语的各种方言之外，还使用波斯文与阿拉伯文词汇，来表达与之相应的汉语意义。这些外来词汇在书写时，保持其波斯文与阿拉伯文原形，因此小儿锦的这一部分不是汉语拼音，也就是说，小儿锦是一种汉语拼音的定义应修正。

第二，这些源自阿拉伯语与波斯语的词汇在小儿锦中并不按其原来文字的拼法读音，而是按其所对应的汉语意义的语音来读，换而言之，词形与读音是相分离的。既然如此，那两者之间的联系在哪里呢？在其意义。同一条波斯/阿拉伯语的对应汉译，虽然常可以有几个同义词来表示，它们的对应读法却是相对固定的。总之，它们虽然貌似学者们所熟悉的"经堂语"，但实际上并不是，这一点应当是大出学界意外的。

第三，这些源自阿拉伯语与波斯语的词汇在小儿锦中的读法，不仅如以上第二点所说，依照的是其对应汉译的语音，而且还依"同音相训"的原则，来表示汉语中与之同音的其他意义。这一点是最为重要之处。

那么，上述小儿锦中波斯/阿拉伯语词汇的这些使用规则，是李殿君字典所独有的吗？如果不是，是否有人已经发现了这个秘密呢？

1.《回民起义》所附小儿锦《纪事》语汇再研究

今陕西师范大学韩中义教授的博士论文,是海内外首篇考察小儿锦的专题研究。存世小儿锦历史文献为数不多,笔者见闻所及最早被人提及的是一篇题为《纪事》的记述清同治年(1862—1875)所谓陕西"回乱"的小儿锦文献。韩中义考订,其撰写时间不早于1877年,而其作者有可能是庞士谦先生本人,或其经师,或与之相关者。[①]此文献原件为著名经师庞士谦阿訇(1900—1958)收藏,现今情况不明,白寿彝先生主编的《回民起义》第3册扉页公布了其中一页的影印件,[②]同书页239-240中还附有庞士谦此件《纪事》的汉文录文。韩中义在其博士论文中,根据影印件按科学规范重新释读了这一页的小儿锦文字,这是学术界首次直接阅读小儿锦的历史文献。这一进展使我们在利用这篇《纪事》时,有了3个极为难得的要素:(1)文献原件,即《回民起义》公布的图片。(2)小儿锦使用者本人的理解或对应汉文,即庞士谦阿訇的录文。(3)当代科学规范的释读,即韩中义的研究。

今复读此文献,其短短一页内容中,小儿锦拼写与汉意语音不合的地方随处可见。为论述方便,分别录写《回民起义》所提供的

[①] 韩中义:《被忽视的中外文化交流史——小经文献初步研究》,南京大学研究生毕业论文(申请博士学位论文),2004年6月。笔者细看影印件,发现小儿锦原文中有许多阿拉伯文逗号。这种符号出现得相当晚,这一点似说明,此《纪事》可能是20世纪以后写的。

[②] 上海神州国光出版社,1952年。

原件影印页小儿锦录文、其拉丁转写①、韩中义的直译和庞士谦先生对应译文如下：②

第1行：

小儿锦原文：شَان مغرب ةً جى 元 ساله سى گنَا ز ساله دو هشت ماه

拉丁转写：šan maghrib tun ji yuan（元）sāla si gia zi sāla du hašt māh

韩译：陕西同治元年是甲子年二八月

庞译：同治元年甲子年闰八月

第2行：

小儿锦原文：ء وى شا كار همه كافرون ء خُو قا غانْ و ضِ مؤمن بُ لِيو

---

① 拉丁转写基本依据韩中义教授上述博士论文相应部分，但有部分调整，变动主要为：其一，原文释读有异议处。其二，为保持与笔者及其他小儿锦研究的成果中有关小儿锦转写的一致性，个别字母转写有变化，主要为：(1) 小儿锦在拼写汉文时，开口长元音字母ا转写为 a 而非 ā，如第1行之شَان[Šan maghrib]"陕西"；(2) 字母ء转写为'，并依其音标加元音，如第2行之ء['in]"因"，第3行之ء['i]"一"；(3) 字母ج转写为 j 而非 zh，如第5行之جان[jan]"长"；(4) 字母چ转写为 č 而非 ch，如第4行之جُو[čuw]"住"；(5) 字母ح转写为 ḥ，如第8行之حتى[ḥattā]"直至"；(6) 字母ش转写为 š 而非 sh，如第1行之شَان مغرب[Šan maghrib]"陕西"；(7) 字母ص转写为 ṣ，如第1行之صَا[ṣan]"算"；(8) 字母ض转写为 ẓ，如第1行之ضِ[ṣin]"省"；(9) 字母غ转写为 gh 而非 q，如第1行之شَان مغرب[Šan maghrib]"陕西"；(10) 字母گ转写为 g，如第1行之گنَا[gia]"甲"；(11) 字母ه在词末表示元音时转写为 a，如第1行之ساله[sāla]"年"。庞士谦先生的译文因非逐字翻译，与小儿锦原文行数不尽对应，在录入时随处加注说明。引用时请注意核对。

② 小儿锦自右向左书写，拉丁转写、汉文翻译均自左向右。庞士谦先生的译文是多年完成的，置于最后是因为韩中义是逐字翻译的，便于对照。

拉丁转写：'in wi ša kār hama kāfirūn 'i khuwa ghan qan ū[①] zin mū'min bu liau

韩译：因为狭［小］事全部卡非尔一伙陕甘两省穆民不料

庞译：因为细故陕甘两省回民不料

第3行：

小儿锦原文：همه کافرون صًا لِیٗ سه صد کافر نا یک مؤمن تَا مّ دل گَیا لیو ءِ

拉丁转写：hama[②] kāfirūn šan liau sih sad kāfir na yak mū'min ta mun dil gian liau'i

韩译：全部卡非尔算了三百卡非尔拿一个穆民他们心［兴］建了一

庞译：被汉人计算了，三百汉人打一个回民。他们立了一个

第4行：

小儿锦原文：کافرون طانْ لوَانْ جمع کسی دید مؤمن نا چُوْ قتل لیَو بَوْ امیر

拉丁转写：kāfirūn ṭan luan jam'kasī dīd mū'min na čuw qatala liau baw amīr

韩译：异教徒团练集合人们见穆民拿住杀了报官

---

① 该小儿锦影印本中قاغنْ [ghan qan ū]，庞士谦译为"陕甘两"，韩中义读为 šan ghan du，亦对译为"陕甘两"。或许此件原文是写作 قاشنْ دو [šan qan du]，这样庞士谦先生才能译为"陕甘两"。因此我们只能假定，这里غنْ [ghann] 的第一个字母ش [š-] 起首形的两个"牙"与两个音点在制版时因某种原因脱落，且最后一个字و [ū] 之前确有一撇，或为د [d-] 的残余。此处姑从庞士谦与韩中义读法，但"陕甘"应改为"甘陕"。
② همه [hama] "全体"、"都"，此字在文中出现数次，韩中义均误为 هم [ham] "同样"、"也"。

254 | 多民族中国与古代世界

庞译：团练，招兵聚将，见回民就杀，杀了之后①报官。

第 5 行：

小儿锦原文：جَان بُ قُوًا‎ 二月طنْ لوَان قاتلمؤمن جه ز رسد جهار ماه‎

拉丁转写：jan , bu quan eryyüe（二月），ṭan luan qātal mū'min jia zi rasd jahār② māh

韩译：长不管二月团练杀穆民直至到四月

庞译：由二月，汉人就开始杀回民，直到四月。

第 6 行：

小儿锦原文：ةٌ جُو فُو مالک زمین یُ ده سه قَ جامعه نخست شیو قا و‎

拉丁转写：tun ju fu, mālik zamīn③, yu dah sih qa jamā'at④ nukhust šiw qan⑤ wa⑥

韩译：同州府有地方有十三个聚集首先手干与

---

①小儿锦原文中无"杀了之后"。与下一行 بُ قُوًا[bu quan]"不管"联系起来看，庞士谦先生对这句小儿锦理解恐有误。"见回民就杀"的是汉人团练，报官长的应当是回民。如果理解成"见回民就杀，杀了之后报官"，后面的"不管"就讲不通了。
②按波斯语正字法应写为 جهار[čahār]。
③此小儿锦的第一部分 مالک[mālik] 庞士谦译为"境内"，韩中义释为"有地方"。此字为阿拉伯语三母动词 ملک[malaka]"拥有"、"占有"的主动名词，意为占有人，或国王；其第二部分 زمین[zamīn] 为波斯语，意为地方。笔者猜测 مالک زمین[mālik zamīn] 对应的汉字应为"王土"，再由"普天之下，莫非王土"引申至"境内"的意义。
④جامعه[jamā'at]，阿拉伯语，意为群体，在我国西北指在清真寺里礼拜的回众或回坊。
⑤نخست شیو قا[nukhust šiw qan]，对应汉文应为"先手干"，即"首先动手"。
⑥و[wa]，韩中义读为汉语"与"，其上无音标，不是汉语拼音，应为波斯/阿拉伯语 wa，意为"和"。

庞译：同州府境内有十三个清真寺，①

第 7 行：

小儿锦原文：ده سه خانه جماعه مؤمن ابتداء لِيَوْ دست قاتل همه كافرون

拉丁转写：dah sih khāna jamā'at mū'min ibtidā' liau dast qātal hama kāfirūn

韩译：十三房［坊］寺坊穆民初［出］了手杀全部卡非尔

庞译：这十三方被迫一齐动手来自卫②。

第 8 行：

小儿锦原文：حتى وى نا هيَال هُ هيَا قوْل هيَا سه   هيَا 元

拉丁转写：ḥattā wi nan hian lin tun hian qaw lin hian sih yuan（元）hian③

韩译：直到渭南县临潼县高陵县三元县

庞译：与在渭南、临潼、高陵、三原、

第 9 行：

小儿锦原文：كتاب خرشيد هيَا الله تعالى يار دين نيک ل پِ يُوَا شُوْء

拉丁转写：kitāb khuršīd hian Allāh ta'āl yār dīn nīk④ lin pin

---

① 此行与下行庞士谦连在一起翻译。
② 此处庞士谦译文与小儿锦原文有一定出入。
③ 此后有 كتاب خرسيد هيا [kitāb khuršīd hia]，即"泾阳县"。按，此字应写为 كتاب خرشيد هيًا [kitāb khuršīd hian]，但被原作者划掉，在第 9 行重写。
④ نيک [nīk] "善良的"，韩中义读为 مينک [mīnig]，并释为"门"。

iuan šuw'i

韩译：经［泾］阳县真主至高帮助宗教教门领兵元帅

庞译：泾阳之汉人战。安刺襄助教门，领兵元帅

第 10 行：

小儿锦原文：امير ةجه مشرق دراز راد صد هشتءعلما

拉丁转写：'ulamā'① hašt ṣad rād② darāz③ mašriqi jia tun amīr

韩译：学者八百宽在从东至潼官［关］

庞译：都是阿衡。战争蔓延到八百里秦川，东至潼关

第 11 行：

小儿锦原文：كوه شمال جه شمال كوه ئا جه ئا فو شيانْ باد جه مغرت

拉丁转写：maghrib jia bād šian fu, nan jia nan kūh šimāl jia šimāl kūh,

韩译：西至凤［凤］翔府，南至南山北至北山

庞译：西至凤翔，南至南山，北至北山。

---

① 此字后有 راد لی هشت [hašt li rād] "八里川"。其正确写法应为 رود لی صد هشت[hašt li rūd] "八百里川"，估计是因为遗漏了 صد [ṣad] "百"，原作者划去，后面重写，但重写时又漏掉了 لی [li] "里"。
② راد [rād] 韩中义释为"宽"。应为 رود[rūd] "河流"，此处对应于"川"。
③ 此字韩中义读为两字 دراز[dar āz]，并依波斯语正字法订正为 از در [dar az]，译为"在从"。其实 دراز [darāz] 为一个字，在波斯语中意为长、漫长的。这里或解为"蔓"，表示"蔓延"。

第 12 行：

小儿锦原文：مغرب غا فو بلد نا بلد مغرب ىُ شسنم ده جهار جماعه مسجد

拉丁转写：maghrib ghan fu balad nan balad maghrib iu šasnum① dah jahār② jamā'at masjid

韩译：西安府城南城西有（第）六十四寺坊清真寺

庞译：西安城南城西共有六十四坊。

第 13 行：

小儿锦原文：پنج ماه ده جهار روز شب همه کافرون قَ خانه قتل قَ خانه

拉丁转写：panj māh dah jahār③ rūz šab hama kāfirūn qa khāna qatala qa khāna

韩译：五月十四日晚全部卡非尔各房［坊］杀各房［坊］

庞译：五月十四日夜间，汉人动了手，城附近的

第 14 行：

小儿锦原文：همه مؤمن نه ىُ دِ نان ء کفت زرد بلد ق هيَا همه مؤمن مقتول

---

① 此字韩中义读为 ششم [šišum]。在波斯语中基数词"六十"为 شست [šast]，或 شصت [šaşt]；而序数词"第六十"则为 ششتم [šastum] 或 شصتم [šaştum]。由于在波斯语中字母 ت [te] 与 ن [nūn] 在词中的写法底座完全相同，只是其上有一个音点或两个音点之差，故而这里的 ششنم [šasnum] 显然是 ششتم [šastum] 的讹写。但这里并不只是"六十"这个数词的问题，而是整个"六十四"写得不对。正确的波斯语 64 应写为 شصت و چهار [šaşt-u-čahār] 或 شست و چهار [šast-u- čahār]。
② 按波斯语正字法应写为 چهار [čahār]，释见第 5 行。
③ 释见第 5 行。

拉丁转写：hama mūm'in na iu di nan, 'i kuft[①] zard balad qin hia hama mūm'in maqtūl

韩译：全部穆民无有的难—（？）说黄［隍］城根下全部穆民被杀

庞译：回民无辜被杀

第15行：

小儿锦原文：خوْ گه شَانْ توْ بیرون کسی جمع لِیوَ یُ سه هزار مرد یُ یک مرد

拉丁转写：khaw kua šan taw bīrūn kasī jama' liau iu sih hizār mard iu yak mard

韩译：火口（？）上逃外边人们集合了有三千人有一人

庞译：所逃出的人共有三千人。一人

第16行：

小儿锦原文：نام خواند ص ء بَوْ لِ بیرون کوه نداند خَا یُ ل مُیُو لی موٴمن

拉丁转写：nām khwānd ṣin 'i baw lin bīrūn kūh na-dānad[②] kha iu li muiu li mūm'in

韩译：名读（叫）孙义宝领外边山朝到（？）还有哩没有来穆民

庞译：名孙义宝领了出来，其余的回回

---

① 按波斯语正字法应写为 گفت [guft]。
② 韩中义读为 n(b)arānd(?)。نداند [na-dānad]，波斯语，意为不知道，其正确写法应为 نمیداند [na-mī-dānad]。整个句子笔者理解为：一位名曰孙义宝领出山的人［数］不知道。

经堂语还是表意词 | 259

第 17 行：

小儿锦原文： برسید کافر خُوی خُوی شَا وًا لِيَوْ خَا یْ تا کفت خُوی خُوی

拉丁转写：ba-rasīd[①] kāfir khuwi khuwi šan wan liu kha yu ta guft khuwi khuwi

韩译：在殉教卡非尔（上）回回散［杀］完了还有他说回回

庞译：杀完了

第 18 行：

小儿锦原文： باران قو شمال وی بلد وًا خُوی خُوی چَا دَ ءِ بَانْ خُوی خُوی بسیار

拉丁转写：bārān qu[②] šimāl wiy balad wan khuwi khuwi čan da 'in ban khuwi khuwi bisyār

韩译：雨［于］古（？）北渭城湾回回占［扎］大营盘回回非常

庞译：在渭河北魏城湾，回回札［扎］了大营盘。渭河泾河两岸的回回

2.《纪事》中挑战"经堂语说"的例证

现依前面研究李殿君字典的方式，从此影印件小儿锦中先选出几个证明作者是按其对应汉语意义发音的例子（韩中义对小儿锦的拉丁转写笔者有所变动）列为表 18，而后再延及其他。表中小儿锦例证按在《纪事》中出现的先后为序排列。

[①]韩中义读为 bar s(h)ahīd，笔者以为，词首的那个 بـ [b-] 应为 نـ [n-] 之误，即整个词读为 نرسید [na-rasīd]，其在波斯语中的意义为"没有来"。

[②]此字似多写了一个"牙"。

表 18

小儿锦	拉丁转写	庞氏录文对应内容及韩中文对译	出处	简要说明
شان مغرب	šan maghrib	庞：此词未译。韩：''陕西''(博士论文页61)。	影印件第 1 行。	第一部分شان [šan] 是汉语''陕''的音译。第二部分مغرب [maghrib] 为阿拉伯语，意为西方、西部，今音译''方隅门''。《回回馆杂字》''方额里布''为''马格里布''。明四夷馆本《回回馆杂字》第 629 词مغرب [maghrib]，西，默额力卜，即此。合同音本《回回馆杂字》''通用门''第 1638 词注音同此，它作为地名用，足见人华回回人熟知这个词，[maghrib] 在这里绝非经堂语，而是直接读为汉语''西''。①
حی سالہ تن جی یوان	tun jia yuan sāla	均为''同治元年''。	影印件第 1 行。	第一部分حی [tun jia] 为汉语''同治''的音译。第二部分سالہ [sāla] 为波斯语，意为年岁，它与''元''[tun jia yuan] 连用，说明它并非经堂语，也不可能按波斯语拼读。小儿锦使用者肯定如庞士谦一样，直接将此词拼读为''同治元年''。
گا ز سالہ	gia zi sāla	均为''甲子年''。	影印件第 1 行。	第一部分گا ز [gia zi] 为汉语''甲子''的音译。第二部分سالہ [sāla] 释见上。小儿锦使用者应如庞士谦一样，直接将此词读为''甲子年''。

---

① 参见拙著：《〈回回馆杂字〉与〈回回馆译语〉研究》，页 267-268、508。

经堂语还是表意词 | 261

续表

小儿锦	拉丁转写	庞氏录文对应内容及韩中文对译	出处	简要说明
دو هشت ماه	du hašt māh	庞："闰八月"。韩："二八月"（博士论文页61）。	影印件第1行。	该小儿锦为波斯语词汇。其第一部分 دو [du] 为数词，意为二；中间部分 هشت [hašt] 亦为波斯语数词，意为八；而最后一部分 ماه [māh] 即前述表13与表14所列李殿君字典中之"月"。应当指出的是，这三个词虽然均为波斯语，但不可能按汉语顺序组合而已，也不可能按波斯语发音。小儿锦使用者应如庞土谦一样，直接读为"闰八月"。又，在波斯语中闰月的正确表达为 ماه کبیسه در تقویم قمری [māh-i kabīsa dar taqvīm-i qamrī]。
شا کار	ša kār	韩："细故"。韩："狭[小]事"（博士论文页61）。	影印件第2行。	第一部分 شا [šā] 对应于庞土谦录文中之"细"，韩中文指出应对汉语"狭"之音译，意为小。第二部分 کار [kār] 为波斯语，意为工作、事情。明即明夷馆本《回回馆杂字》"人事门"第217词 کار [kār]，即此。此词作为复合词，还见于同书"通用门"第759词。可见人华回回人在其波斯语教育体系中一直有这个词。在小儿锦中，کار [kār] 并非经堂语，其使用者按其汉语意义读为"故"或"事"。
کافرون	kāfirūn	庞："汉人"。韩："卡非尔"（博士论文页61）。	影印件第2行。	该词指不信伊斯兰教者，在本《纪事》中多次使用，说明其使用者应如庞土谦一样直接读为"汉人"。此用在小儿锦中不是经堂语，它的使用应为《纪事》肯定写于1949年之前，且作者应为一位阿訇。

① 参见拙著：《〈回回馆杂字〉与〈回回馆译语〉研究》，页115、316。

续表

小儿锦	拉丁转写	庞氏录文对应内容及韩中文对译	出处	简要说明
مومن	mū'min	庞：" 回民 "。 韩：" 穆民 "（博士论文页 61）。	影印件第 2 行。	该词为阿拉伯语，意为虔诚的、正统的穆斯林等。此词在本《纪事》中亦多次出现，但并非经堂语，小儿锦使用者应如庞土谦一样直接读为 " 回民 "。
سه صد کافر	sih sad kāfir	庞：" 三百汉人 "。 韩：" 三百卡非尔 "（博士论文页 61）。	影印件第 3 行。	该小儿锦中的 سه [sih ṣad] 为两个波斯语数词，前者 سه [sah] 意为三，后者 صد [ṣad] 意为为百。应当指出的是，它们虽然均为波斯语，但只是按汉语顺序组合而已，在波斯语中 " 三百 " 表述为 سیصد [siṣad]。 كافر [kāfir]，释见前。这三个词组合在一起，在小儿锦中不是经堂语，其使用者应如庞土谦一样直接读为 " 三百汉人 "。
نا یک مومن	na yak mū'min	庞：" 打一个回民 "。 韩：" 拿一个穆民 "（博士论文页 61）。	影印件第 3 行。	第一部分 نا [na] 为汉语 " 拿 " 的音译。第二部分 یک [yak] 为波斯语数词，意为一，明四夷馆本《回回馆杂字》 " 数目门 " 第 652 词 یک [yak]，一，夜克 " 即此。它作为构词成分还见于同书第 649 词 [yak-dar]，间，夜克得儿 "。① 最后一部分 مومن [mū'min] " 回民 "，释见前。小儿锦使用者应如庞土谦一样读为 " 打一个回民 "，或 " 拿一个回民 "。

① 参见拙著：《〈回回馆杂字〉与〈回回馆译语〉研究》相应处。

经堂语还是表意词 | 263

续表

小儿锦	拉丁转写	庞氏录文对应内容及韩中文对译	出处	简要说明
دل کن	dil jian	庞："心 [兴] 建"。韩："心"（博士论文页 61）。	影印件第 3 行。	第一部分 دل [dil] 为波斯语，意为心。明四夷馆本《回回馆杂字》"身体门"第 311 词 دل [dil]，心，此词作为复合词，还见于同书"通用门"第 773 词。① 可见人华回回人一直在用它。此处韩中文按"同音相训"原则释为"心"。دل [dil] 在此处不是经堂语"心"的读音发音，按波斯语拼读，只可能按对应汉语意义"心"的读音发音，这样才有可能训为"兴"。第二部分 کن [jian] 为权义"建"的音译。
کافرون طلوان	kāfirūn ṭan luan	庞："团练"。韩："异教徒团练"（博士论文页 61）。	影印件第 4 行。	庞土谦的译文当译于新中国成立后，回避了"团练"之前的定语 کافرون [kāfirūn]"异教徒"。小儿锦使用者当读为"汉人团练"，或"汉团"。
جمع کسی	jam' kasī	庞："招兵聚将"。韩："集兵人们"（博士论文页 61）。	影印件第 4 行。	第一部分 جمع [jam] 为阿拉伯语，译作聚合。第二部分 کسی [kasī] 为波斯语，意为一个人。前述表 12 与表 13 (有关李殿春字典同问题) 已释。庞土谦的对译表明，小儿锦使用者在写作中用波斯语+阿拉伯语汇时，并非严格按词义一对应使用。
دید مومن	dīd mū'min	庞："见回民"。韩："见虔民"（博士论文页 61）。	影印件第 4 行。	第一部分 دید [dīd] 为波斯语，意为见了，为动词 [dīdan]"看见"的过去词干，亦表示过去时第三人称单数，释见前。第二部分 مومن [mū'min]，意为他见了。该小儿锦虽然由波斯语+阿拉伯语构成，但使用者并不按经堂语的法则发音，而是如庞土谦一样，直接按汉语一对应读为"见回民"。

① 参见拙著：《〈回回馆杂字〉与〈回回馆译语〉研究》，页 146、322。

续表

小儿锦	拉丁转写	庞氏录文对应内容及韩中文对译	出处	简要说明
نَ چُو قَتَلَ لِيَوْ	na čuw qatala liau	庞："就杀"。韩："拿住杀了"（博士论文页 61）。	影印件第 4 行。	前两个词 نَ چُو [na čuw]，为汉语"拿住"之音译。第三部分 قَتَلَ [qatala] 为阿拉伯语三母动词原形，意为杀。最后一部分 لِيَوْ [liau] 为汉语"了"之音译。此小儿锦中虽然包含阿拉伯语 [qatala]，但它并不是经堂语，也不按阿拉伯语发音，它在小儿锦中如庞士谦译文一样，直接按其汉语意义读为"杀"。
بَوْ اَمِيرْ جَانْ	baw amir jan	庞："杀了之后报官"。韩："报官长"（博士论文页 61）。	影印件第 4—5 行。	第一部分 بَوْ [baw] 为汉语"报"的音译；اَمِيرْ [amir] 为阿拉伯语，意为大臣、官员。明四夷馆本《回回馆杂字》"人事门"第 142 词 اَمِيرْ [amir]，官，阿米儿[amīr] 即此。① 韩中又的读法完全正确。前已提及，小儿锦原文中并无"杀了之后官"的意思，庞士谦先生理解有误。杀回民的是官府的是回民，报官的是回民。因官府不理，事情才愈演愈烈。下面的"不管"是官府，不管其主语是谁，庞士谦对"报官"这个词的理解是没有问题的，它说明，اَمِيرْ [amir] 这个阿拉伯语汉语词汇在这里并非直接表达汉语，而是可以进一步表示与其汉译"官"字同音的"关"字。

① 参见拙著：《〈回回馆杂字〉与〈回回馆译语〉研究》，页 87。

续表

小儿锦	拉丁转写	庞氏录对应内容及韩中文对译	出处	简要说明
رسیده جهار ماه	jia zi rasd jahār māh	庞："直到[四月]"。 韩："直至到[四月]"（博士论文页61）。	影印件第5行。	前两个词 رسید [jia zi] 为汉语 "直至" 的音译。中间的 رسید [rasd] 为波斯语 "来"，"到" 的讹写。最后两个词 جهار ماه [jahār māh] 分别为波斯语 "四" 与 "月"。其实 "四月" 在波斯语中不能径以 "四" 与 "月" 这种汉语方式连用。 该小儿锦中的后三个词 رسید [rasd] 与 جهار ماه [jahār māh] 虽然均为波斯语，但它们都不是经堂语。小儿锦使用者如庞士谦一样将回族人为其设定的汉译直接读为 "直至四月"。
مالک زمین	mālik zamīn	庞："境内"。 韩："有地方"（博士论文页61）。	影印件第6行。	第一部分 مالک [mālik] 为阿拉伯语三母动词 [malaka] "拥有"，"占有" 的主动名词，意为占有人，或国王。第二部分 زمین [zamīn] 为波斯语，意为地方，土地。明四夷馆本《回回馆杂字》"地理门" 第46词《回回馆杂字》"地理门" 即此。而在明会同馆本《回回馆杂字》"地理门" 中，则音译为 "则民"。[1] 可见这是人华回回人掌握的一个基本词汇。 笔者猜测 مالک زمین [mālik zamīn] 对应的汉字应为 "王土"，再由 "普天之下，莫非王土" 引申至 "境内" 的意义，详见录文相应处注释。 该小儿锦中两个单词虽然来自阿拉伯语与波斯语，但它们在此处均非经堂语。小儿锦使用者如庞士谦一样，直接按其汉文语意读为 "境内"。

① 参见拙著：《〈回回馆杂字〉与〈回回馆译语〉研究》，页45、406。

续表

小儿锦	拉丁转写	庞氏录文对应内容及韩中文对译	出处	简要说明
دە سە ق جماعت نخست	dah sih ghe jamā'at nukhust	庞："有十三个清真寺"。 韩："有十三个聚集首先"(博士论文页61)。	影印件第6行。	前两个词 دە سە [dah sih] 分别为波斯语"十"与"三"，但这不过是一种汉语式的组合而已，并不能表示波斯语13的概念。波斯语13是 سیزدە [sīzdah]。第三个词 ق [qaf] 为汉语"个"之音译。第四个词 جماعت [jamā'at] 是阿拉伯语，在我国西北指在清真寺里礼拜的回众或回坊。明四夷馆本《回回馆杂字》"通用门"第729词"جماعت [jamā'at]，聚，耆妈额忒"即此。①可见这是人华回回人常用的基本词汇。最后一个词 نخست [nukhust] 为波斯语，意为首先，最初。该小儿锦5个词中，虽然有4个来自阿拉伯语与波斯语，但它们在此均为非经堂语，也不按波斯、阿拉伯文的拼写发音。小儿锦使用者如庞士谦一样，直接按其汉语意义又读。

---

① 参见拙著：《〈回回馆杂字〉与〈回回馆译语〉研究》，页304。

续表

小儿锦	拉丁转写	庞氏录文对应内容及韩中文对译	出处	简要说明
ده سه خانه جماعت مؤمن	dah sih khāna jamā'at mū'min	庞："这十三方被迫一齐"。 韩："十三房［坊］寺坊穆民"（博士论文页61）。	影印件第7行。	前两个词 دم سه [dah sih]，释见前。第三个词 خانه [khāna]，意为房子、家。明四夷馆本《回回馆杂字》第358词"宫室门"、明会同馆本《回回馆杂字》"宫室门"均译为"哈捏"。① 可见入华回回人在学习波斯语时，其视为汉语"房"的对应词，韩中又已指出，此处取其音，并按"同音相训"的原则，表示与"房"同音的"坊"之意。第四个词 جماعت [jamā'at] 与第五个词 مؤمن [mū'min]，释见前。 该小儿锦5个词虽然均非汉语，但其中第三个词 خانه [khāna]，它们均不按波斯语义拼读，而是按其对应的汉语义读，也就是说，它们在此均非经堂语，也可直接读为"十三寺坊回民"。

① 参见拙著：《〈回回馆杂字〉与〈回回馆译语〉研究》，页161, 449。

续表

小儿锦	拉丁转写	庞氏录文对应内容及韩中文对译	出处	简要说明
ابتدا ليو دست همه كفرون	ibtidā' liau dast qātal hama kāfirūn	庞："动手来自卫"。韩："初〔出〕了手，杀全部卡非尔"（博士论文页61）。	影印件第7行。	第一个词 ابتدا [ibtidā'] 为阿拉伯语，意为开始、最初。此处取其"初"意，并按"同音相训"原则表示与汉语同音的"出"。第二个词 ليو [liau] 为汉语"了"的音译。第三个词 دست [dast] 为波斯语，意为手。明四夷馆本《回回馆杂字》"身体门"第313词 دست [dast]，手，得思忒即此。明会同馆本《回回馆译语》"身体门"第1487词音译同此。① 可见人华回回人世代传承着这个词。最后两个词 قتال [qātal] 为"杀"，这个动词的主动态。上文已释。 همه كفرون [hama kāfirūn] "全部汉人"，上文已释。该小儿锦6个词中，虽然有五个均非汉语意义，但其中第一个词 ابتدا [ibtidā'] 表明，它们均不按波斯文与阿拉伯文拼读，而是按其对应的汉语意义读，也就是说，它们在此均非经堂语，也可直接读为"出了手杀全部汉人"。
حتى	ḥattā	庞：此字未译。韩："直到"（博士论文页62）。	影印件第8行。	该小儿锦虽然来自阿拉伯语，但它在这里并非经堂语，而是表示其对应汉文意义的读音"直至"或"直到"。
سه يون هين	sah yuan hiyan	庞："三原"。韩："三元县"（博士论文页62）。	影印件第8行。	第一部分 سه [sah] 为波斯语数词"三"，它在这里作为地名的一部分，说明不可能是经堂语，而只可能按汉字直接译读为"三"。第二部分汉字"元"是"原"的白字，此县的正确写法为"三原县"，可见该《纪事》作者汉文水平之低下。第三部分"县"部分 هين [hiyan] 为汉语"县"的音译。

① 参见拙著：《〈回回馆杂字〉与〈回回馆译语〉研究》，页147、482。

续表

小儿锦	拉丁转写	庞氏录文对应内容及韩中文对译	出处	简要说明
كتاب خرشيد	kitāb khursīd	均为"泾阳"。	影印件第 9 行。	第一部分 كتاب [kitāb] 为阿拉伯语，其基本意义为"书"，在经堂教育中专指"经"，此处并非经堂语，而是按"同音之同音相训"的原则，表示与之同音的"泾"。第二部分 خرشيد [khursīd] 为波斯语，意为日、太阳，这里表示"阳"。该小儿锦的两个词分别来自阿拉伯语与波斯语，任其使用者并不按 كتاب خرشيد [kitāb khursīd] 的拼写诵读，而是如庞士谦之录文一样，直接读为"泾阳"。
يار دين نيك	yār dīn nīk	庞："襄助教门"。韩："帮助宗教门"（博士论文页 62）。	影印件第 9 行。	第一个词 يار [yār] 为波斯语，意为友人，这里不是经堂语，应是取"友"的意义，并按"同音相训"的原则表示与之同音的"佑"。第二个词 دين [dīn]"教门"，原本为伊朗语，中古波斯语中已见，后为阿拉伯语借用，今目族中的丁姓源于此字。但它在此也非经堂语，小儿锦使用者应如庞士谦一样，直接读为"教门"，韩中文读为"教"。此后一个词 نيك [nīk]"良"，庞土谦未译出，应看影印录。明四夷馆本《回回馆杂字》"人物门"第169词细看影印件，应当笔者所录。明四夷馆本《回回馆杂字》"人物门"第169词 نيكمرد [nīk-mard]，仙，乜克·默儿得，① 它它在此也并非经堂语。 نيك [nīk]"乜克"即此。 نيك [nīk]"良"，其前半部分 نيكبى 此条小儿锦可直译为"佑助善良之宗教"。

① 参见拙著：《〈回回馆杂字〉与〈回回馆译语〉研究》，页 96。

续表

小儿锦	拉丁转写	庞氏录对应内容及韩中文对译	出处	简要说明
علماء	'ulamā'	庞："都是阿訇"。 韩："学者"（博士论文页62）。	影印件第9行。	该小儿锦 علماء ['ulamā'] 为阿拉伯语 ['alim] 之复数，所以庞士谦的译文中有"都是"二字。它虽然是阿拉伯语，但在这里并非经堂语，而是如庞士谦一样，直接读为"阿訇"。
هشت صد دراز	hašt ṣad darāz	庞："战争蔓延到八百里寨川"。 韩："八百宽在从"（博士论文页62）。	影印件第10行。	前两个词 هشت صد [hašt ṣad] 为波斯语数词，意为八百，韩中文释为"宽"，前已言及，应为第三个词 راد [rād]，此处对应于 رد [rūd]"河流"之异写，韩中文读为两词 در از [dar az]，译为一个词正字法订正为 دراز [darāz]，并依波斯语正字法订正为 دراز [darāz]。[darāz]在波斯语中指长的、漫长的，这里或解释为"蔓延"。 该小儿锦4个词虽然均为波斯语，但在此不是经堂语，不可能按其原文拼读，小儿锦使用者应如庞士谦一样，直接读为"蔓延到八百里寨川"。
مشرق جا تون امیر	mašriqi jia tun amīr	庞："东至潼关"。 韩："东至潼官关"（博士论文页62）。	影印件第10行。	第一个词 مشرق [mašriq] 为阿拉伯语，意为东方，中间两个词 جا [jia] 与 تون [tun] 分别是汉语"至"与"潼"的音译。最后一个词 امیر [amīr] 在第4—5行已经出现，彼处作作"官"，而小儿锦这里韩中文已指出，按"同音相训"原则，作为汉语中"官"的同音词"关"使用。 该小儿锦四个词中有两个是汉语，两个是非汉语，مشرق 与 امیر [amīr] 在此均非经堂语，也不读作它们在阿拉伯语中的读音，表示的是纯粹汉语"东"与"关"的读音。

经堂语还是表意词

续表

小儿锦	拉丁转写	庞氏录文对应内容及韩中文对译	出处	简要说明
مغرب باد شیان فو	maghrib jia bād šian fu	庞："西至凤翔"。 韩："酉至凤[凤]翔府"（博士论文页62）。	影印件第11行。	第一个词 مغرب [maghrib] 为阿拉伯语，意为西方，今音译为"马格里布"，在此《纪事》第1行已经出现，两处均直接读其汉语意义"西"。第二个词 با [bād] 为波斯语，译音"凤"，释见上。第三个词 ي [jia]，明四夷馆本《回回馆杂字》"天文门"第6词 با [bād]，凤，巴得"，同馆本《回回馆译字》"天文门"第8词（总第1018词）音译为"巴的"，即此。同时，该《杂字》中还有几个复合词中亦合此字。①但在这里韩中文已指出，按"同音相训"原则，表示汉语中"凤"的同音词 با [bād] 的音译。最后两个词 شیان فو [šian fu] 分别为汉语"西""府"的音译。该小儿锦第一个词 مغرب [maghrib] 虽然分别为阿拉伯语与波斯语，但它们在此代非经堂语，也不可能如同它们在阿拉伯语与波斯语中那样发音，而是分别按其代表的汉语概念"西"与"府"读音，这样才能表示"西至凤翔府"。

---

① 参见拙著：《〈回回馆杂字〉与〈回回馆译语〉研究》，页30、408。

续表

小儿锦	拉丁转写	庞氏录文对应内容及韩中文对译	出处	简要说明
نان کوہ	nan kūh	均为"南山"。	影印件第11行。	第一个词 نان [nan] 为汉语"南"的音译。第二个词 کوہ [kūh] 为波斯语,译言"山"。明四夷馆本《回回馆译语·地理门》第41词"کوہ [kūh], 山, 科黑"即此。明会同馆本《回回馆杂字》第45词(总第1055词)音译为"科诿"。①此词在"南山"这个地名中并非经堂语,也不可能如同它在波斯语中那样发音,而是直接读为其代表的汉语概念"山"。
شمال جه شمال کوہ	simāl jia simāl kūh	均为"北至北山"。	影印件第11行。	第一个与第三个词 شمال [simāl] 均为阿拉伯语,译言"北"。明四夷馆本《回回馆杂字·方隅门》第631词"شمال [simāl], 北, 失妈勒"即此。明会同馆本《回回馆杂字》"通用门"第1639词音译为"失妈力"。②第二个词 جه [jia] 拼的是汉语"至",最后一个词 کوہ [kūh] "山", 前面均已解释, 故不复。该小儿锦4个词中虽然有3个拼的是非汉语, 但它们在此并非作为经堂语使用。本行此条 nan jia nan kūh "南至南山", 均以小儿锦字母拼写汉语读音, 这充分证明, 该小儿锦 jia simāl kūh 也直接读其汉译之شمال جه شمال کوہ [simāl jia simāl kūh] "北至北山"。换而言之, 该小儿锦两次拼写读音之شمال [simāl], 均不按阿拉伯语拼写读音。

① 参见拙著:《〈回回馆杂字〉与〈回回馆译语〉研究》,页 43、402。
② 参见拙著:《〈回回馆杂字〉与〈回回馆译语〉研究》,页 268—269、508。

续表

小儿锦	拉丁转写	庞氏录文对应内容及韩中文对译	出处	简要说明
مغرب غن فو بلد نان بلد مغرب	maghrib ghan fu balad nan balad maghrib	庞:"西安城南城西。" 韩:"西安府城南城西。"（博士论文页62）	影印件第12行。	第一号最后一个词 مغرب [maghrib]，韩中又已说明，它号前面表示前面 "陕西"、"西至"时一样，均非经堂语，而是直接读其汉语意义"西"。第二个词 غ [ghan]是汉语"安"的音译，其第一字母表示"西"字古音反切上字所属之影母，这种拼法在小儿锦中普遍存在，如李殿君字典页76，列1，行4-6，页78，列4，行4-7及同页列3，行10-12均将"安"拼为 غ [ghan]。同样，在同书页53，列4，行4-6，页134，列1，行1均有"安静"条，小儿锦均拼为 غ جنغ [ghan ji'ingh]。而在页109，列3，行4，则另有"安静"条，小儿锦写为第二[ghan zingh]。第三个词 فو [fu]"府"，前已详释，故不重复。第四个与倒数第二个词均为 بلد [balad]，乃阿拉伯语，意为城、镇、区等，这里直接按对应汉语读为"城"。倒数第三个词为 نن [nan] "南"，前已详释。第一个词均为 لن [balad]，乃阿拉伯拉语对应汉语读为"城"。

续表

小儿锦	拉丁转写	庞氏录文对应内容及韩中文对译	出处	简要说明
شست ده چهار جماعت مسجد	šasnum dah jahār jamā'at masjid	庞："共有六十四坊。" 韩："共有六十四坊。"（博士论文页 62）	影印件第 12 行。	前三个词 شست ده چهار [šasnum dah jahār] 均为波斯语数词。其第一个词 شست [šasnum] 当为波斯语序数词 [šastum] "第六十"之讹写，后两个词 ده [dah] 与 چهار [jahār] 分别表示"十"与"四"。但这不过是一种汉语式的组合数字而已，也不可能是经堂语，更不可能按波斯语式的组合发音。且"六十四"这个数词亦不能以这种波斯语式的组合表述，正确写法应为 شست و چهار [šast-u-čahār]。这一点已在前面注文中提及，兹不重复。应当指出的是，《纪事》的作者能否正确地写出波斯语数词的问题，而在于即使正确地写为 شست و چهار [šast-u-čahār]，在这里它们也直接按其意义，读作汉语"六十四"。第四个词 جماعت [jamā'at] "聚集"，前已释，指清真寺。最后一个词 مسجد [masjid] 为阿拉伯语，《回回馆杂字》即《回回馆译语》第 357 词 "回坊" 即此。① 可见人华回回数百年来一直将该词与汉语"寺"对应。它在此处并非经堂本默思只得 [masjid] "宫室门"译为"寺"，也不按阿拉伯语发音，直接读为"寺"。

① 参见拙著：《〈回回馆杂字〉与〈回回馆译语〉研究》，页 161。

经堂语还是表意词 | 275

续表

小儿锦	拉丁转写	庞氏录文对应内容及韩中文对译	出处	简要说明
پنج ماه ده جهار روز شب	panj māh dah jahār rūz šab	庞："五月十四日夜间。" 韩："五月十四日晚。"（博士论文页 62）	影印件第 13 行。	第一个词 پنج [panj]，乃波斯语数词"五"。第二个词 ماه [māh]，"月亮"，前已释，一年中的每个月份，回历阴阳历均按数字排序，回历阴阳历均与回历阴阳历沿袭古代波斯教神名，当代公历月份的名称则借用法语。如果一定要表示第五个月，也只能说 ماه پنجم [māh-i panjum]。而这里无"五月"，并无 ماه [māh] 的意思。表示"五月"，并无 ماه [māh]，第四个词 جهار [jahār] "四"与 ده [dah] "十"与 ده [dah] 释见前。而波斯语 14 并不能如此处一样，将 ده [dah] 与 جهار [jahār]"四"这样搭配使用，而是 چهارده [čahār dah]。第五个词 روز [rūz] "日"，在前面季殿君字典问题 4 解中已释，故不重复。最后一个词 شب [šab]，为波斯语"晚间"。明四夷馆本《回回馆杂字・增续杂字》"通用门"第 968 词"شب [šab]，夜，舍卜"即此。① 可证明它是入华回回人熟知的一个词。 该小儿锦的 6 个词虽然全部是波斯语，但在此处没有一个是经堂语，也均不按波斯语读音，小儿锦使用者如庞士谦一样，直接读为"五月十四夜间"。

276 | 多民族中国与古代世界

续表

小儿锦	拉丁转写	庞氏录文对应内容及韩中文对译	出处	简要说明
همه كافرون قتل خانه قه خانه	hama kāfirūn qatala qa khāna qa khāna	庞："汉人动了手，城附近的。" 韩："全部卡非尔各房[坊]杀了各房[坊]。"（博士论文页62）	影印件第13行。	第三个与阈数第二个قه[qa]，为汉语"各"的音译。其余词均为阿拉伯语或波斯语，且前面均已解释，这里不再重复。这些波/阿词汇在这里均非经堂语，而直接读出其对应的汉译。 该小儿锦的意思是，各坊的汉人杀了各坊的回民。庞士谦译文中的"城附近的"几个字，系为理解自行添加的，小儿锦原文中并无相应内容。
همه مومن نه يو دي نن	hama mūm'in na iu di nan	庞："回回民无革被杀。" 韩："全部穆民无有的难。"（博士论文页62）	影印件第14行。	第一、第二个词همه مومن[hama mūm'in]"全体回民"前已解释，这里也不重复。第三个词نه[na]为波斯语否定词，相当于汉语"不"，"否"。这三个词均为波/阿词均非经堂语，而是直接读其汉释。最后三个词يو دي نن[iu di nan]为汉语"有的难"的音译。"难"指灾难。 整条小儿锦可译为"回民的灾难前所未见"。
ءِ كفت	'i kuft	庞：此处未译。 韩："一（？）说。"（博士论文页62）	影印件第14行。	第一个词ءِ['i]，为汉语"一"，李殿君字典88，页5，行16汉字"壹"的对应小儿锦为ءِ['i]；而在同页135，列6，行7汉字"一拜"的对应小儿锦为ءِ با['i ba]，而在同书页24，列5，行7-9小儿锦又写为ءِ بغا ['i bagha]；在页111，列5，行7，与汉字"一半"对应的小儿锦写为ءِ ببا ['i bba]，['i baghan]。类似例子举不胜举，可释韩中文的疑问。这表示汉语"一"拼为ءِ['i]是极为普遍的写法。第二个词كفت[kuft]，乃波斯语动词，意为"他（她）说"，将汉语"说"的过去时第三人称单数，今字法写为كفت[guft]。但在这里，它并非经堂语，而是按其对应汉译直接读为"说"。

经堂语还是表意词 | 277

续表

小儿锦	拉丁转写	庞氏录文对应内容及韩中文对译	出处	简要说明
زرد بلد قن	zard balad qin hia	庞：此处未译。韩：" 黄 [陸] 坡根下"。（博士论文页62）	影印件第14行。	第一个词 زرد [zard] 为波斯语, 意为黄的、金的。明四夷馆本《回回馆杂字》"声色门"第596词 زرد [zard], 黄, 则儿得"即此。明会同馆本《回回馆杂字》"声色门",第1584词译音同此。① 可证明它是人华回人熟知的一个词。韩中又已按"同音相训"原则指出, 在这里它表示与其汉译"黄"同音之"堭"。第二个词 بلد [balad] "城镇", 前已释, 兹不重复。这前两个词 زرد بلد [zard balad] 虽然分别为波斯语与阿拉伯语, 但绝非经堂语, 并不读其京音, 而是直接读为"堭城"。最后一个词 قن [qin hia] 为汉语"根下"之音译。
مقتول	maqtūl	均译为"彼杀"。	影印件第14行。	该小儿锦为前面已经解释过的阿拉伯语三母动词 [qatala] "杀"的被动形式, 在这里, 它并非经堂语, 已不按阿拉伯文的拼写读, 而是直接读为其汉译"饮食门"）。

① 参见拙著:《〈回回馆杂字〉与〈回回馆译语〉研究》,页253,499（笔者在该书波斯文索引中误写为"饮食门"）。

续表

小儿锦	拉丁转写	庞氏录文对应内容及韩中文对译	出处	简要说明
خو كو شن تو بیرون كسی	khaw kua šan taw bīrūn kasī	庞："所逃出的人。"韩："火口（？）上逃外边人们。"（博士论文页62）	影印件第15行。	前四个词 خو كو شن تو [khaw kua šan taw] 或如韩中文所释，为汉语"火口上逃"，或如韩中文"活口上逃"的音译。第五个词 بیرون [bīrūn] 为波斯语，意为"……以外，不包括……"明四夷馆本《回回馆杂字》"方隅门"第639词"بیرون [bīrūn] 通用门"即此。明会同馆本《回回馆杂字》即"杂字"，外，别鲁温"。最后一个词 كسی [kasī] 为波斯语"虮笼"。①足见它是人华回回人熟知的词。这个词 كسی [kasī]加不定 ي [-ī] 已释）"人"这个词在波斯语，一个人，按汉语读为"火口上逃出的人"，虽然均为波斯语，但在此并非经堂语，它们与前面四个词合在一起，意为"活口上逃出人"，或"活着逃出人"。
جمع ليو	jama' liau iu	庞："共有。"韩："集合了有。"（博士论文页62）	影印件第15行。	第一个词 جمع [jama'] 为阿拉伯语三母动词，意为聚、集。但它在这里并非经堂语，也不按阿拉伯语发音，而是直接按汉译读。后两个词 ليو [liau iu] 为汉语"了有"的音译。

① 参见拙著：《〈回回馆杂字〉与〈回回馆译语〉研究》，页271，507。

经堂语还是表意词 | 279

续表

小儿锦	拉丁转写	庞氏录文对应内容及韩中文对译	出处	简要说明
سه هزار مرد	sih hizār mard	均为"三千人"。	影印件第 15 行。	前两个词 سه هزار [sih hizār] 为波斯语数词，意为三千。最后一个词 مرد [mard] 亦为波斯语，意为男人。明会馆本《回回馆杂字》第 1382 词 "人物门" "男，默儿得"即此。①足见它是人华回人熟知的词。尽管该小儿锦三个词均为波斯语，但它们在此都不是经堂语，也不按波斯语读，而是如同庞士谦一样直接按其汉译读为 "三千人"。
یو یک مرد	iu yak mard	庞："一人"。 韩："有一人"（博士论文页 62）	影印件第 15 行。	第一个词 و [iu] 为汉语 "有" 的音译。第二个词 یک [yak] 为波斯语数字，译言 "一"。同馆本《回回馆杂字》"数目门" 第 652 词 "一，夜克" 即此。明四夷馆本《回回馆杂字》第 1594 词音为 "叶克" 即此。②足见它为人华回人所熟知。第三个词 مرد [mard] "男人"，上面已释，故不复。这后两个词虽然均为波斯语，但它们在此都不是经堂语，也不按波斯语读，而是如同庞士谦一样，直接按其汉译读为 "一人"。

---

① 参见拙著：《〈回回馆杂字〉与〈回回馆译语〉研究》，页 467。
② 参见拙著：《〈回回馆杂字〉与〈回回馆译语〉研究》，页 277，501。

续表

小儿锦	拉丁转写	庞氏录文对应内容及韩中文对译	出处	简要说明
نام خواند	nām khwānd	庞："名"。 韩："名读（叫）。"（博士论文页62）	影印件第16行。	第一个词 نام [nām] 为波斯语，意为名字、名称。本文在前面有关李殿君字典问题 8 的分析中已释，兹不重复。第二部分 خواند [khwānd] 亦为波斯语动词"读"的过去时单词（同时表示过去时第三人称单数），意为他/她读了。该小儿锦虽然两个词均为波斯语，但它们在此并非经堂语，也不按波斯语读，而是按其汉译读为"名叫"，"名曰"，"名叫"。
لين بيرون كوه ندانند	lin bīrūn kūh na-dānad	庞："领了出来"。 韩："领外边山朝到（?）"（博士论文页62）	影印件第16行。	第一个词 لين [lin] 为汉语"领"的拼音，西北地区相当部分回族群众所操汉语对前后鼻音不加区分。第二字释，前已释，兹不重复。最后一个词 بيرون [bīrūn] "外"和 كوه [kūh] "山"，韩中文读为 n(b)arānd(?)。笔者在该行注文中已作说明。 该小儿锦虽然抹除第一个词 لين [lin] "领"以外，其余三个词均为波斯语，但它们在此均为非经堂语，也不按波斯语拼写读，而应按汉译读为"领出山不知道"。
برسيد	ba-rasīd	庞：此处未译。 韩："在殉教"。（博士论文页62）	影印件第17行。	该小儿锦中文读为 bar s(h)ahīd "没有来"。详见第17行注释。它虽然是波斯语，但此处并非经堂语，小儿锦使用者直接按其汉译读。
تا گفت	ta guft	庞：此处未译。 韩："他说"（博士论文页62）。	影印件第17行。	第一个词 تا [ta] 为汉语"他"的音译。第二个词 گفت [guft] "说了"，前已释，不再重复。这个词虽然是波斯语，但在此并非经堂语，也不按波斯语发音，而是按其汉译读为"说"。

续表

小儿锦	拉丁转写	庞氏录文对应内容及韩中文对译	出处	简要说明
باران قو شمال وى بلد ان	bārān qu šimāl wiy balad wan	庞："在渭河北魏城湾。" 韩："雨［于］古（？）北渭城湾。"（博士论文页62）	影印件第18行。	第一个词 باران [bārān] 为波斯语，意为雨，韩中文已根据 "同音相训"的原则，释为"于"。第二个词 قو [qu]，韩中文已释为"古"，不再重复。第三个词 شمال [šimāl] 为阿拉伯语"北"，前已释，不再重复。第四个词 وى [wiy]，为汉语"魏"，或"渭"的音译。第五个词 بلد [balad] 为阿拉伯语"城镇"，前已释，不再重复。最后一个词 ان [wan] 为汉语"湾"，他还专门写明系"渭河北"。庞士谦写小儿锦中并无"渭河"字样。查魏美梅的论文《陕鄂文界地区回族、伊斯兰教考述》中引《魏氏宗谱》记载，当地回族魏姓"祖籍陕西西安府县魏城，于洪武八年迁移湖北武昌邵阳府鄢西县红岩保老水泉"。据魏美梅生，该家谱编于清统二年，为当地魏登云收藏。如果临童清末仍有"魏城湾"的话，庞士谦或指此地。但临童清末之渭水之南，与他本人所述在渭河北不符。韩中文所比附之"渭城湾"，应相当于今西安市北渭河之北咸阳市渭城区之渭城湾村，此地为回族聚居地，亦为胡登洲故乡，其地望与庞士谦上述所述相符。[1]
بسيار	bisyār	庞：此处未译。 韩："非常。"（博士论文页62）	影印件第18行。	该小儿锦乃波斯语副词，译言"很"，"非常"，但在此并非经堂语，应按其汉译直接读为"很"。

[1] 《西北民族大学学报》，2006年第2期。

3. 韩中义总结的重要启示——"同音相训"原则

讨论小儿锦拼法的学者有好几位，多数囿于小儿锦的字母与拼法。而韩中义却别辟蹊径，他在《小经拼写体系及其流派初探》一文中，专辟《小经流派考察》一节，将小儿锦的拼写粗分为两种不同的流派，并分别定名为"陕西派"与"甘肃派"。他继而描述陕西派小儿锦的特点：

> 如"kitāb"，现代词典解释为"书"，而陕西派则解释为"经"，那么"经典"就可以拼为"kitāb diyaan"，而且凡是读音为 jin(g) 的汉字，小经均书为"kitāb"。《回民起义》中的《纪事》，将"泾阳县"就书为"kitāb khurshīd"，这种构词法较为独特，它是将波斯、阿拉伯语和汉语词汇结合而成。有时完全为波斯、阿拉伯语词汇，但不能按原词义去理解，而是翻译汉语词汇音读去理解，这是读通陕西派小经最重要的一把钥匙。若是掌握了这条规律，阅读陕西派小经无疑带来诸多的便利。①

正如韩中义所指出的那样，这是阅读这类小儿锦作品"最重要的一把钥匙"。在笔者进行田野调查时，注意到回族民间学者在小儿锦行文中使用与汉文词对应的波斯文、阿拉伯文，如将"马阿訇"写为"اسب[asb] 阿訇"，"王阿訇"写为"سلطان[sulṭān] 阿訇"。②有些学者对此非常不理解，视为写"白字"。

笔者过去曾整理清代蓝煦所编《天方尔雅》，后因无暇暂时搁置，在从事本研究时，随手翻检，发现有几个非常特殊的例子，如：

---

① 《西北第二民族学院学报》，2005 年第 3 期，页 15。这里提到的"小经"即小儿锦。
② اسب[asb]，波斯语，意为马；سلطان[sulṭān]，阿拉伯语，意为国王、君王。

第 235 词"枫树，درخت باد[dirakht-i bād]，德勒核体，译曰大枫树……"①其实，在波斯语中，枫树称为آچ[āč]或درخت افرا[dirakht-i afrā]。蓝煦所给的这两个词，前者درخت[dirakht]为波斯语，意为树，"德勒核体"即其译音。明四夷馆本《回回馆杂字》"花木门"第 425 词"درخت[dirakht]，树，得勒黑忒"（会同馆本"花木门"第 1152 词译音同）②即此字。而后者باد[bād]亦为波斯语，译言"风"，蓝煦未注音。本文前面在讨论小儿锦《纪事》第 11 行之"凤翔府"时，已涉及此词，兹不重复。这两个词虽然均为波斯语，但连在一起并不能构成"枫树"的意义。特别是其后一部分باد[bād]"风"，显然是因为与汉语"枫"同音而被蓝煦选用的。

《天方尔雅》第 239 词为"漆树，درخت هفت[darkhat-i haft]"。③其实在波斯语中，漆树称为درخت لاک[darkhat-i lāk]，可直译为"腊克树"。蓝煦所给的这两个词，其第一部分如前例所释，不须重复，第二部分هفت[haft]为波斯语，意为七。明四夷馆本《回回馆杂字》"数目门"第 658 词"هفت[haft]，七，哈夫忒"（会同馆本"数目门"第 1600 词译音为"諕伏忒"）④即此字。蓝煦选择它，肯定是因为在汉语中"七"与"漆"同音的缘故。

蓝煦表示"漆树"的方式，引起笔者极大的好奇心。在笔者所接触的资料中，表示"漆"对回回人似有一定难度。在前面问题 2 中我们提到，李殿君字典页 166 列 6 行 10–12 有ى تمام七[qi tamām]"漆泉"。其小儿锦写法中的"ى七"以汉字"七"表示声母 q，与ى[i]相拼，表示"漆"。此外在同书页 90 列 2 行 7 还有سبع[sab'i]"漆"，乃以

---

① 后觉蓝子义译：《天方尔雅》卷二，仁寿镜斋藏版，大清光绪十年（1884）镌本，叶 29。
② 参见拙著：《〈回回馆杂字〉与〈回回馆译语〉研究》，页 185，429。
③ 《天方尔雅》卷二，叶 31。
④ 参见拙著：《〈回回馆杂字〉与〈回回馆译语〉研究》，页 278–279，502。

阿拉伯语 سبع[sabʻ]"七"表示声母，与 ِ['i] 相拼。[1]两人共同之处在于均不约而同地采取汉字七，或其对应波斯语 هفت[haft]"七"，或其对应阿拉伯语 سبع[sabʻ]"七"，来表示"漆"，这应当不是偶然的。

在未联系小儿锦的"同音相训"或"同音互代"原则之前，评介蓝煦的《天方尔雅》时，对上述两个例子只能以蓝煦的波斯文水平有限，写了错字来解释。但考虑到清代回民中广为流传小儿锦的情况后，我们有了新的认识：蓝煦所写的是小儿锦！蓝煦是一位汉、波斯文与小儿锦兼通的经师！

通过以上举例与论证，我们证明了：这种在小儿锦中使用与汉文词对应的波斯文、阿拉伯文词的写法，特别是其中"同音相训"的原则，乃是小儿锦的重要正字法规定，多见于受过经堂教育的人的作品，从南到北、从东到西均如此，而非写"白字"。这对我们进一步揭开这种文字的面纱非常有意义。

二、重新审视李殿君字典中的其他同类例证

回族平常在其族群内部所使用的汉语包含大量波斯语与阿拉伯语词汇，学界多将这些词汇归入"经堂语"，其最重要的特点就是保持其在波斯语与阿拉伯语中的读音。笔者曾经设想过，小儿锦既然是与"回族汉语"平行的书面语，那么其中必定包含了大量的属于经堂语的波斯语与阿拉伯语成分。本文所涉的两篇主要文献——李殿君字典与小儿锦《纪事》中有大量波斯语与阿拉伯语词汇，似乎证明了这一点。如果小儿锦中的波斯语与阿拉伯语词汇是经堂语的话，

---

[1] 详见以下"重新审视李殿君字典"例 26。

它们应当是大致保持其在母语中的读音的,但事情果真是这样吗?

在上文中,我们对所举李殿君字典中的问题通过"同音相训"的原则求得其解的过程,以及对记述清同治年回民起义的小儿锦《纪事》中的例子进行的分析,说明小儿锦中所使用的波斯语与阿拉伯语词汇,并不读其母语的读音。它们不但多数直接按其对应汉译读音,而且还常用以表示与其汉译同音的词。这就是我们所总结的小儿锦中的"同音相训"或"同音互代"原则。这一发现推翻了小儿锦中的波斯语与阿拉伯语词汇属于经堂语的预想,这一点的确是大出人们意外的。

在此基础上,我们有条件再审视一下李殿君字典的波斯语与阿拉伯语词汇。我们将它们按波/阿字母排列,列表加以说明。

(一)字母 ﺍ[alif] 与 ﺍ[hamza]

例 1:水 آب

小儿锦形式	拉丁转写	对应汉文	出处	简要说明
آب تُوغ	āb tungh	水桶	《李殿君》页 130,列 4,行 4。	第二部分 تُوغ[tungh] 为汉语"桶"的音译。
آب جَا	āb jia	水闸	同书页 39,列 3,行 7-9。	第二部分 جَا[jia] 为汉语"闸"的音译。
آب گَاو	āb gāw	水牛	同书页 12,列 1,行 7-9;同书页 117,列 2,行 4。	第二部分 گَاو[gāw] 为波斯语"牛"。释见下文例 36。
آب يَا	āb yan	水淹	同书页 157,列 2,行 16-18。	第二部分 يَا[yan] 为汉语"淹"的音译。
تِءغى آب	tingh āb	清水	同书页 163,列 3,行 13-15。	第一部分 تِءغى[tingh] 为汉语"清"的音译。

续表

小儿锦形式	拉丁转写	对应汉文	出处	简要说明
تیَاآب	tian āb	甜水	同书页160，列1，行1-3。	第一部分تیَا[tian]为汉语"甜"的音译。
خْآب	kh āb	喝水	同书页33，列5，行1-3。	第一部分خْ[kh]为汉语"喝"的音译。
خُوَاآب	khuan āb	黄水	同书页73，列4，行10-12。	第一部分خُوَا[khuan]为汉语"黄"的音译。"黄"字应为后鼻韵母，此处小儿锦拼为前鼻音。
خُوّآب	khun āb	洪水	同书页56，列4，行10-12。	第一部分خُو[khun]为汉语"洪"的音译。"洪"字应为后鼻韵母，此处小儿锦拼为前鼻音。
ژْآب	r āb	热水	同书页139，列4，行10。	第一部分ژْ[r]为汉语"热"的音译。
سَاآب	sa āb	洒水	同书页135，列4，行16。	第一部分سَا[sa]为汉语"洒"的音译。
صْآب	ṣan āb	酸水	同书页57，列5，行13-15。	第一部分صْ[ṣan]为汉语"酸"的音译。
فْآب	fu āb	浮水	同书页138，列2，行16。	第一部分فْ[fu]为汉语"浮"的音译。
قُوّآب	ghun āb	滚水	同书页74，列4，行10-12；同书页124，列2，行1。	第一部分قُوّ[qun]为汉语"滚"的音译。
كُوْآب	kiu āb	口水	同书页136，列4，行7；同书页170，列5，行10-12。	第一部分كُوْ[kiu]为汉语"口"的音译。原作者在小儿锦"口水"出现的两处所举对应阿拉伯语有别。前一处为ريق[rīqi]，后一处为لعَاب[luʻabu]。
لُآب	lu āb	露水	同书页12，列5，行1-3。	第一部分لُ[lu]为汉语"露"的音译。

续表

小儿锦形式	拉丁转写	对应汉文	出处	简要说明
مُو آب	mui āb	墨水	同书页 47，列 1，行 7—9。	第一部分مُو[mui]为汉语"墨"的音译。
ﻍ七 آب	qingh āb	清水	同书页 96，列 1，行 13。	第一部分ﻍ七[qingh]为汉语"清"的音译。其中之"七"用作小儿锦声母，发音相当于汉语拼音声母 q-。
ﻳَ七 آب	qian āb	浅水	同书页 28，列 1，行 1—3。	第一部分ﻳَ七[qian]为汉语"浅"的音译。其中之"七"，释见上。

这些小儿锦词汇的共同部分为آب[āb]，乃波斯语，意为水。明四夷馆本《回回馆杂字》"地理门"第47词"آب[āb]，水，阿卜"即此。此字作为复合词组成部分亦见于同门第84词"پایاب[pā-y āb]，浅，(扒)呀卜"；"身体门"第346词"آب دیده[āb-i dīda]，泪，阿卜·底得"；"花木门"第466词"گلاب[gul-āb]，蔷薇，古剌卜"；袁氏本"地理门"第61词（总第1071词）"山水，寨剌卜"，拟为سیلاب[sail-āb]；同门第62词（总第1072词）"水流，阿必·勒汪"，拟为آب روان[āb-i rawān]；同门第63词（总第1073词）"水深，阿必·母阿克"，拟为آب مغاک[āb-i maghāk]；同门第64词（总第1074词）"水浅，阿必·(扒)丫卜"，拟为پایاب آب[āb-i pāyāb]。[①]小儿锦使用者虽然书写时取波斯文原形آب[āb]，但并不按波斯语发音，仍按对应汉语意义读为"水"。

[①] 参见拙著：《〈回回馆杂字〉与〈回回馆译语〉研究》，页46。

例2：马اسب

小儿锦形式	拉丁转写	对应汉文	出处	简要说明
اسب	asb	马	《李殿君》页13，列2，行7-9；同书页160，列4，行4-6；同书页16，列2，行4-6。	在页13与160，原作者所举对应阿拉伯语为فرس[farsi]；在页16为خيل[khaīli]。

该小儿锦اسب[asb]乃波斯文，意为马。其书写者虽然按波斯文书写，但并不按波斯语发音，而按对应汉语读为"马"。

例3：聋أصَمُّ

小儿锦形式	拉丁转写	对应汉文	出处	简要说明
أصَمُّ	aṣammu	聋	《李殿君》页3，列2，行1-3。	该小儿锦是阿拉伯文表意借词，其书写者虽然写为阿拉伯文，但读出时按对应汉语读为"聋"。

例4：神اوثان

小儿锦形式	拉丁转写	对应汉文	出处	简要说明
اوثان	auṣān	神	《李殿君》页10，列3，行4-6。	该小儿锦虽为阿拉伯文，但使用者读时按对应汉语读为"神"。

（二）字母ب[be]

例5：门باب

小儿锦形式	拉丁转写	对应汉文	出处	简要说明
باب	bāb	门	《李殿君》页76，列2，行13-15。	该小儿锦虽为阿拉伯文，但使用者仍按对应汉语意义读为"门"。

例6：雨（水）باران

小儿锦形式	拉丁转写	对应汉文	出处	简要说明
باران	bārān	雨水	《李殿君》页5，列4，行16-18。	该小儿锦为波斯语表意借词，意为雨。明四夷馆本《回回馆杂字》"天文门"第7词"باران [bārān]，雨，把剌恩"即此；会同馆本《回回馆杂字》"天文门"第4词音译作"把郎"。①
ميًا باران	mian bārān	绵雨	《李殿君》页62，列5，行1-3。	第一部分ميًا [mian]为汉语"绵"之音译。

例6两则小儿锦中的باران [bārān]虽取波斯文原形，但其使用者仍按对应汉语意义读为"雨"。根据我们前面提到的韩中义对小儿锦《纪事》的研究，此词还可能表示与"雨"同音的"于"。

例7：在 بر

小儿锦形式	拉丁转写	对应汉文	出处	简要说明
بر شان	bar šiān	在上	《李殿君》页16，列1，行13-15。	第二部分شان [šiān]的拼法与阿拉伯语شأن"地位"、"官阶"、"尊贵"相同，但它更可能是汉语"上"的音译。小儿锦使用者虽然书写时取波斯文与阿拉伯文原形，但仍按对应汉语意义读为"在上"。
بُوْ بر	bu bar	不在	同书页22，列1，行7-9。	前半部分بُوْ是汉语"不"的音译。

例7两则小儿锦中的بر [bar]为波斯语介词，意为"在……之上，在……"小儿锦使用者虽然书写时取波斯文原形，但仍按对应汉语意义读为"在"。

---

①参见拙著：《〈回回馆杂字〉与〈回回馆译语〉研究》，页31，402。

例8：بیمار病

小儿锦形式	拉丁转写	对应汉文	出处	简要说明
بیمار	bīmār	病	《李殿君》页62，列2，行16-18。	原作者所举对应阿拉伯语为دنفى[danfi]。明四夷馆本《回回馆杂字》"身体门"第350词"بیمار[bīmār]，疾病，别妈儿"即此。①
بیمار	bīmār	病症	同书页6，列4，行16-18；同书页21，列3，行7-9。	原作者在两处所举对应阿拉伯语不一。在页6为مرض[marzi]，在页21为داء[daā'un]。
ژا بیمار	jhan bīmār	染病	同书页130，列1，行10。	第一部分ژا[jhan]为汉语"染"之音译。

例8三则小儿锦中的بیمار[bīmār]为波斯语，意为有病的，病人。小儿锦使用者虽然书写时取波斯文原形，但仍按对应汉语意义，并视其上下文读为"病"或"病症"。

（三）字母پ[pe]

例9：پنج五

小儿锦形式	拉丁转写	对应汉文	出处	简要说明
پنج	panj	五	《李殿君》页61，列2，行1-3。	明四夷馆本《回回馆杂字》"数目门"第656词"پنج[panj]，五，潘知"即此，会同馆本《回回馆杂字》"数目门"第1598词译音同此。《回回历法》述一周七日时提到"攀·闪别"，释为"木五数"，《西域番国志》提到"盘·闪别"，指第七日，均拟为پنج شنبه[panj šanba]。其中之"攀"、"盘"皆为波斯语"五"的音译。②

---

① 参见拙著：《〈回回馆杂字〉与〈回回馆译语〉研究》，页150。
② 参见拙著：《〈回回馆杂字〉与〈回回馆译语〉研究》，页150，502。

按,پنج[panj]为波斯语。小儿锦使用者虽然书写时取波斯文原形，但仍按对应汉语意义读为"五"。

（四）字母ت[te]

例10：ترس 怕

小儿锦形式	拉丁转写	对应汉文	出处	简要说明
ترس	tars	怕	《李殿君》页24，列2，行4-6。	该小儿锦是波斯语，意为畏惧。明四夷馆本《回回馆杂字》增续部分"人事门"第823词"ترسیدن[tarsīdan]，怕，忒儿洗丹"，即此词之动词原形。明会同馆本《回回馆杂字》"人事门"第431词（总第1441词）"怕，忒儿洗丹"注音同。① 元初丘处机西行，经过轮台时，有"迭屑头目来迎"。② "迭屑"即此词的分词ترسا[tarsā]的音译，指敬畏上帝。波斯语动词不定式与动名词，元代又音译为"帖里薛"。

小儿锦使用者虽然书写时取波斯文原形，但并不按波斯语读音，而按对应汉语意义读为"怕"。

例11：تن 身

小儿锦形式	拉丁转写	对应汉文	出处	简要说明
تن	tan	身体	《李殿君》页19，列3，行1-3。	
تن	tan	身材	同书页19，列3，行1-3。	
چوْ تن	čiu tan	抽身	同书页68，列1，行1-3。	前半部分چو是汉字"抽"的音译。

---

① 参见拙著：《〈回回馆杂字〉与〈回回馆译语〉研究》，页339-340，475。
② 《长春真人西游记》，王国维校注本，《海宁王静安先生遗书》，叶28。

例 11 三则小儿锦中的共同部分 تن [tan] 为波斯语，意为身体、躯体。小儿锦使用者虽然书写时取波斯文原形，但理解时直接取其对应汉语意义"身体"，并视不同上下文，分别读为"身体"、"身材"或"身"。

（五）字母 ج [jīm]

例 12：جمال 俊

小儿锦形式	拉丁转写	对应汉文	出处	简要说明
جمال	jamāl	俊	《李殿君》页 8，列 2，行 7–9。	

小儿锦 جمال 乃阿拉伯语，书写者并不按阿拉伯文原文发音，而是按汉语读为"俊"。

例 13：جمع 聚着

小儿锦形式	拉丁转写	对应汉文	出处	简要说明
جمع	jam'	聚着	《李殿君》页 10，列 3，行 1–3；同书页 23，列 5，行 7–9；同书页 70，列 3，行 13–15。	原作者所举对应阿拉伯文不一，页 10 为 ضَمّ [ẓamma]，页 23 为 حَوَى（按，待查），页 70 为 [hawiī]。
جمع ج	jam'ju	聚着	同书页 32，列 2，行 16–18；同书页 48，列 4，行 16–18；同书页 50，列 4，行 16–18；同书页 48，列 5，行 7–9；同书页 32，列 3，行 13–15。	原作者所举对应阿拉伯文不一，页 32 列 2 为 كَشْمُ [kaşmu]，同页列 3 为 كَسْبُ [kasbu]，页 48 列 4 为 ضوط [ẓūţ]，同页列 5 为 كبكب [kabkab]，页 50 为 قمز [qamzi]。此小儿锦后半部分 ج [ju] 是汉字"着"的音译。

例 13 两则小儿锦的共同成分 جمع [jam'] 为阿拉伯语,意为会聚、

经堂语还是表意词 | 293

聚集。小儿锦使用者在书写时虽然取阿拉伯文原形，但并不按阿拉伯语读，而是按其对应汉译读为"聚"，或"聚着"。

例 14：征战 جنک

小儿锦形式	拉丁转写	对应汉文	出处	简要说明
جنک	jank	征战	《李殿君》页 60，列 3，行 1—3。	按波斯文正字法，此词应写为 جنگ [jang]。

该小儿锦取波斯文 جنک [jank]"战争"，但其使用者并不按波斯文原文发音，而是按其对应汉文读为"征战"。

（六）字母 ح [ḥe]

例 15：绳 حبل

小儿锦形式	拉丁转写	对应汉文	出处	简要说明
حبل	ḥabl	绳	《李殿君》页 69，列 3，行 16—18。	

该小儿锦为阿拉伯语，小儿锦使用者虽然书写时取阿拉伯文原形，但仍按对应汉语意义读为"绳"。

例 16：驴 حمار

小儿锦形式	拉丁转写	对应汉文	出处	简要说明
حمار	ḥimār	驴	《李殿君》页 54，列 2，行 16—18；同书页 98，列 4，行 1。	原作者在两处所举对应阿拉伯语不一，页 54 为 ثَوْلَبُ [taūlabu]，页 98 为 إِتَانْ [itaāni]。
ىَ حمار	ia ḥimār	野驴	同书页 53，列 4，行 16—18；同书页 103，列 3，行 13；同书页 102，列 2，行 13；同书页 106，列 2，行 4；同书页 115，列 2，行 13。	原作者在几处所举对应阿拉伯语不一，页 53 与 103 为 اخْدرَى [akhdurī]（按，待考），页 102 为 اتَان [atāna]，页 106 为 اناف [āʼaf]（按，待考），页 115 为 ثَوْلَبُ [taulabu]。第一部分 ىَ [ia] 为汉语"野"的音译。

例 16 两则小儿锦的共同成分 حمار[ḥimār] 为阿拉伯语,意为驴。小儿锦使用者在书写时虽然取阿拉伯文原形,但并不按阿拉伯语读,而是按其对应汉语意义读为"驴"。

(七)字母 خ [khe]

例 17：خنزیر 猪

小儿锦形式	拉丁转写	对应汉文	出处	简要说明
یَخنزیر	ia khinzīr	野猪	《李殿君》页 65,列 1,行 13-15。	第一部分 یَ [ia] 为汉语"野"的音译。

该小儿锦后半部分 خنزیر[khinzīr] 为阿拉伯语表意借词,指猪。小儿锦使用者虽然书写时取阿拉伯文原形,但仍按对应汉语意义读为"猪"。

例 18：خوف 怕

小儿锦形式	拉丁转写	对应汉文	出处	简要说明
خَخوف	kha khauf	害怕	《李殿君》页 17,列 4,行 16-18。	第一部分 خَ [kha] 为汉语"害"的音译。

该小儿锦后半部分 خوف[khauf] 是阿拉伯语,意为害怕,惧怕,恐怖,恐惧,胆战心惊。小儿锦使用者虽然书写时取阿拉伯文原形,但仍按对应汉语意义读为"怕"。

（八）字母 د [dāl]

例 19：对头 دشمن

小儿锦形式	拉丁转写	对应汉文	出处	简要说明
دشمن	dušman	对头	《李殿君》页 20，列 3，行 13–15。	

该小儿锦为波斯语，意为敌人。小儿锦使用者虽然书写时取波斯文原形，但并不按波斯语读，而是按对应汉语意义读为"对头"。

例 20：心 دل

小儿锦形式	拉丁转写	对应汉文	出处	简要说明
دل	dil	心	《李殿君》页 29，列 2，行 10–12；同书页 66，列 1，行 10–12。	原作者在两处所举对应阿拉伯文不一，页 29 为 ذهب[zihbu]，页 66 为 ضمير[zamiīra]。
شوْ دل	šau dil	烧心	同书页 25，列 5，行 13–15。	第一部分 شوْ [šau] 为汉语"烧"的音译。

例 20 两则小儿锦的共同成分 دل[dil] 为波斯语，意为心。小儿锦使用者虽然在书写时取波斯文原形，但并不按波斯语读，而是按其对应汉语意义读为"心"。同时，通过我们前面提到的韩中义对小儿锦《纪事》的研究得知，此词还可表示与"心"谐音的"兴"。

例 21：药 دواء

小儿锦形式	拉丁转写	对应汉文	出处	简要说明
دُوْ دواء	du dawā'	毒药	《李殿君》页 17，列 3，行 1–3。	第一部分 دُوْ[du] 为汉语"毒"的音译。

该小儿锦后半部分 دواء 是阿拉伯语，小儿锦使用者虽然书写时取阿拉伯文原形，但并不按阿拉伯语发音，仍按对应汉语意义读为"药"。

（九）字母 ر [rāl]

例 22：路 راه

小儿锦形式	拉丁转写	对应汉文	出处	简要说明
راه	rāh	路	《李殿君》页 55，列 4，行 13–15。	明四夷馆《回回馆杂字》"地理门"第 60 词 "راه [rāh]，路，剌黑"① 即此。明会同馆本《回回馆杂字》"地理门"第 36 词（总第 1046 词）音译亦与此同。元王士点等所编元《秘书监志》记载，在秘书监中任职的回回学者扎马剌丁等人，因编绘元帝国图，需"回回图子"，故派人赴福建行省收集回回图子"纳剌麻"。这里的"纳剌麻"可复原为波斯语 راه نامه [rāh-nāma]，即"行路指南"或"地理书"。这里的 راه [rāh] 即此"剌黑"，意为道路。②
راه دَوْ	rāh dau	路道	《李殿君》页 12，列 4，行 4–6；同书页 15，列 4，行 16–18；同书页 139，列 2，行 4。	原作者在两处所举对应阿拉伯文不一，页 12 与 15 为 طريق [ṭarīīqi]，页 139 为 سبيلي [sabīli]。第一部分 دَو [dau] 为汉语"道"的音译。今汉语西北方言仍称道路为路道，中亚的东干语亦如此。

例 22 两则小儿锦的共同成分 راه [rāh] 为波斯语，意为路。小儿

---

① "巴黎本"在"路"字右侧，有无名学者标音 lou，其下拉丁文释义为 via（道路）。在汉字音译"剌黑"之上标音为 tsee he。如同前面的例子一样，该法国无名学者一直将汉字"剌"注音为 tsee，即误读为"刺"。此字作为复合词组成部分亦见于同门第 65 词（总第 1075 词）"水路，剌吸·白哈儿"，拟为 راه بحر [rāh-i bahr]；第 66 词（总第 1076 词）"旱路，剌吸·拜六"，拟为 راه بر [rāh-bar]；第 67 词（总第 1077 词）"远路，剌吸·都儿"，拟为 راه دور [rāh-i dur]；第 68 词（总第 1078 词）"御路，傻諕·剌黑"，拟为 شاه راه [shāh-rāh]。

② 此点早已为陈得芝教授所揭示，并参见拙著：《〈回回馆杂字〉与〈回回馆译语〉研究》，页 51–52。

锦使用者虽然书写时取波斯文原形,但并不按波斯语发音,却按对应汉语意义读为"路"。

(十) 字母 ﺯ [zāl]

例 23:金 ﺯ

小儿锦形式	拉丁转写	对应汉文	出处	简要说明
ﺯر	zar	金	《李殿君》页11,列2,行4-6。	

该小儿锦为波斯语,意为黄金。小儿锦使用者虽然书写时取波斯文原形,但并不按波斯语发音,而是按对应汉语意义读为"金"。

例 24:女 ﻧﺯ

小儿锦形式	拉丁转写	对应汉文	出处	简要说明
چُوْ زن	ču zan	处女	《李殿君》页111,列2,行16。	第一部分 چُوْ [ču] 为汉语"处"之音译。
سَ زن	sa zan	侍女	同书页106,列1,行16。	第一部分 سَ [sa] 为汉语"侍"之音译。
ش زن	ši zan	侍女	同书页13,列3,行13-15;同书页117,列1,行1。	原作者在两处所举对应阿拉伯文不一,页13为 اَمَة [amati],页117为 جَارِيَة [jāriyati]。第一部分 ش [ši] 为汉语"侍"之音译。
ش زن	ši zan	实[石]女	同书页133,列3,行4。	对应汉文原文为"实",应订正为"石"。"石女"指因性器官先天缺陷,无法正常进行性生活的女子。第一部分 ش [ši] 为汉语"石"之音译。
فُ زن	fu zan	妇女	同书页107,列4,行7。	第一部分 فُ [fu] 为汉语"妇"之音译。

续表

小儿锦形式	拉丁转写	对应汉文	出处	简要说明
گِ زن	gi zan	继女	同书页133,列3,行1。	第一部分 گِ [gi]为汉语"继"之音译。
گِءَ زن	g'i zan	继女	同书页93,列4,行10。	第一部分 گِءَ [g'i]为汉语"继"之音译。

例24中几则小儿锦的共同成分 زن[zan]为波斯语,意为女人,妇女。明四夷馆本《回回馆杂字》"人物门"第149词" زن[zan],妻,簪"即此字。小儿锦使用者虽然书写时取波斯文原形,但并不按波斯语读音,仍按其对应汉语意义读作"女"。

例 25：奸 زنا

小儿锦形式	拉丁转写	对应汉文	出处	简要说明
زنا	zinā	奸	《李殿君》页22,列4,行1—3。	
زنا	zinā	行奸	同书页37,列4,行16—18。	

例25两则小儿锦写法完全相同,为阿拉伯文 زناء[zinā']的俗写形式,意为强奸,只不过对应汉文一为"奸",一为"行奸"。这充分证明,它们在小儿锦中并非经堂用语,其使用者在读写时,考虑的不是该阿拉伯文的读音,而是其对应汉语意义。

（十一）字母 س[sīn]

例 26：漆 سبع

小儿锦形式	拉丁转写	对应汉文	出处	简要说明
سبعء	sab''i	漆	《李殿君》页90,列2,行7。	此小儿锦由两部分组成。前半部分 سبع[sab']为阿拉伯语,意为七；后半部分 ء 表示元音i。前后两部分相拼为"漆"。

经堂语还是表意词 | 299

该小儿锦第一部分以阿拉伯文سَبْع[sabʿ]"七"表示与之同音之汉语声母 q-，充分证明سَبْع[sabʿ]用于小儿锦中时，不是经堂语，也不按阿拉伯文发音，而是直接按其汉译"七"读音，并在此基础上按"同音相训"原则，表示汉语声母 q-。详见前面有关蓝煦《天方尔雅》部分的论述。

例 27：头 سر

小儿锦形式	拉丁转写	对应汉文	出处	简要说明
سر	sar	头	《李殿君》页 12，列 2，行 10-12；同书页 41，列 4，行 1-3。	原作者在两处所举对应阿拉伯文不一，页 12 为رَأْس[raa'si]，页 41 为ضَحْوَة[ẓahwati]，页 55 为صَدْر[sadra]。
تِ سر	ti sar	剃头	同书页 9，列 3，行 7-9。	第一部分تِ[ti]为汉语"剃"之音译。
زيَا سر	zian sar	箭头	同书页 72，列 4，行 4-6。	第一部分زيَا[zian]为汉语"箭"之音译。
ش سر	ši sar	石头	同书页 11，列 5，行 7-9。	第一部分ش[ši]为汉语"石"之音译。
فُ سر	fu sar	斧头	同书页 28，列 3，行 1-3；同书页 62，列 4，行 16-18。	原作者在两处所举对应阿拉伯文不一，页 28 为قَدُوم[qudaūmi]，页 62 为طبر[ṭabr]。第一部分فُ[fu]为汉语"斧"之音译。

例 27 各则小儿锦之共同成分 سر[sar]为波斯语，意为头。明四夷馆本《回回馆杂字》"身体门"第 301 词"سر[sar],头,塞儿"即此；会同馆本《回回馆杂字》"身体门"第 1466 词"头,塞儿"译音同。[①] 可见这是入华回回人习用的词汇。小儿锦使用者虽然书写时取波斯文原形，但并不是经堂语，也不按波斯语拼读，而是按其对应汉语

---

① 参见拙著：《〈回回馆杂字〉与〈回回馆译语〉研究》，页 142，479。

意义读为"头"。

（十二）字母 ش[šīn]

例28：شىء 物

小儿锦形式	拉丁转写	对应汉文	出处	简要说明
لـشىء	li šā'	礼物	《李殿君》页69,列1,行7—9。	第一部分 ل[li]为汉语"礼"之音译。

第二部分 شىء[šā']为阿拉伯语，意为事，物，东西。小儿锦使用者虽然书写时取阿拉伯文原形，但并不按阿拉伯语发音，而按对应汉语意义读为"物"，可见它并非经堂语。

（十三）字母 ف[fā]

例29：فقير 穷

小儿锦形式	拉丁转写	对应汉文	出处	简要说明
فقير	faqīr	贫穷	《李殿君》页17,列1,行13—15；同书页156,列5,行10—12。	原作者在两处所举对应阿拉伯文不一，页17为 إملاق[imlaāqi],页156为 عَوْز['auzi]。
فقير	faqīr	穷	同书页66,列4,行13—15；同书页85,列2,行7。	原作者在两处所举对应阿拉伯文不一，页66为 مَسِكين[masikīni],页85为 عَائِل['aā'ili]。

例29 两则小儿锦为同一条阿拉伯语，指拥有本人和家庭一日需的人，由于疾病和缺乏手艺而陷于困境的人，穷人和托钵僧（迭里威失），但不指赤贫。明四夷馆本《回回馆杂字》"人事门"第231

经堂语还是表意词 | 301

词"فقير[faqīr]，贫，法革儿"即此。① 小儿锦使用者虽然书写时取阿拉伯文原形，但它并非经堂语，不按阿拉伯文发音，而按对应汉语意义，或读为"穷"，或读为"贫穷"，甚至也可能读为"贫"。

（十四）字母 ق [qāf]

例 30：亲奔 قصد

小儿锦形式	拉丁转写	对应汉文	出处	简要说明
قصد	qaṣd	亲奔	《李殿君》页 60，列 5，行 1–3。	对应汉文"亲奔"大约是某种汉语方言词汇，来源待查。原作者所举对应阿拉伯文为يمم[yammama]，查阿拉伯语يمم[yamam]意为打算，意欲，意向（见《新阿汉大词典》，页 2344 左至页 2345 右）。

该小儿锦为阿拉伯语，意为打算，想要。小儿锦使用者虽然书写时取阿拉伯文原形，但它并非经堂语，不按阿拉伯语发音。从此小儿锦的阿拉伯语词源及原作者所举对应阿拉伯语يمم[yammama]，我们可确定其对应汉文"亲奔"的意义应相同。由于使用小儿锦的人所操方言不一，有些人见此词时可能读为"亲奔"，而另一些人则可能按对应汉语意义读为"打算"、"想要"之类。

例 31：赌 قمار

小儿锦形式	拉丁转写	对应汉文	出处	简要说明
قمار	qimār	赌	《李殿君》页 66，列 1，行 4–6。	

---

① "巴黎本"在"贫"字右侧，有无名学者标音 pin，其下拉丁文释义为 pauper（贫穷）。在汉字音译"法革儿"之上标音为 fa ko eulh。参见拙著:《〈回回馆杂字〉与〈回回馆译语〉研究》，页 118。

302 | 多民族中国与古代世界

此小儿锦为阿拉伯语，小儿锦使用者虽然书写时取阿拉伯文原形，但并非作为经堂语使用，不按阿拉伯语发音，而按对应汉语意义读为"赌"。

例32：قيح 脓

小儿锦形式	拉丁转写	对应汉文	出处	简要说明
قيح	qaiḥ	脓	《李殿君》页65，列5，行10–12。	

该小儿锦为阿拉伯语，小儿锦使用者虽然书写时取阿拉伯文原形，但它并非经堂语，不按阿拉伯语发音，而按对应汉语意义读为"脓"。

（十五）字母 ک [kāf]

例33：骄傲，高傲 كبر

小儿锦形式	拉丁转写	对应汉文	出处	简要说明
كبر	kibr	高傲	《李殿君》页48，列2，行16–18。	原作者所举对应阿拉伯语为 فاش [fāš]。
كبر	kibr	骄傲	同书页64，列5，行7–9。	原作者所举对应阿拉伯语为 مزى [mazzā]。

كبر [kibr] 为阿拉伯语，小儿锦使用者虽然书写时取阿拉伯文原形，但并非作为经堂语使用，不按阿拉伯语发音，而是视场合和上下文，按对应汉语意义读为"高傲"或"骄傲"。

例34：大 كبير

小儿锦形式	拉丁转写	对应汉文	出处	简要说明
كبير شُوْ	kabīr šu	大树	《李殿君》页39，列1，行13-15。	第二部分 شُوْ[šu]为汉语"树"之音译。
كبير كس	kabīr kas	大人	同书页51，列4，行10-12。	第二部分 كس[kas]，释见本文第一部分有关李殿君字典之问题6。
كبير ليآن	kabīr lian	大亮	同书页30，列1，行1-3。	第二部分 ليآن[lian]为汉语"亮"之音译。 آن[-ān]在小儿锦中表示开口后鼻韵母-ang。

例34三则小儿锦的共同成分 كبير[kabīr]为阿拉伯语，小儿锦使用者虽然书写时取阿拉伯文原形，但并非作为经堂语使用，不按阿拉伯语发音，而是按对应汉语意义读为"大"。

例35：憎恶 كراهة

小儿锦形式	拉丁转写	对应汉文	出处	简要说明
كراهة	karāhat	憎恶	《李殿君》页65，列4，行10-12。	

该小儿锦为阿拉伯语，小儿锦使用者虽然书写时取阿拉伯文原形，但在此并非作为经堂语使用，不按阿拉伯语发音，而是按对应汉语意义读为"憎恶"。

（十六）字母 گ [gāf]

例36：水牛 آب گاو

小儿锦形式	拉丁转写	对应汉文	出处	简要说明
آب گاو	āb gāw	水牛	《李殿君》页12，列1，行7-9；同书页117，列2，行4。	第一部分 آب[āb]，释见前面例1。

该小儿锦第二部分گاو[gāw]为波斯语，意为牛。明四夷馆本《回回馆杂字》"鸟兽门"第 382 词"گاو[gāw]，牛，高"即此。波斯人的确与中国人一样，把"水牛"视为一种在水中的"牛"，以纯波斯语的方式称为گاو آبی[gāw-i ābī]"水牛"，或گاو بحری[gāw-i baḥrī]"河牛"。而该小儿锦آب گاو[āb gāw]却是入华回回人自创的汉语式组合词汇。问题并不仅在于是否正确地写出波斯文，而是小儿锦使用者在这里虽然写了گاو[gāw]，但并非作为经堂语使用，也不按波斯语发音，而是按对应汉语读为"牛"。

例 37：罪 كناه

小儿锦形式	拉丁转写	对应汉文	出处	简要说明
كناه	kunāh	罪	《李殿君》页 20，列 4，行 13-15；同书页 24，列 2，行 10-12。	按波斯文正字法，此词应写为گناه[gunāh]。明四夷馆本《回回馆杂字》"人事门"第 284 词"گناه[gunāh]，罪，古纳黑"[①]即此。[②] 在笔者所接触的《回回馆杂字》各本中，除"北图回杂本"之外，其余诸本此词波斯文皆写作كناه[kunāh]，其起首辅音گ[g-]之上三点缺失，可见在华回回人将此词写为كناه[kunāh]由来已久。
ظُوَ كناه	çua kunāh	作罪	同书页 56，列 5，行 13-15。	第一部分ظُوَ[çua]汉语"作"的音译。

例 37 两则小儿锦的共同成分كناه[kunāh]为波斯语，意为罪过、过错。小儿锦使用者虽然书写时取波斯文原形，但并非作为经堂语使用，不按波斯语发音，而是按其对应汉语意义读为"罪"。

[①] "巴黎本"在"罪"字右侧，有无名学者标音 tsoui，其下拉丁文释义为 peccatum（罪恶的、过错）。在汉字音译"古纳黑"之下标音为 kou na he。
[②] 参见拙著：《〈回回馆杂字〉与〈回回馆译语〉研究》，页 137。

（十七）字母 م [mīm]

例 38：水 ماء

小儿锦形式	拉丁转写	对应汉文	出处	简要说明
ءماء	'in mā'	饮水	《李殿君》页140，列5，行10。	第一部分 ء['in] 为汉语"饮"的音译。
قُنْماء	ghun mā'	滚水	同书页89，列3，行7。	第一部分 قُنْ[ghun] 为汉语"滚"的音译。

例 38 两则小儿锦中的第二部分 ماء[mā'] 乃阿拉伯语，意为水、汁、液体、流质。小儿锦使用者虽然书写时取阿拉伯文原形，但在此并非作为经堂语使用，不按阿拉伯语发音，而是按对其汉语意义读为"水"。

例 39：同 مع

小儿锦形式	拉丁转写	对应汉文	出处	简要说明
مع	ma'	同	《李殿君》页66，列2，行4-6。	

该小儿锦是阿拉伯语，小儿锦使用者虽然书写时取阿拉伯文原形，但并非作为经堂语使用，在阅读时不按阿拉伯语发音，而是按其对应汉语意义读为"同"。

例 40：妇人 مؤنث

小儿锦形式	拉丁转写	对应汉文	出处	简要说明
مؤنث	mu'annaṣ	妇人	《李殿君》页10，列5，行13-15。	该词若转写为 [mu'annaṣ]，用为语法术语时，意为阴性的，又指女人气的男子；若转写为 [mu'anaṣ]，则指生女孩的妇女。

该小儿锦为阿拉伯语，小儿锦使用者虽然书写时取阿拉伯文原形，但并非作为经堂语使用，不按阿拉伯语发音，而是按其对应汉语意义读为"妇人"。

例 41：中 ميان

小儿锦形式	拉丁转写	对应汉文	出处	简要说明
ميان نيًا	mīyān nian	中年	《李殿君》页 5，列 5，行 7-9。	明四夷馆本《回回馆杂字》"方隅门"第 640 词"ميان [mīyān]，中，米呀恩"，会同馆本《回回馆杂字》"身体门"第 1485 词及"通门门"第 1626 词"中，米洋"，即此词之第一部分。第二部分 نيًا [nian] 为汉语"年"的音译。

该小儿锦第一个词 ميان [mīyān] 为波斯语，意为中间。小儿锦使用者虽然书写时取波斯文原形，但并非作为经堂语使用，不按波斯语发音，而是按其汉语意义读为"中"。

（十八）字母 ن [nūn]

例 42：星 نجم

小儿锦形式	拉丁转写	对应汉文	出处	简要说明
نجم	najm	星	《李殿君》页 48，列 5，行 10-12；同书页 56，列 4，行 13-15；同书同页列 5，行 16-18；同书页 78，列 5，行 16-18。	原作者在几处所举对应阿拉伯文不一，页 48 为 دُرّى [durraī]，页 56 列 4 为 زَحلي [zahli]，同页列 5 为 مَريخ [mariīkhi]，页 78 则为 ثاقب [ṣāqibu]。

该小儿锦为阿拉伯文，意为星辰。小儿锦使用者虽然书写时取

阿拉伯文原形，但并非作为经堂语使用，不按阿拉伯语发音，而是按对应汉语意义读为"星"。

例43：铜 نحاس

小儿锦形式	拉丁转写	对应汉文	出处	简要说明
نحاس	naḥās	铜	《李殿君》页33，列5，行16-18。	

该小儿锦为阿拉伯文，指黄铜或紫铜。小儿锦使用者虽然书写时取阿拉伯文原形，但并非作为经堂语使用，不按阿拉伯语发音，而是按其汉语意义读为"铜"。

（十九）字母 ى [Yey]

例44：一 یک

小儿锦形式	拉丁转写	对应汉文	出处	简要说明
یک	yak	壹	《李殿君》页19，列3，行16-18。	前面小儿锦《纪事》中，亦以此词表示"一"。
یک بَا	yak ba	一把	同书页45，列3，行1-3。	第二部分 بَا [ba] 为汉语"把"的音译。
یک کوْ	yak kiu	一口	同书页41，列5，行13-15；同书页170，列4，行16-18。	第二部分 کوْ [kiu] 为汉语"口"的音译。

例44三则小儿锦中的共同部分 یک [yak] 为波斯语数词"一"。小儿锦使用者虽然在书写时取波斯文原形，但在此处并非作为经堂语使用，不按波斯语发音，而是按其对应汉语意义直接读为"一"。

例 45：日 يوم

小儿锦形式	拉丁转写	对应汉文	出处	简要说明
خُوَغ يوم	khuang yawm	红日	《李殿君》页 28，列 5，行 13。	第一部分 خُوَغ [khuang] 为汉语"红"的音译。
خُو ّيوم	khun yaum	红日	同书页 105，列 1，行 4。	第一部分 خُو [khun] 为汉语"红"的音译。"红"字应为后鼻韵母，此处小儿锦拼为前鼻音。
ظُوَ يوم	çua yaum	昨日	同书页 100，列 3，行 7。	第一部分 ظُوَ [çua] 为汉语"昨"的音译。
م يوم	min yaum	明日	同书页 111，列 3，行 16。	第一部分 م [min] 为汉语"明"的音译。"明"字应为后鼻韵母，此处小儿锦拼为前鼻音。
يوم ش	yaum ši	日蚀	同书页 44，列 1，行 13–15；同书页 168，列 3，行 7–9。	第二部分 ش [ši] 为汉语"蚀"的音译。
يوم لوَ	yaum lua	日落	同书页 52，列 1，行 13–15；同书页 157，列 4，行 16–18。	原作者在几处所举对应阿拉伯语不一，页 52 与 157 为 غُرُوُبُ [ghuruūbu]，页 42 为 أقل [afal]。第二部分 لو [lua] 为汉语"落"的拼音。

例 45 几则小儿锦中的共同部分 يوم [yawm] 为阿拉伯语，意为天、日子（但并非表示太阳的"日"）。小儿锦使用者虽然在书写时取阿拉伯文原形，但在此处并非作为经堂语使用，不按阿拉伯语发音，而是按其对应汉语意义直接读为"日"。

三、并非小儿锦独有的现象——代结语

通过我们上面的举例与研究已经可以看出，小儿锦中使用的波斯语与阿拉伯语词汇的用法与读法，是一个迄今尚未引起民族语文学界重视的相当特殊的问题。下面我们对它试作一番探讨。

（一）不是经堂语是什么？——界定：表意文字

我们已经肯定，小儿锦中出现的波斯语与阿拉伯语词汇，根本不按波斯语或阿拉伯语的拼写诵读。初次接触这一现象时，笔者的确有大出意外的感觉，因为它挑战了既往回族学界所习见的回族所操汉语中使用的波斯语与阿拉伯语属于"经堂语"的概念。那么，人们不禁要问，这种用法如果不能被经堂语的概念涵盖，它们又属于什么现象呢？这里有必要提及"表意文字"的概念。

1. 何谓表意文字？——回顾索绪尔的定义

"表意文字"的提法非中国传统学术概念，乃系舶来。瑞士语言学家费尔迪南·德·索绪尔（Ferdinand de Saussure，1857—1913）认为，"只有两种文字体系"，一种为表意体系，一种为表音体系。至于后者，他说："一个词只用一个符号表示，而这个词却与赖以构成的声音无关。这个符号和整个词发生关系，因此也就间接地和它所表示的观念发生关系。这种体系的典范例子就是汉字。"[①]

"表意文字"在英语中为 ideogram 或 logograms，在法语中为 idéogramme，在德语中为 Ideogramm，在俄语中为 идеогрфия。它们均源自希腊语的 idea "主意"、"观念"与 graph "写"、"画"之组合，虽然可直译为"书写观念"，[②]但仍有其具体意义。《现代

[①]《普通语言学教程》（*Cours de Linguistique Generale*），《汉译世界名著丛书》，高名凯译，岑麒祥、叶蜚声校注，商务印书馆，1999 年，页 50—51。
[②] 邓福禄：《表意文字说源流述略》，《海南大学学报》，2001 年第 4 期，页 76。

高级英汉双解辞典》对 ideogram 的解释为：ideograph, written or printed character that symbolizes the idea of a thing without indicating the sounds that make up the word (e.g. as used in Chinese writing)，[1]此言"表意文字乃指所写出或印制的表示事物概念，而不指出该词所表示之语音的字"。《克鲁格德语词源学词典》则对 Ideogramm 释曰：per. fach. (< 19. Jh.). In der Wissenschaftssprache gebildet, um ein Schriftzeichen zu benennen, das einen Inhalt (eine Idee) repräsentiert, und nicht (oder nicht von vorneherein) auf die Lautform Bezug nimmt,[2]译言"表意文字在学术语言中用于指一种代表一种内容（一种意识），而不（或不是从一开始就）涉及其语音形式的文字"。质言之，表意文字是一种表意不表音的文字。

查阅国人著述，发现在索绪尔的表意体系与表音体系两分法之外，另划出了一类象形文字。那么象形文字与表意文字之间是什么关系呢？马学良先生主编的《语言学概论》写道：

> 象形文字可以让人看图识字，望文生义，即使不懂语言的人也可以猜到几成。但是它有严重的缺点，就是不能完满地记录语言。因为一些代表具体实物、有形可象的词可以记录，而对那表示抽象概念无形可象的词就束手无策了。要记录这些词，必须另找出路，于是表音文字就应运而生了。
>
> 表意文字不是直接把客观事物画出来，而是画一些图形符号让人们去体会其中的意思。汉字会意字被认为是典型的代表。

---

[1] A.S. Hornby, E.V. Gatenby, H. Wakefield, *The Advanced Learner's Dictionary of Current English*, Oxford University Press, 1970, p. 527.

[2] *Kluge Etymologisches Wörterbuch der deutschen Sprache*, 23., erweiterte Auflage, Bearbeitet von Elmar Seebold, Walter de Gruyter, Berlin. New York, 1999, S. 393.

作者接着举证,如人靠着树是"休",太阳已下落到草丛中是"莫"(暮)等。①

索绪尔认为表意体系的典型是汉字,而非拼音文字,这一点虽然与我们所接触的小儿锦不相同,但他概括的表意体系所使用的符号只表述词语的意义,不表述其语音的结论,却与我们在研读小儿锦文献中所遇到的波斯语与阿拉伯语词汇的状况很相似,如果我们将这些词汇视为索绪尔所描述的"符号"的话。

2. 小儿锦与其他拼音文字有何不同?

索绪尔接着表示,他所讨论的重点不是表意体系,而是表音体系。我们所研究的小儿锦恰是拼音文字,应当是切合索绪尔的主题的。使用拼音字母的文字中的外来词诵读规则,最常见的当属英语中使用的法语词汇和拉丁语词汇,它们与英语本族词汇用同样的字母拼写,混在一起使用,基本上按英语的读音规则发音,不注意语源的人在学习英语时一般根本注意不到,它们原本不是盎格鲁—撒克逊语词汇。现代波斯语在外形上与小儿锦有几分相似,它全盘接受了阿拉伯文的 28 个字母,另外自创了 4 个字母。它约有一半的词汇来自阿拉伯语,均按略经改造的阿拉伯语读音规则发音,与其在阿拉伯语中的语音差别有限。另一个可以与小儿锦相对照的是察合台文(现代维吾尔文与乌兹别克文的前身),它也使用波斯/阿拉伯字母,有一半以上的词汇来自波斯语与阿拉伯语。这些非突厥语来源的词汇均大致按其在波斯语与阿拉伯语中的拼法诵读。也就是说,这些文字虽然是拼音文字,但不存在读音与拼写不相符的现象。

---

① 马学良主编,严学宭审订:《语言学概论》,华中工学院出版社,1985 年第 2 版,页 214。

可是本文所讨论的小儿锦呢？小儿锦的字母是以阿拉伯/波斯字母为基础，加上几个自创字母构成的。其中的波斯语与阿拉伯语词汇，从形式上看与小儿锦其他部分的文字使用的字母基本相同，如果按大致相同的规则或略经改造的规则拼读，这些词本应与其所源出的母语词发音一致或相近，与上面提到的英语、波斯语、察合台语的情况一样，进而也就与学界所关注到的回族内部所使用的"回族汉语"（"回腔"）中包含的"经堂语"中的波斯语、阿拉伯语相一致了。可小儿锦却偏偏不是这样。我们因此得出结论：小儿锦与上述其他拼音文字使用外来语的根本区别在于，多数文字中的外来语词汇与其拼写是一致的，而小儿锦则相反，其中的波斯语与阿拉伯语词汇不按其字母拼读，而按其汉语意义来读。如果说索绪尔这样的经典作家对我们有何启示的话，那就是：我们所举的这些例子说明，小儿锦中存在"拼读不一致"的现象。

3. 索绪尔对"拼读不一致"现象的解释

人们不禁要问，小儿锦中外来词的读法为什么与其拼写不一致？这是一种非常特别的现象吗？在研究中遇到问题时，查检经典作家的著述是必经的途径。因此当我们遇到前文例证中所显示的小儿锦中波斯语、阿拉伯语词汇的拼写与读音不一致的现象时，向索绪尔的著述寻找答案便是理所当然的。对这种现象，索绪尔如何解释呢？他在论"写法和发音发生龃龉的原因"时，主要讨论的是拼音文字。他表示原因很多，谈及最重要的是："首先，语言是不断发展的，而文字却有停滞不前的倾向，后来写法终于变成了不符合于它所应表现的东西。在某一个时期合理的记音，过了一个世纪就变成不合理的了。"而他所提到的其他原因，包括"当一个民族借用它的字母的时候，这一书写体系的资源往往不能适应它的新任务，于是不得不求助一些随机应变的办法,例如用两个字母表示一个声音",此外还有对词源的错误追溯。①

很显然,小儿锦中的外来语拼写不一致现象,不是因为回族群体所操汉语本身产生变化,而小儿锦文字进化较慢,小儿锦字母不能合理地拼写波斯语与阿拉伯语词汇以及对上述词汇词源的追溯讹误造成的。故而,索绪尔这番话的题目虽然很吸引人,但其述文对解释我们上面提到的例子毫无帮助。

还应指出,我们虽然举出了不少小儿锦中拼读不一致的现象,但并未从根本上否定小儿锦是一种拼音文字。这是因为,小儿锦在拼写汉语词汇时,基本反映了其写作者的口音。拼读不一致的现象,主要存在于使用波斯语与阿拉伯语词汇时。换而言之,主要在于小儿锦使用外来词时有些特殊。

(二) 是小儿锦独有的现象吗?

1. 对比日语汉字的"训读"

据笔者查检,国内专门介绍表意文字者为前引邓福禄的文章,而多数涉及表意文字的研究,可粗分为三类:一类与前面所引述的《现代高级英汉双解辞典》的释文一样,主要讨论的是汉字与表意文字的关系;②第二类是讨论部分中国少数民族文字是否属于表意文字

---

① 上引《语言学概论》,页 52-53。
② 如李胜华:《"表意文字说"的理解误区》,《吉林省教育学院学报》,2010 年第 12 期;刘影:《表意文字与表音文字浅析》,《哈尔滨学院学报》,2004 年第 4 期。

的问题；①第三类是介绍日语中汉语借词的读法。②

上述第二类文章中尚未发现与本研究有关者，而第三类有关日语汉字读法的论文却提示我们，小儿锦中外来词拼写与读音不一致的现象并非独有。

日本本无文字，公元 3 世纪从中国引入汉文后才开始有书面语。未学过日语的人初看日文，第一印象是日文使用大量汉字，其意义大部分能理解。但学了日语后，便发现日语不但语法与汉语完全不同，就是其中汉字的读音也分为音读与训读两种读法。所谓音读，质言之便是按照这个词的汉语读音读（当然不是按当今普通话的读音，而是按当时借入此字时的汉语方音来读）；至于训读，则是按日本本土同义语汇的读音来读，换而言之，在训读时只取汉字义，而读日语音。如"手"读为て [te]，"人"读为ひと [hito]，"足"读为あし [ashi]，"目"读为め [me]，"口"读为くち [kuti]，"耳"读为みみ [mimi]，"松"读为まつ [matsu]，"竹"读为たけ [take]，"梅"读为うめ [ume]，姓氏"山田"中的"山"读为やま [yama] 等等。

两相对照，我们发现日语汉字的训读，与小儿锦中波斯语、阿拉伯语词汇读其相应汉译的读音是非常相似的。所不同之处大约有两点：其一，小儿锦中的波 / 阿语词汇本身与小儿锦一样，是拼音文字；而日语中的汉字为表意文字。其二，迄今尚未发现小儿锦中的波 / 阿语词汇按经堂语发音的例证；而在日语中，同一个汉字既

---

① ［波兰］哈妮娜·瓦斯蕾丝卡著，李平凡译：《表意文字还是表音文字——对古彝文文字的类型识别》，《西南民族学院学报》，2000 年第 7 期；和志武：《试论纳西象形文字的特点——兼论原始图画字、象形文字和表意文字的区别》，《云南社会科学》，1981 年第 3 期。
② 黄来顺：《关于中日汉字词的差异及其交流》，《外语研究》，1994 年第 3 期（总第 41 期）；黄鹤鹤：《日语汉字》，《科技信息》（人文社科），2011 年第 8 期；邵峰：《日语汉字特征的分析》，《湖南工业大学学报》（社会科学版），2008 年第 4 期。

可能训读，也可能音读。

2. 马氏墓志中的例证

那么，在拼音文字中，有无与小儿锦一样，原文照抄外族语汇，但读音却不按该词所出的母语，而仍按借入者语言的对应意义发音的现象呢？其实我国就有。1955年冬，陕西省文物管理委员会于西安市土门村附近发现唐苏谅妻马氏墓志。志石正面上半刻有某种外国文字，横书6行；下半为汉文，直书7行。该志石现展于西安碑林博物馆。陕西省文物管理委员会的报告发表于《考古》1964年第9期，报告后面附有夏鼐先生的《苏谅妻马氏墓志跋》。夏文对墓志汉文铭文作了详尽的考释。墓志的外国文字部分，夏鼐先生向日本樋口隆康教授请教，樋口教授委托当时京都大学伊藤义教博士研究。①伊藤博士确定志石的外国文字部分为中古波斯语之巴列维文（Pahlavī）。这种文字所表达的中古波斯语，从语法层面观察，已很接近当代行用于伊朗、阿富汗与塔吉克斯坦的新波斯语（New Persian），但在词汇上两者有明显区别。巴列维文所使用的大多数是纯波斯语词汇，而新波斯语中有近半词汇取自阿拉伯语。

由于古代波斯文化受到古代西亚文明的强烈影响，巴列维文不但字母直接源于西亚的阿拉美字（Aramaic Scripts），而且还输入了阿拉美文中大量作为表意符号使用、依阿拉美文原文照书的闪米特语（Semitic，与阿拉伯—希伯来语相近的一种古代西亚语言）词汇。这些原文照抄的表意词，意义保持原闪米特语词义不变，而读法则按中古波斯语的相应词发音，与今天日语中汉字训读的情况很相似。这方面《苏谅妻马氏墓志》巴列维文志文也不例外。

---

① 伊藤义教：《西安出土汉、婆合璧墓志婆文语言学试释》，《考古学报》，1964年第2期。

兹先录写其前 4 行巴列维文志文如下。由于巴列维文的志文中包含表意词，故在志文拉丁转写之下，附注其语音，再逐字注出汉译：

行 1　ZNH　w'spuhr　'nwšrwb'n　m'syš　y　BRTH　y　'nwšrwb'n
　　　ēn　　vāspuhr　anōšarvān　Māsīš-i　　duxt-i　　anōšarvān
　　　此　　王族　　　逝者　　　马昔师　　女儿　　　逝者
　　　　　　　　　　　　　　　（人名）

行 2　prtwmspa' y　syčn'sy　y　MN　swryn　ŠNT　CC　W　XL　y　'nwšrwb'n
　　　fratomasp-i　Sizinsai　i　hāč　Sūrēn　'sāl　200　ut　40　i　anōšarvān
　　　骑兵之长　　左神策　　　出自　苏谅　年　　二百　及　四十　　已逝的

行 3　yzdkrt W　ŠNT　CCLX　y　tnyk'n　ŠNT　XV　y　hmy　pyrwčkr
　　　Yazdkart ut　'sāl　260　i　Tanīkān　'sāl　15　i　hamē　pērōžkar
　　　神所作及　　年　二百六十　唐朝的　年　十五　总是　获胜的
　　（伊嗣侯）
　　（人名）

行 4　hwt'y　bwrč'wnd　hm twn　W　BYRT spndrmt　　W　YWM spndrmt
　　　xwatāy　varčāvand　Ham-ton ut 'māh Spandarmat ut 'rōč Spandarmat
　　　君王　　崇高的　　咸通　　及　月　十二月　　及　日　五日
　　　　　　　　　　　　　　　　　（伊朗历）

第 1 行第 1 个字 ZNH 是表意文字，代表的是闪语近指指示代词"这"；但它并不按闪语拼读，而按中古波斯语对应词读作 ēn，今波斯语为 این[īn]，译言"此"、"这"或"这个"。本行倒数第 2

经堂语还是表意词 | 317

字BRTH，亦为闪语表意词，读作duxt，译言"女儿"，今波斯语作دختر[dukhtar]。①

第2行第4个字MN为闪语介词，书写时取闪语原形，相当于今阿拉伯语من[min]，表示时间与空间的起点；但在这里并不按闪语发音，而是读作hāč，相当于今波斯语از[az]，译言"从……中"，"出自……"，因此它在这里是表意词。本行倒数第6个字与第3行两次出现的ŠNT，亦为闪语表意词，意为"年"，相当于今阿拉伯语سنة[sanat]，译言"一年"；但它在此并不按闪语拼读，而是按中古波斯语读为'sāl，相当于今波斯语سال[sāl]。

第4行第5个字W为闪语，此言"和"、"与"，相当于今阿拉伯语و[wa]；但它在行文中却读为中古波斯语的对应词ut，意思当然也是"和"、"与"。本行第6个字BYRT乃闪语，译言"月"、"月份"；它在这里按中古波斯语读作māh，今波斯语相同，为ماه[māh]，译言"月份"、"月亮"。本行倒数第2个字YWM乃闪语表意词，意为"天"、"日子"，相当于今阿拉伯语يوم[yawm]；但它并不按闪语拼读，而是按中古波斯语读作rōč，译言"日子"，在今波斯语中为روز[rūz]，意义相同。②

由此可见，巴列维文也是一种在某种情况下拼读不一致的文字，且两者不一致的情况只出现在外来词的拼读之中。巴列维文是拼音文字，它在借用闪语词汇时，不按该词在原先母语中的读音，而按该词在中古波斯语，即借入语言中的对应词来读。这一点与小儿锦非常相似。

既然表意词并非独现于小儿锦中，那么小儿锦有何特殊之处

---

① 即今德语表示"女儿"的Tochter，英语daughter，俄语дочь的同源词。
② 有关此墓志的前人研究，详见拙文：《唐苏谅妻马氏汉、巴列维文墓志再研究》，《考古学报》，1990年第3期。

呢？其独特之处在于表意词使用中的"同音相训"或"同意互代"现象。这一点恐怕与汉语中存在大量同音词的特点有关。

3. 汉—伊斯兰文化交融的结果

宋代学者郑樵在其《通志》中有《论梵华》，分为上、中、下三节，讨论使用表意文字——汉文的中国人与使用拼音文字（也即表音文字）——梵文的印度人之间的异同，其下曰：

> 梵人别音在音不在字，华人别字在字不在音。故梵书甚简，只是数个屈曲耳，差别不多，亦不成文理，而有无穷之音焉；华人苦不别音，如切韵之学，自汉以前人皆不识，实自西域流入中土，所以韵图之学，释子多能言之，而儒者皆不识起例，以其源流出于彼耳。华书制字极密，点画极多；梵书比之实相辽邈。故梵有无穷之音，而华有无穷之字；梵则音有妙义，而字无文彩；华则字有变通，而音无锱铢。梵人长于音，所得从闻入，故曰：此方真教体，清净在音闻；我昔三摩提，尽从闻中入；有目根功真少，耳根功真多之说。华人长于文，所得从见入。故天下以识字人为贤智，不识字人为愚庸。①

郑樵所概括的"梵人长于音，所得从闻入"，"华人长于文，所得从见入"，点明了表意与表音两种文字的根本差别，即：中国人使用汉文时，依字形取意，识字不多者，哪怕念白字，也能基本了解字意，质言之，字形与字义之间联系的通道主要是视觉判断力；而拼音文字依靠拼读字母后产生的语音来获取词义，换而言之，文字

---

① （宋）郑樵：《通志》卷三十五，清浙江书局本。

与词义之间的联系主要通过口与耳的语音判断力。

小儿锦是拼音文字，如果小儿锦中的波斯／阿拉伯语词汇是经堂语，其拼写与读法一致的话，使用者理应如郑樵所言"所得从闻入"。但本文所讨论的现象却恰恰相反。小儿锦中的波斯／阿拉伯语词汇属于表意词，只表示意义，不按其母语拼音读，而按其对应的汉译读，也就是所谓"所得从见入"。

因此，我们的结论是：小儿锦是拼音文字，但它不是一般意义的汉语拼音，它是兼具表音（"所得从闻入"）与表意（"所得从见入"）两种截然相反的定义的拼音文字。这一点是索绪尔在给出表意与表音两种文字体系的定义时所完全没有想到的。

此外，小儿锦使用者时而对这些表意词所作的"同音相训"的改造，使得小儿锦中的波斯／阿拉伯语表意词虽然首先要通过"所得从见入"的手段获取其初始意义，但还要更进一步依靠同音词，即"所得从闻入"的语音辨别手段来获取其最终意义。"同音相训"的原则，多少包含了表音的成分，这一点不但区别于一般的表音文字（拼音文字），也是大出郑樵有关拼音文字使用者"所得从闻入"经典论断之意外之处。

那么，是什么造成了小儿锦这些独特之处？

笔者以为，原因之一在于，入华回回群体一身兼具汉与伊斯兰两种文化。伊斯兰文化传统体现在：（1）回回人创制的小儿锦选择了拼音的方式书写；（2）小儿锦使用波斯／阿拉伯文字母；（3）小儿锦使用源自波斯语与阿拉伯语的表意词。汉文化传统则体现在：（1）小儿锦文字所赖以产生的语言土壤是汉语；（2）小儿锦所借用的波斯语与阿拉伯语词汇，按其对应汉译诵读；（3）表意词凭借汉语"同音相训"的原则扩展其意义。

原因之二在于，小儿锦的创制者不是回回人中像萨都剌、高克恭、丁鹤年与迺贤那样高度汉化的群体，其使用者也不是刘智、王岱舆那些回儒兼通的学问家，而是受汉文化教育程度较低的普通群众。

这些结论对认识小儿锦的历史有何意义呢？它充分证明，小儿锦的创制时间是在其使用者入华、回回人的母语已经完全转为汉语的时代，因而不能上溯过远，明代中期大致应是一个合理的推测。

古代东西方交流中的马匹

新石器时代,中国所在的东亚大陆野马广为散布,曾为原始人类猎取为食。距今7000年至4500年前,欧亚大陆的游牧民族首先将野马驯化为家马,并渐次传入中原农耕区,晚商以后文化遗址中出土的马的遗骸越来越多,如河南安阳殷墟与山东临淄春秋时期大型马葬遗址。

马匹作为重要的驼畜,春秋以前在中原主要用于牵引战车,赵武灵王向匈奴学习"胡服骑射"之后,更多地用于骑乘。由于自然条件所限,中原农耕区繁衍的马匹不但从数量上不能满足需要,且品种易退化,因此需从临近的蒙古高原输入。蒙古马,是世界上较为古老的马种之一,体格不大,但身躯粗壮,四脚坚实,耐力好,能够在艰苦恶劣的条件下生存。

汉武帝时,为对抗匈奴,派张骞出使大月氏。张骞路过大宛,了解到当地最为出名的物产是骏马。这种马与中原习见的蒙古马差异明显,身长体高,速度耐力兼备,是极为优良的战马。汉使看到这种马前膊流出的汗水中有血,感到奇怪,汉《郊祀歌》描写道"霑赤汗兮沫流赭"[①],便以"汗血马"名之,又称"天马"。汉武帝为求"天马",数次向大宛遣使,而大宛不仅不答应,且杀害汉使,引起汉将

---

① (汉)司马迁:《史记》卷二十四《乐书二》,中华书局标点本,第1178页。

李广利两次率军征讨，最终如愿获上等良马数十匹，中等以下的雌雄马3000余匹而归。

汗血马的引进数量毕竟有限，而以良种西域名马与蒙古土种马杂交可使后代改良性状。汉以后，汗血马仍然不断输入中原。伊斯兰化以前，大宛居民属粟特族，其语言为中古东部伊朗语。据南宋李石《续博物志》卷四记载，唐天宝中，大宛进汗血马六匹，一曰红叱拨，二曰紫叱拨，三曰青叱拨，四曰黄叱拨，五曰丁香叱拨，六曰桃花叱拨。玄宗为之"制名，曰红〔玉〕辇，曰紫玉辇，曰平山辇，曰凌云辇，曰飞香辇，曰百花辇"①。此处提到六匹汗血马番名中的"叱拨"，在唐代是流布甚广的外来词，源于中古波斯语asp，意为"马"，至宋尚有人使用。"汗血马"在元明两代称为"阿鲁骨马"（Arghumaq），又名"小西马"，仍然是中亚各部进献中原皇帝的主要贡品之一。这种良马至今犹存，即阿哈尔捷金马，主要饲养于吉尔吉斯斯坦与土库曼斯坦。

除中亚之外，漠北也是中原良马的重要来源。《旧唐书·铁勒传》载，蒙古高原西北部的骨利干，于贞观中"献良马十匹"，"太宗奇其骏异，为之制名，号为十骥：一曰腾霜白，二曰皎雪骢，三曰凝露骢，四曰悬光骢，五曰决波騟，六曰飞霞骠，七曰发电赤，八曰流金䭾，九曰翺麟紫，十曰奔虹赤"②。唐代来自中亚的良马在当时口碑中最知名者，乃为唐太宗所喜爱的六匹骏马，太宗逝后，为之刻像陪葬，称为昭陵六骏。按宋敏求《长安志》卷十六《昭陵图说》，六骏的顺序分别是青骓、什伐赤、特勤骠、飒露紫、拳毛䯎、白蹄乌。③

---

① （清）陈逢衡疏证，唐子恒点校：《〈博物志〉疏证》，卷四，凤凰出版社，2017年，第108页。
② 中华书局点校本，第5349页。
③ （清）乾隆四十九年镇洋毕氏灵岩山馆刻《经训堂丛书本》，《宋元方志丛刊》，中华书局，1990年，第172页。

其中，特勤骠中的"特勤"，为突厥语 tegin 的音译，指可汗弟子；"什伐赤"之"什伐"，或为上述"叱拨"之唐代音译，即伊朗语"马"。

蒙元是域外良马进入中原的另一个重要时代。由于蒙古帝国地跨亚欧大陆，其西北与中欧相接，西南临地中海，因此元代对遥远地域的良马有了更多认识，知道除了中亚的汗血马（即阿鲁骨马／小西马）以外，还有产于阿拉伯与地中海地区更好的脱必察马，即"大西马"。《元朝秘史》第 274 节记元太宗窝阔台派搠儿马罕西征时提到："阔勒温都儿（脚高）脱必察兀惕（西马每）。"此处提到的脱必察兀惕 tobča'ut 是 tobičaq 的蒙古语复数形式，其前置定语形象地勾画出这种"西马"的体态：秀颈高脚。刘郁《西使记》云，报达（阿巴斯王朝，即黑衣大食都城巴格达）国所产阿拉伯名马曰"脱必察"①，即此。元世祖即位之初，中亚的察合台兀鲁思汗八剌向旭烈兀之子阿八哈统治的伊利汗国遣使，求脱必察马。之后不久，他与窝阔台后王钦察联兵入侵伊利汗国控制下的呼罗珊（今阿富汗、伊朗与土库曼斯坦三国交界地域），伊利汗阵营中当初随旭烈兀一同西征的从察合台汗国征发的将领札剌亦儿台向其旧主八剌进献的脱必察良马，要好于其向钦察进献者，此举竟引起中亚两王的交恶与分裂，成为入侵呼罗珊之役失败的重要原因。今存明《高昌馆课》中也多次提及西域向明朝进贡"大西马"，在对应的畏兀儿文表文中，写作 topčaq，即元代之"脱必察"。而"大西"则指传统的西域之西，即地中海周围地区以至欧洲，明以后称"泰西"。

由于看惯矮小蒙古马的蒙元贵族非常珍视"西马"，有些回回商人投其所好，远赴西亚购取，花费巨大。元仁宗即位之初，监察

---

① 顾宏义、李文点校：《金元日记丛编》，上海书店出版社，2013 年，第 148 页。释见陈得芝《刘郁〈（常德）西使记〉校注》，《中华文史论丛》，2015 年第 1 辑，第 99 页。

御史哈散沙奏请禁止，得到仁宗的批准。但实际上，延祐七年（1320）仁宗去世后，察合台兀鲁思汗怯别每年都数次遣使进西马等方物，元亦给以年例或回赐，其中仅泰定二年（1325）一次就赐钞四万锭。

　　成宗大德年间，罗马教廷派长老孟德高维奴来大都传教。他留元期间，与元朝的基督教徒，主要是来自今内蒙草原的说突厥语的汪古人与来自高加索地区的阿速人（亚速海由此得名，即今俄罗斯与格鲁吉亚的奥塞梯人，说伊朗语）往来密切。他死后，阿速人向教廷致信，要求再派教士。于是教皇派马黎诺里为使，途中历时四年，终于在1342年抵达上都。当时欧洲被元人称为拂朗，即波斯语Franq的音译，是穆斯林对十字军的称谓，即"法兰克"。教皇赠给元顺帝的礼物是一匹骏马，此事在当时极为轰动。顺帝命画师永嘉人周冰壶与道士张彦甫为之作画，有不少文人为之题跋。入明后参与修《元史》的陈基写有《跋张彦辅画拂郎马图》，记拂郎马"龙鬃凤臆，磊落而神骏"[①]。八九年后，《拂郎马图》流入江南，陈基离开大都后，在昆山顾阿瑛的玉山草堂见此画，感慨万分。许多文人为《拂郎马图》作诗唱和。顾阿瑛的友人郭翼，写《天马诗》，其中有句："佛郎献马真龙种，六尺之高修倍之。""四年远涉流沙道，筋骨权奇旧肉鬃。"[②]他在《和李长吉马诗》中亦写道："神骏知无匹，骁腾绝域来。""佛郎通上国，万里进龙媒。"[③]陆仁与秦约也都写过《天马歌》。陆仁诗句曰："至正壬午秋之日，天马西来佛郎国。佛郎之国邈西域，流沙弥漫七海隔。""远臣牵马赤墀立，金羁络头朱汗滴。房星下垂光五色，肉鬃巍巍横虎脊。崇尺者六修丈一，墨色如云蹄

―――――――――――
[①]（元）陈基：《夷白斋稿外集》，《四部丛刊》三编影常熟瞿氏铁琴铜剑楼藏明钞本。
[②]（元）顾瑛辑：《草堂雅集》卷十一，杨镰等整理，中华书局，2008年，第893页。
[③]同上书卷十一，第872页。

两白。"①秦约所作为:"佛郎天马来西域,远进彤廷立仗侧。凤臆晶荧珠汗流,龙鬐绚烂朱幩色。"②

这种墨色如云两蹄白的骏马,即大西马,不但与蒙古马差别极大,也与汗血马不同,与当今世界各地赛马场上最常见的纯血马有几分相似,难怪它引起朝野一片惊叹。

古代中国兼有东亚大陆的农耕区及与之毗邻的蒙古高原。游牧民族所驯化的马匹不仅是古代亚、欧、非人民跋山涉水长途往来的主要载畜,它本身也是丝路沿线各族人民之间互通有无的重要交换物。

原刊于《光明日报》2017年1月16日,收入本书时略有修改。

---

① (元) 顾瑛辑:《草堂雅集》卷十五,第1090页。
② 同上书卷十三,第1011页。

丝绸之路缘起与发展的中国视角

一、丝绸之路的名称

随着习近平主席2013年在哈萨克斯坦参加上海合作组织峰会时,在纳扎尔巴耶夫大学讲演时提到建设"新丝绸之路经济带"的设想,"丝绸之路"这个词迅速被各国媒体反复提及。其实这个词过去是一个基本上在学术界内使用的术语。手头有一本斯里兰卡青少年学习英语的读物,是斯里兰卡出版的英语读物,题为《丝绸之路的故事》,其启首第一段文字是:

> "为什么呢?"听我开始讲本则故事的那个孩子问道:"它们称为丝绸之路吗?"其实我自己第一次听到"丝绸之路"这个词时也很困惑。一条路怎么可能是由丝绸铺就呢?[1]

可见在相当长的时间里,"丝绸之路"在英文文献中也是一个不

---

[1] Sanjiva Wijesinha, *Stories of the Silk Route*, Learning English 5, published by the CID/EASL Student Reader Series, Colombo 1991. 其原文写为:
"Why," asked the little child to whom I first started telling this story. "were they called the Silk Roads?"
In fact I too was puzzled the first time I heard the words "Silk Roads".
How could a road possible be made of silk?

太常用的词。此外"丝绸之路"这个术语也不是汉语中的固有词汇，不但在中国历史典籍中找不到，没有接触过当代媒体的一般百姓口语中也没有这个词。1990年在参加联合国教科文组织发起的"草原丝绸之路"考察时，主办方安排我们访问吉尔吉斯斯坦首都附近的碎叶川重要城市托克马克郊外的一个"东干人"的村子"米粮川"。"东干人"是中亚对我国回族的称谓。清同治年间，西北地区发生所谓"回乱"，败于左宗棠等所率领的清军的一部分回民，在白彦虎的率领下，溃入帝俄境内，部分陕西人被安置于此。我在这里曾亲历过一件与"丝绸之路"这个词有关的事。

在村里搭起的欢迎台上，有一幅大标语，共四行文字，其中第一行为俄文，第二行为英文，第三行为吉尔吉斯文，其意义均为热烈欢迎丝绸之路考察队。其中第四行多数人看不懂，不知是什么文字。

我当场一边抄，一边按字母拼音念：

Ба ченджа 《вида чуцы лудо》 зкспедиция ди жынмуна жзщин вындон！

其对应的拉丁转写为：

Ba čenja "vida čuzi ludo" expedizia di rinmuna raešin veindon

几乎所有会汉语的人立即会理解，用对应汉字应表达为：

把 参加 伟大绸子路道 考察 的 人们哪热心 问当！

当年退入俄属中亚的"东干人"多为不识字农民，十月革命后，俄国人为他们创制了以斯拉夫字母为基础的拼音文字，称为"东干文"。会俄文字母的中国人，大致能明白其大意。①

其中与我们今天报告主题有关的是"丝绸之路"这个词。"丝绸"是书面语词汇，东干人几代未受过汉文正规教育，当然不知道"丝绸"这个书面语词，只好用土话和口语中的"绸子"来表示。他们也没有文言虚词"之"字结构，所以"丝绸之路"这个词在他们口中成了"绸子路道"。可见传统中国人语言中是没有丝绸之路这个词的。

如果我们追根溯源，会发现"丝绸之路"这个词来源于19世纪的德国历史地理学家里裴迪南·冯·李希特霍芬（Ferdinand von Richthofen），他用德语 die Seiden Straße/die Seiden Strasse "丝绸之路"这个词来指古代从中国经由中亚前往西方的商道。后来它为世界各国学者所接受，遂有了英语的 the Silk Roads、法语 La route de la soie、俄语 шелковый путь 这些词。

这个词从书斋逐渐走向大众，在相当程度上得益于当年联合国教科文组织发起的"丝绸之路考察"十年规划与活动。20世纪80年代中，时任联合国教科文组织秘书长的马约尔（Federico Major，西班牙人），鉴于当时世界行将进入二十一世纪，为了在新世纪中不同文化与历史传统的国家与民族能够和共平相处，他提出了两个计划，一个是哥伦布发现美洲500周年国际纪念活动（主要是欧美国家参与），另一个是丝绸之路国际考察活动。

对于后者，教科文组织计划的想法是，通过重温古代各民族间的友好交往历史，来维护世界和平，促进世界各国人民和各种文化之间的相互理解。为此，该组织计划自1987年至1997年，以十年

---

① 有关这几次访问，参见拙文《"草原丝绸之路"考察简记》，刊于《中国边疆史地研究》，1992年第3期，页119-140；及《寻访东干人》，载《寻根》，河南教育出版社，1994年，第1期，页36-40。

时间实施丝绸之路多条路线的综合考察。这项计划的全称为"丝绸之路：对话之路综合考察"。

当初在制定这项规划时，对究竟如何称呼这项计划，教科文组织的专家组内有过热烈的讨论。一些非洲、西亚和次大陆的专家提出，古代非洲与中近东向以中国为主要代表的东亚各民族输出大量香料，如乳香、安息香；而胡椒等则是印度与东南亚向中国出口的大宗产品。故而他们建议将此项计划命名为"香料之路"（Spice Routes）考察。东南亚、次大陆地区没有如同中国一样的悠久史学传统，近代以来其历史是以考古学成果为主干构建的。同时在这些地区，反映民族之间交流的主要考古发现物之一是陶瓷器。因此，也有一些专家建议，将这项计划称为"陶瓷之路"（Porcelain Routes）考察。

但是更多的学者认为，古代东方与西方各民族之间，除了商品与物质交流外，还包括政治交往，特别是文化交流。佛教、祆教、聂思脱里教（Zoroastrianism）、犹太教（Judaism）、摩尼教（Manichaeanism）以及伊斯兰教等宗教的传播，中国造纸术、印刷术、指南针和火药武器的西传，就是文化交流的体现。如果把这项多国参与的活动命名为"香料之路"（Spice Routes）或"陶瓷之路"（Porcelain Routes），反而降低了这个计划的重要性，限制了其自身的意义。

而蚕丝纤细绵长，恰恰代表了古代东西方之间，因交通条件不发达而只有涓涓细流式的交往。此外，丝织品高贵轻柔，深受各国人民喜爱，用它来命名这项计划，能够涵盖古代东、西方之间物质、文化交流的丰富内容。所以，最终中国等国专家提出的"丝绸之路"的名称，为专家组成采纳，成为参与这项多国活动的各国政府与文化机构所共同使用的术语。①

那么,是否古代国与国、地区与地区、民族与民族之间的交往都在"丝绸之路"的概念覆盖之内呢?古代中国与自己的周边地区,哪些交往被列入"丝绸之路",哪些通常不被学者们视为属于"丝绸之路"的范围呢?

我注意到,无论是中外学术出版物,还是在媒体上,"丝绸之路"主要指古代东方与西方之间远距离政治、经济、文化的交流。那么,今天中国的一部分新疆,又为什么被公认是与"丝绸之路"关系最密切的地区呢?我想,东西方距离遥远,但距离并非唯一的因素。除了距离之外,文化的异质性也是非常重要的因素。也就是说,丝绸之路应当指的是古代异质文化之间的往来。因此,多数学者是将东亚范围内在古代一直模仿中国文化的朝鲜、日本、琉球、越南排除在"丝绸之路"以外的。

二、丝绸之路的产生

(一)东亚大陆相对封闭的人文地理条件

欲了解中国在古代世界历史中的地位,就要先了解中国以外的其他文明中心。

上古时代旧世界最重要的人类早期文明起源地,不是广为散布的,而集中于旧大陆(即欧亚非大陆)几个地方。公元前10000年

---

① 最初的介绍参见拙文《威尼斯——广州"海上丝绸之路"考察简记》,刊于《中国边疆史地研究》,1992年第1期,页99-110。

至公元前8000年,人类文明最初的曙光已初现于中近东的地中海东岸的黎凡特、阿纳托里亚高原以及两河流域,如巴勒斯坦约旦河谷的杰里科(Jericho)、土耳其的加泰土丘(Çatal Hüyük)与卡尤奴(Cayönü)、今叙利亚的穆勒拜(Murebat)。[①]但对后来人类文明影响最大的,除中国以外还是在旧大陆(即亚、欧、非三大陆的西部和中部)大约北纬30度线的几个地区,如尼罗河下游的古埃及、伊拉克两河流域的美索不达米亚,以及今巴基斯坦的古印度河中游发展起来的古文明。这些地区人类文明首先发展起来不是偶然的。有学者研究过上述三个文明起源中心发展起来的基础。宋豫秦等写道:"弗·卡特和汤姆·戴尔认为,'蓝色尼罗河夹带的淤泥与主要来自白色尼罗河流经的丛林和沼泽地的腐殖质,每年都要给埃及留下一层薄薄的沉积层';'这一层层薄薄的新土层就是埃及漫长而富有生命力的文明之秘密所在'。(《表土与人类文明》,中国环境科学出版社,1987年)在这一点上,弗·卡特和汤姆·戴尔同意希罗多德'埃及是尼罗河的赠礼'的说法。这一说法被称为'大河论'。"[②]也就是说,尼罗河流域定期泛滥—消退的洪水所形成的肥沃的冲积平原,是上古埃及人农业文明起源的主要条件。对于两河流域,作者引述弗·卡特和汤姆·戴尔的意见,即美索不达米亚"主要资源则是底格里斯河和幼发拉底河的河水及其流域的富饶的土壤","由它们构成的自然财富使得美索不达米亚成为人类文明的摇篮"。至于印度河,作者认为:"公元前8000多年到公元前2000年这段时间内,印度河流域气候湿润","正是由于湿润的气候、丰沛的降水和充足的河流滋润

[①] 曹康:《早期世界城市化探源》,刊于顾朝林主编:《城市与区域规划研究》,2011年第3期,第87页。
[②] 宋豫秦等著:《中国文明起源的人地关系简论》,科学出版社,2002年9月,第19页。

着肥沃的印度河平原,古老的印度河文明才得以在这里诞生。"①

换而言之,上述文明起源中心均位于大河之滨的冲积平原,这些地区水源充沛、土地衍沃,为人类提供了丰富的衣食之源,对刚脱离石器时代、进入原始农耕社会不久的古人类来说,是较易谋生之地,使人类在生产力水平还十分低下的时代,能够凭借简陋的劳动工具获得较多的产出。

但上述作者所理解的文明,主要指定居民所创造的农业文明,并不包括游牧文明。且就上述地区的农业文明而言,其所忽视的因素还有,这些地区由于气候多炎热、干旱而少雨,相对于多雨地区和高纬度地区,尚处于刚跨入文明时代的人类,在这里建造的房屋不但较具持久性,且因抵御严寒的要求不高,建造时所消耗的资源也更少。且因无严冬,人们不需为越冬消耗额外的资源。总之,这些地区均为原始农业时代,投入与产出比率较高的地区。

在东亚,中国的原始农业和城市的起源地,虽然也处于大江大河流域,即今长江、黄河、辽河流域,但与上述几个文明中心有相当的区别,分布纬度较高,大致位于北纬30度线至35度线之间的地域,也非炎热、干旱、少雨地区;且多位于生态过渡带。②因此有相当的独特点。

文明的发展,除了其内在自生动力以外,相互间的交流也是必不可少的条件之一。在约旦河谷的杰里科(即《圣经》中的耶利哥)遗址发现过产自遥远地域的黑曜石、绿松石与玛瑙贝。土耳其的加泰土丘考古发现的"各种产地相距遥远的原材料的聚集,说明这里曾是交换中心"③。从目前的情况看,西亚是人类农业文明的最早发

---

① 宋豫秦等著:《中国文明起源的人地关系简论》,第22–25页。
② 同上,第15–16页。
③ 上引曹康:《早期世界城市化探源》,第90–91页。

祥地之一，而位于北非尼罗河下游的古埃及文明与西亚、两河流域的古巴比伦文明，两者间地理位置相距较近，埃及的西奈半岛与苏伊士地峡是两者的交往的天然陆桥，考古成果证明，古埃及与美索不达米亚自古便有一定的联系。

印度河流域的哈拉帕文化与西亚的美索不达米亚陆上交通虽然不甚方便，但水路连接却较便利，古人可循海道往来于波斯湾与印度河口之间，考古发现证明了古印度河文明与西亚古文明之间至少保持着间或性的往来。

而作为东亚古文明的源起地中国黄河、长江流域，内生条件较好，除大江大河之外，南北之间没有自然屏障，有利于文明的生长与发展。但从文明间交往的角度看，就是另一回事了。如果将这一地区置于世界文明史的角度观察，从大尺度地理看，东亚地区远离其他文明起源中心，即使与相对距离较近一点的印度，两者陆上虽然相连，但却被青藏高原和喜马拉雅山脉所分割，而海路，由于中南半岛与马来亚一直向南伸入海中，所以从中国东部前往印度的海路不但非常曲折，也相当遥远。

因此，古代从中国前往世界其他文明中心是非常不便的，需要经过漫长的海路或陆路，较上述其他几个文明之间的交流而言，要花费更长的时间，消耗更多的资源。这就意味着，东亚文明从地理位置和交通条件看，相对于其他三处文明中心而言，处于较为封闭的位置。

从古代中国海洋交通的地理条件方面来说，我们知道，地中海是一片地理位置非常特殊的海，被欧亚非三大陆所包围。进入文明时代以来，环地中海地区之间的海上交往就非常密切。那么我们的东亚呢？打开地图看一下就可以发现，中国所在的东亚大陆虽然面向着西太平洋，但是中国海岸并非直接联系着西太平洋的浩瀚大海。

换而言之，东亚大陆所面对的并不是一望无际的大洋，而是西太平洋的几个边缘海：鄂霍茨克海、日本海、黄海、东海与南海，而这些边缘海以东，则是一连串岛屿，即今所谓"第一岛链"，它们大致与东亚大陆的海岸线相向平行排列。若从北向南数分别为：千岛群岛、日本列岛，即北海道、九州、四国和本州这四个岛，下面是琉球，即冲绳，再下面是台湾、吕宋列岛，即菲律宾和巴拉望群岛。

今天虽然有西方学者将地处东亚大陆与朝鲜、日本、琉球、台湾与菲律宾、婆罗洲（即西太平洋岛弧）之间的黄海、东海与南海称为"亚洲的地中海"，[1]但上述岛屿的面积与人口与东亚大陆相差悬殊，其宜农区域与资源均十分有限，不足以支撑其独立发展成像中国一样有世界影响的文明起源中心。

而从古代中国的陆路对外交通条件来考察，东亚大陆并非单一的地理文化单元。其北部，从大兴安岭到阿尔泰山，从降水条件讲，远离东亚季风带；从纬度、海拔上讲属高寒区；从地理景观上看，是草原、山岭、戈壁和森林地带；从居民的生产与生活方式上讲，主要是游牧、狩猎和半游牧区。流动的生产与生活方式，使游牧文化区难以如农耕社会那样，发展出复杂程度较高的技术。

亚洲大陆的中、西部，从河西走廊直至西亚，基本上是沙漠—绿洲区。以高山融雪形成的内陆河，在其中下游沙漠中形成沼泽，经人类开垦而成为绿洲。当地的居民虽然也主要从事灌溉农业与手工业以及商业，但其规模和文化资源却远少于东亚的农耕区。

因此，长期以来，作为农业时代东亚大陆中心区的长江、黄河流域，与周边地区之间的交往，较地中海周边和其他地区而言，主

---

[1] 例如，德国学者萧婷（Angela Schottenhammer）所主编之书即题为 *The East Asian 'Mediterranean': Maritime Crossroads of Culture, Commerce and Human Migration*（《东亚的"地中海"：文化、商业与移民的通道》），Harrassowitz Verlag, 2008, Wiesbaden.

丝绸之路缘起与发展的中国视角 | 335

要特点主要是多方面的非对称性。

我们可作如下对比：

	中国	对照区
海洋地理条件	一面临海，属腹地—沿海类型。	东南亚、印度、阿拉伯半岛、非洲与西欧：均多面临海。 地中海的北、西、南三面为大陆所包围。
	相邻的东南亚大陆以南的海中虽散布着数以千计的岛屿——今吕宋列岛、印尼诸岛等。但在航海业尚未发达的远古时代，跨海往来相对不便。	环地中海地区发展跨海交通较易。
交流情况	1. 中国所在的东亚大陆的中心区：面积辽阔，大农耕区，人口众多。 2. 周边 　1）隔海相望的朝鲜、日本、琉球，面积有限，经济规模与人口均较小。 　2）蒙古高原：无复杂技术。 　3）绿洲农业区：社会规模小	环地中海的欧洲、西亚与北亚经济体量均较大，人口较多。
	东亚大陆中心区与周边的交往： 1. 与隔海相望的朝鲜、日本、琉球为同质文化区，交流基本为输入—学习型，少有双向启发型。 2. 与蒙古高原：游牧与农耕之间的物质交换 3. 与绿洲农耕区：过往型与消耗型	环地中海先后或同时存在几种异质文化。

（二）丝绸之路产生原因的中国的视角

既然从古代中国前往遥远的西方是这样不便，那么"丝绸之路"又是如何发展起来的呢？

1. 人类的好奇心与逐利心——对遥远文明与更好生活的向往

人类皆有追求新知的好奇心。"丝绸之路"起源于文明的差异性。

远古的人类在不同的地理环境下，发展出不同文明，形成不同的思想与文化，创造不同的生产与生活方式，生产不同的产品。古代东西方之间虽然交往困难，但毕竟通过种种直接与间接的渠道相互知晓，进而互相吸引。①

外来文化带动了异域产品输入，如香料的输入及其在中国使用的普及化。中国的产品，如陶瓷、丝绸等，被海外市场所发现。

1) 对外交往对于古代中国的必要性

中国自古以来是一个人烟稠密的国家，这一点很早就被来华的外国人注意到。东晋译经师印度人迦留陀迦（kalodaka,此曰"时水"）译《佛说十二经》谓："阎浮提州中有四天子。东有晋天子，人民炽盛。南有天竺国天子，土地多名象。西有大秦国天子，土地饶金银璧玉。西北有月支天子，土地多好马。"②在农业生产技术没有取得突破的古代，中国东南沿海地区人口的增长与耕地有限的矛盾开始显现，开始出现以海为生人群，如：船民、贸易商、渔民、甚至海盗等。而在十六国－隋与唐末－宋的中国历史上两个南北分割的时期，地处南方的王朝由于疆土面积有限，海外贸易与市舶抽分成为

---

① 在 College,S., Conolty, J. and Shennan, S.J. 等所主编之书《农业在西亚与欧洲的起源与传播：有关新石器时代种植经济的考古调查》（*Origins and Spread of Agriculture in SW Asia and Europe: Archeobontanical Investigations of Neolithic Plant Economies*, UCL Press, 2005）中收有新石器时代从红海至小亚半岛腹地的远距离贸易之图，为上引曹康论文第 90 页所引。
② 参见《大正新修大藏经》卷四,No.195,第 147 页。关于此问题，参阅伯希和《四天子说》，冯承钧汉译本，载《西域南海史地考证译丛》三编，第 83—103 页。

政府增加岁入的重要手段,①因而也是海上对外交往的重要发展期。

青藏高原以北的我国西部地区的经济形态,主要是高山雪水灌溉的绿洲农业。与东部中国的中心区相比,这里的绿洲面积小,人口少,经济规模也小,同一个绿洲之内通常无法完全自给自足。因此通过对外交换,弥补本地生产的不足,是绿洲经济的重要特点之一。②而大漠南北的草原地区由于地处高寒,对抗自然灾害的能力较弱,而且因为生活与生产的流动性,没有条件发展复杂程度较高的手工业,因而与邻近的农耕区之间长期存在畜产品与农产品的交换。

2) 发展远距离对外交通的可能性

古代中国的政治、经济中心长期在北方,因而最早的东西交通是沿陆路发展起来的。我国西北边疆地区的居民,为发展丝绸之路作出过重要贡献。

我国北方农耕区邻近蒙古草原。草原牧民因移牧而过着游动的生活,因而他们活动范围与信息传布的距离远大于与之相邻的汉地

---

① 宋高宗南渡后,李纲建言"值艰难之际,赋入狭用度广"。除裁并官僚机构,以节浮费(《建炎以来系年要录》,卷七,叶九,建炎元年七月己亥条,上海古籍出版社影《四库全书》本,1992年)之外,高宗还表示"市舶之利最厚,若措置合宜,所得动以百万计,岂不胜取之于民?朕所以留意于此,庶几可以宽民力尔"。[(清)徐松辑:《宋会要辑稿》,职官四四(第八十六册)之二〇,中华书局影印本,1957年,第4册,第3373页]他还下旨:"市舶之利,颇助国用,宜循旧法,以招徕远人,阜通货贿。"(《宋会要辑稿》,职官四四(第八十六册)之二四,影印本第3374页)南宋前期市舶税"岁二百万(缗),所谓息钱,尽归户版"。[(宋)许月卿:《百官箴》卷六《提举市舶箴》,清文渊阁《四库全书》本]

② 唐代杜佑在《通典》中记当时之"康居",即今乌兹别克斯坦之撒马尔罕曰:其国"善于商贾,诸夷多凑其国"。继而又引韦节《西蕃》云:"康国人并善贾,男年五岁则令学书,少解则遣学贾,以得利多为善。"(卷一九三,边防九,西戎五,中华书局标点本,第5256页)

农耕区。他们所驯化的马匹，使人类得以利用畜力，可日行数百里。同时，从蒙古草原到东欧之间，没有难以逾越的地理障碍，因此总体来讲，蒙古草原的游牧民族拥有更多的遥远文明的消息，有着更强的交往的能力与更便利的交通手段。①

我国西部是沙漠绿洲区域，这里的古代居民驯化了适于在荒漠中行走的骆驼。前已提及，绿洲居民因为当地经济规模有限，自古有着经商的传统。而星罗棋布的绿洲则成为长途旅行的天然中继站，为远客提供了歇息、补充饮食，就地贸易交换以及补充更远地域知识的条件。

古代中国人民克服海洋障碍，发展远洋交通的几个要点是要增进海舶的适航性、提高海运的经济性、改进导航技术与利用自然动力。

适航性的提高表现为安全性、可操控性与乘员生存条件的改善。与安全性直接关联的是船舶的大小。汉以后，中国发展起建造大型海船的能力。据《一切经音义》中说，常见的一种称为当时的"大船"，长达 20 丈，可载六七百人。②许多阿拉伯旅行家曾经描述过唐代航行在印度洋水域中的海舶。因为幼发拉底河与底格里斯河的冲击，波斯湾中浅滩很多，中国海舶体积大，吃水深，航行不便，因此阿拉伯旅行家苏莱曼说，波斯湾中诸港之间的航线多由当地小型船舶担任，它们把各地的土产运抵尸罗夫港（Siraf），再转驳中国船运往东方。印度西南部的故临是各国海船加注淡水的地方，对中国船每

---

① 蒙古国学者在漠北匈奴时代墓葬的考古发现，可见不少来自黑海与高加索地区的器物，见埃列格增：《匈奴的宝藏》，乌兰巴托，2012 年（G.Eregzen, *Treasures of the Xiongnu*, Ulaan Bataar, Mongolia, 2011, Academician B. Ekhtavsin, Ulaan Bataar）。
② 慧琳《一切经音义》卷二十五释云公撰，慧琳再删补《大般涅槃经音义》第八卷音义"大船"条释云："〖坤苍〗，大船也。大者长二十丈，载六、七百人者是也。"（《〈一切经音义〉三种校本合刊》，徐时仪校注，毕慧玉等助校，上海古籍出版社，2008 年，第 2 册，第 941 页）

次要收费 1000 迪尔汗，而其他诸国船仅收 10-20 迪尔汗。①这种收费上的差别除了对不同地区船征收不同税率的因素以外，显然是因为中国船特别大的缘故。据宋人吴自牧《梦粱录》记载，宋时"海商之舰"，"大者载重达五千料，可载五六百人"②。载重五千料相当于三百吨位。当时中型的海舶载重达一千料至二千料，可载二三百人。当时应用得最普遍的是"可载二千斛粟"的中型海船，称为"客舟"，"长十余丈，深三丈，阔二丈五尺"。而长阔高皆三倍于"客舟"的海船，叫"神舟"，望之"巍如山岳，浮动波上"③。

舵是从尾桨演变而来的。中国是最早在船舶上使用舵的国家之一。④大型船只的舵极为巨大，不但建造需要很高的技术，而且在船只上必须通过专门的绞关机械才能操控。舵的使用使船只在海况复杂的情况下，能航行自如。

古代中国造船师为增强海船抵抗横向冲击的能力，开始为船只

---

① 《苏莱曼游记》，见穆根来等汉译《中国印度见闻录》，中华书局，1983年，第9-10页。
② （宋）吴自牧撰：《梦粱录》卷十二，"江海船舰"条，清《学津讨原》本。
③ （宋）徐兢：《宣和奉使高丽图经》卷三十四，"客舟"条与"神舟"条，清《知不足斋丛书》本；王云五主编《丛书集成初编》，商务印书馆据知不足斋丛书排印，1936年，第116-117页。
④ 1956年，广州皇帝岗发掘的西汉墓中出土木制船模一只［广州市文物管理委员会：《广州皇帝岗西汉木椁墓发掘简报》，《考古通讯》，4（1957），第22-29页］。首舱有四个木俑，各持水桨一支。尾舱坐一木俑，也持木桨一支，显然是在"弼正"船的方向。1973年，在湖北江陵凤凰山西汉墓8号墓，也出土一艘木船模型［长江流域第二期文物考古人员训练班：《湖北江陵凤凰山西汉墓发掘简报》，《文物》，6（1974），第48-49页］，与上述广州船模相似，均为前舱四人持桨，后舱一人持桨。用于船尾的桨兼起舵的作用，可视为从桨向舵转变的开始。
1955年，在广州近郊东汉墓中出土了一只陶船模，船后有舵。观看实物，可发现舵的设置尚未沿船纵向中心线，也保留某些桨的特点。参见席龙飞：《桨舵考》，刊于《武汉水运工程学院学报》，1981年，第1期，见第19-23页。
上述陶船图片见王冠倬编著：《中国古船图谱》，生活·读书·新知三联书店，2000年，第3页，说明文字为："1951年广州东郊十九路军坟场出土。长54厘米，通高16厘米，中部宽15.5厘米。"

建造甲板，并继而在船只肋骨间增加隔舱板。①船舶内部空间的舱室结构中的水密舱，不但增加船只在遇险时的生存能力，也伴随着船只的大型化，改善了乘员在长途旅行中的生存条件。

船舶的承载能力不但取决于其大小，也取决于其利用率。中国海船的舱室化，为小额贸易商贾提供了从事海外贸易的条件，他们可以租用船上一两个舱室，随自己的货物一同来往中外，因而大大提高了船舶的运载力与经济性。

各国传统的导航术相关的是地文导航与天文导航。地文导航即依据所记录航线沿途地理信息，随时予以对照，纠正航向；②天文导航就是按日月星辰的位置指示航行。③除了上述两者之外，中国独有的是磁罗盘导航术。晋代葛洪的《抱朴子·外篇》提到："夫群迷乎云梦者，必须指南以知道；并乎沧海者，必仰辰极以得返。"④就是说，航行时，与观测北极星并用的，是使用指南针。1044年泉州曾公亮（999-1078年）在所撰之《武经总要》中还记载了一种指南鱼，是用薄铁片剪成鱼形，将其磁化后成为指南鱼，浮置水面即可指示南北。⑤朱彧在言及1098年至1102年其父在广州所见航海活动时，介绍"舟师识地理"，夜以观星，昼以观日，阴晦天则观指南针。⑥ 1124

---

① 1951-1952年，湖南长沙伍家岭第203号西汉后期墓出土木船模型一件。根据出土的零件，在船上复原出三间仓房。参见上引王冠倬编著：《中国古船图谱》，第61页。
② 参见于志刚主编《海洋技术》，海洋出版社，2009年，第117页。
③ 汉代舟人观星的经验和资料已经大量成书。见于《汉书·艺文志》的就有《海中星占验》12卷、《海中五星经杂事》22卷、《海中五星顺逆》28卷、《海中二十八宿国分》、《海中二十八宿臣分》28卷、《海中日月慧虹杂占》28卷等数种。其中的"五星"是指金木水火土五大行星，而"二十八宿"则是恒星。可参见陈晓中、张淑莉著：《中国古代天文机构与天文教育》，中国科学技术出版社，2013年1月，第281页。
④（晋）葛洪撰：《抱朴子》外篇卷一，《四部丛刊》影明嘉靖四十四年鲁藩承训书院刻本。
⑤ 前集卷十五，明金陵唐富春刻本，南京图书馆。
⑥《萍州可谈》卷二"舶船航海法"条，李伟国点校，中华书局，2007年，第133页。

年徐兢在《宣和奉使高丽图经》中也说,天气晴朗的夜间凭星斗航行,晦冥则全靠"指南针"。①这一发明使得船舶在海天一色的茫茫大洋之中,有了全时段、全天象条件下的导航能力。

最早的船舶是靠划桨与撑篙航行的,即依靠人力推动。但远洋航行靠人力是不现实的,只能另寻动力。帆就是人类为利用风力航行而发明的。中国人很早就注意到亚洲大陆与海域受季风的强烈影响,每年春夏盛行东南风,而秋冬之际则西北风横行。具体在海上航行,每年初冬是东南沿海地区海船利用西北风出洋下番的季节,而来年春暖花开则是商贾舟师扬帆回归之时。在蒸汽机、柴油机等人工动力发明之前,季风是人类远航的主要动力。

2005年4月25日,为纪念郑和下西洋600周年,国务院批准每年的7月11日确立为中国"航海日"。我们应当这样理解,永乐五年7月11日是郑和受诏下番的日子,而他扬帆出海只能是当年冬季。

2. 化不利为有利:历史上的中国在世界上的地位

既然从中国所在的东亚大陆前往西方的陆、海两途的路程是这样遥远不便,古代中外各国人民为什么要克服千难万险而往来呢?换而言之,丝绸之路是怎样发展起来的?

黄河流域的上古居民,在干旱少雨的自然环境下,发展起以粟为代表的旱作农业;而长江中下游地区的人民,则利用当地的野生稻资源,发展出稻作文化。②这里虽然纬度较尼罗河、两河流域与印度河中下流域更高,但这里四季分明,地处西北太平洋季风带,降水充沛,是宜农的自然环境,使上古居民能够在使用简陋工具的

---

① 卷三十四,"半洋礁"条,标点本,第120页。
② 前引宋豫秦:《中国文明起源的人地关系简论》,第16—18页。

条件下获得稳定的收获，因此其土地承载人口的能力，不但远高于与之相邻的北部荒漠草原地区，同时也因为其面积比尼罗河下游、两河流域与印度河中下游的总和还要大，人口繁衍的速率远高于上述其他三个古代文明起源中心，①很早就形成了规模巨大的人口-经济复合体。

这个农耕业为基础发展起来的巨大的人口-经济复合体是古代中国文明的基础，也是整个东亚经济与文化的中心。在东亚历史、文化发展的长河中，数千年以来长期扮演着火车头的作用。

在农业经济时代，这里除了优越的宜农条件之外，其余异于其他地区之处有：

1）高度的社会组织能力。中国很早就形成疆域辽阔、统治机器完整、制度与法律健全、社会运行有序、有着各种文化设施的国家。

2）手工业的高度发达：有能力向国内、周邻和海外提供大量以陶瓷与丝绸为代表的高质量的商品。中国瓷器很长时期内一直受到海外各国上层社会的喜爱。在当代世界中国古瓷器海外最大收藏地土耳其伊斯坦布尔托普卡普宫（Topkapï Sarai）的藏品中，可以发现有一件"青花缠枝牡丹纹葫芦瓶"，"形制高大隽美"，瓶嘴镶有银

---

① 葛剑雄教授在其研究中，给出中国历代人口增长的几个节点：公元前221年秦始皇统一时，秦朝人口约有3000万或更多；西汉末元始二年（公元2年），6000万；"安史之乱"前夕的755年，唐人口9000万；北宋大观四年（1100），宋人口超过1亿，辽、夏、大理合计约超过1000万；13世纪初，宋、金、夏、大理总人口超过1.2亿；明末17世纪初，人口突破2亿；道光三十年（1850），为4.3亿。(《中国历代人口数量的衍变及增减的原因》，刊于《党的文献》，2008年，第2期，见第94页)

其他有关研究参见谢忠梁：《中国历代人口略计表》，《四川大学学报》，1979年第3期；朱贤枚：《中国历代人口统计》，《江西大学学报》，1982年第3期；史实：《我国历代人口数变化初探》，《人口研究》，1985年第3期等。

丝绸之路缘起与发展的中国视角 | 343

套,"与瓶浑然一体"。①其所镶银质瓶口与盖,并非简单的装饰物,而在瓶口损坏之后,为掩饰缺陷继续使用而修补上去的。可见即使贵为奥斯曼帝国的王室,也不舍得将损坏的中国瓷器弃而舍之。在上层贵族的引领之下,整个西亚社会出现追捧中国瓷器的风气,②于是原先已经趋于消失的"伊斯兰青花陶",在一种模仿中国青花瓷情景之下应运而生。这种陶器表面看与青花瓷有几分相似,但其胎质不是高岭土,而是黏土,烧成的温度低,但与青花瓷一样为釉下彩,施用钴料,器呈白地蓝花效果,③满足了当地社会需求。这是古代中国生活水平高,引领世界消费时尚潮流的体现。直到18世纪德国造出梅森瓷器,④西方人才了解了瓷器生产的秘密。

3) 古代中国不但经济发达,而且经济体制优越。当时中国与

---

① 《幽蓝神采——元青花瓷器特集》,上海博物馆主办,上海书画出版社,2012年,第119-121页,配文周丽丽。
② 据记载,14世纪也门拉苏里德王朝苏丹阿勒·马利克·阿勒·阿什拉夫(1370-1401),在为他儿子举行割礼的宴会时,骄傲地展示了从没有用过的500件中国瓷碟。(Venetia Porter, Islamic Tiles, p.93, British Museum, Press, 1995,兹转马文宽:《再论中国青花瓷与伊斯兰青花陶》(下),《收藏家》,2012年第12期,第30页及第34页注39)
③ 马文宽:《再论中国青花瓷与伊斯兰青花陶》(上),《收藏家》,2010年第11期,第19页。
④ 而在欧洲,中国瓷器也受到统治阶级的追捧,成为财富的象征。18世纪时德国选帝侯萨克森公国的奥古斯特二世(August II der Stark)曾在1717年以一队骑兵为代价从腓烈特威廉一世(Friedrich Wilhelm I)换取其收藏于柏林夏洛腾堡(Charlottenburg)与奥拉宁堡(Oranienburg)的151件龙瓶(Dragoon vase)。后来他手下的一位炼金术士翰恩·费里德里希·孛特格(Johann Friedrich Böttger)指导科学家埃仑弗里德·瓦尔特尔·冯·齐木豪斯(Ehrenfried Walther von Tschirnhaus)破解了瓷之所以优于陶的两大秘密:高岭土原料及高温烧制,于1708年在公国首府德累斯顿附近的梅森(Meissen)首次成功烧制出瓷器,被称为"梅森瓷"(Meissen Porcelain)。早期的梅森瓷的表面有模仿中国的绘画,背后有模仿中国的题款。这说明,中国输出瓷器的同时,也输出了中国的消费时尚。参见宋广林:《麦森窑早期瓷器的中国装饰艺术风格初探》,《装饰》,2011年第9期;杨喜发:《赫洛尔特与早期梅森瓷器装饰的中国人物图式》,《装饰》,2013年第9期;李璠:《小瓷盘的百家貌——对于18世纪德国麦森瓷器"蓝色洋葱"图案的研究》,《艺术设计研究》,2015年第3期。

周边国家之间存在着经济发展程度的代差,中国是最早进入以贱金属铜铁、继而以纸币为普遍价值尺度的国家。这种经济水平的代差,不但表现在中国主要以手工业品为输出物,而周边国家则大量向中国运销各种初级产品,而且体现为宋元以来,周边国家对中国的货币需求量大增:外商入华采购的商品中,往往包括大量中国货币。①而用于交换的是向中国输出大量商品货物与贵金属。②这种制成品与初级产品及贵金属与贱金属、纸币的交换,是自然形成的,与当今发展中国家与发达国家之间的贸易有几分相似。

4)中国自古人口众多,因而生存竞争激烈,谋生不易,这不但养成了中国人民勤于劳作的美德,增加了经济的活跃度,也促使东南沿海地区的人民很早就出洋下番,③移民海外。海外中国移民社会成为联系中外的天然桥梁。

---

① 据宋人赵汝适的《诸蕃志》记载,宋时中国海商为谋取高利,"往往冒禁,潜载铜钱"至爪哇贸易胡椒。(杨博文校释,中华书局,1996年,第55页)明代马欢在其《瀛涯胜览·爪哇国》条中说,"番人殷富者甚多,买卖交易行使中国铜钱"。(明亦政堂刻本)
② 《隋书》卷二十四记:"梁初,唯京师及三吴、荆郢、江湘、梁益用钱,其余州郡则杂以谷帛交易,交广之域,全以金银为货",这一情况也发生在古代"丝绸之路"陆路的咽喉要地——河西,同书又记后周之初河西诸郡,"或用西域金银之钱,而官不禁"。这些地方实行金银本位制是因为对外贸易发达。岭南地区在相当长的历史时期内,以金银为通货的事实见于许多记载。唐人张籍诗云:"海国战骑象,蛮州市用银。"(《张籍诗集》,中华书局,1959年,第15页)元稹在其《长庆集》中也提到:"自岭已南,以金银为货。"(《元氏长庆集》卷三十四"钱货议状",《四部丛刊》景明嘉靖本;并见《元稹集》,中华书局,1982年,第396页)被贬官到潮州的韩愈也记说说:"五岭买卖一以银。"[(唐)韩愈撰:《昌黎先生文集》卷三十七"钱重物轻状",宋刻本,国家图书馆;并见《韩愈集》,中国戏剧出版社,2002年,第344页]
近年来,在岭南地区的考古发掘中曾数度发现古代外国货币。与中国流出的货币多数为铜等劣金属币的情况相反,从目前的资料来看,流入中国的域外货币多数为贵金属币。
③ 文莱苏丹国首都斯里巴加湾市(Bandar Seri Begawan)附近小山上的一处名为"郎加斯"的伊斯兰墓葬区(Rangas Muslim Cemetery)中,有一方宋代墓石,其铭文曰:"有宋泉州判院蒲公之墓,景定甲子(1264)男应甲立。"此碑最初是在1972年为德国汉学家傅吾康(Wolfgang Franke)教授所发现。因傅吾康教授所摄照片墓碑字迹不清,(转下页)

古代中国人口与经济的体量及社会的富裕，造就了旺盛的内需，成为海外商品极为重要的吸纳地，为各国提供了巨大的市场。

三、大航海时代——代结束语

（一）古代中国海洋事业的教训

历来国内对郑和下西洋的评价有四个要点：即船员多达两万八千人；船队拥有两百余艘舰船，其中包括巨型宝船多艘；曾远洋航行七次，远达波斯湾、红海与东非；控制西太平洋、北印度洋长达二十八年。

但我们同时不应忽视的是，郑和远航既是古代海洋事业的顶峰，也是谢幕演出。它不但没有继续下去，而且仅仅七十余年之后，随着葡萄牙人来到东方，西欧的大航海开始了，开启了欧洲殖民者控制世界的时代。因此，为什么郑和下西洋既代表了古代中国海洋事业的成就，也成为由盛入衰的转折点，是每位学者都应当思考的问题。笔者的考察是：

第一，由于中国的经济、文化与社会发展长期在亚洲大陆居于

（接上页）马来西亚学者陈铁凡（Chen Tieh Fan）先生又从吉隆坡来此重读并制作拓片，因此才准确读出铭文。具体见 Franke, Wolfgang & Chen Tieh Fan, A Chinese Tomb Inscription of A.D. 1264 Discovered Recently in Brunei, in Brunei Museum Journal, 3,1 (1973). 此文被译为汉文：见《泉州文史》第九集刊傅吾康、陈铁凡著，温广益译《最近在文莱发现的一块公元1264年的中文墓碑的初步报告》，第150—154页。

据元人周达观记载，元初柬埔寨已有"唐人"（《真腊风土记》，夏鼐校注，中华书局，1981年）。元末汪大渊除了柬埔寨之外，还提到加里曼丹已有"唐人"。（《岛夷志略》"真腊"、"勾栏山"条，苏继庼校释本，中华书局，1981年，第69—70页，第248页）

首位，没有竞争对手，因此形成了以文明开化自居，以为其他各国均为蛮夷的唯我独尊思想。长期未关注到文艺复兴以后，欧洲产生新社会发展动力、社会制度的变革，以致后来产生的工业革命。葡萄牙人在澳门定居数百年，可以说为中国了解欧洲提供了窗口，但长期未加利用，可以说是跟不上时代的步伐。①

明人在与葡萄牙人的交往之初，就发现了葡萄牙人掌握了先进的火炮技术。明人把这种西洋火炮称为"佛郎机铳"。②明正德十四年（1519），已经有明人林见素用锡模铸造"佛郎机铳"，并抄火药方以平宸濠之乱的记载。③明正德十五年（1520年），御史何鳌向朝廷报告："佛郎机最凶狡，兵械较诸番独精。前岁驾大舶突入广东会城，炮声殷地。"④明代中期，即15-16世纪时，荷兰人取代葡萄牙人占据马六甲，并侵占爪哇，后来又染指台湾。明人称荷兰人为"红毛"，其国家称"和兰"，知道"红毛"的炮远超葡萄牙，"红毛"的

---

① 《明史》卷三二六《外国传》在"意大里亚国"（按，即意大利）条中记："意大里亚居大西洋中，自古不通中国。万历时，其国人利玛窦至京师，为《万国全图》，言天下有五大洲。第一曰亚细亚洲，中凡百余国，而中国居其一。第二曰欧罗巴洲，中凡七十余国，而意大里亚居其一。第三曰利未亚洲（按，非洲），亦百余国。第四曰亚墨利加洲，地更大，以境土相连，分为南北二洲。最后得墨瓦腊泥加洲（按，今南极洲），为第五。而域中大地尽矣。其说荒渺莫考。然其国人充斥中土。则其地固有之。不可诬也。"（中华书局标点本，第8459页）明人对利玛窦所介绍之世界地理新知识，抱着极其怀疑的态度。且《明史》在记"和兰国"（按，即荷兰）时，竟称"永乐、宣德时，郑和下西洋，历诸番数十国，无所谓和兰者"。（中华书局标点本，第8434页）此说本于《明史稿》。明代文人不知郑和航海虽然伟大，但所经诸地毕竟没有越出宋元中国传统海外交通的范围。以郑和航海知识来对证新事，不免显得迂腐。
② 如明大臣翁万达：《大虏求贡疏》，收入（明）陈子龙《明经世文编》卷二百二十四，明崇祯平露堂刻本；明人顾应祥之：《杂论三》，《静虚斋惜阴录》卷十二，明刻本等，兹不一一列举。
③ （明）王守仁：《书佛郎机遗事》，《阳明先生集要》卷三，《四部丛刊》初编集部景上海涵芬楼藏明隆庆刊本。
④ 《明史》卷三二五《外国传·佛郎机传》，中华书局标点本，第8430页。

船坚固而先进，称"或谓和兰长技惟舟与铳耳。舟长三十丈，横广五、六丈，板厚二尺余，鳞次相衔，树五桅。舶上以铁为网，外漆打马油，光莹可鉴"①。但明人并不了解，当时作为欧洲小国的荷兰，其造船业却已居世界首位，远在中国之上。仅在首都阿姆斯特丹就有上百家造船厂，全国可以同时开工建造几百艘船，不但其造船技术世界领先，且船价比英国低 1/3 到 1/2。欧洲许多国家都到荷兰订购船只。当时荷兰的商船吨位占当时欧洲总吨位的 3/4，总共有 1.5 万艘商船，几乎垄断了全球海上贸易。挪威的木材、丹麦的鱼类、波兰的粮食、俄国的毛皮、东南亚的香料、印度的棉纺织品、中国的丝绸和瓷器等等，大都由荷兰商船转运，②经荷兰商人转手销售。当时的阿姆斯特丹是国际贸易的中心，港内经常有 2000 多艘商船停泊。最鼎盛时期，荷兰的海军舰只几乎超过了英法两国海军的一倍。它们在世界各大洋游弋，保护本国商船，并从事海外殖民掠夺。

荷兰人不仅会造远洋五桅帆船，而且在船上安装火炮。明人张燮称：其"舟设三层，傍凿小窗，各置铳其中。每铳张机，临放推由窗门以出，放毕自退，不假人力。桅之下置大铳，长二丈余，中虚如四尺轮，云发此可洞裂石城，震数十里。敌近我时，烈此自沉，不能为虏也"③。这种两舷安装多门火炮，甲板上安置主炮的船为北欧地区 16 世纪常见的兵船。另外"舵后铜盘，大径数尺，译言照海镜，识此可海上不迷"④，这种"照海镜"应当就是罗盘。

明东南水师初与荷兰人交锋时，不了解敌情，以平常火器遥攻

---

① (明)张燮：《东西洋考》卷六《外夷·红毛番》，中华书局，1981 年，第 129 页。
② 参见刘景华：《大航海时代的西欧造船和航海术》，《长沙理工大学学报》，2005 年第 4 期。
③ 《东西洋考》卷六《外夷·红毛番》，第 129 页。
④ 《东西洋考》，第 89 页。

之，荷兰人则以舰炮回应，只见硝烟一缕，明军伤亡惨重。①天启二年（1622年）明兵部曾经议论过荷兰人的海军，说其船前后左右俱置巨炮，一发十里，当之无不立碎。②明人把荷兰炮称为"红夷炮"。

明末郑成功出动数百艘船、两万余兵力从荷兰殖民者手中收复台湾，被视为民族英雄的壮举。但当时盘踞其地的荷兰人为数并不多，只是其爪哇殖民地军队的一支分队而已。可见中西之间在东亚海域的实力已经相差很大。

第二，缺乏海权意识——对大航海时代以来西方势力进入东方，控制海上交通要点，占领马六甲、③建立荷属东印度和吕宋殖民地，以及对西方力量获取美洲与澳洲，彻底颠覆过去旧有的国际秩序毫无认识，听之任之。

第三，对国家海洋事业的认识停留在国家力量的层面。郑和七下西洋在经济上主要是依赖消耗国家巨额财力，目的在于宣示国威，因而是不可持续的。④而西方殖民者在东方的活动是以私人力

---

① （明）沈德符撰：《万历野获编》卷三十"红毛夷"条，中华书局，1997年，第783页。
② （明）沈国元：《两朝从信录》卷十六，明崇祯刻本，南京大学图书馆。
③ 直到正德十五年（1520），满剌加国王派遣使者具奏求援，明廷才知其为葡萄牙所侵。但明武宗并未认识到满剌加的存亡对于维护东南亚国际秩序的重要意义，不采取措施助满剌加复国，而是企图与葡萄牙人保持友好的关系。正德十六年(1521)三月武宗去世，四月世宗嗣位。该年六月，满剌加再度遣使，请求明朝援助。明廷虽厚遇满剌加使，"给赏赐臣，并回赐国王妃如例"，但对葡萄牙侵占中国的藩属却仅予谴责，要求归还其地。还"谕暹罗诸国以救灾恤邻之义"，但未获响应，最终满剌加灭亡。
④ 宣德以后，有识之士已了解郑和下西洋之举所耗费的巨资对国家造成的负担。（明）冯梦龙记：明英宗天顺间，"朝廷好宝玩，中贵言宣德中尝遣太监王三保使西洋，获奇珍无算。帝乃命中贵至兵部，查王三保往西洋水程。时刘大夏为郎，项尚书公忠令都吏检故牒。刘先检得，匿之，都吏检不得，复令他吏检。项诘都吏曰：'署中牍焉得失？'刘征笑曰：'昔下西洋，费钱谷数十万，军民死者亦万计，此一时弊政。牍即存，尚宜毁之，以拔其根。犹追究其有无耶？'"（《智囊补》卷二，明积秀堂刻本，此事为数种史料所记，兹从略）刘大夏用藏匿郑和档案的手段，阻止英宗再启下西洋之举。

量为主导，如英国的东印度公司，荷属东印度公司等，而国家则着力于保护这些私营公司所获取的海外利益。而我国明代因倭寇猖獗，长期实行海禁，未意识到民间的海洋活动是国家影响的延伸，视华人赴海外谋生为自弃王化。对遭受西班牙屠杀的华人不采取保护措施，[①]对海外华人政权听其自生自灭，致使千百年来中国在海外积累形成的海外利益，[②]在西方殖民者东来之后损失大半。

（二）大航海背后的中国因素

大航海彻底改变了人类历史，也改变了中国的面貌，以致现代有些学者把大航海时代视为全球化的开端。不少世界史书籍这样介绍：[③]大航海的前提是欧洲人自古希腊时代起就知道地球是圆形的。由于15世纪以后，奥斯曼帝国控制了中近东，欧洲航海家不得已求其次，认为向西航行也应当能航达中国和印度，于是开启了发现美洲之旅。

从研究丝绸之路的角度，如果我们提问：既然欧洲人早就知道地球是圆的，却要等到14世纪才开始为探求新航线向开始大航海？这个问题应当怎样回答呢？

1）大航海的原动力是马可波罗带到欧洲的中国故事。马可波罗回到威尼斯后，经口述整理而成的《马可波罗游记》，向欧洲人介绍了元大都，即北京的富丽，告诉欧洲人中国使用纸币；燃料不用柴，

[①]有关西班牙人在涧内屠杀两万余华人事件，详见《明史·佛郎机传》。
[②]明代曾在旧港设立过宣慰司，在马六甲等地设立过官厂等。
[③]如黄鸿钊著：《香山商澳濠镜春秋》，广东人民出版社，2013年，第34页；藤章斌编著：《世界上下五千年》，安徽文艺出版社，2013年，第57页；秦中超编著：《话说历史》，中国文联出版社，2012年，第288页等。

而使用一种黑色的石头,即煤炭;到中国东南的地区的港口泉州来贸易的船只数量达西方基督教国家的百倍之多。他的书被译成多种文字,很快在欧洲广为流行,深入人心,使得到东方去寻求财富成为商界的共识。

2)磁罗盘的西传。宋元时代,中国发明的磁罗盘导航术传到欧洲,使得船只的海上定位能力有了飞跃的提升,使得航海家不再畏惧在遥远的未知海域探险航行。

3)火炮装备于海船——海上武力的革命性变化。火炮在中国何时装置于船舶,史料中虽无明文记载,但在日本人所绘"元寇袭来图"中,有一幅描绘元军在与日本作战的图画,其中绘出元军发射的火器正在爆炸,这是元军征日水师装备火器的证据。[①]元军水师的主力是在征服金和高丽过程中归降的金、高丽水师,因此可以推测当时金、宋、高丽水师船上已经设有火器。

在冷兵器时代,小股船队远航异域时,如果与当地人对垒,多处下风。自从欧洲人从中国学习了在船上装置火炮,船员掌握了操持火器的技能之后,船只的自卫与威慑力大增。对于欧洲航海家而言,即使驾驶单船只帆,面对人数虽众,但只拥有冷兵器的对手时,也占有明显的优势。这才使得欧洲冒险家敢于在遥远的陌生大陆登岸。

因此,在大航海所开启的人类历史的转折中,也包含了中国人的贡献。

而我们言及古代中国人民通过丝绸之路、中外交往对世界作出贡献的同时,也应当了解,丝绸之路的历史不是中国一家演出的独角戏,而是世界各国人民共同的事业。

---

① 小松茂美编集:《蒙古袭来绘词》,中央公论社,1978年,第34—35页。

今天我国人民所食用的农作物产品中,很多物种并非中国原产,而是在历史不同时代引入的,如小麦、菠菜、黄瓜、胡萝卜、洋葱、葡萄、苜蓿、西红柿、西葫芦、辣椒、土豆、番薯、玉米、巴达木(大杏仁)、阿月浑子(开心果)、胡椒等。多数人没有注意到,被视为中国民歌的代表作"好一朵美丽的茉莉花"与许多人爱饮的茉莉花茶的原料茉莉花,并非中国原产,而是自海外引种的植物。古代我国人民普遍以丝麻为纺织的主要原料,棉花的引入,对解决人民衣被之需、美化生活起了极大的作用。

当代我国纳入各地保护的古建筑中,许多是佛教寺院。其实佛教本身就是外来宗教,历经两千年的发展,已经本土化,被多数中国人视为自己的文化了。自魏晋以后,中国诗学发展迅速,各类韵书层出不穷,究其原因,是由于随佛教入华传来的印度语音学知识启发了中国文人认识汉语,改进表述汉字读音的方式,发明了反切注音法。故而丝绸之路沿线各国人民都是这一历史创造者,中国人民也是丝绸之路的受益者才是正确的说法。

四、丝绸之路的未来——当代的新丝绸之路

"丝绸之路"自2013年下半年以来,突然变成出现频度很高的词汇。其原因是国家主席习近平2013年9月3日—14日访问中亚四国、出席上海合作组织2013年峰会时,提出了建立"丝绸之路经济带"的设想。

从2001年上海合作组织成立以来,中国和独联体中亚国家的经贸及社会文化关系取得了长足进展。1992年前苏联中亚国家独立之初,中国和中亚五国的双边贸易额只有4.6亿美元,2001年增长到55亿美元,至2012年已经达到459.4亿美元。目前,中国是中亚五

国最大的贸易伙伴,也是中亚油气资源最大的购买国。

在上海合作组织推动下,中国和中亚国家已经建立了定期的反恐联合军事演习、国防部长磋商和会晤、国家安全事务高层官员对话制度。在此之上还有上合组织年度的首脑会晤机制。上合组织从20世纪90年代开始建立的边境信任措施起步,演变为连接中国与俄罗斯和独联体中与我国毗邻的中亚国家的次区域合作框架。这两天上合组织在俄罗斯乌法举行峰会,再次扩员。上次是将乌兹别克斯坦吸纳为成员国,没有引起太大注意,因为基本框架还是中国与俄罗斯和独联体中亚国家之间的一个国际组织。但这次扩员将印度与巴基斯坦吸纳进来,成为世界上一个没有西方国家参与、覆盖欧亚两大洲地域的国际组织。

中国的兴起在世界历史上的意义,超过19世纪末美国的兴起,堪比18世纪末至19世纪初的工业革命。其原因在于,到19世纪末西方国家的总人口不过两到三亿,西方工业国的出现,造成少数人居于全人类产业链与食物链的顶端,全世界的资源与财富均为他们所用,极大地扩大了全球的贫富差别。日本以及后来亚洲"四小龙"的出现,也没有影响这种世界格局,因为它们的体量小。而中国的兴起,是相当于现存西方社会两倍以上人口的崛起,它意味着原先为西方少数人享用的全球资源要被新来者瓜分,原先已经存在的财富流动渠道和流向要改变。

中国虽然地大物博,但其实人均资源的占有量并不高,并不能满足全体人民达到工业化国家生活水平的需要;其人口固然众多,但国内市场也已经容不下其巨大的生产力。可以预计,中国像目前这样发展下去,对海外原材料与初级产品的需求将越来越大;其工业生产对海外市场的依赖也越来越大。

反观中国的周边,除了日本之外,北方的俄罗斯与蒙古地广人稀，资源极为丰富。中国以西的中亚以至西亚与东南亚，人口众多。这些地方均远离世界工业与科技与文化的中心（即欧美），短期内不具备独立发展成世界新的经济、文化与科学中心的条件。

中国改革开放以来，走的基本上是一条追赶之路，即以西方世界已经达到的成果为模板，依样复制。即使在科学技术暂时与西方还有很大差距的条件下，通过改进基础设施，如高速公路、桥梁、港口、铁路、能源设施，与中国由于成本提高和环境恶化，无法再生存下去的一些加工业形成接力赛式的"交棒"，即产业转移，也能在较短时间内，改变国家的面貌，使其发展水平较迅速地达到中等发达的程度。

上述这些仍然欠发达的国家，如果面向中国，采用中国模式，与中国合作，其所能达到的远景大概就是这样。当然，在这个过程中，中国近一二十年中形成的过剩的产能，也有了出路。中国转移出一些旧的下游产能，在国内形成新的上游产能。周边国家原材料与初级产品的优势、广阔市场与中国的经济活力结合起来，有可能形成共同繁荣的远景。我理解的"双赢"大致如此。在新丝绸之路框架下，如果要讲中国对世界的贡献的话，恐怕也指这一点。

近三十年来的发展，我国主要依靠一是投资带动，二是加工贸易，结果造成了极大的具有中等技术含量的产能，它不但关系我国的既往投资能否利益最大化，也关系社会的就业与民生。我相信，新丝绸之路设计的背景中，还应当隐含通过中国企业走向海外，创造全球新需求，使中国能在新时代得到更大发展的考虑。

世界上所有民族的生存与发展都有一个空间的问题。大航海以来，世界已经被西方国家瓜分完毕。中国作为一个人口与经济大国，如同世界上其他大国一样，不但产生了新的国家利益，而且已经产生了世界利益，未来还会有越来越大的世界利益。例如，中国这个传统的东亚大国，在数千年发展过程中，不但丢掉了曾经拥有的日本海出海口（黑龙江以北、乌苏里江以东，今俄罗斯远东地区），而且从来没有提出过印度洋出海口问题，而今天如何获得这些出海口已经是新的国家利益与世界利益。

但在这个已经被旧的大国控制的世界，要获得更大的发展空间，又不可能走殖民者侵略与扩张的老路，只能走和平发展之路。构建新丝绸之路，看来是绕过既有势力范围的一种想法。但是，我们也要看到，今天与过去有很大的不同。

过去东亚的国际秩序是以中国为中心的，世界上其他国家对中国非但没有戒心，而且曾经以结交中国为荣。而今天世界上多数国家看准美国是第一强国，中国是后来者。主导这个世界的是西方，不是中国。

历史上中国周边民族有些还没有形成国家。而当代他们在经历殖民统治，独立之后不但有自己的国家，还是国际社会"平等"的一员，有自己的国家利益。

历史上中国与周边国家发展水平有明显的代差，今天就算经过三十年发展，中国只不过是经济总量大一点，从人均水平衡量，还刚进入中等发达程度。

大航海时代，中国在亚洲的地位，无论是政治、经济还是文化，都是不可替代的。今天可替代者却非常多。如果把"丝绸之路"计划看成一个"俱乐部"，当代这种俱乐部很多，如东盟、欧盟、TTP等，有些国家不交结中国，一样可以活得很好。换而言之，当代中国对他们的吸引力要远小于古代。

最后，历史上的丝绸之路是自然形成的，也是当代学者总结出来的，与今天作为国家计划刻意推进是明显不同的。

总之，如果撇开政治因素，单讲经济，世界是非常现实的。新丝绸之路计划如果能成功实施，对中国的好处是清楚的，明显的。

对其他参与者的好处是什么，有多大，参与国家能够从中得到什么，得到多少，要付出什么，付出与收获之比如何，每个参与者都会算账。

如果将政治因素考虑在内，事情还要复杂得多。多数大国对自己势力范围内的国家都有自己的考虑。俄罗斯致力于"欧亚联盟"，目的是保持自己在前苏联地理空间的影响力，印度把南亚视为自己的后院，绝对不会轻易让中国插足其间。就是小国也要在地区大国之间玩平衡术。当代多数国家的国民对自己财富的流失、环境的污染有很高的警觉，即使是中国认为对他们有利的事，他们也有自己的逻辑，更不必说容忍与允许中国的国家利益在他们国家中合法存在。

但无论如何，在我看来，这是中国一百多年来，根据自己目前的国力与未来可能的国力，在现在国际关系的框架之下，提出的世界战略。也许它的眉目还不很清晰，当然也不可能清晰，可以预计在推行过程中会遇到各种想到与想不到的困难，也许会有不断的调整与变化，但有一点我是肯定的，即它是顺应时代的，是一种在现有国际关系体系与框架之下，设法让中国这个正在成长中的大块头，有一个容身之地和发展空间的尝试。

我想，只要中国的现代化进程不被打断，中国追求自己新的世界定位，谋求自己合法利益的行为就会一直进行下去。其他参与者如从中确实得到了益处，其推进的阻力也许就会减少。

历史上的丝绸之路主要是普通的百姓与民间之间的交往形成的。国家应当鼓励越来越多的企业走出去，在全球范围内活动，也注意吸纳有志于在中国发展的外国人来中国，传授他们的知识，创建他们的事业。

原刊于《江海学刊》2016年第2期，题为《丝绸之路的过去与未来》，收入本书时改此题。

古代海上丝绸之路衰落的教训与启示
——郑和时代：中国海洋事业的光荣顶峰与衰落起点

言及海上丝绸之路，必然涉及明初我国伟大的航海家郑和。百年来国内出版物在述及此时，常有几个共同要点：一是郑和1405年的首次远航，早于葡萄牙航海家达·伽马绕过好望角抵达印度90余年。二是航行时间长，地域广，28年中七度纵横西太平洋－北印度洋水域，甚至抵达东非。三是规模大，其船队有舰船两百余艘，其中包括堪称巨舰的"宝船"，乘员、水手则高达两万七千余人，几乎是哥伦布船队的一百倍。

但同样值得关注的是，郑和下西洋既是中国古代海洋事业的顶峰，也是谢幕演出，甚至可称为中国古代航海事业的绝唱，此后竟然是悬崖式的坠落。如果我们环顾当时的世界会发现，郑和所生活的14世纪的世界历史，并非中国在演独角戏，在欧亚大陆的另一端，也正在平行地酝酿着惊世之剧：欧洲出现了"文艺复兴"运动，社会开始向现代转型，告别中世纪进入近代的转变也由此发端，而在海洋活动上则主要表现为向外扩张的"大航海"与"地理大发现"。

与第七次下西洋结束之后明统治集团内部出现斥下西洋为"弊政"的思潮、中国大型海舶退出北印度洋海域、中国海商活动的范围基本限于马六甲海峡以东、历代中国在亚非海域的优势地位丧失形成鲜明对照的是，70余年以后葡萄牙人来到东方，开启了西欧主导亚洲的时代，繁荣一时的海上丝路衰落了。

因此，为什么郑和下西洋既代表了古代中国海洋事业的成就，也成为由盛入衰的转折点，是许多学者都在思考的问题。笔者的考察，分以下几点论述。

一、欧洲火器的反超

火药武器是古代中国人民在世界军事史上最重要的贡献，使人类进入热兵器时代。冷兵器时代，战场双方搏杀时，依靠的是人类肌肉的力量，而火药武器则以化学能量击杀敌人。中国在12世纪初出现管状火器，20世纪80年代发现的西夏火铳是现存最早的金属管状火器。火器经阿拉伯人传入欧洲之后，不断改进，不久技术反超中国。明人在与葡萄牙人的交往之初，就发现了葡萄牙人拥有先进的火炮，把这种西洋火器称为"佛郎机铳"。正德十五年（1520），御史何鳌向朝廷报告："佛郎机最凶狡，兵械较诸番独精。前岁驾大舶突入广东会城，炮声殷地。"明末与后金作战时，就曾借调澳门葡萄牙人携其炮赴辽东。郑成功攻台湾时，为弥补火力的不足，也曾调集其父1644年从澳门订制的火炮。

15-16世纪时，荷兰人取代葡萄牙人占据马六甲，并侵占爪哇，后来又染指台湾。明人称荷兰人为"红毛"，并知道其火炮远超葡萄牙，称之为"红夷炮"。明东南水师初与荷兰人交锋时，以平常火器遥攻之，荷兰人则以舰炮回应，只见硝烟一缕，明军伤亡惨重。天启二年（1622）明兵部曾经议论过荷兰人的海军，说其船前后左右俱置巨炮，一发十里，当之无不立碎，时称"红毛"之"长技惟舟与铳耳"。明人张燮讲荷兰人"舟设三层，傍凿小窗，各置铜铳其中。

每铳张机，临放推由窗门以出，放毕自退，不假人力。桅之下置大铳，长二丈余，中虚如四尺车轮，云发此可洞裂石城，震数十里"。

晚明郑成功出动数百艘船、两万余兵力从荷兰殖民者手中收复台湾，被视为壮举。但当时盘踞台湾的荷兰人总数只不过1500人，无论从兵力还是从兵船数量上讲，郑成功均超过对手十倍以上，可见中西之间的军事实力，已经相差很大。

二、无视西方海上力量的崛起及其侵略性

就在明朝决定结束下西洋之后不久，西欧开始了大航海，其造船业也有了重大进步。从15世纪起，西欧各国竞相建造装备多量火炮的海船，大者载重超千吨，置炮过百门，以荷兰最为突出。其先进性不仅在船舶的吨位与火力，还体现于经济性，造价与运营成本均远低于竞争对手。

明人不了解，偏在世界一隅的欧洲小国荷兰的造船业却已执世界牛耳。仅在首都阿姆斯特丹一地便有上百家船厂，全国可以同时开工建造几百艘船，订单来自西欧各国。当时荷兰一国的商船吨位便占欧洲的3/4，拥有商船1.5万艘，几乎垄断了全球海上贸易。挪威的木材、丹麦的鱼类、波兰的粮食、俄国的毛皮、东南亚的香料、印度的棉纺织品、中国的丝绸和瓷器等等，大都由荷兰商船转运，经荷兰商人转手销售，堪称世界海上马车夫。阿姆斯特丹是国际贸易的中心，港内常泊有2000多艘商船。最盛时，荷兰的海军舰几乎超过英法两国海军的1倍。

明人没有注意到，东来的殖民者有强烈的海权意识。葡萄牙人在巴特洛缪·迪亚斯1487年绕过了好望角之前，就控制了非洲大西

洋沿岸要地。1498年达·伽马到达印度西海岸后，葡萄牙先后占据了今阿曼首都马斯喀特，控制了波斯湾口霍鲁木兹海峡，并在印度南部西海岸的果阿建立殖民地。1511年，以果阿为据点的葡萄牙殖民者占领满剌加（今马六甲），进而控制了连接西太平洋与印度洋水道的咽喉马六甲海峡。西班牙人则进入南海，占据了菲律宾列岛。1494与1529年，葡萄牙与西班牙先后两次签约，从大西洋到太平洋把整个世界划分为两大势力范围，各据其一。这是西方殖民者首次公然瓜分世界的行径。

接踵而至的英国于1600年设立东印度公司；两年后荷兰也建立了东印度公司。这些所谓"公司"被英、荷政府赋予了在海外进行扩张、征服、殖民、贸易、治理及使用武力等各种权力。荷兰人使用包括武力在内的各种手段，控制了今马六甲与印尼诸岛，并将其势力伸及台湾。明清两代统治者对此视而不见，从来没有想到，此后他们将有能力漂洋过海来侵略中国。

在世界秩序行将彻底颠覆的大趋势已经显现之际，明政府反而作出了主动退出印度洋水域的决策，致使东南亚逐步脱离中国主导的朝贡体系，转而为西方势力控制。从某种意义上讲，海上丝绸之路的衰落与中华文明的落后是大致同步的。甚至可以这样讲，15、16世纪中国与西欧对海洋事业截然不同的态度，在某种程度上塑造了世界近代史，也塑造了当代世界。

三、科学技术的停滞

中国古代科学技术发达，对人类作出过重要贡献，但不代表当时中国在所有领域都领先于世界。就地理学而言，中国古代一直没有大地是球形的观念。到了13、14世纪，通过成吉思汗及其子孙领导的远征，东西交通大开，西方的地理学也随之入华。伊斯兰科学的重要基础之一是古希腊科学，"地圆说"即大地球形说是其重要内容。元代著名的回回科学家不花剌（Bukhārā，今乌兹别克斯坦布哈拉）人扎马剌丁（Jamāl al-Dīn），于1267年为元世祖忽必烈造了七件科学仪器，其中一件是地球仪，《元史》描述道："其制以木为圆球，七分为水，其色绿；三分为土地，其色白。画江河湖海，脉络贯串于其中，画作小方井，以计幅圆之广袤，道里之远近。"这是史料中首次提及西方的大地球形说被介绍到中国。

在中外地理学深入交流的基础上，元政府曾命秘书监编绘整个地跨欧亚大陆的蒙元帝国的地图。秘书监专门向福建行省行文，要求向泛海航行的回回人调查回回海图。虽然扎马剌丁的"一统图"今已不存，但两件与之有关的文献存留至今：一为"经世大典图"。这是一种方格图，其所绘地理范围东起河西走廊的沙州，北至伏尔加河中、下游之地，西北至俄罗斯，西至埃及，西南至今波斯湾之巴林，南至今巴基斯坦。研究者发现，它与存世之波斯穆思脱非（Hamd Allāh Mustawfī al-Qazwīnī）的地图非常相似。另一资料为《元史·地理志·西北地附录》，当取自于"经世大典图"的文字说明。

元代伊斯兰地理学知识不但体现在官方文献中，也传入民间社会。今存第一历史档案馆中"大明混一图"所绘范围东至日本、朝鲜、琉球，西及欧洲和大西洋，南达印度洋与非洲，在人类历史上首次相当准确地绘出欧亚非三大陆的形状。但当时中国了解西洋大地球形说的学者群体太小，没有从根本上动摇固有的天圆地方学说，因此可以说，当时中国的地理学，从基础上讲，已经落伍了。

而与之相反，大地球形说是欧洲地理学的基础。15世纪葡萄牙与西班牙的航海家们相信，尽管奥斯曼土耳其控制了中近东，阻碍了欧洲商人通过红海和陆路前往远东的商路，但向南绕过非洲大陆和向西穿越大西洋应当也可以到达印度和中国。他们在此理念的指导下所进行的一系列远航探险活动，证明了上述设想的正确性。

当欧洲传教士把地理新知带到中国时，我国的知识界如何反应呢？《明史》卷三二六《外国传》"意大里亚国"（按，即意大利）条记载："意大里亚居大西洋中，自古不通中国。万历时，其国人利玛窦至京师，为《万国全图》，言天下有五大洲。第一曰亚细亚洲，中凡百余国，而中国居其一。第二曰欧罗巴洲，中凡七十余国，而意大里亚居其一。第三曰利未亚洲（按，非洲），亦百余国。第四曰亚墨利加洲，地更大，以境土相连，分为南北二洲。最后得墨瓦腊泥加洲（按，今南极洲），为第五。而域中大地尽矣。"但明人对利玛窦所介绍之新知识抱怀疑的态度，称"其说荒渺莫考"。同样《明史》在记述"和兰国"（按，即荷兰）之后，竟称"永乐、宣德时，郑和下西洋，历诸番数十国，无所谓和兰者"。郑和航海虽然伟大，但所经诸地毕竟没有越出宋元中国传统海外交通的范围。以郑和获取的知识来对证新事，实显得迂腐。

就在中国地理学停滞不前时，西欧出现了以经、纬度为坐标的海图，开始依据球体记录航线与航程，其中最重要者，是1569年创造的球体投影制图法，即墨卡托投影法。其法迭经改进后，成为今天世界运用最广的地图绘制法。16世纪与17世纪，葡萄牙的里斯本与荷兰的阿姆斯特丹先后成为全球海图印制业的中心。

中国人在西太平洋-北印度洋的航行，并非始于郑和。宋、元海舶已频繁出现于这一水域。但与公元前138年西汉时汉武帝派张骞寻找西迁的大月氏而进行"凿空"之旅不同，古代中国的海洋活动，有明确的目的性，或为贾贩，或为出使，其地域基本不超过已知世界的范围内，基本上未有过探索未知、前途不明的远航和探险式的远行。而与郑和大致同时的西欧，葡萄牙王子亨利在其国西南端的萨格勒斯（Sagress）角建立了航海科学中心，收集各种地图与地理、造船、航海有关的文献资料，网罗各种科学人才，并自任航海学院院长，亲自讲授课程。亨利王子要求其探险队对新航达地区的地理、资源情况，如海潮、风向和洋流，详加记录。航海家们在探险中发现的北大西洋的西风带，成为葡萄牙宝贵的知识财富，解除了他们向南航行时，回帆归国的忧虑。这些均是郑和航海活动所不具备的。

就船队的规模、航程而言，郑和下西洋可谓前无古人的壮举，突出地显示了"举国体制"的宏大与高效。但郑和的航海的停止，也是明朝中国远航事业的结束，而亨利王子去世后，其开创的葡萄牙航海事业却继续发扬光大。绕过好望角的迪亚士就是他所设的萨格勒斯航海学院所培养的航海家。30余年后，葡萄牙航海家达·伽马（Vasco Da Gama）便驶入印度洋，实现了从欧洲直航亚洲的梦想。

四、错失争取更大生存空间的机遇

世界各民族发展的基本推动因素无非是知识、能力与资源。

知识的基础是独创探索与发现学习的能力。由于生存条件、文化传统与历史上的差别，每个民族的创造力是不同的。与东亚其他国家，如日本、韩国、越南这些历史上主要是学习型、模仿型的民族相比，中国的文明基本上是独立创造与发展的，也被历史证明是极为成功的，因此，中华民族不缺创造力。

能力包括发现力与组织实施力。主要指发现其他民族的长处与其精华所在，及本民族短处。在此基础上，移植与学习。日本与韩国在两千年来长期向中国学习的过程中，形成了迅速发现其他民族优秀文化，掌握其精华，并引以为师的传统。这种传统在最近一百余年中，摈弃以华为师，转向西方的过程中，得到充分表现，也被证明极为成功。中国的教育极为发达，学习能力应当没有问题。但因为数千年来在政治、军事、经济、文化、科学各方面，长期在东亚大陆扮演着火车头的角色，缺乏竞争对手，形成了以老大自居的民族心理，对其他民族优秀文化元素的发现与认知率不高。

资源，在现代工业出现之前，人类文化的主要基础是农业。由于前面提到东亚大陆优良的宜农条件，中国历史上人口的增长率远远超过其他民族，很早就成为人口众多的国家。在生产力没有发生革命性变化的时代，人口的增长势必与可利用的自然资源（主要是耕地）发生矛盾。解决的方法只有两个，一是开垦更多的土地，二是投入更多的人力资源。于是我们看到丘陵山区的开发与牧区转变为农区的趋向（闯关东、走西口等），及东亚农业的勤业化（一季改多季、套种、施肥、除草等）。

但在欧洲，事情在向另一个方向发展，即欧洲人自15世纪起，将目光投向寻求更多的自然资源——土地，于是我们看到西班牙、葡萄牙在拉丁美洲，葡萄牙、西班牙、荷兰、法国、英国在亚洲，英国、法国在澳洲、北美，及欧洲在非洲的扩张，其结果是在短短两三个世纪的时间里，西欧各民族获取了10倍以上于自身原有的生存空间。当时，几乎西欧所有的民族都认识到了这个历史机遇，进而投入到竞争之中。而与之同时，位于东欧的俄国，则接受了蒙古帝国的遗产，向东扩张到甚至越过太平洋进入北美。从今天的角度看，欧洲人当年以极低的成本，获取了难以想象的巨额的收益，惠及子孙后代数百年。今天，欧洲殖民者当年争取生存空间的过程已经被洗白并合法化，而回过头来看，中华民族这个具有优良航海传统的大国，却在这一场几乎可以说是决定民族命运竞争中，扮演了一个无动于衷的看客的角色。其实近百年来，中华民族饱受侵略的历史，只不过是前面所讲的宏大历史过程中的一部分而已，其结果对失败者来说自然是悲剧性的。

对比我们今天为解决台湾问题，在东海对日争夺钓鱼岛，在南海为维护主权投入的资源与所付出的代价，与上述欧洲民族的投入与产出相比，完全不可同日而语。简而言之，我们错失了机遇。葡萄牙不过数百万人口，明代中期即漂洋过海，不但控制了马六甲，而且进占澳门。明清中国曾有数百年的机会近距离观察澳门这个西欧设于中国的窗口，也有机会了解西班牙人与荷兰人如何凭借很少的人力，远距离地控制中国近邻吕宋（菲律宾）和爪哇（印尼）。西欧传教士在明清数百年中，通过种种途径，向中国输出各种先进技术成果，自鸣钟、望远镜、火枪可谓其代表。但这些新知没有被视为是一个民族的能力，而被作为奇巧淫技，锁在深宫中，供少数皇室成员欣赏。这说明在相当长的时间里，中华民族的发现力与学习能力发生了问题。

历史是不能追悔的，失去的机遇也不会再来。

五、既有海外利益丧失殆尽

由于郑和七下西洋，中国在海外的影响大增，满剌加（今马六甲）成为明的属国。但葡萄牙人东来后，很快侵占其地。直到正德十五年（1520），满剌加国王遣使求援，明廷才知葡萄牙的侵略行径。但当时明武宗并未认识到满剌加的存亡对于维护东南亚国际秩序的重要意义，而是企图与葡萄牙人保持友好的关系。次年满剌加再度遣使求援。刚嗣位的明世宗虽然厚遇其使臣，但对葡萄牙却仅予谴责。满剌加从此落入殖民者手中。

郑和远航时，代表中国利益的官方机构在海外出现，最著者为旧港宣慰司和"官厂"。旧港又称巨港，即巴邻旁（Palenbang），为印尼南苏门答腊省首府，扼地处爪哇、苏门答腊与马六甲之间的巽他海峡，明初以前这里已有大量华人定居。永乐五年（1407）郑和首次下西洋时，在剿灭了当地陈祖义为首的海盗集团后，设旧港宣慰司，授命当地华人领袖施进卿为宣慰使，治理当地的华人。宣慰司为元明两代设于边远地区的军政机构，即后来之土司。其地虽属爪哇满者伯夷王朝，但也对明保持朝贡关系，可视为某种两属性质的政权。

近当代西方大国在航海技术已经非常发达的条件下，控制世界各大洋仍要靠遍布全球的殖民地、附属国和军事基地，600余年前郑和出洋时，其规模巨大的船队航远海，乘员的生活资料、舰船的修理靠泊、分舯船队的分遣与会聚、货物器材的储存，也必须有特殊措施。明政府是以在海外设立"官厂"，即海外基地的方式来解决的。其中最著名者即马六甲官厂，其遗址近年来已被学者发现。据随郑和出洋的马欢记载，"中国宝船到彼，则立排栅，城垣设四门更鼓楼，夜则提铃巡警。内设重栅小城，盖造库藏仓廒，一应钱粮安放在内。去各国船只俱回到取齐，打整番货，装载停当，等候南风正顺，于五月中旬开洋回还"。该官厂随"下西洋"行动的停止而被废弃。

自宋元时期开始，从中国东南沿海地区移居海外谋生的中国人渐多，清中期以前在东南海最集中的聚居地为吕宋（今菲律宾最大岛吕宋岛）、爪哇（今印尼爪哇岛）、婆罗洲（今加里曼丹岛）与湄公河三角洲地区。落脚谋生的华人在当地形成聚落，有些还组成具有自治政府性质的管理机构，而当时这些地方多数民族尚未产生现代意义上的民族国家。这些华人社团，从今天公认的世界秩序形成的角度讲，实际上是那个时代中华民族海外利益的延伸，但他们没有得到明、清政府的支持，在当地人与外来殖民者之间艰难谋生，其政权最终被消灭。

《明史》记："闽人"因吕宋"地近且饶富，商贩者至数万人，往往久居不返"。明万历间，聚居吕宋的华人不堪忍受西班牙殖民者压迫，连续发生两次起义，遭到西班牙殖民者血腥屠杀，死者数万人。西班牙当时驻吕宋者不过数百人，非常担心明政府可能采取报复行动。其实明若决定渡海远征，从西班牙手里夺取吕宋的实力绰绰有余。但明政府所采取的措施，不过是敕福建巡抚徐学聚檄吕宋，数以擅杀之罪而已。

爪哇岛明末至清中期华人数量激增。1602年荷兰设东印度公司，至1739年的一百余年间，据有关统计，仅巴达维亚（今雅加达）一地，华人数量便从三四百人增长到一万五千余人。乾隆五年（1740）荷兰人的残酷统治激起华人反抗，被屠杀数万人。消息传到国内，清廷竟表示，赴海外谋生的华侨，是乘开洋贸易之机侨寓在外，"贪恋不归，自弃化外"，"按之国法，皆干严宪"，其戕杀多人，"实自作之孽"。

东南亚华人聚落形成的自治政权，较重要者有西婆罗洲（今印尼北加里曼丹）的几个"公司"与湄公河三角洲地区（今属越南）的河仙国。河仙为广东雷州人莫玖所建，又称港口国、昆大吗、本底国等，与广东、福建及东南亚各地贸易联系非常密切，直至19世纪初方为越南阮氏政权所灭。北婆罗洲华人政权最著名者，为"兰芳公司"，其实还有"大港公司"。这里的公司并非今天意义上的商业公司，而是清代闽广地区习见的民间自治组织。这种"公司"组织被中国移民带到海外后，在西方殖民者眼中因其自我管理、不属官府，有约定的惩处条规和自己的年号而被视为"共和国"。兰芳国独立存在了数十年，其创建者罗芳伯甚至有向乾隆帝称臣，成为清属国的愿望，至 19 世纪初被荷兰当局吞并；而大港国的华人则不屈斗争了更长时间，至清光绪十四年（1888）才被灭。

海上丝路的畅通，需要起主导作用的国家动员官民两种渠道的力量来保障。古代西太平洋、北印度洋以中国为中心的"朝贡体制"是自然结成的，这是我国软实力的体现。但我国历代统治者，对国家的软实力的认识停留在国家的层面。而西方殖民者在东方的活动以私人力量为主导，如英国的东印度公司、荷属东印度公司等，国家则着力于保护这些私营公司所获取的海外利益。我国明代因倭寇猖獗，长期实行海禁，未意识到民间的海洋活动是国家影响力的延伸，是中国国家利益的组成部分，反而视华人赴海外谋生为自弃王化，不保护遭受殖民者压迫、屠杀的华人，听任海外华人政权自生自灭，致使千百年来中国在海外积累形成的海外利益在西方殖民者东来之后损失殆尽。不但东西贸易为西方所控制，中国在亚非各国心目中富强文明的形象也毁于一旦。

六、启示：从传统的丝绸之路到"一带一路"

斯坦福大学史学家莫里斯教授以为，1430 年在世界史上是一个决定性的时刻，谁在这个时刻抓住了海洋的控制权，谁就有可能主宰未来的整个世界。"亨利王子抓住了这个机遇，而明朝正皇帝却将这个机遇拒之于门外。"汤因比认为，近代的西方人正是通过海洋这个"宽阔的跳板"而征服了整个世界，从而将全球置于西方文化的影响之下。

航海活动古来有之。但到 15-17 世纪，人类航海无论在规模、范围、作用、影响等方面，均发生了超越以往的变化。在此期间，人类航遍世界各大洋，到达了地球上几乎所有陆地，把分散的大陆通过海上航线联成一体，形成了地球上无论何地，均可以驾船前往登陆的共识。古代海上丝路衰落给当代中国人的重要启示之一，是作为一个有着悠久文明的古老民族，我们不能躺在祖先的成就上孤芳自赏，而要时刻追踪和吸纳全人类所创造的知识成果。

要说当代的"一带一路"和古代丝绸之路有什么区别呢，我觉得有两点最重要的差别：

第一，古代的丝绸之路是自然形成的，我们今天是政府主导的。联系到郑和七下西洋在经济上主要是依赖消耗国家巨额财力，目的在于宣示国威，因而的确是难以持续下去的，我们应当更多地发挥民间的作用，而政府则转为创造条件、制定规则、协助民间组织起更大作用的角色。

第二，直到大航海时代以前，可以说中国是一个在自己的周边地区基本上说了算的国家，而当代世界的规则基本上是西方主导的。过去两千年中，周边地区的统治上层对中国是仰慕的，而今天其社会精英所接受的主要是西方思想教育，有些还在用从西方殖民者那里学来的规则对付中国。因此，"一带一路"的确是一个破解这个悖论的途径。

过去曾经摆在我们面前的机遇已经失去，但西方数百年来所塑造的不平等世界，也是一个新的机遇。我国所在的东亚大陆到地中海，以及非洲和拉丁美洲，这些地区与欧美发达国家的差距非常大。数百年来，西方发达国家从来没有把殖民地人民的福祉放在心上，奉行的是你输我赢的利己国策。中国作为一个经历过帝国主义侵略的国家，在人类有国家历史以来第一次以双赢的思路来看待自己的发展。"一带一路"既是一个要求我们在现有国际秩序的框架内，通过和平的途径突破各种枷锁，与有相同意愿的国家和人民共同发展的设想，也为中国找到了广阔的发展空间。

经过 30 年的改革开放，中国的实力与影响已经与过去不可同日而语了。对于"一带一路"倡议，有西方大国参加当然更好。但即使他们反对，也不可能阻挡中国在新时代的继续前进。

因此，怎样在现有的国际秩序框架下，寻求中华民族未来长远发展的机会，应当是"一带一路"倡议不可或缺的内因。

原刊于《参考消息》2017 年 5 月 2 日第 11 版。